图 1　岔河村所在南华县区位图

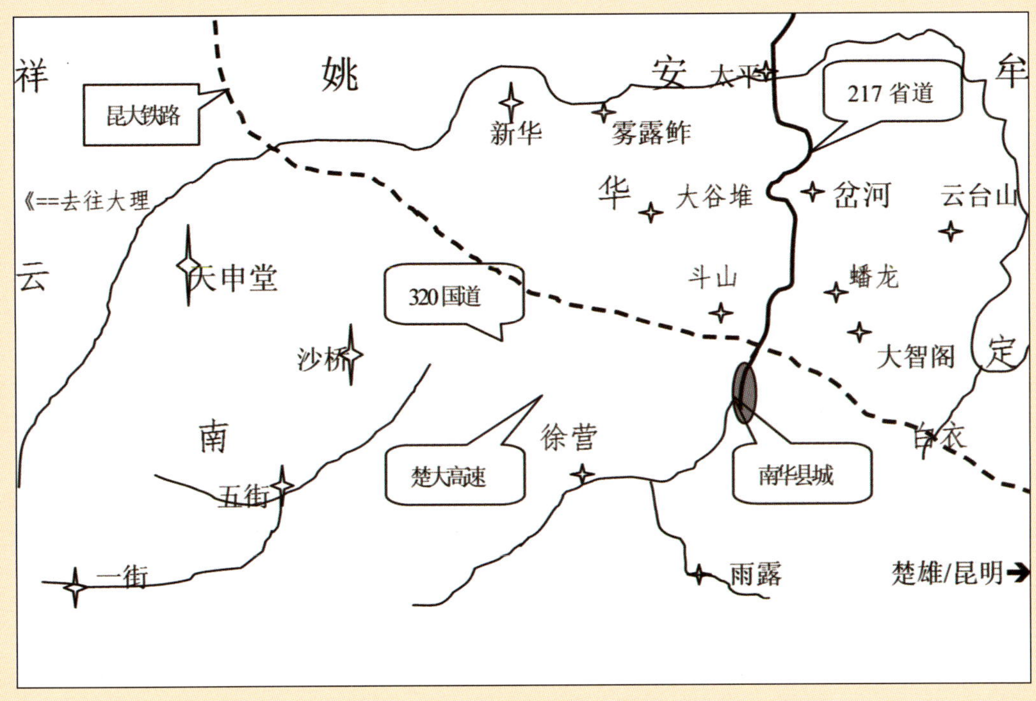

图 2　岔河村区位图

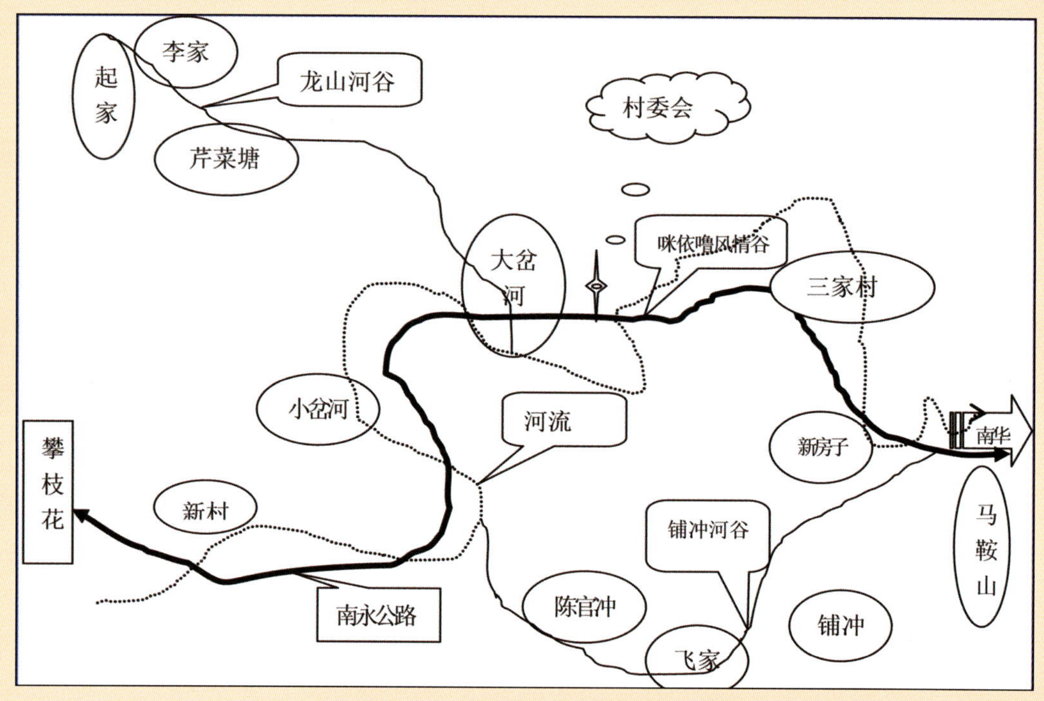

图 3　岔河村各自然村分布示意图

图 4　南华县岔河村咪依噜风情谷导游图

图 5　岔河村局部

图 6　贯穿岔河村的六个村民小组的南永公路（217 省道）

图 7　村卫生室

图 8　民居

图 9　岔河村春雷小学

图 10　土主庙

图 11　村里的跳脚场

图 12　曾经的姑娘房

图 13　旅游协会

图 14　岔河村最大的农家乐——彝人客栈

图 15　旅游村寨——丫口村

图 16　农家乐游客

图 17　岔河村农耕文化展览室展览的石磨

图 18　县委政研室主任周汉德向师生解说村民家用碾米机

图 19　水车

图 20　岔河村村民的刺绣

图 21　村民缝制的鞋

图 22　村里种植的火把梨

图 23　田里种植的西兰花

图 24　进山菜饭庄的瓜棚长廊

图 25　村里放养的生态鸡

图 26　围猎场养着的麂子

图 27　村里的农田和山林

图 28　中央民族大学管理学院师生和岔河村领导进行座谈

图 29　黄锐老师采访村民

图 30　学生采访村民（1）

图 31　学生采访村民（2）

图 32　学生采访村民（3）

图 33　村里唯一会制作月琴的李树明

图 34　彝人客栈老板周开富

中国民族经济村庄调查丛书

岔河村调查

（彝族）

黄　锐　主编

北　京

图书在版编目（CIP）数据

岔河村调查：彝族／黄锐主编．
北京：中国经济出版社，2014.10
（中央民族大学“985”工程中国民族经济村庄调查丛书）
ISBN 978-7-5136-3542-4

Ⅰ.①岔… Ⅱ.①黄… Ⅲ.①彝族—乡村—民族经济—调查报告—凯里市 Ⅳ.①F327.735

中国版本图书馆 CIP 数据核字（2014）第 249906 号

责任编辑　余静宜
责任审读　贺　静
责任印制　马小宾
封面设计　华子图文设计

出版发行　中国经济出版社
印 刷 者　北京市媛明印刷厂
经 销 者　各地新华书店
开　　本　710mm×1000mm　1/16
印　　张　23.5　彩插　1
字　　数　361 千字
版　　次　2014 年 10 月第 1 版
印　　次　2014 年 10 月第 1 次
定　　价　58.00 元
广告经营许可证　京西工商广字第 8179 号

中国经济出版社 **网址** www.economyph.com **社址** 北京市西城区百万庄北街 3 号 **邮编** 100037
本版图书如存在印装质量问题，请与本社发行中心联系调换（联系电话：010-68330607）

中央民族大学

"211 工程"中国少数民族经济发展研究项目

"985 工程"中国民族地区经济社会发展哲学社会科学创新基地

中国民族经济村庄调查丛书
编委会

本书写作分工

主　编　黄　锐

编　者　（按姓氏笔画）：

王　兰　朱仁帅　孙富贵　许凌云　吴永环　杨胜勇

李　琼　陈　涛　浦　华　魏恒志

具体分工：

黄　锐　主持撰写调研方案并组织实施，编写具体写作提纲并参与各章编写，负责全书统稿及审稿，撰写前言。

黄　锐　浦　华　撰写一、四、五、六

黄　锐　魏恒志　撰写四、十

黄　锐　王　兰　撰写二、三

孙富贵　朱仁帅　撰写六、七

黄　锐　李　琼　撰写十一、十二、

杨胜勇　陈　涛　撰写十三

黄　锐　吴永环　撰写十四、十五、十六、十七

总　序

村庄，是农民的聚居地，也是农民生产和生活的社会形式。村庄形成于农业文明时代，在中国最为典型和普遍，迄今依然是中国基本的社会单位。所有中国人，或是生于长于村庄，或是父祖辈来自村庄。村庄是中华民族的根基，是我们走向现代化的立脚点和必须改变其内容和形式的地方。认知中国的现实和历史，一个重要环节，就是了解村庄。

中国的民族经济，包括以下层次：一是以中华民族为主体的经济，二是中华民族五十六个支民族的经济，三是少数民族地区的经济。不论从哪个层次研究，都必须涉及村庄这个基本单位。以往的民族经济研究和行政管理研究，对于村庄的关注，主要是在总体性的统计及对策方面，鲜有对某一村庄的专注的系统调查。这种情况使我们所从事的理论探讨总显得有些飘浮，言不及意，大而不当。反思许久，不能不下决心从小处做起，将村庄调查作为根基，扎实做去。恰“985”项目实施，经费有所保障，故组织本创新基地近百名教师带二百余博士、硕士研究生和高年级本科生，结十五个调查组，计划用六七年的暑、寒假，从五十六个支民族中各选一二典型村庄，深入调查，总百余村，每村一书，为中国民族经济三个层次研究，为政府行政决策，提供基础资料。

百村，不及中国村庄万分之一。我们的村庄调查虽只是抽样性质，但却是探根摸底，力求深入、真实、详细。二〇〇八年夏各组分赴河北、内蒙古、宁夏、云南、广西调查点，历经一月左右，获初步资料。因为首次，困难颇多，思路和方法也要不断调整，秋、冬写作时又各自补充调查。时间虽短，但师生与村官、村民情谊颇深，既为调查提供条件，又为后续补充予以协助。各地党、政机构，对调查全力配合。无此，则调查难以进行。这套丛书，实为共同努力之成果，并赖中国经济出版社黄允成社长、孙岩主任鼎力支持，得以出版。本调查还要持续数年，望读者批评，我们再努力。

劉永佶

二〇〇九年三月十八日

前 言

人类的天性喜欢追问，追问自己的现在和未来，也会追问自己的过去，当所有的中国人追问自己的过去的时候都会找到一个共同点——农村，那个我们自己或父辈生于斯长于斯的地方，那个孕育出古老文明的地方，那个代表着淳朴和善良的地方。然而，这样的地方，由于地域、产业等多方面的因素，经济往往相对落后，人们的物质财富相对匮乏。可以说，发展农村经济一直就是个重要的议题，是个关乎社会和谐和农民的大问题。

在广大民族地区，农村的人口和面积比重都相对较大，对农村问题的探讨和研究具有更强的现实意义。绝大多数民族地区的农村在区位、交通和资金方面存在劣势，而在旅游、矿产等资源方面又具有优势，因此，其发展必然会有也必然需要不同于中东部地区发展的一些路径和模式，要找寻到这样的路径和模式，其中一个重要的条件是了解民族地区村庄经济发展的状况。

本次调研，我们选择了云南省楚雄市南华县岔河村作为调研对象，这是一个彝族村寨，距县城大概 40 分钟车程，全村共有 1548 人，其中只有 1542 人是彝族，占总人口的 99.7% 以上。近几年来岔河村经济发展迅速，2006 年人均收入为 1589 元，2007 年达到 2300 元。岔河村还在很大程度保留着“姑娘房”、“跳脚”等传统的彝族文化。总之，岔河村在经济、文化等方面在彝族村庄中都具有很强的代表性，基于此，我们选择该村为此次调研活动的对象。

本书分为上中下三部分。第一部分主要介绍了岔河村的基本情况，包括了产业发展、基础设施和科教文卫等方面的内容，力图以经济情况为核心为读者展现一个村庄的全貌。第二部分为农户篇，共选取了 20 家农户，按照收入的低中高分别进行了家庭状况呈现。第三部分简要介绍了对岔河村过去和现在经济发展产生影响的经济人物和不同产业、不同行业的代表人物，试图通过经济人物的展现给读者一个直观的岔河村发展的感受。

本书主编为黄锐，参与编写人员有吴永环、浦华、王兰、朱仁帅、孙富贵、许凌云、杨胜勇、李琼、陈涛、魏恒志。

本书得以完成，要感谢梁积江教授，正是在梁教授的组织和支持下，本项目才得以开始。本书的完成还要感谢云南省委统战部的吕昌会博士和李春林主任，以及楚雄市和南华县的当地有关部门领导，正是他们的热心支持和帮助，此次调研才能得以顺利进行；同时还要感谢岔河村的干部和村民，他们的鼎力配合使我们获得了翔实的第一手资料。本书的出版也感谢中央民族大学的有关领导和同事，他们为调研的进行和图书的编写提供了很多建议、帮助和大力支持，在此深表感谢！

编　者

目　录

第二部分 农户

第一部分　村庄

云南省楚雄州南华县岔河村，是一个有着悠久历史的彝族村庄。在新中国成立60年以来，村庄随着社会的发展而变化，但是其典型的民族特色却在变化中愈加的凸现出来。这些特色不仅体现在村庄的发展历程和村庄文化中，也在很大程度上影响着村庄经济的发展。

为了让读者能够清晰地把握岔河村的经济发展水平和民族经济发展特色，本篇从村庄概况着手，通过对村庄地理位置、民族结构、人口、经济收入、村庄组织和村庄的发展变迁史的概述，把岔河村的整体情况呈现出来，从而帮助读者更好的认识和定位岔河村。然后由宏观到微观，就岔河村在近60年——甚至更长时间内各个方面的发展变化及发展水平逐个陈述。结合笔者们在岔河村实地调研所取得的各种资料，对影响岔河经济发展的要素进行剖析，力图帮助读者更好的了解岔河村的情况。

在调研中，我们注意到岔河村的农业、商业、运输业和加工业在很大程度上受众多因素的影响。其中一个重要因素是自然条件，在它的影响下，岔河村种植业并不发达，岔河村民一度生活十分艰苦。近年在有关部门帮助之下，岔河村民从种植业转向林业和养殖业，经济情况才得到改善。在农村经济发展中，交通水利的基础设施和教育水平也是非常重要的影响因素，而且和自然条件因素相比，它是存在极大改善可能的。本篇中我们将对以上几个方面进行介绍。

作为典型的彝族村庄，岔河村的经济很大程度上受自身民族文化的影响。近年来，由于各方的努力和开发，岔河村一改过去贫困闭塞的面貌，利用自身民族特色优势发展经济并取得了不错的成绩。楚雄州和南华县相关政府部门也极为重视岔河村，积极开发其民族特色，凭借着岔河村的地理优势和文化优势打造民俗旅游，并在2007年1月年正式、全面的开放了岔河村的旅游区——咪依噜风情谷。民俗文化旅游的开发成为岔河村经济发展的一大特色。另外，以民族特色为依托发展起来的民族手工业也是村庄特色之一。

与云南省内的大多数村庄一样，岔河村在经济制度和经济政策的发展变迁中是随着整体环境的发展而发展的，本部分还将对这一内容进行介绍。

一、村庄概况及变迁史

（一）村庄区位及民族构成

1. 区位

（1）地理位置

岔河村位于滇中高原腹地，隶属于云南省楚雄州南华县龙川镇。地处南华、姚安、牟定三县交界，面积43.2平方公里，平均海拔2130米。地势南宽北窄，西北高，东南低，群山纵横，间有狭长的坝区。地理方位在东经101度11分、北纬25度13分之间，距南华县城17公里。

岔河全村共有三十三个自然村，分布在龙山河谷、铺冲河谷、咪依噜风情谷[①]，分属于12个村民小组。龙山河谷和铺冲河谷内的自然村比较分散，多数部分在山间的洼地，大部分自然村只有两三户人家。整个岔河村以咪依噜风情谷为中心，向两边的山区扩散开来。村委会位于海拔2078米的大岔河，处于咪依噜风情谷的中心。

（2）地形地貌、地理特点

南华县地处滇中高原西部，地形东北促狭，西南辽远；地势西北高，东南低；西南群山纵横，东北丘陵起伏，间有少量的平坝和峡谷。

岔河村位于县城以北，属于高寒山区。全村委会除咪依噜风情谷的6个村民小组属于坝区外，其余的村民小组均在山里，属于真正的山区。岔河境内的气候受地形的影响较大，随着海拔和相对高差的变化，气候也发生明显变化；境内亚热带至中温带的气候兼有，形成“一山分四季，谷坡两个天”的立体气候。

受地形和海拔高度的影响，岔河村的霜冻比较严重。每年十月下旬到三月上旬都是霜冻的季节，气候冷凉。

岔河村山多地少，全村12个村民小组，共350户人家，总耕地面积为

---

① 咪依噜风情谷：岔河村境内217省道K13－19＋500米的范围，包括岔河村委会的6个村民小组。以前叫岔河，2006年开发旅游，改称咪依噜风情谷。

1340 亩，水面面积为 367 亩，而林地有 57351 亩。平均每户拥有耕地 3.83 亩，林地 1600 多亩。但是由于林地分为集体林和责任林，所以分到每家每户的林地面积一般在 300 亩到 500 亩范围内。而水田全部分布在咪依噜风情谷沿河两岸，龙山河谷和铺冲河谷坡地多水田少。岔河这样的土地结构决定了岔河农民的农业结构以林业为主，农民耕地但是更多的是依赖于山林。

（3）交通

岔河村紧邻楚大（楚雄到大理）高速公路，217 省道（南永公路①）穿境而过，是四川进入滇西（攀枝花到楚雄）的必经之路。总体上，岔河村委会交通比较便利。

如果具体到 12 个村民小组中每个村民小组，它们的交通情况又各有差别，大体上可以分为两类。

第一类是南永公路沿线六个村民小组，这些小组中马鞍山小组离县城最近，仅 13 公里；新村小组最远，为 19 公里。2007 年以前，从岔河到南华县城有很多专门拉客的面包车，从岔河到南华每人收取 5 元车费。2007 年 1 月开通了从南华县城开往新村的公交车，每四十分钟一班，沿途各个村落均有公交车站，使得岔河的交通更为便利。

第二类为山里的分散的六个村民小组，它们离县城的距离也不是太远（陈官冲 14 公里，起家最远，也才 23.4 公里），但是因为地处山内，进入村庄的道路修葺非常困难，这就使得它们和第一类的村民小组在交通上有很多差别，相对要困难了很多。现在从南永公路到这些村落的道路普遍都比较的难走，多数是泥土路，经过雨水山水的冲刷，一般车子难以上去。不过几乎每个村内都有一两辆拉客的面包车，这些村落的村民出门也不至于太费力。

就交通路面状况而言，在咪依噜风情谷，因为开发旅游和新农村建设，村内道路基本实现了硬化。村内各户之间、各村之间道路都已经硬化改善。每个村寨也都修建了连接南永公路和村寨的硬化路。但是在风情谷之外的村民小组，比如龙山河谷和铺冲河谷内的村民小组，村内道路相对来说比较差，村内除了各家的门前有小部分硬化的水泥地外，村内道路都是泥土路。村与村之间的道路也是泥土的山路，比较难走，适合牛车行驶，汽车也能通行，但路面情况较差。各村民小组与几个重要地方的距离如表 1－1 所示：

---

① 南永公路：2006 年开通，从南华到永仁的二级公路。

表 1-1　**各村民小组与重要地点的距离**　单位：公里

村民小组	大岔河	三家村	新房子	马鞍山	陈官冲	飞家	铺冲	小岔河	新村	芹菜塘	李家	起家
与最近车站的距离	0.05	0.05	0.05	0.05	2.5	5	4	0.02	0.02	3.5	7.2	7.4
与最近集市的距离	16	15	14	13	14	19	18	17	18	19.5	23.2	23.4
与村委会的距离	0.08	1	2	3	6	4.5	4	1	2	3.5	7.2	7.4
与县城的距离	16	15	14	13	14	19	18	17	18	19.5	23.2	23.4

数据来源：岔河村委会《2006 年龙川镇数字乡村工程信息采集表》。

（4）村庄的分布和各自村容村貌

从自然地貌而言，岔河下辖 12 个村民小组，分布在龙山河谷、铺冲河谷和咪依噜风情谷三个河谷之中。其中，龙山河谷内有起家、李家、芹菜塘三个小组，相对来说较远离村委会。铺冲河谷有铺冲、飞家和陈官冲三个村民小组，也是在山内的居民群，咪依噜风情谷有马鞍山、新房子、三家村、大岔河、小岔河、新村六个居民小组，相对前两个河谷，就属于坝区了。

相对于其他两个谷来说，咪依噜风情谷具有地理和资源的优势。咪依噜风情谷海拔 2130 米，平均气温 14.9℃。地处三县交界的南永公路旁，全长 6.5 公里；沿线 6 个村民小组 205 户人家共 901 人。交通便利，自然资源，尤其是河流资源丰富，气候也比山里好，因此咪依噜风情谷发展得比另外两个谷更好一些。加上 2006 年新农村建设，咪依噜风情谷被列为新农村建设的试点之一，在政府的引导下，进行了农村村容村貌的整改活动，现在的咪依噜风情谷已经是国家 3A 级民族文化旅游景点[①]。新农村建设主要是规划了咪依噜风情谷内村庄的道路硬化、居民房屋的墙体粉刷和作画、居民生活污水和垃圾的统一排放和处理、牲畜圈厩的规划分离、公共设施的建设和一些寨门的建设。通过新农村建设，咪依噜风情谷基本上实现了村内道路的硬化，硬化的道路到达了村内每一户村民的门口；统一的垃圾池和污水排放渠，解决了村内垃圾乱扔、污水乱倒的问题；牲畜圈厩的统一规划，把牲畜的圈和人住的地方分割开来，并且对牲畜实行关养，不让牲畜乱跑，解决了村民生活的卫生环境问题；公共设施，比如公厕、停车场、跳歌场等的建设也解决了

① 咪依噜风情谷在 2008 年 5 月被评为国家 3A 级风景区。

很多实质性的问题。居民房屋墙体的粉刷作画，既美观又充分体现了岔河彝族的文化。通过新农村建设，咪依噜风情谷内村容村貌整洁、村内环境卫生，整个村庄看起来清秀舒适。

龙山河谷和铺冲河谷离南永公路稍微远一点，而且处于山上，道路难走，开发起来也有一定的难度。因此谷内的村庄基本保持了它最朴实的样子。以铺冲河谷内的铺冲为例，铺冲位于新房子后面的山上，海拔2400米，从新房子步行大概半小时的路程。铺冲进村的道路和村内的道路都是泥土路，村内布局比较混乱。柴草堆放于路旁，家禽和牲畜也处于半放养状态，村内随处可见牲畜的粪便；没有统一的垃圾池和污水沟，垃圾和污水只能随处泼放；厕所是用树枝和茅草，以及一些旧的编织袋所搭建，属于半露天的结构；部分村民家还存在人畜混居的现象。村民做饭都是用柴，在屋内火塘架柴烧火，没有烟囱，屋内由于长年烟熏，光线不好。村民的建筑也比较的随性，各家依自己的能力和喜爱建房，因此居民墙体有混凝土墙贴瓷砖的，也有黄土本色的。总的来说，铺冲村内环境，相对于咪依噜风情谷来说，显得比较混乱。

龙山河谷和铺冲河谷主要是在山里，山里的村民居住比较零散。有像铺冲一样40户的大自然村，也有一些独家村或者两家三家的小自然村。一个居民小组包含几个小的自然村，村落分布比较零散。但是一般没有远离其他村落的小自然村，虽然分散，但距离都不远。

2. 民族

(1) 彝族

岔河村总人口1548人，其中彝族人口1542人，占总人口的99.74%。彝族是古老民族之一，源于古氐羌人，与唐宋的乌蛮有渊源关系，不同的地区有不同的称谓，元明以来称罗罗、倮倮等，分布云南、四川、贵州、广西和东南亚一些国家，有自成体系彝语和文字。岔河的彝族几乎完整地保留了彝族的生活模式，语言、习惯、信仰都是传统的彝族所特有，一定程度上说来，这里是一个民族文化保存完好的彝族部落。

(2) 其他民族

岔河村委会下辖12个村民小组，共350户人家，1548人，其中只有6人不是彝族，这6人在村内的分布如表1-2所示：

表 1－2　　岔河村非彝族人员分布　　单位：人

	大岔河	马鞍山	陈官冲	铺冲	合计
汉族	1	1	2	—	4
苗族	—	—	—	1	1
普米族	—	1	—	—	1
合计	1	2	2	1	6

调查中我们发现，这6个不是彝族的人，全是从外面到岔河上门的女婿，多数来自昭通、楚雄等地。而据老人们说，以前在岔河是不存在不是彝族的人的；也就是说，这些人是近些年才进入岔河的。这样的情况，可能有这几方面的原因：

虽然彝族主张族内婚，但是这些年，年轻人纷纷出外打工，在外面遇到自己的另一半；而崇尚婚姻自由的父母是很少干涉的。所以会有跟外族人通婚的现象出现。

近几年，岔河的姑娘们由于交通便利等因素，多出外打工，姑娘房也闲置了。而岔河的小伙子们依然保持着去姚安的姑娘房找对象的习惯，因此与外族通婚的一般为女孩。

由于计划生育，岔河很多人家都是两个女儿的双女户。而受农村传宗接代思想的影响，这些双女户就得找上门女婿进门，传承家业。岔河地理位置好，自然资源也很丰富，发展得也快，因此很多小伙子都比较愿意到岔河做上门女婿。在调查中我们发现，岔河很多人家的儿子，其实都是上门女婿；这些上门女婿通常都很有本事，在新农村建设中大展拳脚，做了很多岔河本地人都不敢做的事。

个案 1－1

王某，36岁，汉族，老家昭通，1997年到岔河村委会马鞍山村民小组做了上门女婿。选择这里的原因是这边生活条件比老家好，交通也很便利，认为能够施展自己的能力，做生意赚钱。事实也的确如此，几年内利用自己的经济头脑赚到不少钱。新农村建设的时候大胆投资，大胆的尝试新事物，起到了很好的带头模范作用。

这些人虽然本身不是彝族，但是来到岔河以后各方面都受彝族传统的影响，基本上都被“彝族化”了。他们与当地彝族相处融洽，接受当地彝族的各种风俗文化，除了不会说彝话，他们几乎与当地人无异。而他们孩子的民族成分，也跟随母亲，定为彝族。

随着岔河的发展和进一步的对外开放，越来越多的年轻人到外面打工，也有更多的机会与外族人接触。以后岔河的外族女婿和媳妇会越来越多，这对于岔河民族特色的传承有一定的影响。

3. 民族关系

（1）村内的民族关系

岔河村村民新中国成立前就居住于此，村民几乎都是彝族，村内民风淳朴。在改革开放以前的困难时期，村内也出现过迫于生计的小偷小摸现象，这种行为一般都由村长或那个时候的族长主持内部解决。村民非常鄙视那样的人，所以一旦谁做出那样的行为，在村里几乎就永远抬不起头来。也就是从那个时候开始，村民不得已开始养狗，将牲畜关进人住的屋子，开始人畜混居，为的就是防止牲畜被盗。改革开放以后，随着生活水平的提高，村内民风也变好，夜不闭户、路不拾遗是岔河村民的基本道德规范。现在岔河除了规范化了的咪依噜风情谷，在龙山河谷和铺冲河谷的村庄内，鸡鸭猪牛白天基本都是放养在村内，晚上才关进圈里；山上坡上处处都是果树，但是不是自己家的果子村民都不会去摘；而现在还存在着的人畜混居现象，主要是因为生活习惯和家庭条件的限制。

岔河村村民平时交往比较多。村内哪家遇到红白喜事，邻里之间都会自发的来帮忙，不计报酬，甚至会自带钱、米、油、肉。这样的帮忙往往也是相互的，遇到事情的时候一族的人一起出钱出力，齐心协力解决。因此在岔河遇到红喜事的时候都不请客，客人自己就会找上门来，一般除了亲戚朋友，村内族内的人也很多，而且即使是客人，除了该讲的礼数，大家还一起为主人家出力办事。如果是丧事，主人家只要负责通知舅家亲戚[①]即可，族人会出头支援人力、物力，一起操办。岔河人办喜事都讲究不赔不赚，凡事礼数要周全，不苛刻也不浪费。

① 舅家亲戚在彝族中占有非常重要的地位，一般婚嫁、丧葬、生小孩、动土建房等事情都要请舅家的人参与。

岔河村的家庭结构多为三代结构的大家庭。在岔河，村民结婚以后都不分家，一家人一起吃住干活。兄弟、婆媳、妯娌都生活在同一个屋檐下，但是彼此之间相处融洽，少有争吵。一般岔河村民三代以后才分家，所以岔河的户平均人口都很高，主要是因为大家庭偏多。

岔河彝族多婚姻自主，家庭也很和睦，离婚率不到0.1%①。在岔河，不和睦的家庭往往遭人笑话，而偶尔有喝醉酒打老婆的男人，也会遭村民的唾弃，成为邻里的笑柄。

个案1－2

周莲英，女，44岁，小岔河村人。平时喜欢管闲事，看不惯的事情都要去说上两句，谁家田干了苗倒了也要去扶上一把，哪家遇到事情了也爱去出主意，赢得很多村民的尊敬。嫁到小岔河以后，与公婆、丈夫的四个兄弟家住在一起，直到孩子大了才分家。分家的时候家庭成员是17人，是小岔河最大的大家庭。

个案1－3

起贵先，男，大岔河人。手艺人，会做月琴和木匠、竹编。人本身性格不错，但是嗜酒，酒醉以后打老婆，村民多瞧不起他。寻找农村民间艺人的时候，村民一致推举了李树明，起贵先因此失去很多机会。

岔河的上门女婿很多，可能由于地理位置的优越和村风淳朴等原因，很多小伙子都愿意到岔河来倒插门。村民对这些上门女婿一视同仁，不会因为本身不是这个村的人就欺负别人。而村民都公认，很多上门女婿都很有本事。也正因为如此，即使传宗接代的观念依旧存在于村民的思想中，但是村民对待男孩和女孩几乎没有差别，认为男孩和女孩一样，不存在重男轻女的现象。

在岔河众多的上门女婿中，有6位不是彝族的小伙子。他们虽然不会说彝语，也不懂彝族的很多传统习俗，但是他们跟村民相处都很融洽，他们在村民的包容和指引下已经融入了岔河，融入了岔河的文化氛围当中。

（2）村外民族的关系

岔河彝族是彝语汉字的民族，他们说的是彝话，但是用的是汉字。过去，

① 数据由岔河村委会、岔河村妇联共同提供。

彝族自称倮倮，在彝语中的意思是“虎龙”。但是从汉语的角度来理解“倮”，是裸露在外无遮盖的意思，因此在历史上曾将“倮倮”解释为贬低、侮辱之意，最终发展成为民族隔阂①。经过多年的交往相处，现在这样的隔阂已基本消除，但是不能排除一些封闭的地方有思想封闭的人还持有这样的观念。

岔河彝族在村内交往都说彝语，在与外界的交往中难免遇到困难。在长期与外界的交往中，岔河现在十岁以上的人基本都同时能说彝语和汉话，方便与外界的沟通。但是也有一些年龄特别大的老人不懂汉话，还有学龄前儿童也多数不懂汉话。小孩上学的时候才开始学习汉语。近几年随着生活水平的提高，电视的普及，一些小孩和平时不出门的村民能够更多的接触到外面的文化，汉语水平才有了大幅度的提高。岔河村民都很热情，喜欢与人交往，但是部分村民还是不习惯说汉话，这在一定程度上限制了村民与外界的交往。

彝族人朴实，与人交往中不斤斤计较，给人很热情很可靠的感觉。彝族人的朴实可靠在南华是出了名的，比如一些村民去卖菜、卖蜂蜜的时候，如果穿了彝族服装，即使卖的价格高一点，也会有很多人买，因为别人看到彝族服装就知道这个是彝族，彝族的东西可靠，值得买。也正因为如此，岔河村民与周围村镇的人相处都很好，相安无事。

岔河的彝族好客，不管远近，进了彝家就是客。在岔河，村民都会很热情的跟遇到的人打招呼，不管认识不认识。如果在岔河做客，岔河咪依噜风情谷的村民们热情周到的招待，让人仿佛在家一般的亲切温暖。

（二）村庄概况

1. 自然环境

（1）地理条件的特点

岔河村由于地理位置和自然环境多变，地理条件呈以下特点：

①地形

岔河村位于滇中高原腹地，地形以山区为主，沿河形成一个狭长的坝区。村内各地平均海拔 2130 米，沿河坝区海拔 2100 米。各个自然村或依山傍水

① 南华县志［M］. 昆明：云南人民出版社：651.

而建，或在山间洼地而建。

②土壤

岔河土地大多较为贫瘠，咸丰《镇南州志》中记载：镇南“东北土瘠，西南较沃。下多筑坝储水，高原则全资雨泽。沃土可春谷秋麦；瘠地但春种秋收；山地则多种杂谷；其土宜也”。[①] 岔河的地形中有坝区也有山区，因此土壤环境较为多样。

岔河境内的土壤可分为棕壤、黄棕壤、红壤、紫色土和冲积土五种。棕壤和黄棕壤主要分布在海拔较高的山区，大部分都是林地，也有少量的用于种荞麦、土豆和燕麦。红壤主要分布在坡地，多数均改良成为耕地，种植玉米和豆类。但是土壤养分含量不高，作物一年两熟。紫色土矿物质养分的含量较高，分布范围也比较广，主要分布在坝区边缘和半山区的山坡，土层不深，但是经过多年耕种，大部分已经改为梯地，水土保持得比较好。冲积土分布在沿河两岸，主要是菜地，地势平坦，土层厚，排灌方便，但是土壤本身的养分不高。另外，在咪依噜风情谷还有少量的水稻土，由于长期夏种水稻冬种麦，多年的水旱轮作，土壤内部水、肥、气、热状况较为协调，土壤肥力较强。

③气候

岔河境内地形变化多样，气候受海拔及山形走势的影响，形成立体气候的特点。岔河本身处于低纬度的高原地区，太阳辐射较为强烈；全年辐射最强的是 3 月份，可达 593.55 焦/平方米；最少的为 7 月，但是也达到了 311.4 焦/平方米；平均年日照时数为 2337.1 小时[②]，也就是说，一年有两百多天都是太阳直射的天气。

表 1－3　**龙川镇观测点月平均气温表**[③]　单位：℃

月份	1	2	3	4	5	6	7	8	9	10	11	12
月平均气温	8.1	9.9	12.6	15.9	20.1	21.0	20.3	19.8	17.7	15.6	11.7	7.7

① 镇南州志［M］. 大理：德宏民族出版社，1996：73.

② 南华县志［M］. 昆明：云南人民出版社，2006：133.

③ 南华县志［M］. 昆明：云南人民出版社，2006：133.

岔河的气温变化主要取决于海拔高度。一年之中，夏季较为多雨，冬季晴朗多云，气温变化平稳，冬夏的寒冷和酷暑并不明显。

温度的变化在一天之内是中午 11 点到下午 2 点气温较高，上午和晚间气温较低；一年之间春夏秋早晚温差较大，冬天早晚温差较小，年平均气温 14.9℃。

④降雨

岔河雨季的界限非常分明，每年 6 月到 10 月是雨季，11 月到次年 5 月则降雨量很少。暴雨一般从 6 月开始，8 月和 9 月是雨量最为充沛的季节；6 月到 10 月的降水量占全年的 84% ~92%，11 月到次年的 5 月降雨量占全年的8% ~16%。

表 1－4　**岔河村 2006 年 11 月到 2007 年 10 月各月降雨量表**①　单位：毫米

月份	11	12	1	2	3	4	5	6	7	8	9	10
平均降雨量	4.2	0.8	0.2	11.8	0.2	16.2	160.9	256.7	150.6	167.8	158.4	123.1

由于降雨的季节性十分明显，雨季干季降雨量的多少很大程度上影响着农业生产的收成。尤其是岔河大部分耕地的灌溉条件并不好，农作物的生长主要依赖大气降水；岔河的年降水量平均是 800 毫米，看起来是很充沛的，但是由于降雨时间集中，导致夏季秋季雨水充沛，而冬季春季雨水贫乏。根据几十年的资料显示，很多年份春季的降水难以满足作物生长的需求。

⑤霜

岔河很少降雪，但是受霜冻影响很大。受地形、地势和土壤等因素的影响，岔河境内霜大，霜冻天气多，平均每年霜期有 140 天左右，霜期一般从 11 月下旬开始，持续到次年 3 月下旬。霜冻使得冬春季尤其是小春作物，比如蚕豆、油菜、小麦、土豆等减产，严重的甚至整株植株被冻死。正常情况下，在 2 月上旬以前霜冻比较严重，2 月中下旬以后就很少有严重的霜降天气。但是如果遇到冷空气，也还会出现霜冻，而且这个时候的霜冻造成的灾害更大，因为此时天气已经转暖，遇到霜冻时气温猝然降低，地温也骤然降到 0℃以下，会直接冻伤作物的根和芽。

① 数据来源：岔河村委会 2006 年观测记录档案。

⑥风

受季节和雨季的影响，岔河的风也有明显的季节性。2 月到 5 月是风季，尤其是 3 月到 4 月的风速最大，夏秋季节的风比较轻缓，导致岔河的年平均风速较小。年平均风速 2.1 米/秒，最大风速 19 米/秒，主要以西南风为主导。另外，岔河风速还具有日变化显著的特点，特别在风季的时候更为突出。一般夜间和早晨风速较弱，上午以后风速逐渐增大，午后风速骤增；傍晚时风速又逐渐减弱。风速在 17 米/秒以上的大风多出现在春季和冬季，在主汛期大风还经常伴有冰雹和短时大暴雨，容易引起洪涝、山体滑坡等自然灾害。

⑦水

岔河村委会因地处两条河流的交接处而得名，其中在大岔河、小岔河处都有河流的交汇；一些自然村村内还保留有古老的龙潭。其中大岔河最终并入龙川河，属于金沙江水系。但是岔河村内没有大中型水库，只有六个用于储水的小坝塘，最大储水量为 2000 立方米。水利设施多为灌溉用的水车和沟渠，沿岔河沿岸，共有水田 629 亩，占总耕地面积的 45% 左右①。

除了河流水和龙潭水，岔河境内的山涧水资源比较丰富，山地泉水多，村里还有集体的水源林。所谓水源林就是指能够出水的林子，它出的水都是地表水，因林内树叶堆积很厚所以能够积蓄起来。这里的泉水含人体必需的微量元素和矿物质，又因处于山内，水味甘甜，受污染少，是岔河村民的纯天然矿泉水。现在村民的生活用水多引自这些地方，天热口渴时可直接饮用。

⑧自然灾害

岔河比较容易发生山火灾，在天气干燥的时候是火灾多发期；雨季集中，每年到 10 月暴雨多发，也容易形成洪涝、山体滑坡等灾害。在岔河，每年 6 月到 10 月底是防洪季节；12 月至次年 6 月底是防火季节。村委会成立了专门的应急抢险小分队，负责在灾害来临时的应急、抢险、救灾。

2002 年、2003 年在芹菜唐和陈官冲发生大面积的山体滑坡，20 多亩坡地和庄稼被毁。2008 年 5 月 25 号发生了山体滑坡，受灾主要集中在新村小组，共 9 户人家受灾，损失十多万元；其中一户房屋倒塌，损失两万多元②。村委会在芹菜塘和陈官冲设有专门的山体滑坡观测点，观测员在雨季的时候负责

① 数据由岔河村委会提供。

② 数据由岔河村委会提供。

蹲点观察各观测点的山体活动情况，在有可能出现滑坡的时候及时上报并组织群众疏散。

岔河地处南华与姚安交界处，姚安地底活动较为频繁，岔河曾多次受其地震灾害影响。1993 年 8 月 14 日，姚安发生 5.6 级地震，造成岔河多间居民房屋倒塌，百余人受伤；2000 年 1 月 15 日姚安相继发生 5.9 级和 6.5 级地震，紧邻姚安的岔河又成重灾区，岔河境内多个自然村受灾，房屋倒塌，电力设施和多处公路设施中断。此外，2002 年岔河也发生过一次轻微地震，但是损失较小。

此外，岔河还曾出现过冰雹、雷击等自然灾害，但是比较罕见，损失也不太严重。历史上曾经出现连续 10 年大旱，但是近 10 年以来，岔河境内没有出现旱灾。

（2）自然资源

岔河境内由于立体气候明显，地形变化大，林地面积广，林业资源十分丰富。

①木本植物

木本植物在岔河山区分布较为广泛，主要有松类、栎类、青冈类和栲类、杂木林、桉—黑混交人工经济林和核桃林。松类主要是云南松和滇油杉（俗称罗汉松），还有华山松。云南松是近年人工造林的树种，多为纯林或与滇油杉、旱冬瓜、栎类、山茶杜鹃板栗等组成不同类型的混交林。滇油杉多为零星分布，常与云南松、栎类混生。华山松也是近年人工造林的主要树种，但是在岔河分布较少。云南松和华山松常作为建筑木材，滇油杉则是很好的家具木材，在岔河常用来做棺材和建房。栎类多为中山湿性常绿阔叶林，一般集中或连片分布在高海拔山区，树高、叶大，面积广，常年翠绿，非常壮观。青冈类和栲类主要分布在土层深厚、湿润的地方，尤其在箐沟生长的更好，主要有滇青冈、青冈和毛栲、高山栲、梳齿栲、板栗等树种，混生树种主要是乌饭、杜鹃、山茶、山玉兰等杂木林。岔河境内的杂木林主要是次生林，以舟柄茶、红花木莲、润楠、旱冬瓜、水红木等尤为常见。桉—黑混合林是指桉树—黑荆树混交人工经济林，主要是在沿河的荒山一代种植，既可以保持水土，又可以采集桉叶提炼桉油①，获得经济效益。核桃林是近年在政府引导下村民退耕还林所种植的成片的核桃林。以前也有很多核桃，但是分布比

① 桉树的叶子可以提炼桉油，桉油是一种常见的药用油，多用于清凉油、化妆品中。

较零散，不成片。现在村民开始大面积的种植核桃，但是由于时间短，核桃林以幼林居多，成熟林较少。

此外，由于岔河地少山多，村民世代均有种植果树的习惯，现在村里几乎每家每户都有果树，尤其是山里的村民小组更是如此。在各家各户的房前屋后、田埂地头，不影响农作物生长地方均种有果树，多为花红、刺梨、苹果、桃和李子。一些村民还在村子附近的地里栽种一些花椒，既充分利用资源，增加收入，也形成一道天然的篱笆，防止鸡鸭牲畜进入地里啄食作物。

②野生药材

岔河山多，气候湿润，适合很多中草药的生长。据村民介绍，岔河村境内的山林出产的中草药不下百种，名贵的有麝香、牛黄、穿山甲、蛇胆、鹿茸、灵猫香等，但是由于山林植被一度遭到严重破坏，现在很多名贵的药材已经很难找到。一般的中草药现在仍旧很多，比如黄柏、杜仲、大乌头、山楂、连翘、三七、当归、川芎、白芷、桔梗、党参、天麻、生地、大黄、板蓝根、荆芥、山药、藿香草、附子、柴胡、半夏、伸经草、黄芩、龙胆草、红花、茯苓、金银花、草乌、披麻草等，现在在岔河的山林、箐沟之中还经常可以见到。

③野生菌

南华县素有“野生菌王国”之称，岔河也盛产各类野生菌，其中以松茸和牛肝菌最为出名。松茸又名山鸡枞，多生长在高海拔、多阳光、多通风的松栎混交杂灌木林中，具有抗癌、增强智力发育、强身、理气、化痰等功效，多出口日本，是岔河村主要的林下资源之一。牛肝菌也是出口日本的菌类之一，主要生长在海拔较低的阔叶林和杂木林中。此外，还有一些鸡枞、木耳、香菇等菌类也大量出口，给岔河村民带来不少的经济收入。而一些青头菌等杂菌和大部分的鸡枞主要是村民自己吃，或者拿到集市去零卖。

④野生动物

岔河村林地面积大，地形地貌复杂，海拔高差200多米，植被种类丰富。这样的环境，孕育出了很多种类的野生动物。据村民介绍，在岔河境内以前曾有狼、豹、熊、猴、鹿、蟒等珍稀动物，后来由于山地被过度开垦，树木过度采伐，很多动物生活环境被破坏，现在这些动物已经较为罕见。现在山间动物主要有麂子、岩羊、野猫、穿山甲、松鼠、蛇、野鸡、啄木鸟、猫头鹰、野兔等。另外还有多种不知名的小鸟，冬天还有从其他地方飞来过冬的候鸟。松鼠很多，即使村边的大树上也常见松鼠跳来跳去，给静谧的山村平添一种活泼调皮的韵味。

（3）自然资源的利用

岔河村由于多变的地理地形和较大的海拔高差，境内的气候、环境等自然条件变化多样，种植资源和林业资源因此变得丰富。下面本书将分别从这两方面进行介绍。

①种植资源

由于岔河自然条件限制，岔河村民种植的作物种类较为单一，主要是种植玉米、麦和豆类，在沿河一带种有部分水稻。但是由于天气较冷，霜冻天气多，农作物产量不高。1979 年，南华县被列为大白芸豆生产基地，岔河村民开始大面积的种植大白芸豆。但是由于大白芸豆不能套种，村民又不能放弃原有作物的种植，因此大白芸豆的种植也非常有限。2005 年有村民尝试种植少量的油菜，充分利用土地空闲时间，提高土地利用率。2008 年南华县政府牵头将沿河一带的水田集体承包给人种植西兰花，每亩水田每年补助村民 900 元以后，村民现在几乎已经不再种植水稻，所有的耕地均为旱地，种植粮豆和蔬菜瓜果。以前村民在山上垦荒种植荞子[①]，采用刀耕火种的方式，耕作粗糙，产量也不高。但是后来退耕还林，现在没有人再采用这样的种植方式，也很少有人种植荞子了。

此外，村民还在地埂、背阴地、瘦地等难长粮食的地方种植一些魔芋、青饲料、黑麦草等东西，可以作为经济作物，也可以作为肥料增加土地肥力。

②林业资源

岔河有着丰富的林业资源，全村共有林地 57351 亩，在这样大面积的林地里，不仅有各类木材和柴火，还有很多经济林果和林下资源。

木材和柴火曾经是村民从林地中获得的主要资源。村民建房、修路甚至买卖都从山林中取木材；柴火也曾是岔河村民的主要经济来源。尤其在 20 世纪 60 年代末到 80 年代，对木材的砍伐一度失去控制，村民几乎以砍伐木材为生；除了砍木材，村民还砍一些柴火到集市去卖。这直接导致了岔河村的林地面积减少，很多大树、好树都被砍伐。90 年代实行了砍伐报批制度以后，这种情况才得到有效控制。21 世纪以来，村民在政府引导下开始退耕还林、栽种和保护幼树、有计划地采伐木材树木，现在岔河的林地基本得到恢复，

① 荞子，当地人对荞麦的叫法。

只是大树较少。

岔河村主要的经济林有桉—黑经济林和核桃林。近年来，响应退耕还林的号召，村民在政府的引导下，大量栽种核桃、樱桃和桉树等经济林种，在退耕还林方面取得较大成就。桉树经济效益见效快，一般栽种以后两年到三年就可以采叶，但是从长远的角度来说经济效益低；核桃生长期长，栽种以后一般10年才可以挂果，有所收成，但是长远的经济效益高。另外樱桃也是适合在岔河生长的经济林果①之一。

林下资源主要是菌子、中草药、野果和各种野生动物。以2006年岔河村委会的统计报表数据为例，2006年岔河村民一共采集各类菌子22840公斤、木耳600公斤、野生药材4000公斤、食用野菜5916公斤、杨梅7187公斤②。这些资源村民一般都拿到南华县城集市出售，从中获得了不少的经济利益。值得一提的是，岔河的中草药种类多，产量大，但是由于村民对草药不熟悉，认识的种类少，所以能够采到的药不多，经济收入不高，与菌子相比更是相差甚远，所以只有农闲的时候，个别村民会上山采药来卖。不过，据村民介绍，村内有中医，专门从事草药的采摘和中医工作，治疗毒蛇的咬伤、中风、不孕不育等病症，且有奇效。

岔河林地面积广，野生动物类型多，穿山甲的药用价值高，麂子、岩羊、野兔、野鸡等野生动物也是上等的野味，过去村民农闲时多上山围猎，捕到猎物也不出售，一村的人聚在一起大吃一顿。由于捕猎并不广泛，仅作为一项消遣。在政府实行封山育林、封山育菌的政策以后，几乎无人再上山狩猎。

除了山林资源，在岔河村村民的房前屋后、田间地头还有很多果树。苹果、刺梨、桃、柿子、花红等都是岔河村比较普遍的果木，只是在岔河村内，这些水果不出售，仅是作为村民自用或者邻里之间的馈赠物。地埂上还会有一些花椒，和核桃、樱桃、桉树一起构成了岔河村的几大林产品。

（4）近年对自然资源的保护

近年随着政府宣传的开展，封山育林等措施的提倡，村民的生态意识有了很大提高。

随着对松茸、牛肝菌、鸡枞等林下资源的开发和对外贸易的发展，村民

① 由于樱桃成熟期短，采摘困难，且难保存，所以在岔河目前栽种的樱桃不是太多。

② 数据来源于岔河村委会2007年农村经济统计年报报表。

对山林的保护意识不断增强，林木砍伐和垦林开荒的现象都已经规范化，不存在村民乱砍滥伐的现象；对于政府引导、提倡的封山育林、封山育菌等政策，村民也十分积极地配合。封山育林保护了幼林的生长，缓和了历史上过度砍伐造成的生态危机；封山育菌则保护了松茸、牛肝菌的生长环境，对保持和提高松茸产量起到很大的作用。

另外，在政府的宣传引导下，村民对山间低产的坡地、山地自主的进行退耕还林，栽种一些云南松、华山松之类的木材树木；在条件适宜的地方还栽种桉树、核桃和樱桃等经济林果，岔河村民实现山林的绿化和提升植被质量工作都有了很大成效。

2. **人口与劳动力**

岔河村村落范围大，人口多，人口的发展、结构和人口素质都比较稳定，劳动力资源较为丰富。

（1）人口现状

①人口的历史发展

在近代历史上，南华县是滇中有名的贫困地区。“男走夷方，妇多居孀；生还发虐，死弃道旁；死者虽众，然往者甚众，盖地瘠使然也”[①]，就是当时南华状况的真实写照。由于山瘠地贫，男子都被迫到缅甸、老挝一带出卖苦力；而且医疗条件极为糟糕。在这样的条件下，岔河村人口发展缓慢，死亡率也很高，导致整体上人口比较稀少。

新中国成立初期的时候，岔河村人口并不多。那时候整个南华县只有县卫生院一家公立的卫生机构，有卫生技术人员 3 到 5 人；有医药铺子十余个，也多数集中在县城和沙桥两地。医药卫生条件较差，婴儿死亡率高。

在新中国成立后很长一段时间里，村民生活逐步安定下来，生活水平得到提高，人口才开始快速增长。以小岔河村民小组为例，新中国成立初期，小岔河村一共有 24 户，127 人次，而现在有 48 户，215 人次了，人口增长速度还是比较快的。

②人口现状

岔河村委会现在下辖 12 个村民小组，截止到 2008 年 6 月，全村共有 353 户，1548 人次，其中只有 1542 人是彝族，占总人口的 99.7% 以上。

---

① 南华县志［M］．昆明：云南人民出版社，1995：2.

以2006年数据为例：

表1－5　　2006年岔河人口状况统计　　单位：人

项目 \ 单位		大岔河	三家村	新房子	马鞍山	陈官冲	飞家	铺冲	小岔河	新村	芹菜塘	李家	起家	合计
户数		31	12	14	22	13	17	40	48	73	17	36	27	350
人口		142	63	60	86	59	82	160	215	317	76	166	120	1546
平均每户人口		4.58	5.25	4.29	3.90	4.55	4.82	4.00	4.48	4.34	4.47	4.64	4.44	4.42
人口性别比率	男性	70	38	24	47	32	45	90	92	160	36	96	65	795
	女性	72	25	36	39	27	37	70	123	157	40	70	55	751
	男女比率	0.97∶1	1.52∶1	0.67∶1	1.21∶1	1.18∶1	1.22∶1	1.28∶1	0.75∶1	1.01∶1	0.90∶1	1.37∶1	1.18∶1	1.06∶1

数据来源：岔河村委会2007年人口统计表。

③家庭结构

与其他地方的彝族的小家庭生活不同，在岔河，村民多数都是以大家庭的形式生活在一起，三代以内一般都不分家。儿子或者女儿结婚以后都跟父母居住在一起，直到孩子大了才分开。因此，岔河村每户人家的平均人口差不多都在4人以上。

④年龄结构

自20世纪80年代实行计划生育政策以来，政府规定每对夫妻正常情况①下可生育两个孩子。所以，现在岔河村内年轻人一般都是两个兄弟姐妹。岔河老人不多，70岁以上的老人一共有6个，分布在各个村民小组。多数村民家里都有两个45岁以上的人和两三个年轻人，下面再有一两个小孩，所以平均看来，岔河村人的年龄结构比较合理，老龄化问题并不严重。

⑤性别比例

从表1－5可以看出，岔河村委会的每个自然村男女比例都不太均衡，但

① 在前两个孩子有先天性疾病，比如痴呆、聋哑等情况下可以申请生第三个。一般情况是指生育两胎，但是如果第一胎是两个或两个以上，就不允许再生第二胎。

是整体性别比例达到1.06∶1，人口性别比例中人为因素几乎不存在。

其实岔河村民对待男孩女孩的态度极为开放，村内男女一律平等。实行计划生育政策以后，一对夫妻生两个孩子，导致岔河双女户增多。在岔河350户人家当中，双女户有56家，占总数的15.86%[①]。双女户的人家一般选择一个女儿招上门女婿，视上门女婿如自己的儿子。在岔河人心目中，女儿和儿子是一样的。因为村民思想开明，计划生育工作在岔河进展很顺利。

⑥婚姻状况

岔河的人主张婚姻自由，男女到了一定年龄就可以自由的谈情说爱。按照传统，女孩16岁以后就可以住进姑娘房，开始与年轻人自由交往，寻找合适的对象；而男孩一般成年以后就可以进姑娘房。但是岔河村民结婚年龄一般都在20岁以上。在调查中遇到的几位年龄45到65岁的大妈，她们结婚的最小年龄是20岁，最大是25岁，都跟丈夫谈了至少三年才结婚的。在现在的年轻人中，思想更加开放，见识也更广，他们更不愿意过早结婚，因此结婚年龄比过去更大。但是一般都是有固定对象的，少见找不到对象的情况。

历史上，彝族基本都实行一夫一妻制，只有无法生育的会娶二房。婚后夫妻感情不和的，双方均可提出离婚，但是由于婚姻自主，婚前又有深厚的感情基础，所以村民结婚以后很少有人离婚。岔河村妇女主任周荣秀告诉我们，在岔河，夫妻家庭都很和睦，离婚率低于0.1%。婚后丧偶或者离异的，无论男女都可以再婚，亲人一般都不加干涉。但是这种情况较少。

过去，岔河彝族主张族内通婚，几乎都是通过姑娘房寻找对象，所以通婚范围集中在岔河本地和姚安一带。调查中发现，很多岔河村的妇女都是姚安人；而现在村内20岁左右的小伙子，也多数都去姚安的姑娘房。另外还有一些来自大姚和五街的妇女。随着近几年越来越多的年轻人出门打工，或者在外跑运输，接触的人范围扩大，岔河村民的通婚对象从此也开始有了其他民族的人，尤其是女孩找对象，已经几乎不受限制。岔河村民的通婚范围将逐步扩大。

⑦人口素质

岔河村山清水秀，环境宜人，虽然气候较为冷凉，但是天然没有受污染；得益于山林，空气质量非常好，是天然的氧吧。由于长年做农活，岔河村人

---

① 数据由岔河村委会提供。

都锻炼出一副好身板，身体素质都不错。村内除几位高龄老人由于长年劳累留有顽疾，或者因意外导致残疾之外，大部分村民身体都很好。

岔河山里有很多中草药，一些常见的补药村民常会采来食用。三七可以调血补气，大乌头可增强身体抵抗力，这些都是村民常炖来吃的。另外，岔河村民的饮食习惯很好，他们喜欢吃野味，野菜、野鸡和麂子等都是绿色健康的食品。村民还爱吃水果，村内几乎每家都有果树。村民喜欢喝自酿的白酒，适量的饮用白酒对身体也很有好处，促进体内血液的循环和新陈代谢。过去生活水平不如现在，很多村民吃不上大米，就用玉米、荞麦或者大麦代替，杂粮的交替也在一定程度上保证了村民身体所需的营养。松茸的药用和营养价值都很高，过去松茸不值钱，村民就直接将其采来食用，现在很少有人舍得吃松茸，但是生活水平也已经提高了。饮食的合理搭配，保证了身体所需的营养。

村委会卫生所会不定期的向村民宣传一些保健和防范传染病的知识，村民的健康意识也得到了相应的提高。

岔河村人口的文化素质普遍不高，调查中了解到，50 岁以上的村民大多数只上到小学，甚至不曾上学；30 岁到 50 岁的人中，也是念到小学和中学的人居多；30 岁以下的年轻人，很多也只念到初中毕业，还有不少小学毕业的人。主要原因是穷，家庭负担过重。岔河村只有一所完小，两所村小，村内孩子上学条件不太好，教学条件较差；而中学得到南华县城去上，对于很多家庭来说的确是无法承受的。但是在调查中我们也了解到，很多岔河村民都看重读书，如果条件允许，他们都愿意给孩子提供足够的读书机会。

2006 年岔河村民文化程度统计①

表 1-6　　**（衡量人口素质的重要标尺之一）**　　单位：人

项目 \ 单位	大岔河	三家村	新房子	马鞍山	陈官冲	飞家	铺冲	小岔河	新村	芹菜塘	李家	起家	合计	占总人口比率
人口	142	63	60	86	59	83	160	215	317	76	167	120	1548	—

① 数据根据岔河村委会档案整理得出。

续表

项目＼单位		大岔河	三家村	新房子	马鞍山	陈官冲	飞家	铺冲	小岔河	新村	芹菜塘	李家	起家	合计	占总人口比率
受教育程度	大专及以上学历	—	—	—	1	—	—	1	1	3	—	1	3	10	0.65%
	中学	40	18	16	18	8	20	45	60	71	5	16	20	337	21.78%
	小学	90	41	39	57	47	58	102	142	213	66	139	90	1084	70.05%
	未上学	12	4	5	10	4	4	12	12	30	5	10	7	115	7.43%

(2) 人口变动

①出生和死亡

由于岔河村档案资料缺失，调查中无法取得完整的关于岔河人口出生、死亡变动的数据，但是根据各年南华年鉴所提供的资料，我们也可以对岔河村人口的出生和死亡情况做个简单的类别判断，虽不是非常准确，但也是目前能找到的最好的办法了。

表 1-7　**南华县 2001—2006 年出生、死亡、自然增长人口统计**①　单位：人

年份＼项目	出生人口	出生率	死亡人口	死亡率	自然增长人口	自然增长率
2001	3615	1.527	1691	0.735	1924	0.837
2002	3459	1.497	1728	0.748	1731	0.749
2003	3193	1.370	1665	0.715	1528	0.656
2004	2908	1.241	1591	0.679	1317	0.562
2005	2728	1.158	1651	0.701	1077	0.457
2006	2557	1.082	1675	0.709	882	0.373

① 数据由笔者通过对南华年鉴（2002—2007 年）整理得出。

从表 1－7 可以看出，南华县的人口出生率逐年降低，人口自然增长率也逐年递减。通过我们的访谈也可以判定，在岔河也是相同的情况，人口在不断增加，但是人口增长率在逐年递减。由于实施计划生育，人口的出生率得到有效控制，人口增长速度减缓。

②人口流动

调查中我们发现，近两年岔河的迁入迁出人口几乎为零。从 2006 年到 2008 年 6 月，一共有 3 个户口迁出，分别是因为上学迁到学校或者结婚后迁出；4 个户口迁入，都是因为结婚把户口迁到村里。

村民外出打工的人数有所增多。在村委会的组织引导培训下，村民外出务工的人数和外出务工素质都有提高，这形成了岔河村主要的人口流动状况。

表 1－8　**2006—2008 年岔河村劳动力培训转移统计**[①]　单位：人

项目 年份	参与培训人数				培训类型	实际外出务工人数	外出务工地区				
	合计	文化程度					国外	国内省外	省内州外	州内县外	县内村外
		小学及以下	初中	初中以上							
2006	100	65	33	2	引导性培训	81	0	41	13	18	9
2007	105	77	27	1	引导性培训	90	0	48	16	19	7
2008	106	83	19	4	引导性培训	106	0	54	21	24	7

从表中可以看出，岔河村每年培训、输出的劳动力越来越多，输出目的地也逐年往外省扩散。由于初中和初中以上文化的人已经优先输送出去，培训的对象中小学文化的人也逐年增多；通过有针对性的引导性培训，输出的劳动力文化素质均有提高。

(3) 人口政策

岔河村虽然是少数民族村，但是在计划生育政策方面并没有特殊的优惠

① 数据根据村委会档案材料整理、提供。

政策。根据政策，一对农村夫妇可以生育两个孩子，两个孩子之间间隔至少4年。从20世纪80年代开始实行计划生育到现在，村民们对这些政策也已基本了解。但是村委会还是定期的举行计划生育宣传活动，放映一些关于计划生育的电影。从2002年开始，岔河村的计划生育率就达到了100%，村民了解计划生育，也支持计划生育。岔河村的妇女主任周荣秀告诉我们，在农村，一般都会有重男轻女的思想，岔河村民不重男轻女，这是极其难得的。这也是岔河的计划生育率百分百的一个主要原因。

政策提倡生育独生子女，对独生子女做出了相关的优惠：凡在孩子14周岁以前办领了独生子女证明的，一次性奖给父母1000元；独生子女上小学的时候每年发给奖学金160元，上初中每年发给260元；独生子女上学升学考试的时候也有加分的优惠。另外，独生子女16周岁以前免除其父母所要承担的农村一事一议的筹资筹劳等。岔河村委会、卫生所都很好的落实了这些政策，体现在他们政策上的就是奖优减免，奖就是直接奖给父母的1000元，优就是指一些特别的优惠措施，减是指减父母在村内的义务工，免是直接把义务教育的学杂费免掉。在村委会和卫生所的宣传下，岔河村内现在有26户人家是独生子女户。

除了计划生育宣传，村委会还定期给村内妇女做保健体检，做避孕保健宣传。因为这些宣传都直接涉及村民的利益，村民都积极参与，这给村内妇女的身体健康和妇女怀孕质量提供了保障。

表1-9　　**2007年岔河村委会计划生育工作表**[①]　　单位：人

项目／单位	已婚妇女人数	年计划生育数		年初婚女性	年实际出生数		三种节育人数			其他措施避孕	
		一孩	二孩		一孩	二孩	男扎	女扎	放环	用药	用具
大岔河	36		1			1					
三家村	18	2	1	1	2	1		11	1		1
新房子	16							10	2		
马鞍山	19		1	1		1		10	3		1
陈官冲	14	1			1			7	5		

① 数据由岔河村卫生所提供。

续表

项目 单位	已婚妇女人数	年计划生育数		年初婚女性	年实际出生数		三种节育人数			其他措施避孕	
		一孩	二孩		一孩	二孩	男扎	女扎	放环	用药	用具
飞家	23	1	1	1	1	1		15	3		
铺冲	38		1			1		25	2		1
小岔河	50	3	1	3	3	1		34	5		3
新村	84	2	3	4	2	3		49	11		4
芹菜塘	17	3	1	1	3	1		10	3		2
李家	145		3	1		3		26	5		1
起家	32	2		1	2			21	2		1
合计	317	14	13	13	14	13		240	46		14

岔河计划生育工作各方面都完成得很好。目前岔河村有已婚育龄妇女 317 人，结扎 230 人，放环 38 人，用药具避孕 16 人，计划生育率达 100%，综合节育率达 82%。双女户 59 户，独生子女户 26 户。2007 年一共举办了两次关于婚育的宣传培训，发放有效宣传资料 340 多份，帮助、咨询了关于婚育问题 18 次。村民有 6 人购买了独生子女保险，16 人购买了养老保险①。

在村委会和村卫生所的宣传下，村民基本上做了节育手术或者采取了适合的避孕措施。但是实际的计划生育工作中也存在困难，很多的村民认为做节育手术会影响人的身体健康，因此做手术的一般都是妇女。

(4) 劳动力

根据 2006 年村委会对岔河人口的统计，我们得到以下数据：

表 1－10　**岔河村 2006 年劳动力状况②**　单位：人

单位 项目	大岔河	三家村	新房子	马鞍山	陈官冲	飞家	铺冲	小岔河	新村	芹菜塘	李家	起家	合计
户数	31	12	14	22	13	17	40	48	73	17	36	27	350

① 以上数据均由岔河村委会和岔河村卫生所提供。

② 数据根据岔河村委会提供的资料整理得出。

续表

单位 项目	大岔河	三家村	新房子	马鞍山	陈官冲	飞家	铺冲	小岔河	新村	芹菜唐	李家	起家	合计
人口	142	63	60	86	59	82	160	215	317	76	166	120	1546
平均每户人口	4.58	5.25	4.29	3.90	4.55	4.82	4.00	4.48	4.34	4.47	4.64	4.44	4.42
农业人口	141	62	60	85	59	82	159	212	314	76	165	118	1533
劳动力	82	34	36	56	39	50	110	133	204	50	86	58	944
其中：第一产业劳动力	45	18	23	34	29	37	80	75	117	38	68	49	613

岔河村产业结构较单一，村民主要从事农林业，经济来源有限，导致经济发展缓慢。村委会鼓励年轻人出外打工，又长见识也带动村内经济的发展；留守村内的劳动力主要是25岁到50岁的人。

从1990年开始，村内就有年轻人开始从事运输业。从最开始的马车、拖拉机，到现在的大卡车，多年以来运输业的发展，解决了很大一部分劳动力的就业问题。现在岔河350多户人家，就拥有车辆110余部，主要是青壮年男性从事长途货运和短途客运的工作。另外，在运输业开始发展以后，岔河的菌子也出了名，一些年轻人也开始从事菌子的加工买卖工作。但是菌子的买卖只集中在每年的6月到9月，过了这个时间段，从事菌子买卖的人就得寻找新的工作。

村内每年都有部分年轻人出门打工，村委会也会向村民提供各种就业、务工信息。外出打工转移了很大一部分农村剩余劳动力，对岔河经济的发展起到了积极作用。

表1-11　**2006年岔河村劳动力输出统计表**[①]　单位：人

单位 项目	大岔河	三家村	新房子	马鞍山	陈官冲	飞家	铺冲	小岔河	新村	芹菜塘	李家	起家	合计
人口	142	63	60	86	59	82	160	215	317	76	166	120	1546
劳动力	82	34	36	56	39	50	110	133	204	50	86	58	944

① 数据由岔河村委会提供。

续表

项目 \ 单位		大岔河	三家村	新房子	马鞍山	陈官冲	飞家	铺冲	小岔河	新村	芹菜塘	李家	起家	合计
外出务工人数		8	5	3	6	2	3	8	18	20	1	4	3	81
外出劳务收入（万元）		2.24	2	0.8	1.1	—	0.6	1.7	5.4	6.36	—	0.9	0.9	22
劳务输出去向	省内	2	1	1	—	—	1	1	6	7	—	3	—	26
	省外	7	3	3	4	—	2	5	13	17	—	1	—	55

不难发现，外出务工人数的比率在咪依噜风情谷比较高，基本都在 10% 左右，在龙山河谷和铺冲河谷就要低得多。这主要是由于咪依噜风情谷交通便利，信息也比较灵通，村民思想更为开放的缘故。由于交通的便利，与外界的接触逐渐增多，外出务工的人越来越多，从事的行业也更多的偏向于第三产业。下表是 2006 年到 2008 年岔河村委会统计的外出务工劳动力分布的变化。

表 1－12　**2006—2008 年岔河村输出劳动力的行业分布状况**①　单位：人

年份 \ 项目	总劳动力	外出务工	外出务工产业分布			务工收入（元）
			第一产业	第二产业	第三产业	
2006 年	944	81	0	55	26	220000
2007 年	944	90	0	26	64	375000
2008 年	944	106	0	27	79	—

2007 年咪依噜风情谷开谷迎宾，岔河村委会转移了 160 名劳动力，从事咪依噜风情谷的旅游服务工作。随着旅游业的发展，岔河很多村民已经从土地中脱离出来，专门从事旅游服务工作，形成了离土不离乡的新的劳动力分配格局。在旅游业的刺激推动下，岔河很多村民开始尝试养殖，这也算是劳动力分配的一种转化。

① 数据由笔者根据岔河村委会档案资料整理得出。

3. **产值、收入**

（1）新中国成立前的村民产值和收入

岔河村民世代以农耕和山林为生活的主要来源。由于自然条件限制，岔河的农作物产量不高，新中国成立前村民生活非常贫困。光绪《镇南州志》中所载："'男走夷方，妇多居孀。生还发疟，死弃道旁'。然死者虽多，往者尚众，盖地瘠使然耳。"[①] 就是那时候人民贫困生活的真实写照。康熙《镇南州志》和民国《镇南州志》也有类似的关于那时候人民贫困状况的描述，地里种不出庄稼，年轻人都到缅甸、老挝一带做苦力，村内留下老弱和妇孺，以种植苦荞和采集野生资源为生，境况非常凄惨。

根据村内老人的描述，在抗战和内战期间，长年的战争不仅破坏了原本就脆弱的农耕生产，一些军阀还从村内大量的抓走青壮劳力，即"抓丁"，人民生活更加艰难。很多村民为了躲避抓丁，都纷纷往山里搬迁，在山里开垦坡地，以种植玉米和荞麦为生。

（2）新中国成立后到改革开放期间的村民产值和收入

新中国成立后，经过一系列的政策改革，岔河村民的生活在很大程度上得到好转，但是由于新中国的农村建设是在摸索中曲折前进的，所以农村经济的建设也波折不断，村民的生活时好时坏。据村内老人回忆，在互助组的时候生活较好，至少能够吃饱饭；但是后来大锅饭的时候就乱了，村民生产的积极性也不高，而且又遇南华县十年大旱[②]，岔河村虽不是重灾区，也受到了一些影响，村民生活极度贫困。村内经济全部是集体的农业林业经济，村民对集体经济没有支配权。个体的买卖、手艺加工等都被禁止；在"文化大革命"期间，村内的民俗文化活动也统统被禁止，包括传统的民族习俗和民族歌舞，村民每日忙于挣工分，民间手艺几乎绝迹。

（3）改革开放后的村民产值和收入

①改革开放初期。

改革开放以后，村民不仅分到了土地，还对自己的土地有了真正意义上的支配权，而且村民对于如何发展自己的生活也有了决策和实施的自由，村

① 镇南州志［M］. 大理：德宏民族出版社，1996：199.

② 《南华县志》1995年版第147页记载，南华县从1961年至1977年，每年少雨、迟雨，很多乡镇粮食颗粒无收。

民生活水平得到大幅度的改善；经过不到两年的时间，岔河村民就解决了基本的温饱问题。虽然条件依旧不是很好，但是基本需求得到了保障。

由于岔河村土地农作物产量不高，而且多居住在山间，水田面积少，因此村民每年种植的大米都不够吃，经常是大米和大麦粑粑一起交替着吃；没有水田的村民就吃“苞谷饭”或者“荞饭”、“麦饭”①。为了提高粮食收入，一些村民到山上大量的开垦荒地、坡地，大面积的种植荞子。但是由于土质本身不好，而且耕作粗糙，多用类似于刀耕火种的方式，往往出现“种一坡，收一车”的现象。

岔河村集体所有农用耕地面积1340亩，水面367亩，而林地有57351亩。在耕地和水田产量不高的情况下，岔河村民生活上更多的是依靠山林。岔河山多，除去集体林，每户村民家都有300~500亩的林地。改革开放初期，岔河村民经济极度贫困的时候曾经大量的砍伐树木，大树卖木材，小树卖柴火，以此来维生度日。1983年林地包产到户，村民对于自己的山林拥有栽种和砍伐的权利，村民对山林的保护意识有所提高，但是一些木材依旧被过度采伐。村民从山林获得不少的收益，而山林却一度遭到严重破坏。岔河村山林的林下资源丰富，野生菌、野生药材、野核桃、野杨梅和野生小动物都是村民的宝贝，村民可以拿来自用，也可以拿到集市上卖，成为村民主要生活来源之一。但是由于曾经过度砍伐木材，林下资源也迅速减少。此外，除了山林资源，很多村民家都有祖辈栽种的果树，产量也较为可观。但是这些果树品种不好，属于原生态的品种，经济价值不高，村民也不会采集果子出售。

②改革开放中后期。

20世纪90年代初开始，村民生活水平得到提高，生活稳定，与外界接触增多。一些有胆识的人开始尝试脱离农耕寻找其他出路，于是一些人开始外出打工，一些人开始拉人拉货搞运输，一些人开始做生意等。岔河村的经济开始由单一的农耕转向多元化，村民生活也越来越好，部分人依靠农耕以外的方式脱离贫困，发家致富。到目前为止，岔河村有运输户70多家，专门从事长途货运，做得好的可每辆车年纯收入十万左右；每年都有外出打工人员一百多人次，带回可观的打工收入；做生意的人也从单纯的货郎发展到现在

① 苞谷饭、荞饭、麦饭：就是用玉米面、荞面、麦面加凉水做成小粒疙瘩，蒸熟即成“饭”。

专门从事野生菌、野生药材、核桃、大白芸豆等方面的收购和粮油百货专营的便利店。可以说，从90年代开始，岔河村的经济开始出现腾飞。

90年代末，南华县政府、岔河村办事处开始着重宣传林地保护政策，村民也意识到了林地破坏带来的各种损失，开始积极栽种、保护林木。2002年，政府提倡封山育林、退耕还林、封山育菌，由于关系到自己的切身利益，岔河村民积极响应，在政府引导下，在低产的坡地、荒地上，根据实际情况栽种云南松、核桃、桉树、樱桃等；在各自的山林内保护林木、保护野生菌，尤其是保护松茸和牛肝菌等经济价值高的出口菌类。村委会还经常搞一些经济林木种植和松茸培育的培训讲座，提高村民这些方面的知识。在多方面的保护下，野生菌的产量开始回升，而且岔河村也先后出现了一些经济林的种植大户。岔河村每户人家都有自己的林地，由于各家林地的地理环境不同，山高一些的，太阳光照好，产松茸就会比较多；往低一点的地方，就是牛肝菌和其他一些杂菌比较多。拥有产松茸的林地的人家，每年仅松茸就可以收入一万多元，算是比较可观的了。另外岔河村委会副主任罗忠发告诉我们，他家里有30亩桉树，20亩核桃，200多亩松树林；现在桉树每年收益几千块，如果按目前的市场价估计，等核桃投产收益以后预计每年可以收益2万到3万元，等他老了干不了活的时候，坐着吃这些树就可以了。而罗主任家的林地在岔河村并不算是多的。

在耕地方面，由于岔河村的自然条件限制，耕地收入没有太大的改变和提高。只是不再利用以前粗放的耕作方式，在耕作中利用采用新品种、有机化肥和一些基本农药，相对来说，耕作方式精细了很多。由于村民的耕地多在山坡上，部分村民仍旧保持着人背马驼的劳作方式。80年代的时候，南华县被评为大白芸豆生产基地，村民一度积极的种植白芸豆，但是由于白芸豆不能套种，村民又不能放弃原有作物来单纯的种植，所以产量并不高；而且后来收购价格下降，所以种白芸豆也没有很好地在岔河村内发展起来。现在村民都是在不影响其他作物收成的前提下少量的种植一点白芸豆。

2008年，考虑到村民自己种田产量低、效益低，岔河村委会和南华县政府牵头，将岔河咪依噜风情谷沿河岸一带的水田和沿岸坡地租给别人种植西兰花，每亩田地每年补助给村民900元。村民普遍认为这是很划算的，因为以前水田种出来的水稻还不够自己家人吃，现在利用补助得到的钱，差不多足够买米了。

下面以2006年的数据对比说明岔河村各自然村的产值收入状况。

表 1－13　2006 年岔河各村民小组经济收入状况

单位：元

项目＼单位	大岔河	三家村	新房子	马鞍山	陈官冲	飞家	铺冲	小岔河	新村	芹菜塘	李家	起家	合计
总收入	614389	285178	185835	338086	183602	284817	576262	1170853	1065360	252014	531310	422140	5899846
种植业	133999	66458	49075	83646	57592	84487	198492	185413	335630	79084	17510	146770	1596156
畜牧业	163730	98080	107120	142520	96710	138830	276430	295580	459430	137310	273380	255830	2414590
林业	25360	13040	12800	22800	14720	22560	52800	33200	73360	20080	43280	29600	363680
第二、三产业	89960	37000	7000	67000	3500	2600	2300	596000	136340	11000	13200	10100	1240200
工资性收入	31240	20600	98400	22040	11080	12940	25540	60660	60600	4540	15940	9840	284860
主要收入来源	农业、林业	农业、林业	农业、林业	农业、林业	农业、林业	农业、林业	农业、林业	农业、林业	农业、林业	农业、林业	农业、林业	农业、林业	—
人均纯收入	1596	1662	1456	1576	1388	1478	1582	1637	1624	1458	1648	1627	1589

③新农村建设后部分村民的产值和收入。

2006年岔河开始搞新农村建设，把咪依噜风情谷列为建设范围。依托新农村建设的契机，村委会和县政府在咪依噜风情谷搞旅游开发，谷内每个居民小组都参与搞农家乐。由于旅游开发力度大，农家乐生意红火，带动了村内服务业和一些种植业、养殖业的发展，咪依噜一带村民的收入发生了很大变化。

2007年1月，咪依噜风情谷正式开谷迎宾，随后，在咪依噜风情谷的6个村民小组先后开办起了11个农家乐，其中，有十家是属于几户联营的模式，一共有68户323人参与经营，从业服务接待员178人，从2007年1月到2008年3月，一共接待了国内外游客23.4万人次，营业收入达到337.4万元。农家乐对原生态蔬菜和肉类的需求，刺激村里很多人专门种植蔬菜、养殖牲畜卖给农家乐，农家乐的发展也因此带动了当地村民的经济增长。2007年咪依噜风情谷实现农村经济总收入956万元，农民人均纯收入达到2813元，分别比上年增长了37.7%、28.1%[①]。

在旅游的推动下，村内的手工业、服务业也得到很好的发展。村内2006年4月成立了刺绣协会，一共涵盖了136户人家。据不完全统计，刺绣协会从成立到2006年年底，一共营运收入14万元，平均每户纯收入500多元。而马鞍山的洗车场每年的纯收入也达到了三万多元。另外，开发旅游以后，很多从事农家乐经营的人放弃了种植，只种植少量的蔬菜供农家乐使用；没有参与农家乐经营的人也根据农家乐的需求种植蔬菜或者养殖家禽家畜卖给农家乐，一定程度上改变了以前单一的口粮种植格局；村内也因此出现一些养殖大户，主要养殖黑山羊、肥猪和野猪野鸡。咪依噜风情谷的产业结构在新农村建设以后发生很大变化，村民收入大幅度增加，生活水平也得到了很大提高。

（三）村庄的发展

1. 村庄的发展历史

（1）村庄历史

岔河村地处要塞，是连接楚雄与攀枝花的一个重要关口。理论上说，历史应该很悠久，但是调查中，没有一个村民能够给出关于这方面的答案；相

① 数据由岔河村委会提供。

关资料也没有显示岔河村是在什么时候、如何形成。我们只能根据访谈的内容来做一些简单判定。

据岔河的一些居民说，他们家世代居住于此，有几百年的历史；但也有一些村民反映，他们是新中国成立前后或者更早一点的时候搬迁到现在居住的地方。综合起来，岔河大部分的自然村是很早就存在的，而另外一些则是新中国成立前后形成。为什么村民会对新中国成立前后一段时间的搬迁特别提起呢？一方面原因应该是新中国成立前，军阀在农村抓丁去参军打仗，农村的青壮年男性都被抓走。为了逃避抓丁，很多人家就往山内搬迁，搬到山里躲避兵役。后来解放了，不再存在兵役，而山内的生活条件不如坝区一带好，于是山里的一些人又搬到坝区，或者山下。也有的是在新中国成立前后，生活较宽裕的，买下一片山林土地以后，就搬进去住，看山护林。现在岔河村内60岁左右的村民都经历过或者听上一辈人说过这些搬迁的事。而另一方面，在十年动乱中，村民之间的交流受到严格控制，很多被认为没有根据的传说和故事被禁止流传。十年动乱以后，很多关于村庄历史的故事也遗失了。所以村民基本说不出村庄的历史，最多也就是听说自己家族是从什么地方搬来，但是也仅此而已，具体如何搬迁，并不知晓。至此可以推断，岔河村已有几百年的历史，但是村民的流动性很大，并未一直被某个或某几个家族所控制，从他们没有完整的家谱和族谱这点也可以进一步加深该判断，可以说这是一个开放和包容的村庄。

个案1-4

起大妈，起家大院人，63岁。20岁嫁到岔河的时候，起家刚从对面的山上搬到现在起家大院的地方，只有两户人，是刚刚分家的兄弟俩。搬到这里的原因是上一辈老人买了这边的山，这里在河边，离公路近，而且有一口龙潭井，水源好。现在起家大院已经发展成为6户人家、20多人的自然村。听公公说起家较早的时候是从元谋搬来，但是不知真假，更不知道是如何搬过来的。

虽然新中国成立以前岔河的历史无从考证，但是新中国成立后，岔河村的发展呈汇拢趋势。分散在山里的独家村，或发展成一些小自然村，聚集在一起；或搬到大一点的自然村邻近。几乎不存在新形成的独家村。没有大规模的村民迁进迁出现象。村民多在自家土地上耕作，村庄基本上属于自然发展。南华县的经济比较落后，属于贫困县；岔河村的经济也不发达，多数村民处在温饱的边缘。

近几年在政府的大力扶持引导下，岔河村村民开发林业资源，利用自然环境的优势种植白芸豆等经济作物，种植经济林果，封山育菌保护、发展野生菌产业，岔河村民的经济收入明显增加，生活水平也逐步提高，人们生活和谐融洽。

(2) 村名的意义

岔河村委会因为两条河流在此交汇而名岔河。岔河村可以分成三条谷：龙山河谷，包括芹菜塘、起家和李家；铺冲河谷，包括飞家、铺冲和陈官冲；咪依噜风情谷，包括马鞍山、新房子、三家村、大岔河、小岔河和新村。其中咪依噜风情谷沿岔河河岸分布，相对来说地势平缓、交通便利，因此发展成一个以村委会所在大岔河为中心，向两边扩散的村民居住群体。而铺冲河谷和龙山河谷由于地理地势上不占优势，发展落后于咪依噜风情谷。整个村基本形成一个以大岔河为中心，向四面扩散的发展状态。

2. 村民（族系）的源流

(1) 村内彝族所属支系

彝族是一个历史悠久的古老民族，族内又分为很多不同的支系。楚雄是彝族最早生息繁衍的区域之一，生活在南华的彝族主要有两大支系：彝族罗罗支系和米撒儒支系。根据岔河彝族的称谓和彝语的类别，岔河彝族属于罗罗支系，他们自称罗罗濮、倮啰濡，他称白彝族，语言属于罗罗濮土语中的北界次方言，讲彝语，写汉字①。

另外，在康熙《镇南州志》中有记载："彝种不一……一为倮啰，山居田少，食荞麦。缠头、跣足、辫发、用布裹头，不分男女具披羊皮。织麻布为衣，采野簌为食。性嗜酒，寝食趺坐火床。凡遇婚丧，男女围聚吹笙跌脚，以歌自相唱和为乐。性畏鬼，殁者以火葬。"② 文中所记载的倮啰彝族，生活习俗与现在岔河彝族的习俗非常的相似，因此，岔河彝族应该就是属于罗罗支系。

---

① 南华县志［M］．昆明：云南人民出版社，2005：650.

② 镇南州志［M］．大理：德宏民族出版社，1996：8.

（2）村民的来源

关于村民最初从何处搬来，岔河村民说法不一。

起家大院的祖先早年是从元谋迁入岔河的。相关资料[①]也显示，岔河阿鲁碑确实曾有起姓人迁入，后来又迁往沙桥，现居住在沙桥雾露鲊。但是在采访中询问岔河的起姓和沙桥的起姓是否是同一祖先时，没有村民能够给出确定答案。

小岔河的周姓人说，他们是明朝的时候追随明朝大将军从南京到云南平定叛乱的。叛乱平定以后就留在云南，世代发展形成现在的样子。这种说法符合历史事实，民国《镇南州志》记载："明洪武二十一年，土酋思伦寇定边县，西平侯沐英由州南乡进兵击败之。"另外，云南很多地方也分布着很多明朝时期跟随将军到云南安定边关的人的后裔，所以这种说法是否真实，值得考究。

调查中，一家罗姓人说，他们的祖先是从苏州搬过来的。但是缺乏相关的说法和证据。笔者认为罗姓人所说的苏州，很可能就是江苏，与周姓人的"南京"说相吻合，只是因为口误说成苏州。

关于村民的来源，不同的人说法不一，但是均缺乏确凿的证据。而据南华县志记载："南华彝族是土著民族，自称和他称倮倮……彝语中倮倮解释为虎龙，意思是彝族是虎的民族……彝族在各乡镇均有分布，多居于山区。"[②]虽然没有找到相关证据，但是这种说法毕竟是官方说法，应该比较可信。但是有一点不得不注意到，南华县几个乡镇的彝族并不是同一支系，而且语言也有很多不同，"南华彝族有两个支系……方言分为中部方言和西部方言，中部方言又分南界、北界、英武、江迄四个次方言区……"[③]。据了解，南华范围内的彝族虽然都说彝语，但是发音有所不同，有的时候彼此之间甚至无法交流。不同的方言代表着这些民族间不一样的历史，如果南华的彝族全部都是土著民族的话，为什么在同一个区域内，语言就有如此大的差异呢？所以，笔者认为，南华彝族是否全部是土著民族、不同的彝族支系来源何方，也是值得探究的。

---

① 南华县志［M］．昆明：云南人民出版社，2006：651.

② 南华县志［M］．昆明：云南人民出版社 2006：651.

③ 南华县志［M］．昆明：云南人民出版社 2006：650.

(3) 村民的迁移和发展

近几十年当中，岔河基本上不存在集体村民的迁移现象，但是单个村民的迁移还是存在的。很多年轻人不再满足生活在岔河的小圈子里，纷纷外出打工，一定程度上促进了村庄的发展。打工增加了村民的收入，也让村民与外界更多的接触，开阔了村民的眼界。尤其是近几年，一些村民在外面打工挣钱以后，回村利用在外面学到的东西创办自己的产业，推动了村内经济的发展；也有的人看中岔河便利的交通，落户到岔河村发展自己的事业。

个案1－5

周开芹，丫口村人。初中毕业在南华县招待所打工。三年后回村利用自己打工学到的知识指导、帮助村民开办了岔河第一家农家乐。学有所用，带领村民走上致富道路。

个案1－6

李维生，男，30岁，起家大院的上门女婿。结婚前主要是做生意，因为岔河起家大院这里交通便利，认为可以发展自己的经商事业，所以选择到这里做了上门女婿。他的加入，丰富了岔河的产业结构，刺激和带动了部分产业的增长。

(四) 社会政治

1. 行政沿革

南华县位于滇中高原腹地，东接州府楚雄，北连四川攀枝花市、凉山，地理位置十分重要，历来是兵家必争之地。历史上关于南华的详细记载，最早的是汉朝，“元封二年滇平置郡，属益州郡。濮落蛮居之，州名“欠舍”，有城曰：“鸡合”[①]。

根据《镇南州志》和《南华县志》记载，南华在历史上三代以前无考，汉时属益州郡；而后“蜀汉后主建兴三年，丞相亮南征，改益州郡为建宁

① 镇南州志［M］．大理：德宏民族出版社，1996：76.

郡”①，南华也因此归属建宁郡；晋时属安州，唐初设邱州，唐南诏设置石鼓县，后置裕富郡。元宪宗七年（1257 年）设欠舍千户所，到元十二年（1275 年）改欠舍千户所为镇南州，意思是“南中之一重镇”，下面有石鼓、定远两县（后改为乡），隶属于威楚府。从此，有了镇南这个名字，一直沿用到近代。明清两朝时依旧叫镇南州，隶属于楚雄府。

1913 年，镇南州改为镇南县，根据地理方位划分为中区、东区、南区、西区、北区、沙桥区、英武区、永宁区和阿坝区；1930 年，镇南县划分为 4 区 4 镇 95 乡；1932 年，改为 4 区 4 镇 13 乡，下设闾邻；1938 年，镇南县编为 4 区 19 乡 2 镇 151 保 1494 甲。调查中，没人能够清楚说出从历史到 1938 年以前，岔河村的上级行政部门是哪里。根据推测，我们认为，岔河一直隶属于镇南县；1913 年划分区的时候，岔河应归属于北区（因为岔河位于镇南县北部，去攀枝花的必经之地）；1930 年到 1938 年间隶属于管辖原来北区的第二区。

1939 年，云南省废区扩镇，改编保甲，镇南划分为 8 个乡和 2 个镇，此时，岔河隶属于双河乡。

1950 年 2 月，镇南县成立 12 个区政府，组建成新中国成立后的第一个基层政权；但是 1950 年 8 月，又撤销了区建制，镇南县重新划分为五个区人民政府，下辖 74 个乡镇政府；岔河村隶属于蟠龙乡，辖于文笔区。

1954 年 10 月，镇南县改名为南华县，意思是“祖国西南美丽的地方”，隶属于楚雄专区。1958 年 10 月，南华县并归楚雄县，同时人民公社取代了区政权。南华的行政隶属变迁，但是岔河仍旧属于南华县蟠龙乡，行政关系没有改变。

1961 年，恢复了南华县建制，调整公社规模，设置文笔、沙桥、五街、一街等 6 个区，共辖 31 个农村公社。岔河以公社的身份隶属于文笔区。1967 年，人民公社改为生产大队；1972 年，调整各生产大队的规模，岔河生产大队隶属于文笔公社，也就是现在村里老人们说的东风公社。

1984 年，体制改革，恢复区乡，岔河以岔河乡的身份隶属于文笔区。

1987 年 1 月，撤销文笔区，扩建龙川镇，岔河并入了龙川镇下，隶属于龙川镇。此后，岔河就一直隶属于龙川镇，直到现在。

---

① 镇南州志［M］. 大理：德宏民族出版社，1996：205.

1988年撤区建乡，岔河乡改称岔河办事处；2000年实行村级体制改革，岔河办事处改称岔河村民委员会，简称岔河村委会，直至现在。随着农村基层组织建设的深化和加强，岔河村内以村委会为中心，村民小组为基本政治单位的行政建制也逐步发展完善。目前岔河村行政建制可用图1－1简易表示：

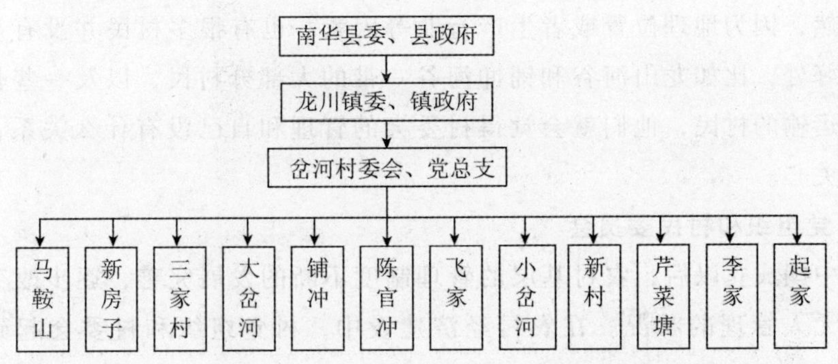

图1－1　现在岔河村行政建制简图

2. 社会政治状况

新中国成立前，国家政府对农村基层村庄的影响很弱，尤其是岔河这样的贫困村。那时候岔河村内的社会组织大多以族为基础。一个家族的人聚居在一起，形成一个小自然村；以年长者或德高望重者为中心，无论大小事务，都尊重他们的意见，听从他们的调遣，共同维护团体的利益。新中国成立后，经历了互助组、合作社、生产队等农村经济形式，期间，以族为单位的组织形式依然存在，但是影响力已经逐渐减弱。到20世纪80年代，随着家庭联产承包责任制的推行，家庭在村内的地位和作用迅速提高，家族的地位和影响逐渐被局限在家族成员间的红白喜事、互相帮助上面。

改革开放后，村民生活的各个方面都有了很大的提高。国家政策对村民生活的影响也越来越大，一些村民开始关注国家政策，关注社会政治情况。尤其从20世纪90年代末开始，政府加大了对农村建设的投入，实行退耕还林政策，引导村民种植经济林果，发展林下资源，村民从中获得不少利益，也意识到政策的重要性，因此更加的关心政治，关心政策的变化。而且生活水平的提高，村内电视的普及，也使得村民了解外界信息变得方便。现在岔河村村民对国家的一些重大事件、重要政策都有了解。

村民也关心村委会的管理制度，他们认为，村委会对上级政策的执行力度直接关系到自己的切身利益，所以对村委会的管理制度进行了解是很有必要的。2006年岔河新农村建设的时候，岔河村民在村委会的带领下，一起出钱出力，只用不到四个月的时间就完成了对六个村民小组的改造建设，充分体现了村民对政策的支持和对村委会的信任。

当然，因为地理位置或者生产行业等因素，也有很多村民并没有从政策中得到好处，比如龙山河谷和铺冲河谷一带的大部分村民，以及一些长年在外面跑运输的村民，他们就会觉得村委会的管理和自己没有什么关系，因此不会去关心。

3. 党组织和村民委员会

新中国成立以后，农村基层的管理制度不断的发展完善，逐步改变了农村政治无人管理的状况。在农村经济建设中，村党组织和村委会起到关键作用。

（1）村民大会和村民代表大会

村民大会由村内18岁以上具有政治权利的村民组成；村民小组内，每15户选出一个村民代表，与村委会委员、村民小组组长共同组成村民代表大会。村民大会和村民代表大会是岔河村的最高权力机构，决策、管理村内各类事务。

村民大会每年召开一次，由村民委员会主持，全体18岁以上村民参加；但是如果村内5%以上的人联名申请的话也可以随时召开。村民代表大会每季度召开一次，由村民委员会主持，村民代表、村党总支委员、村委会成员、村民小组长和驻村的乡镇干部参与。村民大会和村民代表大会的议事内容主要包括涉及村民利益的重要事项、村干部务工补贴的补偿标准、村集体经济的使用、村办公益事业需要村民负担的部分、土地承包宅基地使用和集体经济项目的承包等。村民代表大会的议事原则是少数服从多数，所议内容和做出的决策要符合相关政策法规。

村民代表由全体村民选举产生，实际上也就是十几户人自己推举一个人，来代表自己的利益。村民代表每届的任期为3年，但是可以连选连任。

（2）村委会

岔河村委会是管理岔河村内公共事务的组织，成员由主任、副主任和五名委员组成，都是由村民选举产生。村委会成员中至少有一名妇女，村委会文书也从五名委员中产生。

村委会的选举在村民选举委员会的主持下，由村民以无记名投票的方式产生。每届委员任期三年，可以连选连任。选举委员会成员由村民投票或村民小组推选产生。村委会成员不脱离生产，但是可以获得一定量的工资补贴，补贴标准由村民代表会议决定。现在村委会的主任、副主任、文书的补贴标准为一个月 400 元。

村委会实行集体领导、分工负责制，各领导责任明确，领导和委员之间互相协作，共同完成村庄的管理工作。

（3）村委会下属的组织

村委会根据工作的需要，设立了归属于村委会领导的各种专门的组织，包括人民调解、治安保卫、森林管理、计划生育、科技文化、公共卫生委员会。各委员会由村委会成员各自领导，分工负责，按各自的职能开展工作。

此外，村委会还设有科技传播委员会和村容整治委员会，分别在岔河建设中起到重要作用。

村委会根据工作需要，以原来的生产队为单位划分 12 个村民小组，由各小组有选举权的村民推选出组长和副组长负责本小组事务，直接受辖于村委会。村民小组是管理村庄事务的最小单位，岔河的每个村民小组设有组长、副组长、信息联络员三个岗位。村民小组长的职责主要是向小组村民宣传政策方针，执行村委会下达的任务，管理村内土地和集体财产，维护小组治安，调解民事纠纷，处理和上报突发事件，还有组织小组村民学习讨论等。

（4）党团组织

村党员大会是党组织在岔河村的权力机构，党员大会选举产生村党支部委员会，负责村内的党务工作。岔河村党支部与村委会实际上是相同的组织，只是在工作性质、工作任务和一些规章制度上有区别，但是人员全部是一样的。

村团支部是由村团员大会选举产生的，在村内主要负责维护治安、处理纠纷等。在岔河村的管理组织中，团支部的作用并不突出。

表 1-14　　**岔河村委会党团基层组织统计**[①]　　单位：人

项目＼单位		大岔河	三家村	新房子	马鞍山	陈官冲	飞家	铺冲	小岔河	新村	芹菜塘	李家	起家	合计
党员		6	3	3	9	2	4	7	13	7	3	7	5	71
少数民族党员		6	3	3	9	2	4	7	13	7	3	7	5	71
党员男女比例	男性	5	3	3	8	2	3	7	9	6	3	6	4	61
	女性	1	—	—	1	—	1	—	4	1	—	1	1	10
团员		3	2	1	2	2	4	5	6	10	2	3	2	42
村委会干部		1	—	—	1	1	—	1	1	—	—	—	—	5
村小组干部		3	3	3	3	3	3	3	3	3	3	3	3	36

岔河村党总支重视党员的教育管理，对于村内在职党员、无职党员、流动党员的管理都有具体的规章制度。对在职党员，主要是加强教育，发挥党员在社会经济建设中的带头示范作用，诚心实意的为村民服务；对村内无职党员，通过设岗定责，给他们设立岗位，明确职责并要求其按纲履行；流动党员因为流动性大，管理困难，主要是通过各种监督机制进行管理，同时要求流动党员按党员标准，严格要求自已。另外，积极培养和发展新党员也是岔河村党总支在党员管理上的一个重要方面。

通过这一系列的管理，岔河村党员在农村基层的管理建设中发挥了积极作用，成为岔河经济、社会发展的中坚力量，为村民大胆开发、大胆建设做出了好的示范。

（5）公益组织

岔河妇联设立时间较早，主要作用是保障村内妇女权益，组织妇女活动，接待来访妇女，给妇女排忧解难。但是早期的时候妇联并没有起到作用，村内妇女对妇联也不了解。2006 年，岔河村妇联在县旅游局和县妇联的帮助下，组建了岔河的刺绣协会，组织妇女发展刺绣产业，村内妇女对妇联才有了了解。随后妇联多次组织村内妇女活动，与妇女接触多了起来。现在岔河村妇女对妇联信任度比较高，有事情的时候经常找妇联寻求帮助，妇联发挥出了真正的作用。

---

① 数据由岔河村党支部提供。

岔河老年人协会是2006年在岔河村委会牵头下成立的专门管理老年人事务的组织。生活条件好了以后，老年人不用再下地干活，生活比较清闲，但是也很寂寞。成立老年人协会就是为了给老年人提供一个专供老年人休闲娱乐的场所，帮助老年人排解寂寞。此外，老年人协会还定期的举行座谈会，老年人有什么苦闷的事情都可以在座谈会上说，这个信息传达到村委会，村委会再根据情况给予帮助。因为协会成员都是老年人，大家在一起玩得也很开心，因此，老年人协会很受岔河老年人的欢迎。

红白理事会也是2006年村委会建立的一个纯公益性质的组织，由村主任领导，帮助村民协调和主持一些红白喜事。村民家里有人去世或者有嫁娶等要操办的事情，需要村委会出面协调的，村委会就出面协调；如果没有能力操办，找村委会帮忙的，村委会就根据情况，组织人力、物力帮助操办。红白理事会的成立，帮助村内一些困难户解决了操办丧事难的问题，而且由于是村委会操办，村委会根据政策会提倡简化丧葬，这在一定程度上起到了带头作用，对简化岔河烦琐的丧葬习俗产生了促进作用。

（五）本章小结

岔河村是典型的彝族村，虽然地处交通要道，但是村内民族文化和民族习俗保存完好。不管是衣食住行，还是交往娱乐，岔河村民都向我们展示着他们特有的彝族文化。

岔河村的文化历史悠久，但是由于过去一段时间人员的流动性大，村内没有家谱和族谱，这给我们追溯岔河村民的族源族系造成了一定困难。但是自20世纪90年代初有日本人到岔河寻根之后，很多国内外的学者都先后到岔河考察调研，一些电影、电视剧也到岔河取景拍摄，这足以说明岔河村彝族文化的代表性。

岔河村所属的南华县城是一个贫困县，总体经济水平较差。岔河村在十年以前也是一个完全封闭的彝族部落，经济欠发达，人民生活水平低下。由于文化和经济水平限制，很多村民与牲畜住在同一屋檐下；烧的木柴火塘，没有烟囱，屋内长年烟熏所以漆黑一片，光线差；教育设施落后，很多孩子上不起学。村民被禁锢在贫瘠的土地上，守着丰富的资源但却一贫如洗。20世纪80年代末90年代初，外界发现这里完整的彝族文化，在政府引导、村委帮扶下，岔河村村民眼界打开了，思想开放了，敢闯敢做了，于是经济在近几年内出现了强劲的发展态势。其中，咪依噜风情谷的小岔河村还被评为了2001年小康示范村，咪依噜风情谷也在2008年被评为了国家级AAA旅游区。

2006年新农村建设以来，咪依噜风情谷发生的变化可以用翻天覆地来形容。村容整洁了，村内布局有序了，村内环境卫生了，整个村庄清爽舒适。不仅村民收入增加了，村民的生活质量和生活水平也因此提升了不少。而在新农村建设中，村内党员和村委会领导的带头示范作用是非常突出的。在调研中我们发现，那些勇于尝试、做“第一个吃螃蟹的人”的，往往都是村干部，或者村内的党员；而做成功以后去帮扶他人的，也是党员。这至少说明岔河村的党员在建设农村经济中是很积极的。

另外，岔河村村委会的制度很健全，不论是从经济建设，还是从卫生教育，或者综治防护的角度，村民的权益都可以得到有效保障。岔河村还有很多专门的小组，比如消防应急小分队、纠纷调解委员会等；还有一些公益性质的组织，比如红白理事会、老年人协会、妇联等；村民之间还有相应的村规民约。这些组织的职能规定也很详尽，如果在日常的工作中，村委会能够认真切实的做到每一项，那么岔河村的管理制度算是较为完善的。

南华县县委县政府对岔河村也比较重视，把岔河村作为重点开发扶持的村庄来建设。岔河村民族文化完整、自然资源丰富、交通便利，还得到上级的重视，在保护民族文化和发展民族经济方面具有很好的优势，发展潜力大。但是如何做到全村均衡发展，或者和谐发展，还是一个探索中的问题。

二、农业

（一）地理环境

1. 地理状况

岔河村平均海拔2130米，位于东经100°44′~101°20′之间，北纬24°44′~25°21′之间（村委会所在地是：东经101°11′39″，北纬25°13′48″；海拔2078.5米），属云贵高原西部。岔河村境内多山，山地面积占总面积的90%

以上，其间重峦叠嶂，诸峰环拱，谷地错落，溪河纵横，可以说窥岔河村村貌便知素有“九分山水一分坝”之称的楚雄州州貌。我们通过游走观察发现岔河村土地面积以山坡、高原丘陵居多，地势北面高，南面低，各工作小组错落于南姚公路两边。

2. 气候

岔河村属亚热带季风气候区，季节变化不明显，日温差大、年温差小。据1959—1982年气象资料，年平均气温14.8℃，最热达30℃左右，冬季在3~10℃之间。年平均日照2430小时。年平均气温14.9℃，霜期40天。冬干夏湿，雨季集中，降雨分布不均，雨季是在5、6、7、8月，旱季是11月至次年2、3月，具有干湿季分明，水平分布复杂的特点。但是岔河村水源充足，用当地农民喜闻而且乐于谈到的一句话就是“我们这里就是不缺水，不会有‘水来无处装，水去无处找’的事，年平均降水量980毫升。雨季也是地质灾害发生的重要时期，这里频发的地质灾害是山体滑坡。岔河村水资源丰富，举个例子也可以说明：来该村之前，我们调研队伍通过县领导就了解到该村很早就已经实现全村通自来水。当时大家都不信，来了以后才发现，的确是那样，因为这里水资源很丰富，所谓的自来水只是用管道直接从泉里引，不用抽水机、水泵等相关设备。由于岔河村没有平均气温、降雨量等相关数据的统计，所以只能借南华县降雨量、气温、日照时来做参考，说明上文岔河村相关信息，参见下表：

表2-1　　**南华县降雨、日照时、气温统计表**

年份	全年降雨（毫米）	平均日照时（小时）	平均气温（℃）	平均海拔（米）
1988	731.5	2412.4	14.9	
1989	499.9	191	14.9	
1900	624			
1991	1018.6			
1992	830.7		14.9	
1996	9344		14.9	1858.5

续表

年份	全年降雨（毫米）	平均日照时（小时）	平均气温（℃）	平均海拔（米）
1998	925.2		14.1	
2003	1001.7		14.8	1857
2004	827.5		14.6	1857
2005	827.5		14.8	1857
2006			14.8	1857

注：数据来源于南华县年鉴，空白处表示统计年鉴中没有相关数据。

3. 土地

岔河村区域总面积64768亩，其中常用耕地面积1340亩，占区域总面积2.07%；林地面积57351亩，占区域总面积88.55%；水面面积367亩，占区域总面积0.57%；荒山荒地面积1087亩，占区域总面积1.68%；其他面积4623亩，占区域总面积7.13%，其中包括农业设施用地、道路用地等①。直观饼形图见图2－1；更具体的土地情况见表2－2。

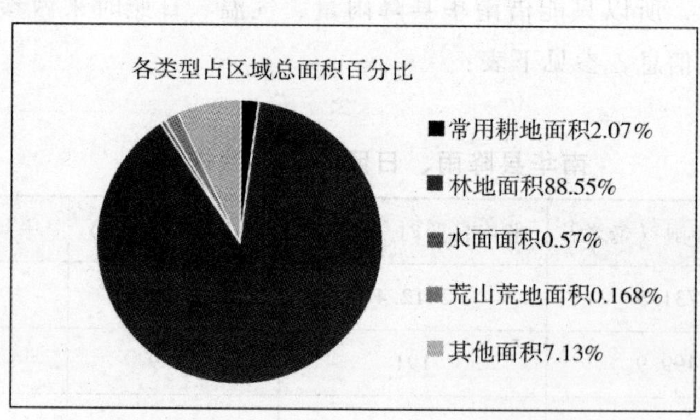

图2－1　岔河村土地使用饼形图

① 数据来源于岔河村村委会2006年统计数据。

表 2－2　　　　**南华县龙川镇数字乡村工程信息采集表**　　　　单位：亩

项目	合计	大岔河	三家村	新房子	马鞍山	陈官冲	飞家	铺冲	小岔河	新村	芹菜塘	李家	起家
区域总面积	64768												
1. 常用耕地面积	1340	112	54	39	67	53	71	178	162	288	64	134	118
水田面积	629	67	21	21	38	24	16	88	93	107	37	67	50
旱地面积	711	45	33	18	29	29	55	90	69	181	27	67	68
2. 林地面积	57351												
经济林果面积	440	17	11	10	22	11	20	44	55	186	11	31	22
水田面积	367	34	20	12	25	28	8	30	30	45	35	50	50
养殖地面积	29		2			2	4		8	10			4
3. 荒山荒地面积	1087	40	20	15	45	22	30	100	150	300	15	700	150
4. 其他面积	4623	300	150	200	350	280	340	500	663	610	400	420	410

注：数据来源于岔河村委会 2006 年度统计数据，空白处表示没有相关统计数据。

（1）各类土地的具体情况

土地对人类社会的用途和意义是相当广泛的，千百年来，人们采用了多种方式来开发和使用我们的土地。按照使用方式的不同，土地可以分为农业用地、林业用地、畜牧用地、建设用地、生活用地、荒地等。在林林总总的各种类型的土地中，有一类更为特别、更为重要的土地，就是耕地。在传统的农业社会中，农业是立国之本，耕地和农业的兴衰，演变为国家政权的安危，是合乎逻辑的推导。即使是在全面建设社会主义市场经济的今天，耕地仍然直接关系着作为国民经济基础的农业生产和十三亿人民的吃饭问题。可以毫不夸张地说，相对于其他类型的土地，耕地任何时候都是整个民族生存和可持续发展的根本。

常用耕地面积总计1340亩，只占区域总面积的2.07%，可见当地耕地是极少的，包括水田面积629亩，旱地面积711亩。详细见表2-3：

表2-3　南华县龙川镇数字乡村工程信息采集表　单位：亩

项目	合计	大岔河	三家村	新房子	马鞍山	陈官冲	飞家	铺冲	小岔河	新村	芹菜塘	李家	起家
人均耕地面积		0.29	0.86	0.65	0.78	1	0.87	1.11	0.75	0.9	0.84	0.8	0.98
农田水利：有效灌溉面积	345	36	14	8	18	4	15	25	60	117	20	18	10
高稳产农田面积	1092	85	42	32	50	40	50	147	140	240	60	101	105
人均拥有高稳产农田面积		0.6	0.51	0.53	0.58	0.68	0.88	0.92	0.65	0.76	0.79	0.61	

注：数据来源于岔河村委会2006年统计报表，空白处表示没有相关统计数据。

①水田。

在前面已经提到岔河村水资源丰富，所以这里的水田指沿河或水源可以直接引入田地里用于灌溉的，总面积为629亩（见表2-2）。水田并不是自来水或抽地下水浇灌。水田主要是用来种水稻，但由于这里气候偏寒，水稻只能种一季，产量不能满足家庭每年使用，大米主要是通过购买方式来满足日常生活所需。

②旱地。

岔河村有旱地711亩（见表2-2），旱地是用于种植玉米和大麦的。一年种植两季，实行先种植玉米再种植大麦，或者先种植大麦再种植玉米的种植方式。通过问卷和大量走访，我们认为岔河村农业产量普遍低，单纯通过加大对农业的投入来增加农民收入是很不可取的方法，当地村民也普遍反映土地产量低。当地封山育林工作做得早，当地群众对于保护山林的思想观念较为先进，而近几年来，村民更是充分认识到植被的综合效应，偷伐树木、破坏植被开荒种地的现象很少发生。

岔河村作物种两季。水田先种植水稻，再种植大麦或一些青饲料；旱地先种植小麦，再种植玉米。2007 年岔河村粮豆作物播种总面积 2260 亩，总产量 711 吨；油料播种总面积 30 亩，总产量 4 吨；各种蔬菜播种总面积 290 亩，总产量 427 吨；其他作物播种总面积 100 亩，包括花卉、魔芋、青饲料等。[①] 详细土地产量见表 2-4 、表 2-5。

表 2-4 **夏收农作物播种面积及产量（一）** 单位：亩、吨

小组	播种总面积	小麦		豆类		其他谷物		油料		蔬菜	
		面积	产量	面积	产量	面积	产量	面积	产量	面积	产量
合计	1340	300	64420	230	26943	590	106877	30	4500	130	143
大岔河	112	22	4709	16	1872	58	11471	3	450	8	12.2
三家村	54	10	2141	7	822	29	5236	1	150	4	8
新房子	39	8	1715	6	703	19	3431	1	150	3	6
马鞍山	67	14	2994	12	1407	28	5057	2	300	5	8.2
陈官冲	53	12	2596	8	942	26	4742	1	150	4	8
飞家	71	20	4282	10	1169	32	5771	2	300	5	9.2
铺冲	178	38	8139	25	2923	63	11374	4	600	43	37.8
小岔河	162	34	7276	27	3160	71	12811	2	300	14	27.6
新村	288	60	12942	67	7833	125	12811	5	750	19	32.8
芹菜塘	64	17	3638	12	1407	26	4690	2	300	5	10.2
李家	134	37	7992	25	2951	52	9463	4	600	12	20.4
起家	118	28	5996	15	1754	61	11010	3	450	8	12.2

表 2-5 **秋收农作物播种面积及产量（一）** 单位：亩、吨

小组	播种总面积	稻谷		玉米		薯类		豆类		蔬菜	
		面积	产量	面积	产量	面积	产量	面积	产量	面积	产量
合计	1340	230	62512	670	276618	40	12400	200	23600	160	193
大岔河	104	35	9450	43	17760	3	900	6	700	14	12.2

① 数据来源于岔河村委会年报报表（2007 年农村经济统计）。

续表

小组	播种总面积	稻谷		玉米		薯类		豆类		蔬菜	
		面积	产量	面积	产量	面积	产量	面积	产量	面积	产量
三家村	50	8	2176	26	10748	2	600	3	350	9	8
新房子	36	2	525	22	9090	2	600	2	240	6	6
马鞍山	63	5	1370	39	16107	3	900	4	500	9	8.2
陈官冲	53			41	16940	2	600	4	500	4	8
飞家	74			47	19430	2	600	15	1772	5	9.2
铺冲	189	22	6700	83	34290	5	1598	30	3536	43	37.8
小岔河	177	50	13400	85	35110	4	1200	10	1200	23	27.6
新村	278	90	24165	106	43633	7	2299	50	5698	22	32.8
芹菜塘	67	2	501	33	13630	2	600	20	2399	5	10.2
李家	134	10	2599	72	29740	5	1499	31	3699	12	20.4
起家	115	6	1626	73	30150	3	1004	25	3006	8	12.2

注：空白处表示没有相关统计数据。

③林地。

农业用地按其用途和利用状况，可以概括分为：耕地，指耕种农作物的土地，包括水田、水浇地、旱地和菜地等。林地，指生长林木的土地，包括森林或有林地、灌木林地、疏林地和疏林草地等。岔河村村委会辖12个村民小组，350户农民。林业用地总面积58507亩，其中有林地30364亩；疏林地2772亩；灌木林地25371亩。（图2－2）

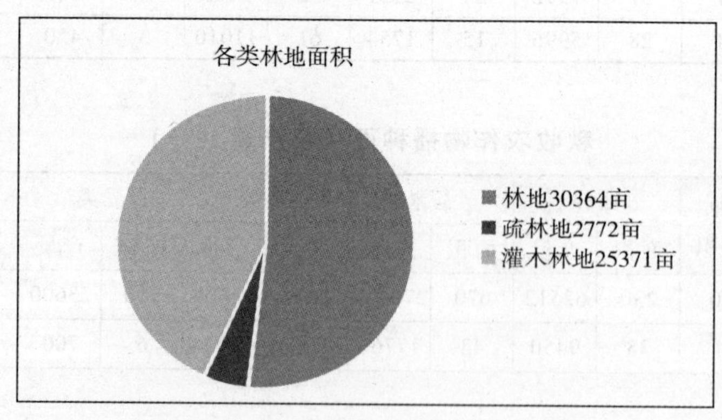

图2－2　岔河村林地面积直观图

在草地和林地中，适宜于开垦种植农作物或牧草的天然草地、疏林地和其他荒地称为宜农荒地；适宜于营造森林的疏林草地和荒山荒地则称为宜林荒山荒地，均属农业的后备土地资源。

④荒山荒地。

现有荒山荒地主要用于植树造林，岔河村每年都要搞2~3次大规模荒山荒地造林活动。2006年全年，村委会组织引导群众利用荒山荒地发展林业产业，共种植蓝桉500亩，其中：陈官冲100亩，李家100亩，大岔河100亩，三家村40亩，新村50亩，铺冲60亩。在对林业局李某的采访中，我们了解到：岔河村2002年开始推广华山松用于退耕还林和荒山荒地造林。造林不是简单选中随便种植而是依据岔河村自然环境特征，考虑多种因素，集中树苗按一定比例进行种植。2002年种植时选择了华山松与云南松，当时的种植比例是1:1。2003年开始推广华山松，桉树，汉东瓜，当时按照汉东瓜与云南松2:1的比例种植，也就是说，有两条云南松种植带，一条汉东瓜种植带；这种比例是考虑到防病虫害，方便管理，相互促进生长来分比例种植的。也有过华山松也与云南松混交，桉树与黑茎树混交的情况。

（2）土地管理

结合岔河村土地少，气温偏低不适宜大力发展农业种植，但资源丰富，山清水秀的实际情况，岔河村发展选择了以旅游业为主导，带动其他产业发展的经济发展模式。岔河是彝族聚居区，彝族人口占总人口的99.9%，所以旅游业发展定位于彝族文化的开发及农村原生态自然景观的开发，咪依噜风情谷就是如此孕育而生的。为了切实加强对岔河咪依噜风景区（以下简称风景区）的管理，规划好、建设好、管理好咪依噜风情谷，合理开发、保护和利用风景区的风景名胜资源，创建民族风情浓、彝族文化荟萃、生态环境良、人与自然和谐发展的岔河咪依噜风景区，相关部门制定了好多发展规划。重点是对土地资源的规划，保证不浪费半亩土地，保证合理、充分利用每一寸土地。

风景区以岔河村委会辖区内南永公路沿线为中心，谷长6.5公里，辖马鞍山、新房子、三家、大岔河、小岔河、新村共六个村民小组。凡在风景区内新建、扩建、临时建筑构筑物或其他设施，必须经龙川镇人民政府审查同意并报县级行政建设部门备案后，按规定办理有关手续，按批准的地点、位置、面积、设计造型进行施工。在景区内建筑施工必须采取相应的保护措施，不得污染和破坏景观、景物、植被、水体、地貌，工程结束后必须及时清理场地，并按照规划进行绿化和美化。在景区内严禁采石、挖砂、取土、开荒种地和葬埋。景区内的工程建设，禁止就地取用建筑材料、倾倒建筑垃圾。损坏树木的行为，按照林业管理的有关法律法规的规定处理。

①临时占用林地管理。

临时占用林地是指因为勘查、开采矿藏和修建道路、水利、电力、通信等或其他需要，依法使用林地不超过两年的情况。如果有需要要临时占用林地，临时占用单位要先向地县级以上政府林业主管部门提出用地申请，当然要附送有关材料，如临时占用原因、依据等。然后，如果地县级以上政府林业主管部门同意，临时占用单位要与林业主管部门签订临时用地协议。要注意的是，临时占用林地时，不得在临时建筑的林地上建筑永久性建筑物。而且，占用期满后，用地单位必须恢复林业生产条件。

岔河村对于与松茸共生的林区管理实行“家庭承包、集体承包、对外承包”的方式，据了解，这种管理方式管理效果挺好。村委会对那些管理有方、经营得当、合理开发、效益明显并且落实各项责任到位的承包户可根据经营户的要求适当延长承包期。相反，对于当下管理不当、经营无方、掠夺式开发、各项责任落实不到位的经营户，提前取消经营管理资格。

②封山育茸。

“封山”是岔河林地管理的主要方式，而“育茸”是岔河“封山”的一大原因，南华被称为“野生菌王国”，松茸等是南华出口创汇的重要特产，而且县里每年都要举办食用菌有关节日，岔河也是松茸等主要生长区。松茸是一种共生菌，有效保护好与松茸共生的森林资源，对于培育松茸生长繁殖有重要意义。岔河村在新农村建设2~3年前就很注重对于松茸的保护，坚持松茸基地建设同天然林保护、退耕还林、自然保护区等建设工程相结合，对松茸生长区进行有效管护，全面禁止在松茸产区进行放牧、砍伐、取枯枝落叶。村内制定乡规民约，防止人为破坏松茸产区生态环境，调动村民积极参与到保护松茸生长生态环境的实际行动中来。岔河村把“封山育茸”与“封山育林”有机的结合起来，最大限度地保护松茸赖以生存的自然环境。具体建设规划见表2-6。

岔河村村委会“十一五”（2006—2010 年）

表 2－6　林业建设封山育菌规划　单位：亩

小组	合计	历年来以封育面积	2006 年	2007 年	2008 年	2009 年	2010 年
马鞍山	3652	1000	500	500	1000	652	
新房子	1058	500	200	258	100		
三家村	2583	2000	303		280		
大岔河	4713	2000	500	495	200	100	518
小岔河	7119	5000	500	500	300	500	319
新村	15101	10000	500	1000	2000	1100	501
起家	4734	2000	500	1000		700	534
李家	10245	6000	1000	1000		1245	1000
陈官冲	1344	600	500	244			
铺冲	4206	2000	500	500		800	406
芹菜塘	2254	1000	400	400		454	
飞家	1498	600				898	
合计	58507	32700	5403	5897	3880	7349	3278

注：数据来源于岔河村委会相关统计资料，空白处表示没有相关统计数据。

③村中道路管护。

“要致富先修路”，就目前为止，这种提法一点也不过时，有了路，更要注意对公路的保护、管理。村中道路是集体的共有资源，为了方便农户生产生活，促进景区经济持续发展，各小组都有分工，负责各自管理路段的路段管理，保障道路完好，充分发挥道路功能。各小组对其组织建设和管理的道路，按照道路实际情况，划分管理职责。定期会对道路进行养护、维修，并负责对养护、维修工程的质量进行监督检查，保障道路完好。村委会禁止占用、挖掘道路或擅自在道路上建设建筑物、构筑物及其他设施。我们团队进入谷内感受一致的方面挺多，有一条就是谷内道路平整、干净。当然，对于村公路的管护要做到治理与保护相结合。村委会规定，对占用道路或挖掘道路后造成道路及附属设施缺损的情况，须及时进行修复：未及时清理现场或修复的，由各小组或相关部门责令限期改正，造成损失应当依法承担赔偿。但具体赔偿相关内容没有找到实施细则。

④农户建房管理

村规村约中明确写明：凡在景区内新建住宅或附属设施的，必须严格按照景区规划进行选址、定点，在建设过程中不得对周围的自然环境造成破坏或污染。不仅如此，对于上报建房审批也有严格规定。建房者在上报审批房屋建设时，须附全建设房屋的处理规划设计效果图或说明房屋状况的文字资料。无论是谁，只要是在景区内新建住宅或附属设施，都应当先向土地权属村民小组提出建设申请，经村民会议讨论通过，小组审核签注建设意见后，再报村委会集体讨论后才可实施。其中对于建设住宅或附属设施要占用耕地的，要上报龙川镇人民政府审核、县人民政府同意方可以施工建设。其中对于建设住宅或附属设施要占用原有宅基地、村内空闲地和其他土地的，又有别的相关规定。

（二）作物

岔河村山川秀丽，是一个集“高、寒、少”为一体的山区村，由于气候寒冷，传统农业种植产量不理想，农民增收难。农民土地又极其有限，种植业在这里没有优势。农民种植作物积极性也不高，加之岔河村发展模式选择了以旅游业为主，所以粮食种植经济效益几乎为零。

我们通过查阅南华县县志，了解了县级土地资源情况，并以县级情况为样本，在访问中详细地逐项了解了岔河的情况。通过访问和问卷调查，我们了解到，岔河土壤分为6类，11 个亚类，49 个耕地土种。6 个土类是：紫色土，占全村土地面积的比例不到四成，紫色土上层不厚，蓄水能力差、抗蚀能力弱，但富含磷、钾，适宜于种植各种经济作物，尤其是烤烟；黄棕壤，占估计五成，这种土壤适宜发展栎类、栲类、华山松等经济林木，是大白芸豆、马铃薯、萝卜和野生食用菌的主产区；红壤，占一成左右，红壤土层一般较厚，结构较好，呈酸性，适宜发展玉米、小麦、杂豆等农作物和针、阔叶经济林；水稻土，占一成左右，这种土壤也是南华县内耕地的主要土壤类型，适宜发展水稻、玉米、小麦、蚕豆、蔬菜和烤烟等粮食、经济作物；还有棕壤，是主要林地，适宜发展针、阔叶经济林和用材林，主产野生食用菌。

1. **粮食作物**

（1）稻谷

在未来十年预测期内，全球大米贸易量将增加近1/3，平均每年以2.88%的速度递增。“粮食危机”已成为全球话题，大米又是主要的粮食作物，能保证一定的大米产量，对于应付未来“粮食危机”是很重要的。然而，在调研中我们了解到岔河村农民家庭大米80%要购买，通过问卷调查了解到农民认为负担较重的也是购粮支出。

（2）玉米

玉米在农民生活中用途广泛，所以也是岔河村种植的主要作物，用途主要是作为发展畜牧业的优质高产饲料。当然，村中不是每一家都有养殖业，所以玉米也是岔河村农民的经济作物。

在岔河村，玉米的用途已经从温饱型食用消费转向营养（可口）食用、饲料、工业原料和经济作物，农户种植玉米主要是卖掉或用于喂养牲畜。玉米主要种植在旱地里，与小麦轮作。玉米对于生长环境要求简单，所以岔河村在玉米种植方面不占优势。

在岔河村种植玉米温度是适宜的，也用不着灌溉。

（3）小麦

小麦含蛋白质较高，它与稻谷同称“细粮”，是主要商品粮之一。小麦可分为冬小麦和春小麦两大类。岔河村较多种植冬小麦，是作为冬种作物在旱地种植，种植面积虽少，但它的种植可有利于提高复种指数、增加粮食总产量。

岔河村小麦消费主要以面条、馒头、包子为主，原料大多采用当地自产小麦。可见小麦在当地市场价值也是很高的，所以岔河村也非常重视小麦种植。

2. **经济作物**

（1）大白芸豆

大白芸豆，又名京豆、白豆、大白豆，俗称“大四季豆米”等。煮熟后皮绽开花，似朵朵白云，故称“白云豆”。外形似“鸡腰子”，亦称“白腰豆”。当地村民对大白芸豆情有独钟，我们在村内农家吃饭，农民总会用大白芸豆做的菜招待我们，在南华县的餐馆就餐，服务员也是极力推荐用大白芸豆做的菜。当地的大白芸豆，颗粒肥大，内胚盈厚，洁白光亮，味美质优，营养丰富，口味很好。

（2）西兰花

西兰花又名绿菜花、青花菜，属十字花科芸薹属甘蓝变种。岔河当地的气候、土壤等适宜西兰花生长。今年岔河村试验大面积种植西兰花，考虑到农户接受能力、应对风险的能力，村委会号召、鼓励、引导村民将土地租给民间生意人，每亩900元。被租出去的土地完全种植西兰花，西兰花在岔河村一年中三季产量都不错。

（三）生产工具及演变

1949年前，岔河村生产条件十分恶劣，反映在生产工具上亦如此，铁制工具品种很少，数量也很匮乏，种类“残缺不全”。不仅没有铁犁，甚至连做木耙所最必需的简单工具铇和凿也没有。所用木耙，只是用钩刀把木条修好后，拿尖刀或烧红的铁（多数是用残了的钩刀）戳穿成洞，镶进把柄和耙齿，便用来耙田。使用时，在木耙或竹耙上压几块石头，用牛拉着在田里来回拖拽。耕牛是彝族人民重要的生产工具，岔河村的耕牛以水牛为主，黄牛较少，时至今日依然如此。

在岔河村使用的主要农业生产工具在1949年前后有：犁、耙、锄头、钩刀、镰刀、铲、锹、铁爪、斧头、尖刀，铁制工具基本从汉族地区输入，木制的工具仍大量使用，除木犁、木耙外，木铲、木锹在一些地方也很通行。

1. 农业生产工具

传统农业是在自然经济条件下，采用人力、畜力、手工工具、铁器等为主的手工劳动方式，靠世代积累下来的传统经验发展，以自给自足的自然经济居主导地位的农业，也是采用历史上沿袭下来的耕作方法和农业技术的农业。其基本特征是：金属农具和木制农具代替了原始的石器农具，铁犁、铁锄、铁耙、水车、石磨等得到广泛使用；畜力成为生产的主要动力。

农业生产工具主要分为三个大类：

（1）高效的取水设备和机具

在引水灌溉方面，中国古代有过不少灵巧的发明。人们熟悉的水车，也叫“翻车”、“龙骨车”、“水蜈蚣”。它出现于东汉、三国之际，最初只用来浇灌园地，后来被水田区的农民广泛采用，将近二千年来，在生产上一直起着较大的作用。筒车，今天在岔河村还可见到，有些是2006年新设的，有些年代已经很久远了。它的工作原理是：利用一个大的转轮，周围系上许多竹筒或木筒，安置在水边，转轮一部分没在水中，水流激动转轮，轮上的筒就川流不息地依次汲水注到岸上的田地里。高转筒车可以把水引到十丈以上高的地方。为了把水引向远处，则有连筒和架槽的发明。连筒是把粗大的竹竿去掉里面的节，一根根连接起来，下面随地势高下，用木石架起，可以跨越涧谷，把水引到很远的地方。架槽的设计基本上同连筒一样，只是用以引水的是木槽而已。

（2）耕翻平整土地的农具

犁，有旱犁和水犁两种，旱犁的俗名为“箭犁”，粗大牢固，有一个形状为“箭”的构件，因此而得名；水犁的构造简单、轻便，俗名叫“独犁”，用于农田或旱地的耕作。

耥，又名“稻耥”、“耥耙”、“耘耥”。用于水稻田中的耕耘农具，耥体为屐形木块或木框，置有耙齿，用于推耥穴、行间草泥，使之溷溺。

牛轭，是用结实的红木之类雕制而成的。呈倒“V”字形，用于挂在牛颈上，两边分别用绳捆挷，直接连于“犁”、“耙”等，是牛在拉“犁”拉“耙”时的主要工具。

（3）其他农具

石牛，是最原始的碾稻工具。制石牛，首先石工把石头削制成圆筒状，视用途可大可小，在两头凿方準，插入圆木，以便滚动，再制个方架套上即可。碾稻时，把稻铺在地上，用牛拉着石牛转圈圈，把谷碾出来。

风车，是岔河村常用的是一种翻谷工具，全部由木头制成。是一种在收割后，将谷粒分离的机动设备，由风箱、上漏斗、下出口等部分组成。其形状像一个大的四方形抽屉样。用于将稻谷中的谷粒和谷皮分离。使用时用手轻轻摇动轴柄，转带动扇叶，通过风的作用将轻重不同的物品分离。由于体形庞大，是完全手动的，由于转动，风扇“呼，呼”作响，很有节奏，所以被称为风车。

2. 生产工具演变

（1）犁的多元化

新中国成立以后，岔河村农民播种、耕地一直沿用历代的老式木犁。1958年以后，为提高生产效率，推广了双轮双铧犁，但由于土地高低不平石头多，双铧犁很不适用当地耕作，没使用几年即被淘汰。又恢复使用木犁或耧进行播种。到了60年代中期，全县普遍推广了七寸步犁，它的优点在于耕幅宽、耕得深、去草根、工效高，很受农民欢迎。进入80年代以后，一般农户把这两种犁有机结合起来使用，春天播种时用木犁，秋天耕地时用步犁，二者各有所长，相得益彰。直至今天，岔河村在犁的使用方面也没有太大的变化。

（2）脱粒农具的变迁

新中国成立以后直至60年代末期，岔河村脱粒的主要生产工具是连枷。连枷是农民的传统打谷工具，由木杆和连枷扇组成，连枷扇是用牛皮筋将三根红鞭杆木条固定捆绑成木排形，其长度约占连枷杆的三分之二，太长易打手，太短力度不够。在使用方法上，可单人独打，亦可二人或多人对打。一般多为二人以上面对面有节奏地交替上下击打同一部位，一排一排地将庄稼的秸秆与颗粒分离，打完头一遍后翻过再打一遍，即行完成脱粒。连枷脱粒的优点是不伤害粮食颗粒，籽种发芽率很高，但耗时费力，农民劳动强度很大，效率十分低下。进入70年代以后，农村普遍用上了柴油机带动的脱粒机，连枷逐渐销声匿迹。脱粒机的普及既减轻了农民的劳动强度，又提高了生产工效，同时脱粒的时间大大缩短。充分显示了机械化、电气化的威力。现在岔河村有一半家庭拥有电动脱粒机。

（四）畜牧业

畜牧业是现代农业产业体系的重要组成部分。加快畜牧业发展，对促进农业结构优化升级，增加农民收入，改善人们膳食结构，提高国民体质，具有重要意义。“十五”以来，岔河村畜牧业取得了一定发展，2006年岔河村经济总收入5899846元，畜牧业收入2414590元，占总收入的40.93%。[①] 尤其是新农村建设以来，畜牧业进入稳步发展的新阶段。

岔河村山上植被覆盖率很高，畜牧业在当地发展优势明显。岔河村以种植业为主，间有小片草场。在经营方式上，对耕畜牛、马、驴，以及猪、禽等，多以放牧为主，舍饲为辅。对大畜中的散畜及小畜（羊），则以放牧为

① 数据来源于2006年南华县龙川镇乡村工程信息采集表。

主，舍饲为辅，农忙舍饲，农闲放牧；冬春舍饲、夏秋放牧；大畜舍饲，小畜放牧。通常都有棚圈，舍饲的草料，主要来自农作物的秸秆以及副产品。牧畜构成，以猪占优势，水牛、羊、马次之，家禽饲养中以鸡、鸭、鹅为主，兔、蜂饲养也有一定数量。

1. **畜牧业现状**

近几年来，在新农村建设全国一盘棋发展指导下，为了进一步加快畜牧业发展的步伐，不断提高畜牧业在农业总产值中的比重，促进农民增收，岔河村十分重视畜牧业的发展，本着一手抓科学饲养，一手抓良种繁育，从而开创了自我发展之路。每年都会在前一年养殖情况的基础上，详细制定下一年的养殖计划任务。2007 年，生猪生产指标任务为：存栏 1100 头，出栏 1540 头，其中商品 1030 头；大牲畜生产指标任务为：存栏 900 头，出栏 480 头，其中商品 460 头；羊生产指标任务为：存栏 2900 只，出栏 2000 只，其中商品 1180 只；家禽生产指标任务为：出栏 15000 只。我们从村主任那里了解到 2006 年基本完成任务。2008 年 4、5、6 月统计数据显示：2008 年二季度猪出栏 134 头，期末累计肉产量 36686 吨；牛出栏 29 头，期末累计肉产量 9177 吨；羊出栏 144 只，期末累计肉产量 5565 吨；家禽出栏 1480 只，期末累计肉产量 5525 公斤；禽蛋期末累计产量 2000 公斤。规模养殖步伐加快。2007 年统计显示：肉牛出栏 10 头以上的农户有 2 户；羊出栏 20 只以上的农户有 2 户。详细见表 2 - 7。

表 2 - 7　　**2008 年 2—6 月畜牧业生产情况**

小组	猪（头、公斤）		牛（头、公斤）		羊（只、公斤）		家禽（只、公斤）		禽蛋（公斤）	
	本季出栏	期末累计肉产量	本季出栏	期末累计肉产量	本季出栏	期末累计肉产量	本季出栏	期末累计肉产量	本季产量	期末累计产量
大岔河	10	2490	2	665	4	1575	120	467.5	80	160
三家村	8	1660	1	399	4	1575	40	170	50	100
新房子	8	2158	1	266	8	315	50	204	50	100
马鞍山	9	1909	3	532	12	455	100	357	70	140
陈官冲	7	1909	2	665	14	560	60	211	40	80
飞家	6	2324	3	931	16	630	80	280.5	60	120

续表

小组	猪（头、公斤）		牛（头、公斤）		羊（只、公斤）		家禽（只、公斤）		禽蛋（公斤）	
	本季出栏	期末累计肉产量	本季出栏	期末累计肉产量	本季出栏	期末累计肉产量	本季出栏	期末累计肉产量	本季产量	期末累计产量
铺冲	10	3486	3	931	14	560	180	637.5	100	200
小岔河	18	4980	4	1463	10	385	200	748	120	240
新村	30	8300	5	1729	20	770	300	1147.5	210	420
芹菜塘	6	1660	2	532	14	490	80	289	50	100
李家	10	3154	1	532	12	490	160	586.5	100	200
起家	12	2656	2	532	16	595	110	416.5	70	140
合计	134	36686	29	9177	144	5565	1480	5525	1000	2000

注：资料由岔河村委汇总、提供。

岔河村村里没有畜牧兽医服务站点。农民遇到问题可以直接到县里的畜牧兽医服务站寻求帮助。在走访农户中，了解到县畜牧兽医服务站设有功能齐全，设备完善的畜牧兽医服务体系，设有动物疫病监测检疫室，配有先进的仪器设备，全面开展监测检验等项工作。畜牧兽医服务体系为畜牧业发展目前只提供产前、产中服务，产后服务没有，都是商人直接找到农户。

畜牧业的科学化使得生产水平不断提高。岔河村在县、镇的带领下，积极推进畜禽良种化、规模化安全生产，使传统畜牧业慢慢开始向现代畜牧业转型。目前，转型也只是处于起步阶段。

牧业有两个生产过程，即植物生产过程和动物生产过程。牧业生产，首先是植物生产过程，生产出牲畜食用的饲料饲草，再经过动物（牲畜）的饲养转化为人类能够食用的肉、乳、皮、毛等食物和其他生活资料。

饲料生产（包括草和料），是畜牧业生产最基本的物质条件。“肉即是草”，饲料生产状况，将会直接关系到畜牧业的发展。岔河村每年制定畜牧发展计划，其中2006年计划种植冬季黑麦草50亩；2007计划推广浓缩料14吨，推广青贮饲料150吨；种植优质牧草60亩；2008年，计划推广浓缩饲料15吨，推广青贮饲料160吨，计划种植优质牧草20亩。村委书记向我们介绍说计划每年基本都能完成，除非遇到一些不可预料的自然灾害或其他突发事件。详细见表2-8。

表 2－8 **青饲料种植情况表** 单位：亩、公斤

小组	2006 年		2007 年	
	面积	产量	面积	产量
大岔河	1	1000	2	2000
三家村	2	2000	1	1000
新房子				
马鞍山	2	2000	3	3000
陈官冲				
飞家				
铺冲				
小岔河	10	10000	8	8000
新村	3	3000	6	6000
芹菜塘				
李家	2	2000		
起家				
合计	20	20000	20	20000

注：资料由岔河村委会汇总、提供，空白处表示没有相关统计资料。

2. 养殖情况

（1）野猪养殖

野猪养殖对于岔河村民来说是新鲜的，但养殖户也通过各种途径学习养殖技术，包括：选择优良猪种、选择优良饲料、栏舍管理、防治猪病等等。在岔河村我们就找到一家养殖野猪的农户，对他进行了专访。

案例 2－1

李某 2007 年开始养野猪，当时养了 5 头，是从普洱（原名思茅）买来的，总共花了 20000 元。当时 20000 元全部是自己家历年种植大白豆和以前养牛、羊积攒的，没有考虑贷款。

自己家里的一头母猪四个月就会下仔一次，一次能下 3～4 头，多的话有 7～8 头。精心饲养，野猪一年可以长到 80～90 公斤。目前自己家里共有 11 头，至今共卖掉 3 头，2 头卖给了大姚县的人，前不久马街乡的农民买走一头，1700 元/头，卖肉价格是 60 元/公斤左右。饲养野猪年收入可达到一

万元。

饲养野猪比较省心，猪圈每天早起打扫一次就可以了，剩下的工作只是喂饲料了。野猪与家猪相比，野猪的饲养优势在于什么都吃，但是饲料消耗大。饲料是以玉米为主，大麦为辅，大麦是磨了拌着喂。玉米和大麦都是自己种植的，基本能保证量。但有时也要购买，今年就花了将近2000元来购买玉米和大麦。

李某以前是村里的兽医，所以在饲养野猪方面没有遇到多大难题，自己每一年要打两次预防针。预防针是分季节打的，4、5月份打一次，11、12月份再打一次。由于预防针打得好，自己家养的猪也没有患上过像猪瘟病、猪肺炎、口蹄炎、五号病等野猪常见病。

（2）牛养殖

岔河村养殖牛的家庭中没有大户，数量最多的也只有4~5头。村里每个家庭多少都有一些土地需要耕种，所以耕牛是少不了的。其他也就养几只母牛，母牛每年产犊，犊牛养一两年转卖掉，在这一过程中投入的只有劳力。因为是放养，饲料都不用花钱。我们采访了一位在岔河养牛也算数量比较大的农户，他介绍了自家的养牛的情况：

案例2-2

周某20多年前就开始养牛了，当时只有一头耕牛，一头母牛。一头母牛每年生一头小牛。小牛养一些时间就卖掉，能卖1000多元。刚开始养牛是为了方便种地，以前自家没有耕牛，种地要向左邻右舍借耕牛使用，很不方便。长久以来自己没有考虑过扩大牛的养殖规模，发展至今共有4头牛，其中两头耕牛，两头母牛。养殖耕牛的直接目的是为了种地方便，养母牛是为了产小牛，卖掉小牛的钱虽然不多但也可以补贴家用。他认为当地种牛更新是个问题，当地养殖户都是就近交配解决这一问题的。

养牛也不用投入太多成本，主要的成本即是每年两次的预防针和劳力，平时多数情况是放养，一年下来饲养用不了多少饲料。每次牛打预防针都是找村委会的负责人打，一针也就2元。

他每次卖牛都不用去牛市场，都是想买牛的人直接找上门的。因为养殖规模小，所以至今自己卖牛不成问题。他也没有考虑过要扩大养殖牛的规模。

（3）羊养殖

饲养山羊，是山区农村农户经济收入和农村经济的主要项目，在岔河村情况也一样。在岔河村，饲养山羊的经济效益是很明显的，随着社会主义市场经济体制的确立，市场效益的驱动，农户饲养山羊的热情越来越高，养羊业发展很快。

岔河村农民养羊长久以来一直以放牧方式为主要饲养方式，经济效益也在长时期内没有多大变化，近几年通过草地改良、种植优质牧草，利用作物秸秆喂羊等，在储量增加近1倍。

岔河村由于农户饲养人员的管理水平和技术素质不高，参加培训有限，学习技术能力有限，所以起步基础羊群一般在20只左右。在岔河，有条件、有能力饲养较大羊群的农户，他们有些是从自家群体生产的羊中选留种羊，但主要还是进行种羊串换以扩大种羊数量。因为这样，羊群的适应性、合群性、抵抗力等问题就可以较好地得到解决。

案例2－3

村中普通养殖户李某介绍了他的养殖情况：家里祖祖辈辈就养黑山羊，所以也就一直养着。黑山羊品种很普通，就是农村最常见的那种。村里曾经推广过黑山羊的优良品种，但是当时由于顾虑太多没有饲养。李某家现在共有黑山羊30多头，是放养的。在岔河村，尽管没有划分专门的放牧区，但放牧地点是比较多的，可以在自家林地、田地周围放养，也可以在别人家林地、田地周围放养。李某养殖黑山羊主要用于出售，有卖给当地开农家乐的，也有卖给肉贩子的。一般情况下，一年就能卖10只左右，每只平均300元左右。家里放养的工作主要由半劳力做，是李某夫妇负责。李某认为黑山羊销路很好，市场上是比较紧缺的，但是由于自家养殖的数量太多，不方便管理。

（4）山鸡养殖

在农村几乎可以说家家养鸡，岔河村情况与一般农村没有多大差异，所以这里以岔河特色养殖——七彩山鸡为对象进行介绍。

七彩山鸡是鸟纲鸡形目雉科的重要鸟类，学名雉鸡，又称野鸡、山鸡、环颈雉，是世界上重要的狩猎禽之一，共有30余个亚种，颈部有白色颈环。其肉质鲜美，营养丰富，含有多种人体必需的氨基酸及钙、钠等元素，其蛋白质含量为28.94%。山鸡的胆、血、内金经过提炼可制成医药制剂，有极高的滋补、药用、保健、美容价值。雄性山鸡毛可制作毛工艺品，还可成缎、锦制作礼服，鸡皮可制成各种精美的皮具。它是集食用、药用、毛用、皮用于一体的珍禽动物，也是有极高综合利用价值的“特养”珍禽。目前岔河村只有一户人家在养殖。

山鸡养殖场设在地势干燥，平缓，向阳背风的地方，比较安静，饲养山鸡的鸡舍与家鸡舍要求相仿，鸡舍面积不大，大致有80～90平方米，鸡舍是新盖的。因种鸡在交配前都要雌雄分离饲养，所以有两个鸡舍。鸡舍内准备有食槽，饮水槽等。食槽是用木片钉制的。由于养殖的时间短、经验不足，他们多是直接购买鸡苗来养，出栏时会留一些用于下蛋，然后用家鸡来孵。

养殖户李某的养殖情况如下：

案例 2－4

李某走上养山鸡的路是借着2007年新农村建设的东风。新农村建设有好多项目，他选择养山鸡主要考虑到：一方面开了农家乐，农家乐生意要有人照看，搞养殖不影响做生意；另一方面因为开农家乐，对鸡的需求量会很大，如果野鸡养殖失败，可以用来养土鸡，但是土鸡赚得很少，综合考虑之下想试养一下山鸡。当时一次性投入8000元，建设鸡棚，购买鸡苗，其中2000元用来购买鸡苗。

第一批鸡苗是2007年6月份引进的，共引进了150只，每只14元。第一批养了3个月，一次性卖掉140只，售价平均45元/只，总计纯收入3000元左右。第二批是2007年11月份引进的，当时共引进了120只，每只12.5元。由于技术、场地等因素的制约，自己养鸡一般存活率平衡在80%左右。目前李某家共有土鸡20只左右，山鸡现在有78只，马上又要引进下一批了。

鸡的销路目前主要有4种：（1）卖给游客。那些来农家乐的游客观赏游玩，走时觉得喜欢就会买走，这种大致占总售出鸡的50%；（2）卖给当地人。当地人主要是没吃过，想尝尝鲜；（3）直接卖肉。自己开农家乐，游客点了山鸡，就做成菜招待他们，这种大致占总售出鸡的10%；（4）现在也有卖给非游客的外地人的，主要是游客相互介绍的，最近也有单位、宾馆直接来家里订走。

李某在养鸡过程中也遇到过鸡突然得病的问题，但由于进行了及时的处理，没有带来多少损失。李某家每养殖一批鸡仔，最少损失4~8只不等。

鸡的疫苗是县畜牧局帮助购买的。疫苗的钱自己出，但是县畜牧局的同志会定期来询问养殖情况。疫苗一般是一批只打一次，其他发现了问题及时再打。在自己养山鸡这方面，县畜牧局对自己的帮助主要是前期引进鸡苗和建设鸡舍，在山鸡疾病预防方面的帮助较少，自己很希望能在预防疾病、养殖技术方面得到更多的帮助。

李某认为养山鸡经济效益不错，目前山鸡在市场上也是供不应求的，但由于自己缺乏技术，所以不敢扩大养殖规模，资金倒不是大问题。养殖业缺乏知识和技术，养殖风险还是很大的，一旦山鸡得病，没能及时发现治疗，损失还是很严重。

3. 存在问题

通过以上对岔河村畜牧业现状的介绍和个案分析，不难发现岔河村农户的养殖规模发展到目前这么大是十年甚至几十年自然发展的结果，并不是农户有意发展、壮大规模。当问到农户有没有考虑过扩大养殖规模时，答案是肯定的；当问及为什么没有扩大规模时，农户回答各异。通过访谈，我们总结出岔河村的养殖业发展还存在以下几个主要问题：

（1）扶持资金到位速度慢、面不够广。由于政府扶持资金有限，每个村子扶持户数有限，部分有意发展畜牧生产的农户缺少资金，而且要想成为扶持对象要走一大套程序。再加上政府扶持资金到位延迟，影响农民扩大养殖的积极性。

（2）农户资金不足，贷款困难。除政府补贴外，农民还需要投入许多资金，但农民经济条件有限，投入畜牧业资金严重不足，且贷款困难，影响了养殖的规模。

（3）农户规模养殖意识不强，缺少经验，畜牧管理部门技术指导不到位，种苗供应不足，质量参差不齐，养出的畜牧产品质量不稳定。

（4）目前，国内外部分地区发生禽流感疫情，家禽销路受阻，家禽市场价格下跌严重，家禽养殖户出现亏损，因而养殖积极性受到影响。

（5）销路不稳定，影响农户养殖积极性。这一点养野猪的农户感触最深，他们是看到新闻了解到野猪市场价格高，所以选择养殖野猪，但目前野猪都卖不出去，成了养殖户的大问题。

（五）林业

1. 林业概况

岔河村林业用地面积58507亩，占全村总面积64768亩的90.33%。在林业用地中：林地57351亩，占林业用地总面积的98.02%；疏林地2772亩，占林业用地总面积的4.74%；灌木林地25371亩，占林业用地总面积的43.36%。岔河村各类林地情况直观见饼形图2-3。

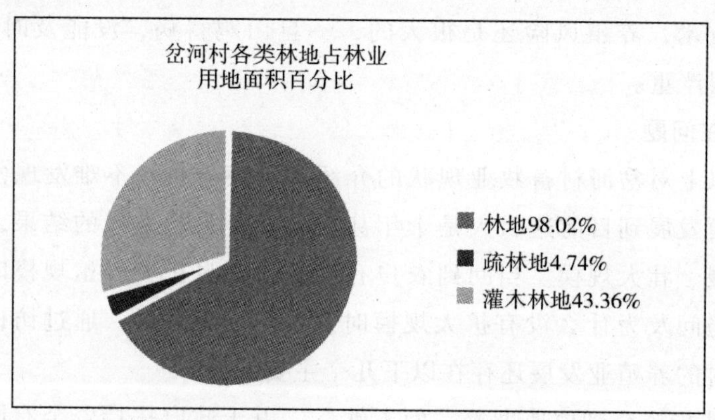

图2-3 岔河村各类林地占林业用地面积百分比图

2. 林业在岔河村村庄经济中的地位和作用

（1）提供木材

木材的用途很广，无论工业、农业、交通运输或人民生活等方面都需要木材。岔河村现有的林木中，可用作木材的主要树种有云南松、华山松、刺槐等。据2006年南华县龙川镇数字乡村工程信息采集表中数据显示，岔河村林地面积57351亩，占全村国土面积的88.55%，其中经济林果面积440亩；岔河村委会2006年度林业工作报告总结中统计显示，岔河村林业用地总面积58507亩，其中有林地30346亩，疏林地2772亩，灌林地25371亩。

（2）提供林副产品

林业不但生产木材，而且还提供多种多样的林副产品。岔河村森林茂密，经济林木种类繁多，林副产品很丰富。例如树木种类就有好多种，常见的有柿、樱桃、花椒、核桃、梨、苹果、花红等；林中还蕴藏着丰富的药材资源，中草药用植物有茯苓、天花粉、木瓜、香椽、紫苏、丹参、百合、黄草、半夏、防风、重楼、续断、龙胆、夏枯草等。野生动物有狼、野猪、獐、斑羚、鹦鹉、猫头鹰、啄木鸟等。林副产品就更多，单野生菌就有上百种，野生菌资源年蕴藏量也比较大，块菌、松茸、牛肝菌、鸡油菌世界四大名菌在岔河村都有分布，且分布面积广、生产周期长、产量高、质量好。

(3) 改造环境

森林是最大的生态系统，它可以净化空气、减少噪音、保护和美化环境，在自然界起着维持生态平衡的重要作用。2007 年岔河村彝族旅游业，建成岔河咪依噜风情谷。风情谷对岔河村的绿化有了更高的要求。在咪依噜风情谷绿化中，县林业局始终坚持"村在林中、路在绿中、房在园中、人在景中"的布局原则，围绕咪依噜风情谷建设总体规划，通过公路干道沿线、河渠堤坝绿化、庭院绿化等建设，以达到"道路林荫化、庭院美化、环境优化"，保护和改善生态环境，全面推进咪依噜风情谷建设向纵深发展的目的。

3. 林业资源

(1) 野生菌

岔河村有着丰富的野生菌资源，为有效保护和持续利用野生食用菌资源，维护自然生态平衡，岔河村采取多种措施：坚持野生食用菌产业发展与天然林保护、退耕还林、自然保护区建设相结合。目前，岔河村已推行封山育菌 32700 亩，这项措施使全村的野生食用菌资源得到了有效保护，也使得野生食用菌的生长环境不断改善，产量也逐年增加。年统计显示，2007 年全村采集的野生食用菌 22840 公斤，其中松茸有 4060 公斤。详细见表 2－9。

表 2－9　**2007 年岔河采集野生植物情况**①　单位：公斤

小组	采集食用野生菌				采集食用野菜			
	合计	松茸	牛肝菌	其他杂菌	合计	蕨菜	香椿	杨梅
起家	2031	600	702	729	864	324		594
李家	2568	660	936	972	1152	432		792

① 数据由岔河村委会提供。

续表

小组	采集食用野生菌				采集食用野菜			
	合计	松茸	牛肝菌	其他杂菌	合计	蕨菜	香椿	杨梅
芹菜塘	1321	420	442	454	544	204		374
新村	4716	700	1918	2100	2336	876		1095
小岔河	2837	230	1248	1359	1672	672		1056
铺冲	2320	200	1040	1080	2036	576	500	836
飞家	1171	270	442	454	1296	456	500	374
陈官冲	789	100	338	351	664	204	200	286
马鞍山	1446	280	572	594	571	156	15	440
新房子	892	150	364	378	500	240		286
三家村	836	200	312	324	409	144	25	372
大岔河	1911	250	806	855	1012	372	20	682
合计	22840	4060	9120	9660	5916	4656	1260	7187

注：数据由岔河村委会提供，空白处表示没有相关统计数据。

①松茸。

松茸是岔河村的主要特产之一，长期以来一直是当地农民副业收入的主要来源。松茸又名松口蘑、松蘑、臭鸡枞。岔河村林地资源丰富，林木品种主要有云南松、滇油杉、华山松等，然而这些树种的林间树下，尤其以常绿阔叶林、落叶阔叶林、针叶林等混生的原始、次生林带松茸产量较大，品质较好，正是这些植物给岔河村的松茸的生活创造了适宜的环境。松茸生长要求郁闭度为80%～85%，光照为30%～40%，光线很少直射松茸子实体上，光照强、植被少的地区，几乎不出松茸。这些苛刻的生长环境也限制了松茸在岔河的分布。在岔河村，只有海拔在2000～2500米之间的林间缓坡地段，尤其在2200～2500米之间的比较多，所以不是每个工作小组都有松茸。

从1984年日本客商在南华发现松茸后，就揭开了云南出口松茸的历史。1995年，利用“云南省应用基础性研究基金重点资助项目”，开始进行松茸保育促繁综合技术推广试验。从2003年起，依托野生菌产业发展这一载体，通过文化搭台、经济唱戏的方式，南华县成功举办了四届“中国·南华野生菌美食文化节”，广泛开展野生菌贸易、招商引资、美食、旅游、科研论坛等全民参与的节庆活动，实现了从“造势”到“造名”，再到“推动发展”的突破。2007年，南华县野生菌交易量达8732吨，产值2.7亿元，分别比2006年增长50%和72%，集散交易量、产量、产值分别创造历史新高。岔河村村民在这一系列活动中也收获了不少喜悦。

近年来，随着松茸价格的节节攀升，其高昂的经济价值吸引着村民盲目采集。由于过度的采收，不科学的滥挖滥采，松茸生长环境遭到了严重的破坏，产量逐年锐减，群众的收入也在逐年减少，且由争相采收松茸引发的群众性纠纷时有发生。盲目的开发，过度的采收，无序的竞争导致产量锐减，质量下降，价格下跌，收入减少。村民们经过深刻反思，逐渐明白：一是要想让松茸产品增产增收、持续永久地受益，首先必须保护好森林，为松茸生长创造一个适宜的生态环境；二是要提高松茸等级质量，必须规范松茸采收技术；三是要改变目前一家一户无序竞争的局面，必须由农户自愿组成一个联合机构，统一开展对外销售，防止外地客商压级压价收购，取得最佳效益。因此，村委会制定村规村约，开展松茸采摘知识培训，进一步加强对松茸等野生菌的采摘管理。

②其他野生菌。

岔河村除了价格、市场很好的松茸外，还有很多种野生菌，比如鸡枞、牛肝菌等。

第一，鸡枞。鸡枞俗名鸡盅，又名白蚁菇，鸡肉丝菇，它在我国好几个省都有分布，唯有云南的鸡枞产量大、分布广、品质佳。岔河村林业资源很丰富，所以鸡枞在当地生长情况良好。在岔河每年的7、8月份是采摘旺季，村民都会积极投入采摘的队伍，在欢声笑语的劳作中收获大自然的这份馈赠。

第二，牛肝菌。牛肝菌是牛肝菌科和松塔牛肝菌科等真菌的统称，除少数品种有毒或味苦而不能食用外，大部分品种均可食用。云南牛肝菌资源丰富，其中著名的有白、黄、黑等优良牛肝菌可供食用。以上各种牛肝菌在岔河都有生长，它们生长期为每年5月底至10月中旬，雨后天晴时生长较多，易于采收。牛肝菌在岔河村的相关情况与鸡枞差不多，在这里就不再重复说明。

（2）经济林果

①产业现状。

通过调查，岔河村除了县里积极倡导的核桃、樱桃等外，对其他林果没有足够的认识。当地满山都有各类果树，如梨、苹果、樱桃，但果树是零星种植，这样不利于果子在采摘季节的集中采摘，造成许多不必要的浪费。

岔河村以资源培育为重点，走“生态建设产业化，产业发展生态化”的可持续发展路子，大力推进林业产业的持续、健康、快速发展。岔河村把核桃、林化产业列为未来5年的重点工作之一。主要工作有：一是积极编报，争取项目。按照林业产业发展的思路和总体目标，根据产业资源特点和发展优势，编报了《岔河村优质核桃基地建设项目》、《岔河村“十一五”核桃产业发展规划》等相关产业材料。二是强化措施，集约种植。按照“质为先”的要求，以“一块好地、一个大塘、一株好苗、一担农家肥、一块薄膜”的标准发展种植，并于2006年底全面完成1万亩林业产业项目及4000亩退耕还林工程核桃种植计划任务。2006年，完成了1000亩核桃集约化经营试验示范基地建设涉及的全部建设内容，带动了广大群众对核桃的集约化经营管理。对经济林果种植农户进行了核桃、樱桃栽培管理技术培训，并结合科普宣传活动，发放核桃、樱桃栽培管理技术资料500余份，实地指导核桃嫁接4场次。三是完善制度，规范管理。在严格执行原国家林业部颁发的《松脂采集规程》的基础上，深入学习贯彻了《南华县松脂生产管理办法》。在权属清楚的前提下，积极推行山林权属转让、租赁、承包等经营形式，鼓励个人、集体参与植树造林。依靠科技进步，积极引进种植直干桉、史密斯桉优良品种，并加大科技投入、推广力度，从而促进了桉树的快速生长，使桉树产业步入了规模化、规范化发展轨道。

目前，全县核桃种植面积已达900亩，核桃产量16000公斤，金额320000元，其中出售产品收入74000元。详细见表2－10和表2－11。

表2－10 **核桃种植分度年计划** 单位：亩

小组	合计	历年来已种植面积	2006年	2007年	2008年	2009年	2010年
大岔河	297	100	20	17	80	40	40
三家村	255	80		55	60	30	30

续表

小组	合计	历年来已种植面积	2006 年	2007 年	2008 年	2009 年	2010 年
新房子	90	50			20	10	10
马鞍山	302	90	30	102	40	20	20
陈官冲	120	40		30	30	10	10
飞家	180	70	30	30	30	10	10
铺冲	455	200	50	65	50	50	40
小岔河	340	80	20		120	60	60
新村	621	150	50	31	190	100	100
芹菜塘	60	20			20	10	10
李家	70	10			20	10	30
起家	60	10			20	10	20
合计	2850	900	200	330	680	360	380

注：数据资料由村委会提供，空白处表示没有相关统计数据。

表 2－11 **核桃收入统计表** 单位：公斤、元

项目	小组											
	大岔河	三家村	新房子	马鞍山	陈官冲	飞家	铺冲	小岔河	新村	芹菜糖	李家	起家
产量	1600	800	800	1200	800	1000	2600	1600	2000	800	1600	1200
金额	32000	16000	16000	24000	16000	20000	52000	32000	40000	16000	32000	24000
其中：出售产品收入	25333	9333	9334	17334	9334	13335	45333	25333	33339	9334	25334	17324

注：数据资料由村委会提供。

岔河村的经济林果面积 440 亩，林业总收入 363680 元。目前村民农闲时候会采摘带到南华县区出售的水果主要有苹果、梨、桃、柿、樱桃、梅子、柑橘、枇杷、杨梅等。村委会的统计显示，2007 年岔河村苹果园总面积 52 亩，苹果产量总计 18 吨；梨园总面积 243 亩，梨产量总计 60 吨；桃园总面积 70 亩，桃产量总计 33 吨，其他园总面积 65 亩。其主要的树种栽培面积和产量详细见表 2－12。

表 2-12　　岔河村茶叶、水果、蚕桑生产情况

小组	产量（吨）				面积（亩）			
	苹果	梨	桃子	柿子	苹果园	梨园	桃园	其他果园
起家	3	4	2	0.05	4	5	8	5
李家	3	6	3	0.1	6	14	5	6
芹菜塘	0.5	3	1	0.05	2	3	4	2
新村	3	14	8	0.1	11	134	31	20
小岔河	2	8	6	0.05	7	30	12	6
铺冲	2	8	4	0.15	6	20	10	8
飞家	1	3	2	0.15	3	10	4	3
陈官冲	0.5	2	1	0.05	2	5	2	2
马鞍山	1	4	2	0.1	4	10	4	4
新房子	0.5	2	1	0.05	2	4	2	2
三家村	0.5	2	1	0.05	2	4	2	3
大岔河	1	3	2	0.1	3	4	6	4
合计	18	60	33	1	52	243	70	65

注：数据资料由村委会提供。

②核桃。

核桃是世界四大干果（核桃、扁桃、腰果、榛子）之首，是我国经济林果出口创汇的经济林种之一，俗称“干果之王”，经济效益显著。核桃是南华县继烤烟之后的一个重要支柱产业。南华县是中国核桃之乡（2001 年国家林业局）之一，为了“发展壮大核桃产业，振兴南华县特色经济”，县政府决定不断扩大核桃的种植规模，加速核桃产业化进程，促进农民增产增收，改善群众生活，提高经济效益、生态效益、社会效益。岔河村积极落实上级的核桃种植政策，制定核桃发展规划并严格执行，村委会罗主任与我们聊到核桃种植情况时说：“明年我们的核桃就会有个好产量了！”

根据我们的调研结果，我认为岔河村核桃产业潜力还没有发挥出来，因为岔河村是 2006 年开始规划种植核桃，以前都是村民自家零星种植，核桃要两年后才会正式结果，较高产量才会有所体现。

案例2－5

我们采访了一普通农户，他们家2006年种的核桃，后来又加种了一些，现在共有核桃种植面积20亩。由于核桃树种上也没几年，所以核桃树刚挂果，不过就这样一年也要收入两三千元。他家的核桃主要是卖给上门来收购的生意人。他向我们介绍说，核桃价格是不错的，如果是湿的能卖7～8元/公斤，这几年价钱比往年还要好些，以前只能是2～3元/公斤。该农户对未来自家核桃收益充满信心，他预计几年后他家核桃每年收入至少达到20000元。他开心地告诉我们，过几年自己年纪大了干不了活，就可以依靠这些核桃了。他说村子里每年多少都会有几次核桃种植方面的培训，是政府出钱组织的，内容涉及农户怎样防病虫害，怎样种植，怎样用肥等等，他自己也已经参加过5次培训了，他认为效果很好，而且又能不用花钱就能学到知识。目前自己对核桃销路一点也不担心，因为核桃还长在树上，就已经有商人找上家门了。这位农户告诉我们，岔河村核桃林地面积200亩以上的人家有三四户，全村20%以上的农户有10亩面积的核桃林地，几乎每家多少都有核桃林地。他们家也种植樱桃树，大致有20棵左右，每年也能带来2500元左右的收入。他不愿意大面积种植樱桃是因为樱桃的果子比较小，很难采摘，而且樱桃成熟周期很短，当日成熟必须当日摘完，否则就落果了，而且一棵樱桃5～7天就全熟了，人手不够就采摘不过来，只会浪费掉。

4. 森林管理

岔河村林地多，但是村民较早意识到森林资源的重要意义。所以岔河村在森林保护方面做得的确不错。岔河村村民组建了森林管护工作小组，责任分到小组，再分到个人。村里会不时组织村民集体学习森林维护、森林防火等方面的知识。当然森林管理工作要时时留意，而且工作繁重，具体工作主要有以下内容：

（1）森林防火管理

①村委会高度重视，加强领导，精心组织，尽早安排，确保各项工作的落实。

认真开展森林火灾“三无创优”活动，切实抓好森林防火责任书的落实，全村共签订各种责任书24份，其中村委会与村民小组签订责任书12份，签订放牧区责任书12份，增强责任效力；及时组建了森林防火应急队伍1支，共 38 人。

②深化宣传教育，增强村民防火意识。

宣传教育是森林防火工作的第一道工序、第一条防线。岔河村委会从全村经济建设和林区发展的高度，充分认识森林防火宣传工作的重要性，以科学发展观为指导，坚持以人为本的思想，开展森林防火宣传教育工作。针对外来人员多，入山人员杂的特点，把宣传教育与强化火源管理紧密结合起来，发放森林防火户通知 390 份，发布县级森林防火指挥部《关于切实做好戒严期森林防火工作的公告》15 份，发布《云南省人民政府 2006 年森林防火命令》13 份。在房屋、石壁上书写森林防火宣传标语 145 条，村委会转发镇森林防火指挥部汇编省内各地发生火灾的典型案例材料 13 份。据统计，全村召开各类森林防火工作会议 60 次，参与人数为 2056 人，其中：村委会“两委”会议 5 次，参与人数 35 人；村委会召开森林防火会议 8 次，参与人数 332 人；各小组召开森林防火户长会议 48 次，参与人数 1689 人。认真开展“五个一”工程，要求学校要对学生进行经常性森林防火教育。据统计，已经对 116 名在校学生上防火课 55 节，出黑板报 11 期，写作文 67 篇，写公开信 116 封，写标语 11 条。

③加强火源管理力度。

为认真落实各项防火措施，依法监管野外用火，科学组织扑救，一是认真执行《南华县野外用火规定》，坚决消除可能发生的火险隐患，彻底改变四处冒烟，到处起火的被动局面；二是管住重点人员，对痴、聋、哑、憨、精神病人等特殊群体 15 人进行登记造册，落实监护人责任；三是实行林区放牧人员安全防火责任制。

④严格执行值班制和领导带班制度。

村委会共落实值班人员 5 人，严格执行 24 小时值班和领导带班制度，无漏岗、脱岗现象，按时上报各种材料。

⑤深化改革，创新造林经营机制。

村委会认真贯彻落实《中共中央、国务院关于加快林业发展的决定》、《中共云南省委、省人民政府关于加速林业发展的决定》，加快非公有制林业的发展，结合退耕还林工程建设，采取“龙头企业 + 基地 + 农户”的办法，带动当地经济发展和村民增收。

⑥认真落实“林权是核心”，加快开展林权发证工作。

为切实加快云南省退耕还林的核发林权证工作，依法维护退耕农户的合法权益，巩固退耕还林成果，省政府下发了《关于进一步加快退耕还林地核发林权证工作的通知》（云政发〔2004〕104号），明确要求各地要组织专门的工作班子，落实工作责任制。村委会认真总结分析林权证发放工作中存在的困难和问题，找出发证缓慢和存在问题的原因，采取措施，加以解决。我们从县林业局分配下基层专门负责岔河村林权改革的李某那里了解到，如果岔河林权改革工作顺利，到2008年末，岔河村就可以完全实现林权证发放到户。

⑦岔河村建设沼气池保护森林资源。

岔河村认真学习落实省、州、县各级政府关于全面建设小康社会的政策、规划和意见，坚持“示范带动，全面发展，质量优先，服务至上”的工作理念，进一步加强技术服务指导，加大沼气用户对沼气生态农业的综合利用力度。

案例2-6

村委会罗主任向我们简单介绍了村里的森林管理工作：

他在村里做森林管理工作已经有17年了。他在近5年里遇到过破坏树林的事，主要是偷砍树。村里单独组织过森林防护方面的培训，但是比较少，主要是不定期参加县里和镇里组织的培训。虽然村里林权证基本发放结束，但是村委会也会帮助村民检查和监督护林的活动，设有专门的护林员。护林员享受一定的补贴，这也算不上是工资，每月200元。他是1991年开始参与护林工作的，当时补助只有60元。护林员在工作中如果发现本村村民有破坏树林的，护林员要向村委会汇报，村委会会按照村规民约来处理，主要是对村民进行教育，也会没收村民的砍伐工具及砍伐的东西等，也有根据破坏的程度进行经济处罚的，这种处罚用得比较多，近几年用的较多的是教育的方式，不过村民保护森林的意识近几年有了很大提升。他认为森林还是要靠自己来管理，要加大宣传教育，责任到户。过去林业局和村委会帮助护林，但毕竟时间有限，不可能天天到现场进行管理，所以说护林工作始终要靠群众的自我监督和自我管理。前几年分有自留山和责任山，自留山可以自由砍伐，责任山不能砍伐，这也是一个缺陷。

村委会在森林防火方面做得已经不错了，当然也存在失误。2007年3月份发生过一场火灾，火灾原因至今未查清楚，是过路人不留意丢的烟头引发的可能性较大。火灾规模小，受影响面积只有3亩，只是一些小树损毁得比较严重，烧死的不到十棵。因此，村委会与12个工作小组每年都会签订森林防火责任书，考虑到一旦发生火灾，可以就近发动农户灭火，提高工作效率，做到责任明确，分工到组。

（2）公共林地管理

岔河村林地大体上分公共林地和农户林地，公共林地主要是水源林和封山林。岔河村公共林地面积占总面积的10%左右，包括水源林和封山林。人们喝的水叫表面水（地理学上也叫潜水），靠森林的积蓄，所以出水的树林是当地政府要首先保护的，不能砍伐，也不能分到每户农户。封山林是1983年确定为公共林地的，它不是出水的山林，但也属于公共林地，在1983年以前，所有的土地都是集体所有，是由一个小组整体管理，1983年后有些山林才像农田一样分到每家农户，封山林也就在那时确定了下来。划出封山林的目的是保护生态环境，水源林除了保护生态之外，直接的目的在于保证人们的饮水来源和质量。公共林地的管理是由村委会总体负责，分到各个小组具体管理的。这种小组的划分是结合林地区位，综合考虑之下划分的。各个小组负责的林地界限很明确，虽然看到的山林是连成片的，但是小组与小组之间还是有很明确的界线，因此，各小组负责管理的责任范围也是明确的。为了进一步明确责任，村委会与各小组之间也需签订责任书。

5. 植树造林

岔河村2002年就开始大规模的发展荒山荒地，进行植树造林和退耕还林。当时村里的树种有桉树、云南松和核桃等。村里选择这几种树种是从树种能带来的经济效益和农户现有的树种资源为出发点的，比如说种植核桃经济效益来得慢，要10多年才能完全投产，桉树的经济效益来得快，2年就可以完全投产，但是桉树带来的收入却远远不及核桃。桉树主要产出是桉树叶，桉树叶可以用来烤桉油，桉油是用于医药方面的。在植树造林方面，村委会的工作主要有：

（1）广泛宣传发动，让政策深入人心

为加大林业相关政策的宣传，充分发动群众，村委会利用广播、标语和设置标志碑牌等多种方式，广泛深入宣传各政策的重大意义和具体措施，为各项工程的顺利实施创造了良好的舆论氛围。例如：为贯彻实施好《退耕还林条例》，村委会在村委会办公地点的房屋墙壁上用粉笔写了《退耕还林在岔河》专栏，宣传退耕还林取得的成效和各小组好的做法和经验。通过强有力的宣传，使退耕还林政策家喻户晓，退耕农户就好像吃了“定心丸”一样，自觉支持和维护退耕还林工程建设。

（2）合理选择造林树种、优化造林技术模式，提高造林质量和成效

工程的实施中，从施工作业设计开始，各地充分征求农民意愿，合理选择既能发挥生态效益，又能产生经济效益的树种，让退耕农户成为退耕还林地的主人，变过去“为国家、集体造林”为“为自己造林”，增强了农户的造林积极性和责任心，确保了造林质量和成效，为退耕农户今后增收打下了良好的基础。

（3）加强督促检查，确保任务完成和政策兑现

在退耕还林工程实施中，省委、省政府领导也来到岔河调研退耕还林工程实施情况，对村委会的工作进行督促和指导，村委会要整理各种资料积极说明工作开展情况，并积极配合退耕还林领导小组依据《云南省退耕还林工程考核奖惩办法》对退耕还林责任状的执行情况进行逐项考评工作，对自查合格地块及时出具验收证明，让退耕农户及时领取退耕还林各项政策补助，取信于民。

6. 工作中遇到的问题

（1）野生菌的采摘

村民对野生菌科学采收的意义认识不清，保护意识不强。一是村民不论发现幼菌还是老菌，都是一扫而光，这样野生菌开伞后成熟的孢子散播在林中的数量就会减少，不仅造成来年野生菌的产量减少，而且质量等级降低；二是一些村民为解决燃料或肥料问题，乱砍林木，过量取走枯枝落叶或毛草，人为地破坏了野生菌的生长环境，影响产量；三是为保护野生食用菌而采取封山禁牧的措施，给发展畜牧业造成了一定的影响，封山禁牧与发展畜牧业产生冲突。

（2）森林防护

森林防护一直是村委会各项工作中的重中之重，一方面是因为森林的防护直接关系到整个风情谷的自然环境；另一方面由于村内森林面积广大，管护工作量大。岔河村在森林管护工作中遇到的问题主要有以下几点；一是部

分农民在森林防火知识方面仍然认识不足，给森林防火工作增加了难度；二是随着天然林保护、退耕还林、生态建设等营造林、封山育林项目的实施，森林资源和林地面积增加，林下可燃物增多，使森林防火战线加长，工作任务更加繁重；三是森林防火资金不足，防火基础设施滞后；四是村内有些群众的森林资源保护观念淡薄，法制意识不强，乱砍滥伐、毁林开垦、乱占林地、非法运输材木等偶有发生，但都是乡里乡亲，严格持章办事较难。

（六）自然灾害防治

岔河村比较多发的自然灾害是洪水、山体滑坡、地震等。其中山体滑坡、地震属于地质灾害。

地质灾害是一种破坏性较大的自然灾害，一旦发生，往往会造成重大人员伤亡和财产损失。岔河村地处地质灾害多发区，地质灾害是该村主要的自然灾害之一。由于岔河村多山，地质环境也比较脆弱，所以地震和山体滑坡比较频发，尤其是山体滑坡，给村民生命财产造成一定损失，也给村内社会经济发展带来了影响。虽然近几年岔河村没有发生大的地质灾害，但小型地质灾害时有发生，所以不论县级、镇级、村级都很重视地质灾害的预防管理，不断加大投入，从资金上保证地质灾害监测、预防工作的正常开展。目前岔河村在自然灾害防治方面的主要工作有：

（1）明确责任

村内分有12个工作小组，每个工作小组都有负责点，并且签订责任状。工作小组对村委会负责，村委会对镇政府负责，镇政府对县政府负责。做到主要领导亲自抓，责任领导具体抓，全面落实地质灾害监测和预警、预报各项措施，切实做好地质灾害防灾、减灾工作。

（2）提高地质灾害监测预报水平

村内设有地质灾害隐患点监测人员，罗主任兼任负责人。国土资源部门曾对地质灾害隐患点监测人员进行过培训，培训提高了监测人员的责任意识和业务水平，充分发挥了地质灾害监测人员的“事前预报”作用，做到能够使地质灾害监测人员及时发现和掌握地质灾害点的变化情况，一旦地质灾害隐患点出现险情，及时报告并组织群众转移避险，最大限度地确保人民群众生命财产安全。

(3) 加强宣传培训，提高农民自救、互救能力

村委会每年都会开展地质灾害防治知识宣讲培训活动，组建宣讲小组，成立了临时领导机构。村委会与村内小学联合，在学校开设有地质灾害的相关课程。村委会在征得村民同意的前提下，在村民院外墙壁上也写有宣传标语。

案例 2－7

当问到村里是怎样做防洪、防灾工作时，自然灾害负责人罗主任向我们做了介绍：

我们在原有的 12 个村民小组的基础上，结合灾害频发地点所处的位置，成立了专门的工作小组，设有专人值班，也积极号召群众反映情况。在岔河村每年 6 月 1 号到 10 月底是防洪季节，每年 12 月至 6 月底是防火季节，没有防旱预警，因为这里不存在旱情，也没有防雷预警，但有预防山体滑坡的预警，而且设有专门的监测员。2008 年 5 月 25 号发生了山体滑坡，受灾主要集中在新村小组，有一户农户房屋倒塌，损失两万多，在这次灾害中，受灾户总共有 9 户，估计共损失十万多元。受灾户只得到了 30 公斤大米，暂时没有得到其他政府补贴，房屋也没有重建，现借住在别人家，户主叫李学先，目前这家生活情况较差。因为还没有通过受灾审核，审核如果认为严重，民政部门会有补助，如果是小的损失，只能自己慢慢恢复。岔河村都是每年年底统计受灾情况，然后上报民政部门，他们会在核实情况后发放补助。关于地震的统计情况，近几年没有发生过地震。2002 年发生过一次地震，造成了一定损失，结果不算特别严重，但仍然设有观测员，有山体滑坡观测员。而他本人是山体滑坡观测员，至今已做了五年的观测员。岔河村现在的地质灾害观测点有青莱塘小组和陈官冲小组，之所以在这两个点设有观测点是因为这两个小组 2002、2003 年发生过山体滑坡，后来建了观测点，观察山体情况，以防再次发生给农户带来损失和伤害。目前两个点分别有工作人员 3 人，工作人员轮流值班。

（七）本章小结

根据对岔河村农业情况的资料分析和实地调研，我们认为岔河村农业可

供开发的潜力不是很大：一是受到当地特殊的自然环境的制约，使得农作物的生长受到限制。村委会也试着推广薄膜种植蔬菜、各种作物的优良品种，但农户反映不是很好，农民种植积极性总是不高。我们调查了解到当地农民每年都要花一大笔钱用于购买大米，普通家庭用于购买大米的钱占家庭总支出的三分之一。二是没有特色农作物可供大力开发。这里的作物在全国范围内都是很普遍的，主要有大米、小麦、玉米等，而且这些作物在当地产量提升空间不大，没有优势和其他地区的同类作物竞争。三是由于当地土地少，土地耕作只能家庭自然经营和管理，无法形成集约化、现代化耕作。从前面的统计数据中不难发现，当地农户家庭拥有土地平均只有 3 亩左右，而且土地情况多样——不是成片、块的单一水田或山地。

而与之相反的，岔河村畜牧业发展潜力提升空间较大：一方面，村民已经感受到养殖带来的益处，有扩大规模的初步想法，但是对销路、技术等没有把握，所以一直处于观望状态；另一方面，由于当地旅游业的发展，村里对于各种肉的需求量会逐年增加。就目前旅游业的发展情况来看，当地有些肉类已经存在供给紧张状况；第三方面，岔河村虽然耕地少，但是林地多，这样得天独厚的条件为发展养殖业提供了很好的空间。既有利于保护环境，又增加了农民收入。

岔河村林业未来发展带来的经济效益可能将会占全村农业总收入的较大比重。林业资源丰富，而且村委会已注意到了走“全村整体规划，集体发展”的道路。对于发展林业，村委会每一年都有具体的规划，并且积极组织实施。在村委会的大力宣传教育和积极的管理政策下，村民明白在靠山吃山的同时也要科学合理的采集野生菌和野菜。

村委会也充分利用了省、州、县、镇的各种农业对口帮扶的有利机遇，每年邀请科技人员做 4～5 次培训，指导农民采用新技术科学种植、养殖、管理，提高产品质量和经济效益。培训内容包括了种植、养殖、果树嫁接等。

三、商业

要了解一个地区的商业，首先要了解该地区大环境的经济发展状况。所以这一章的内容首先提供了云南省、南华县的相关经济数据，读者可以通过相同指标和各自的数据宏观把握岔河村在大范围经济发展中所处的地位。而家庭支出的多少直接受家庭收入的影响，在了解了岔河村整体经济状况的前提下，也就明确了当地一般家庭的收入情况，所以行文中也给出反映了岔河村经济发展水平的数据。岔河村的贸易发展也与周边地区的交通息息相关，所以在介绍经济的同时，文中也将对云南省、南华县的交通进行简要介绍。

（一）岔河村市场体系

在传统农业时代，农民的投入和产出模式基本是自给自足，没有或者很少有社会化的服务，即在社会分工不足的情况下不可能形成农业的市场体系。在商品农业时代，农民生产的农产品主要是为了出卖，使用的生产资料几乎全部从外部购买。加之，由于竞争，农民不仅需要大量货币投入，也需要越来越多的智力投资和各种社会保险，这些逐渐形成了市场机制。时至今日，无论从全球的视野还是全国的视野来看，市场机制已经很发达，农村的市场也在逐步走向发达。在这样的大背景下，我们从以下方面关注岔河村的市场体系。

从上一章中我们能够确定岔河村处于传统农业向商品农业转化期，从市场的角度看，尽管岔河村市场经济很不发达，但是岔河村市场体系仍然可以从产品市场、资本市场（此处资本市场不是金融领域所说资本市场，而是大概念的资本市场）分析说明。

(1) 产品市场

产品市场主要是购买和销售。其内容包括生产资料供应和农产品的收购、加工、运输、贮存和销售。岔河村经济发展水平有限，农产品的收购是由外地或当地的小生意商人走家串户来完成的；农产品的加工也只有少数在南华县完成，其中松茸等珍贵野生菌远销国外，也是小有名气；当地农产品需要运输到外地销售的品种不多，有野生植物、野猪、部分牛、部分羊及一些家禽；当地种植业发展受自然环境影响，大米需要大量购买，种植的玉米、大麦、小麦等一般都卖给当地养殖大户用作饲料；当地种植的蔬菜也很少外销，不是自家种自家食用，就是卖给当地的农家乐。具体情况下文中会有详细介绍。

要想活跃农村产品市场，走“农业一体化”是必然的选择。“农业一体化”就是产销的纵向联合，也叫现行销售或合同销售。在一体化的形式下，通过合同关系把农民纳入市场轨道。农民生产什么、生产多少、价格怎样、质量规定，以及为生产上述农产品所需的生产资料和服务，都由生产（农业生产者）和市场（产前、产后工商企业）双方缔约人签署合同来解决，这也就是人们所说的期货市场。农民根据合同进行生产，合乎合同要求的产品直接进入对方的收购或加工厂，不再盲目地进行传统销售；农民需要的生产资料由对方保质、保量地按时送到。这种市场模式正是岔河村委会努力的方向，他们也为此做了发展规划。根据我们的调查走访，我们认为岔河村的产品市场不活跃。

（2）资本市场

通过对国内、国外农业资本的了解，学界认为农业资本主要有两个内容：一个是购买投入物的经营资本；另一个是使用土地的资本。农业信贷银行和土地银行是西方现代农业资本市场体系的最重要的组织形式。

在国内农业资本市场上，首先，业务量最大的是政府通过银行给农业的贴息贷款；其次是农业外工商业者为农业一体化和农村基础设施的投资；再次是农民储蓄；最后是农民集资入股的各类产前、产后和服务领域合作社。当然还有其他资本业务。

据调查了解，在岔河村以上农业资本业务都有，但是主要还是农民储蓄。村中两个养殖大户的起步资金都是以前家庭的原始积累；7 家开农家乐的起步资金中绝大部分也来源于家庭长期以来的积累；采访到的搞运输、做小生意的农户的起步资金也是来自家庭长期以来农业的积累。综合以上情况，可以说岔河村村民思想还是较为保守的，不仅很少向左邻右舍借钱发展业务，而且不愿意主动争取国家的扶贫、支农贷款。总之，笔者认为岔河村的资本市场很不活跃。

（二）岔河村商品流通情况

农村重要的自然资源是土地、林地、水源、有机肥料、本土物种、可再生能源等。与城市生活相比较，农村生活从居住密度、活动方式，到生活资料与能源的获取都显现出很大差异，岔河村的情况基本相同，这些也构成了岔河村生活环境的主要特点。居住较为分散：人口密度相对较低，多是在小范围内集聚，形成了12 个村民小组，这些小组普遍比较分散，小组之间相距比较远，尤其是非沿南永公路的铺冲、陈官冲、新村等。人的活动较为分散：岔河村人口密度小，居住地分散，所以村民的生活活动也比较分散，各集中在自家的周围，农村分田到户后，村民在生产中的联系更少。由于以上原因，岔河村没有自己的市场，村民会不定期地去南华县赶集。

1. 集贸市场情况

新中国成立前，岔河村周围没有市场，那时村民主要与私商进行物物交易。村里有一位过去做物物买卖的李某介绍说，他那时做生意很难：一方面辛苦，要自己上山砍柴，用牛车拉到姚安去卖，有了钱再购买大米拉回岔河或邻近几个村子换大白芸豆、野生菌等；另一方面当时做生意被人看不起。也有从其他省来的私商，主要经营食盐、农具、铁锅、针线等生产工具和生活用品，村民常用的交换物是麦子、豆子、玉米、鸡蛋等。新中国成立后，国有贸易机构和合作社建立起来，村民们购买所需物品或出卖自己的土特产品也就直接去市场交易了。

至今，岔河村仍旧没有自己的市场。除了商贩到村里收购外，村民们进行贸易仍然是到南华县市场。不过现在市场上私营者多了，我们在做采访时，就遇到好几次私商背着一个小箩筐走家串户询问有没有野生菌和药材等。而且 2007 年岔河村通了从岔河直达南华县的公交车，早 7：00 至晚 7：00 不间断都有公交，三辆公交车间或运行，早上从岔河到南华两地对开，车费是单程 2 元。所以村民要买些日用品或进行交易都会去南华县市场。

岔河村位于南华北部，起点马鞍山村距南华县城 13 公里，东距省会昆明 197 公里，距州府楚雄 37 公里，西距大理 175 公里，北距四川省攀枝花市 225 公里。乘坐公交车从南华到岔河村委会只需要 20 分钟左右。从楚雄前往沿楚大高速公路及南永公路半小时即可到达；从攀枝花前往沿南永二级公路 3.5 小时可到达；离省城昆明、历史文化名城大理只有 3 小时左右的路程。岔河村村民去的比较多的市场是：

昆明市，云南省省会城市。市内有众多商店和蔬菜、水果及其他农副产品批发和零售市场。多数岔河村村民不经常去，有一些村民有时去买衣服、生产资料，了解农副产品市场行情。我们在采访中就访问到李某，她是制作刺绣的，一个月至少去三次昆明，主要是调货，购买布、线等。

楚雄市，楚雄州人民政府驻地，距昆明市 160 千米。市内有很多商店和蔬菜、水果以及其他农副产品批发和零售市场。岔河村村民去的不多，因为楚雄市的市场在规模和品种方面不及昆明，在远近和价格上不及南华县城。

南华县城，县政府所在地是龙川镇。县城有菜市场、野生菌交易市场、大型衣服店、百货商店、药店等，也有大大小小的食品店，各种小商店和各类农贸市场，岔河村村民经常到这些市场赶集。

2. 流通商品品种

这一节的内容与以下小节里的内容和案例中的描述有重复的地方，但由于写作口径不同，所以有必要在这一节里作总结式描述。从内销商品和外销商品两个角度进行描述也是不得已而为之。虽然岔河村的商品品种从这两个角度分析的界限不明确，有重复的地方，但我们认为这样分类有它的好处。

先介绍一下内销商品。

在这里，内销商品指当地农民自己种植、养殖，主要供本村人食用的商品。这种商品包括大部分玉米、大部分大麦、一部分野菜、一部分野生菌、全部的大米、部分肉类、一部分民族服装。

玉米、大麦等是作为饲料卖给本村养殖大户的。有时全村的玉米、大麦也不够当地养殖大户使用，农户还需从邻近几个村子收购，可见岔河村饲料需求量还是很大的。但是村里土地很少，没有专门种植玉米、大麦的土地，都是轮作，这在“农业”一章里已经提及。

野菜、野生菌销给本村，主要是卖给开农家乐的农户。外地游客来岔河村，除了欣赏自然风光，体验彝族风情，还有一主要目的就是品尝野菜野味，所以野菜、野生菌在本村的消费量也很大，尤其在这两年旅游业快速发展的大背景下，消费量就更大了。

大米是百分百内销商品。因为当地大米只能种植一季，又受土地面积限制，所以大米每年都要从外面购买。购买大米对一般家庭来说也是一笔不小的开支。

肉类也是卖给当地开农家乐的人，消费量也挺大，原因与野菜、野生菌在本村销量大体一致，就不再重复。岔河村肉类消费量最大的就是鸡，其次是羊，这与价格有密切关系。

民族服装，尤其是民族衣服也是岔河村主要的内销商品。岔河村没有专门从事制衣业的农户，民族服装都是妇女们在农闲时，或者在晚上加班加点制成的。而且一般妇女都会制作民族衣服。

下面再看看外销商品。

外销商品是相对内销商品而言的。外销商品指当地农户养殖、种植、采集的，主要用于销售给非本村人的商品。这种商品主要有松茸、一部分野菜、部分牛和羊、一部分刺绣产品、一部分蔬菜，比如大白芸豆和西兰花。

正如前文中所描述的，岔河村的松茸远销国外，主要是日本。松茸价格高，需求量大。目前遇到的主要问题是松茸产量由于环境保护不佳而一再下降。对此，岔河村委会也制定了许多政策来约束不合理的采集，并且试行了创新的管理制度。新的管理制度试行效果是明显的，松茸的产量在未来的日子里有望提升。

野菜作为外销商品主要是卖给餐馆或南华县县城的市民，我们没有了解到野菜直接从岔河村销往外省的情况，但是可能有些野菜在岔河被收购后，运到南华县进行简单加工也会销往外省。

随着旅游业的发展，岔河村刺绣产品的销路逐渐打开，村内就有 4 家专门卖刺绣产品的手工艺品店。据了解，刺绣产品销路还是处于起步阶段，整体经济效益没有充分发挥出来。但是好的刺绣产品的价格还是喜人的。

对于大白芸豆和西兰花，则有专门上门来收购的商人，大部分是销往南华县以外的地区。岔河村就有专门从事这种买卖的非专职商人。不过他们只完成大白芸豆、西兰花转手的一道程序，也就赚个差价。

3. 商品零售店情况

岔河村共有 7 家商店，有 2 家是食品和小件日用品店，其余为手工艺品店。也许是受人口以及消费水平的限制，除工艺品店环境、规模还可以外，其他店规模很小，商品品种少得可怜。店主似乎也并不以此为主要经济收入，农忙以及有事时经常关起门来不营业。

小岔河有一家食品商店，商店名字为“春蕾商店”。商店坐落于春蕾小学右侧边角处。我们进入这家商店后找不到商店的感觉，只有厅堂右侧的一张桌子上摆着一些袋装的零食，依靠墙壁有一个木制架子，挂有 4 条毛巾，放有一卷卫生纸，零散的摆着 8 瓶饮料。那些零食估计放了有些日子了，包装很旧而且不干净。我认为这家商店主要是给学生卖零食，我们去时正好是学生放假，所以商店也没怎么收拾。

小岔河还有一家商店，名为“起家商店”。它坐落在一条小路与南永公路的交叉处。店主只有上午开门，12 点后多是关门的。商店商品除了一些零食、饮料等，也就是些简单日用品。

村里的手工艺品店都是开设在农家乐的，商品是当地妇女加工普通布、鞋、包后带有刺绣的产品。商店内部整洁，商品色彩鲜艳，进入商店感觉舒服。

案例3－1

我们采访到手工艺品店店主周某，她向我们介绍了她家店的情况：

她家卖的刺绣都是村民做好放到她家店里她帮着卖的，也就是说她不算中间买卖人，只是代售。不过她告诉我们，如果卖得多的，她自己也会从中取一定利润。这样的做法出于以下考虑：一方面给村里那些没搞农家乐的妇女一些事情做，给她们增加一些经济来源；另一方面也是给游人看看岔河带有民族风韵的刺绣产品。

商品是带有刺绣的荷包、鞋子、衣服等，她本人认为现在这些东西仍然没能很好的打入市场。制作的带有刺绣的衣服一般都是卖给本地人，她本人解释说，因为里面民族的元素太多了，成了彝族特有的，不太符合现代人的需求。村民自己也不知道如何设计能拿到现代市场上去卖的东西，只会做一些传统的东西，也就是衣服、鞋子之类，都是自己民族穿的。

她家在别的工作小组还有个店，店里有卖带刺绣的男士领带，她本人觉得这个就挺好，把刺绣应用到生活用品中。以前该店里也放着几条，现在卖出去了，售价挺高的，都是几百元一条。她解释说，因为制作领带的材料是“金利来”的，妇女们买来成品，然后在成品上面绣花，所以价格就很高。

案例3－2

岔河村除了有店面的商店，也有一些隐性商店，有制作刺绣的，也有制作月琴的，我们采访到制作月琴的李树明，他向我们介绍说：

由于现阶段整个楚雄州制作月琴的只有他一人，所以他的月琴销路很好，是绝对的供不应求，一般都是客户直接打电话订购，自己从未拿到市场上卖过月琴。

月琴的需求量挺大，他本人解释说，因为这几年其他民族，比如汉族、白族等也跳起了彝族的左脚舞，就需要用月琴伴奏，月琴的需求就大了。月琴做出来后一般是销往南华、昆明、丽江、大理、北京，但主要还是销往彝族多的地方。他的第一把月琴卖给了外地人，当时是省博物馆想发展民间艺术，就到处寻找民间艺人，后来找到了他。自己因此也就小有名气，随后就有人打电话跟他订货。时至今日，有好多人向他订货，根本就不愁卖不出去。他一般一个月只做两把，每个月都给自己放假两天，会出去集市看看，也会去亲戚家做客，所以一年也就做二十多把。卖价一般是800元/把，在昆明会卖到1000～1200元，在南华有些领导要的话也可能卖600元，每年大概能卖30把左右。月琴的价格现在比以前贵了好多，以前每把只是150元左右。价格大幅上涨是在去年，现在每年有15000元左右的收入。他解释说，月琴价格今年以来涨得快，不是受物价上涨影响，是因为做工的不同。一方面是以前的是平板的，而现在的却是立体；另一方面是以前只是作好涂漆就可以了，而现在的需要雕刻花纹。他做月琴有两种，一种是平板的，一种是立体雕刻的。立体的每把一般卖一千元左右，平板的就比较便宜，两百多元就卖了。立体的一般都是单位的领导或者需要送礼的时候才来定做的，平面的一般卖给自己使用的人。

他本人想到过扩大规模，但是人手不够。他现在一个人做，以前老客户需要定做的有时都忙不过来，所以要扩大规模也很难。没有找徒弟，他解释说，现在的年轻人都不愿学，因为实在太难了，他们看都看不懂。他跟那些年轻人说来跟他学，他可以免费教他们，但是年轻人都觉得太难了。他说最难学的是雕刻，雕刻是细活，要一点一点慢慢的磨，所以要有耐心，还要能坚持。

（三）商品消费情况

岔河村与我国普通农村情况相同。首先，大部分生活资料可直接来源于土地。农村和城市的经济水平相差很大，在岔河村多数家庭还是自给自足的农村经济，家里吃的、用的很多来自自家生产所得，如：粮食、蔬菜、植物油、饲料、时令水果等；其次，岔河村可使用的能源多样。岔河村居民利用的能源主要是薪柴、煤炭、电能、沼气，居民现在还广泛的使用薪柴，用煤炭的比例较高，南永公路两旁的6个工作小组十年前就推广沼气，使用的农户反映很好，但非沿公路的几个工作小组至今没有推广沼气。在岔河村沼气多是用来做早点等简易伙食，做午餐、晚餐、烧水、取暖等多用薪柴，电能主要是用于照明和看电视。

1. **农产品类**

岔河村可供销售的农产品有玉米、豆类、蔬菜、水果、牛、猪、鸡、胡椒、核桃、樱桃、野生菌等等。销售渠道有三种，一是自己拿到南华县城上卖，二是等着别人来收，三是卖给当地开农家乐的。

胡椒、野生菌、核桃等林业产品主要是由一些商贩上门来收购，村民会依据不同的行情进行处理。蔬菜主要是自家食用或卖给农家乐，也有拿到县城卖给一些餐厅的。由于价格较低，以前管理不善，全村水果种植不成规模，收获的果子主要还是自家食用，当然也有妇女、12～17 岁的孩子也会上山采一些，然后到赶集时拿去卖。我们在县城农贸市场就遇到一位岔河村的农民，她是凌晨 4：00 上山采的杨梅，带着孙女到县城赶集的。她这次采的不多，卖了差不多 20 元，其中 10 元可以给家里买点菜、日用品之类，还给孙女买点零食。

牛、羊、猪、鸡等除少量供自家过年或遇到一些重要日子用之外，大部分情况下也是商贩上门来收购。不过近两年由于建有农家乐，村民卖给当地人的农产品也就多了。

我们总结问卷时，得到了以下数据，可以用来反映农民生产和消费情况。由于在统计中，一些环节缺失或不严格，比如所采访的农户不具有普遍性、不是严格按照随机抽取来访问的，所以不是很客观。我们共整理有效问卷 56 份，具体如下：

问题 1：您家生产产品主要销往何处？

A. 卖给村里居民（卖给农家乐）（16）

B. 卖给村里加工厂（0）

C. 上城卖给外面的人（22）

D. 有固定的买主（8）

E. 自用（18）

问题 2：您家现在用于食品消费的支出占总收入的多少？

A. 全用于食物支出，还不够吃（0）

B. 大概 1∶1（16）

C. 大概 1∶2（18）

D. 大概 1∶3（20）

E. 其他，占多少________（2）

详细了解岔河村用于销售和自己食用的农产品比例见下文中的表3－1、3－2。

案例3－3

采访到的开农家乐的起某这样介绍说：

现在农家乐开始营业，每天需要的火腿、鸡肉、羊肉都从村民那里买，是由离公路比较远的农户送过来的，这样就带动村子发展种植业、养殖业。农家乐用的小白菜、青菜等家常菜是自己家种的，菌子、野菜等是从村民那里收购的。村里的人每天都会将捡到的菌子拿到农家乐出售。

他告诉我们，有些办农家乐用的菜、肉、酒之类的都是自己家种的，养殖的，酿造的。当然有时自家的不够用，会到邻近几个村子去购买。他们从村民那里购买都是按市场价，但有时实际收购价格也会高于市场价，因为村民的菜是原生态无污染的，物以稀为贵。而且村民穿民族服装去城里卖菜，服装就是一个品牌。所以有时村民的菜要比市场同类产品价格略高一些，因为村民的菜是原生态的。但是村民卖给我们的价格要稍微低一些，因为省去了去城里的交通费。

案例3－4

周某17岁开始从事野生菌营销，他介绍了自己的营销：

他每天早上8：00起床到村里四处收购，中午12：00～2：00村民送野生菌上门。他也会对收到的野生菌进行简单加工：大点的野生菌切成干片做成烧干，并用塑料袋封装；小点的自己拿到县城的市场卖；更小的就腌制。他说自己刚开始做生意利润不大，一天只能挣20～30元。但是随着市场需求量扩大，他后来请了1个人帮忙，而且当时南华县已经有人向他订购。目前他自己的生意已经成规模：2002年在南华租了个铺子，生意好时一天能收入2000～3000元，生意薄时一天也有500～600元。他说可惜的是野生菌生意只能做5个月（6—12月）。

案例3－5

紫某是干零销的，他这样介绍了自己的松茸生意：

自己是从村民手里收购松茸到集市上去卖。他的松茸生意有些年赚得多，有些年赚得少，赚得多的时候一年能赚6000～7000元，少的时候一年

1000～2000元。他说生意不稳定，但平均一年一般都能赚到5000元左右。他也做过药材生意，主要是自己到山上找药材，收药材，再卖给大贩子。做这种生意他只是一手转卖，挣得少。比如药材收价是7～8角/斤，都是自己晒干再卖掉，自己只挣中间的差价。一般都是带到集市上卖给地方上收购的老板，销路不好。他主要收购的药材是野荞根、黄山药、九里光等。他认为做野生菌生意还是比较赚钱，总体算来一年有5000元左右，药材最多也就几百元。

2. 衣着类

农村人穿衣不是很讲究，一年也买不了一套衣服，所以在这方面花销很小。岔河村是彝族村寨，但是村民一般不穿民族服装，原因主要有两点：民族服装太贵，不舍得经常穿，只有过节或其他重要场合才穿；穿民族服装干活不方便。

通过走访我们了解到，村民们的民族服装大部分是自己做，也有向村里人买的，没了解到说有从外面商店买民族服装的。不过像一般的服装都是从外面的商店买的。

案例3－6

采访到的一位会刺绣的村民这样介绍说：

她本人会刺绣，她认为本村的妇女90%会刺绣，刺绣成品多是昆明的生意人来收。她说当地刺绣的经营模式是妇女自己买材料进行加工，然后生意人来收走。她认为目前刺绣产品买卖不成规模，主要原因是妇女只是在农闲或晚上抽时间做，不专业。她认为刺绣手工艺品价值还行，扩大规模很有必要，但其发展受以下因素制约：（1）交易市场不明确，买方不好找，除非买方上门来找卖方。（2）没有专门的刺绣手工艺品交易市场，由于旅游业的发展，近两年岔河村开了5家卖刺绣的店，店都在农家乐里面。另外就是逢年过节，赶集的时候会有人拿到南华或直接去昆明卖，现在刺绣做的衣服一般都是销在本地，村里的人也消费了大部分的刺绣，销往外地的一般都是鞋子和荷包，尤其是四角形的荷包比较好卖。（3）妇女只是农闲时做，一方面，外面需求量大时供不应求，买方要买卖方做不出来，买方也就不再来找卖方；另一方面，手工艺品质量无法保证。买这个刺绣的人是很多的，像游客、过路人都会买。机绣的是能够看得出来的，感觉特别的整齐，但是外面的人都比较喜欢手绣的。基本说来机绣的多数都销本地，手绣的都销外面了。如果做大了的话，理想的情况，它应该有自己的生产线，还有一条通畅的市场链，不用像现在这样担心做出来会售不出去。而且应该要打造一个自己的品牌，再进行市场推广，这样看来刺绣的发展是很有前景的。

南华县农村经济收益分配情况统计调查表（种植业收入）

表3－1　　单位：公斤、元

小组	粮食收入		（1）自食自用		（2）上交及出售		自食自用蔬菜金额	油料		水果	
	合计	其中：出售产品收入	数量	金额	数量	金额		总产量估计金额	其中：出售产品收入	金额	其中：出售产品收入
大岔河	100130	50760	28200	45120	33840	50760	25662	1400	700	6862.5	4575
三家村	44685	22320	12400	19810	14880	22320	11284	455	250	3993.75	2663
新房子	40305	20160	11200	17920	13440	20160	10192	455	250	3993.75	2663
马鞍山	62130	30960	17200	27520	20640	30960	15652	945	435	7987.5	5325
陈官冲	44305	21960	12200	19520	14640	21960	11102	455	250	3993.75	2663
飞家	61205	29160	16200	25920	19440	29160	14742	945	435	6918.75	4612
铺冲	110995	51840	28800	46080	34560	51840	26208	1855	927	5918.75	10613
小岔河	155170	78840	43800	70080	52560	78840	39858	945	435	18056.75	12038
新村	238625	117840	62600	100160	78560	117840	56966	2345	1756	28237.5	21822
芹菜塘	62025	28800	16000	25600	19200	28800	14560	945	435	5118.75	3413
李家	124895	59040	32800	52480	39360	59040	29848	1855	927	13612.5	9075
起家	89510	42420	23400	37440	28080	42120	21294	1400	700	11321.25	7538
合计	1133980	553800	304800	487680	369200	553800	277368	14000	7500	126015	87000

资料来源：岔河村委会档案统计资料。

表 3－2　**南华县农村经济收益分配情况统计调查表**　单位：元

小组	核桃		猪（头）		出栏山羊、绵羊		出栏家禽		禽蛋	
	总产量估计金额	其中：出售产品收入	自食	出售	总估计金额	其中：出售产品收入	总估计金额	其中：出售产品收入	总估计金额	其中：出售产品收入
大岔河	32000	25333	49	74	8500	7225	30000	21000	7812	5468
三家村	16000	9333	18	42	12000	10200	14300	10010	3024	2117
新房子	16000	9334	21	40	32000	27200	16350	11445	3528	2470
马鞍山	24000	17334	33	55	37500	31875	21000	14700	5544	3881
陈官冲	16000	9334	21	41	36000	30600	15950	11165	3528	2470
飞家	20000	13335	26	68	52500	44625	18800	13160	4284	2999
铺冲	52000	45333	57	105	49000	41650	41950	29365	9576	6703
小岔河	32000	25333	72	91	57750	49088	64200	44940	12096	8467
新村	40000	33339	131	285	70000	64499	84650	27755	20196	16137
芹菜塘	16000	9334	27	42	44500	37825	17100	11970	4536	3175
李家	32000	25334	56	80	56000	47600	19900	13930	9324	6527
起家	24000	17324	39	67	44250	37613	30800	21560	6552	4586
合计	320000	740000	550	990	500000	430000	375000	231000	90000	65000

资料来源：岔河村委会档案。

（四）本章小结

岔河村的商业环境情况不仅与云南省、楚雄州、南华县的整体经济环境有关，而且与自身各方面的能力有关。在上文中我们详细了解了云南、南华、岔河的经济发展情况，也对岔河的商业贸易有了了解。总体说，岔河虽然开发了旅游资源，但是旅游业刚发展起来，所以笔者认为岔河村经济情况与我国农村普遍情况是一致的，“农民经济在很大程度上是自然经济，是一种独立的经济活动综合体，在这个综合体中，生产、消费和投资行为是一个家庭同时做出决策的一种结果。”“在农民经济中是不存在利润的。农民或手工业者从事其经营活动是没有工资收、付的，劳动力在工作一年后所得到的结果只是一定数量的生产品，这种生产品如果经过市场交易以后就形成了他这个经济单位（家庭）的总产值。……这种劳动产品就是这个农民或手工业者整个家庭的唯一可能的收入形式，是没有办法将其进行分解的。”[①]

处于“自然经济”状态是由于岔河村经济中至今仍存在着传统农业经济中普遍存在的内在缺陷问题：首先是农业效益低下。农业效益低下是使农业产品的商品率低下的影响因素之一。“农产品的商品率低下既是因为农业不能为当地的工业提供原材料，又因农民生活贫困、购买力低下而不能为当地工业品提供消费市场。于是，农业的市场贡献中便有两个部分未能良好地发挥作用。这样，在现有条件下，农民和农业便都没有余力进行自身积累和扩大再生产，长期地只是在原有的规模上进行内循环，从而使少数民族地区的农业始终难以摆脱封闭和落后的束缚，徘徊在维持生存的低水平上。”[②] 其次是农业机械化水平低。岔河村人均占有耕地面积只有0.86亩，家庭占有耕地面积多的也只有3.83亩。比较常见的农用机械是脱粒机，其他农用机械在这里无用武之地，农民也就不会去买。另外，岔河村的农村经济经营结构单一。岔河村有着丰富的林业资源，但由于开发度低而体现不出效益，已开发的资源除了旅游已经效益显著，其他由于处于开始阶段效益也不明显，所经营的农业基本上还是传统种植业和畜牧业，没有更多经营的追求。

1. 岔河村经济发展模式

岔河村目前商业环境处于这种状况，我认为这与岔河村所走的经济发展模式是有直接关系的。所以在这一部分，文章主要结合全国的情况分析岔河的经济发展模式。在此基础之上分析岔河村商品率低下的原因，并给出了发展市场的建议。

（1）我国普遍存在的模式

发展农村经济是解决“三农”问题的关键，就如何发展的问题，国内外学者有各种意见：

①发展特色产业。

美国著名发展经济学家赫尔希曼提出的“不平衡增长理论”认为，经济发展的过程是非均衡的，“经济进步不会在所有地方同时出现，而且它一旦出

---

① 陶治国．中国市场化进程中的村庄经济［M］．太原：山西经济出版社，2005：10.

② 杨娅婕，胡静茹．西部少数民族地区农村经济存在的问题及发展思路［J］．经济问题探索，2003（7）．

现，强有力的因素必然使经济增长集中于起始点附近地域。”① 因此，落后地区可以集中有限的资源和资本，优先发展一部分产业，以这部分产业为启动力量，带动其他产业的成长。

②跨越式发展。

借鉴和吸收先进经验和优秀成果，依靠体制、科技和管理的创新，通过科技的跨越、产业的升级、结构的优化、经济运行质量的提升，充分发挥后发优势，达到生产力水平的较快提高。“民族地区要在较短的时间内缩小与发达地区的差距，实现全面建设小康的宏伟目标，也必须走跨越式发展的道路。”②

③专业化分工。

古典经济学家亚当·斯密认为，分工能够提高劳动生产率，“劳动生产率的极大改善，以及劳动技能、训练程度和判断力的提高，似乎都是劳动分工的结果。”③ 劳动生产率的提高有效地增加了农产品的供给，人均收入的增加使得购买力提高，市场需求规模扩大；农民在分工发展、劳动生产率提高、收入增加的过程中，对物质文化生活有了更高层次的需求，在市场交易中有获取多样化、更多数量、更佳品质产品的要求，农民市场需求层次会提高，市场交易规模将扩大。

④产业化。

产业化指农业生产、加工、销售过程按照经济原则有机的结合。“只有实现了农业的集中生产、集中经营和高附加值化之后，农产品才能真正成为商品，只有成了商品，农产品才真正需要大市场、大流通来支持。”④

（2）岔河的情况

就我们对岔河村资料的整理和实地了解，我们认为“发展特色产业”和“跨越式发展”这两种发展意见岔河村已在实践中。

---

① 艾伯特·赫尔希曼．经济发展战略［M］．潘照东，曹征海译．北京：经济科学出版社，1997：166.

② 牟本理．论我国民族地区跨越式发展［J］．西北民族大学学报（哲学社会科学版），2003（5）．

③ 亚当·斯密．国民财富的性质和原因的研究［M］．北京：商务印书馆，1972：181，262.

④ 曾昭平．少数民族地区经济发展的路径选择．中共贵州省委党校学报，2008（3）．

2006年岔河村开始整体规划、种植核桃，也进行了相关培训，可以说从普通农户到村干部都给予了高度重视，种植户对于自己未来核桃方面的收益抱有乐观态度。南华有“野生菌王国”之称，岔河村近几年一直在做“封山育菌”，村委会也开过农民代表会议，向农民介绍野生菌采摘注意事项。野生菌是全村共有的资源，所以村委会结合当地情况制定“乡村乡规”以保证对野生菌的科学采摘。2007年岔河村开发发展民族旅游业。因为岔河村是典型的彝族聚居区，彝族人口占总人口的99.7%，所以发展具有彝族特色的旅游，名为“咪依噜风情谷”。调查中我了解到风情谷建谷以来效益是明显的。

特殊的地理环境决定岔河村的种植业发展困难重重，但是农民也是想尽办法在仅有的土地上创造效益，村里推广薄膜种植蔬菜、推广种植油葵、推广种植优良玉米、推广种植优良水稻等等，但是效益不明显。村民不知道“跨越式发展”，他们在应用科学发展自己的种植业，只是农民的知识水平有限，但他们愿意尝试用化肥、铺地膜、试种新品种。这方面更需要国家给予重视，加强各地土质、气候等农作物生长因素的研究，了解各地最适宜生长的作物并进行推广。国内有学者研究了日本的“一村一品”的文化发展模式，笔者认为农业种植要做到“一村一品”难且不现实，但可以试着发展“一县一品”、“一省一品”。

在访问中我们了解到岔河村也实践了“公司+基地+农户”的生产经营模式。该村虽然土地有限，但土地耕作制度创新却不落后，我认为该村西兰花的种植走了“公司+基地+农户”的生产经营模式。农民直接将土地租给私人老板，从种植到管护到出售都是私人老板自己做。走访中提及为何不把种植环节交与农户，自己可以提供技术、种子时，老板说农户缺少种植方面的知识，培训成本又高，所以愿意自己亲自管理整个过程。不过农户愿意租出去，虽然自己种或许获益更大，但农民既不会技术又不清楚销路，土地租出去农民可以到外面打工或者干点其他的，总之怎样都比自己种植获益大一些。

2. 岔河农业产品商品率低的原因

岔河村农产品商品率较低，我们认为原因在于没有做好“专业化”和“产业化”或者说没有做“专业化分工”和“产业化”。这里所指的“专业化分工”是农村家庭内部分工、村里整体分工；“产业化”指没有品牌意识、不积极考虑如何做大做好。

（1）专业化分工

一般一个农村家庭会集各种经营形式为一体，在岔河村情况也一样。上文中那些作为案例的家庭都是这种状态：制作月琴的李树明、开农家乐的起家、制作刺绣的李莲英、跑运输的起家兄弟等等。

刺绣是妇女们的专长，但是她们都是在抽时间做刺绣——每天忙完农活，忙完家务，等到家人都准备看电视休息了，他们才开始做刺绣，有时要货紧时他们会将材料带到地里趁农活间歇时作。这样就不能保证刺绣产品的质量，也很容易将材料弄脏。制作月琴的是位男士，他也是既要制作月琴，又要管理家里的种植等事宜。这种状态就是典型的家庭内部不分工。

开农家乐的家庭，虽然收益不错，但是经营农家乐用的蔬菜、肉、蛋等也得自己种植、养殖甚至野菜都得自己上山采集。虽然不是所有开农家乐的都这样，但是就我们了解，经营农家乐所用的材料一般都是自己家提供的，只有自家没有了才会到其他农户那里购买。其他像跑运输、开洗车店等的也是这样：按照经济收入来衡量其他经营占主要部分，但在现实中种植业是主业，其他是副业。村子里基本每个家庭、家庭里的每个成员都差不多，没有特色，也没有分工。

（2）产业化

村里农产品除了西兰花外，其他没有自己的销售渠道，这点在上文的案例中体现得很明显。农户通过看电视知道野猪售价很高就养殖，结果发现很难卖出去；妇女辛苦刺绣的产品如果不是买家找上门，自己就没办法卖出去；采集的野生菌还有野菜等，无论价格高低只能尽快卖给收购的生意人，不然只能丢掉，因为自己没有加工贮存方面的知识。总之农产品没有形成产、供、销的链子，各个环节是独立的，直接影响了农户的种植、养殖、制作手工艺品的积极性，打击了农户参与市场活动的愿望。

3. 提高岔河村农产品商业率的建议

（1）提倡分工

目前就家庭分工、村子内部整体分工也只能是提倡和引导，因为牵涉的经济利益很难衡量。不过能做好分工，村里土地资源就会有集中的可能性，才会有“集约化”农业生产的可能，农业整体经济效益才会体现。

（2）手工艺品连锁经营

在案例中可以发现，在岔河村有些隐性商店。他们那种经营模式完全可以扩大到整个村子，实现全村一个品牌、全村一盘棋，将手工艺品做大做好，进行连锁店经营模式。连锁经营主要的特征是各分店之间在总部的统一管理下，实行统一商号、统一价格、统一商品、统一配送、统一外观形象、统一文化标识等。“连锁经营有三种方式，分别为直营连锁、加盟连锁和自由连锁。这三种方式的主要区别是总部与门店的关系紧密程度不同，直营连锁是由总部直接开设门店，门店的所有权归总部，而加盟连锁与自由连锁的门店所有权归经营者，相对而言，这两种方式下门店与总部的关系较为松散。”[①] 发展手工艺品连锁经营，可以结合当地情况，灵活地采用这三种方式，但无论采取哪种连锁方式，必须做好：统一形象、统一管理和统一配送。

(3) 培养农牧民基本商业意识

调查中发现，农户仍然有较强的自种、自养、自用的自然经济意识，而且主要农产品和生产要素的流通不是通过市场来实现的。“农牧民着手进行任何一种特定的经济活动，其有利无利都不是由对收入与耗费的计算决定的，在大多数情况下，它是由直觉决定的，不管这种经营活动在经济上是否划算。同样的，农牧民筹划当前的一项组织计划，不是出自相互联系的逻辑思维和推断，而是出自对经验的沿用和效仿，出自经年累月并通常是无意识的对成功者的经济活动方法的选择。”[②] 农牧民自己生产粮食、肉类食品，只有很少物品需要购买；种植、养殖等农业生产有很大盲目性。建议村委会有意识地进行引导、培养当地农民的商业意识，让他们走进商品经济大舞台，感受商品交换带来的好处。这样有利于增加农牧民积极性，提高农牧民生活水平，同时也丰富了市场产品供给。

四、文化旅游业

岔河村是一个风景秀丽，彝族风情浓郁的彝族聚居区，村内完整地保留了彝族的文化特征和生活习俗。2006 年，南华县县委县政府在进行新农村建设规划的时候，确定了岔河村以农家乐、手工业、养殖业为依托，挖掘彝族

① 叶伟媛．发展农村连锁经营促进农村商业经济的发展［J］．商场现代化，2007 年 3 月（上旬刊）．

② 卡西亚诺夫．农民经济组织［M］．北京：中央编译出版社，1996：99 – 100．

文化，打造乡村民族文化旅游的发展方式。发展的范围涉及岔河村委会南永公路一线的6个村民小组，共205户人家，901人，全长6.5公里（南永公路K13－19+500米）。综合各方意见，南华县委县政府和南华县旅游局共同将这一范围命名为“咪依噜风情谷”。

“咪依噜风情谷”2006年4月开始在丫口村开始进行农家乐试点发展，2006年10月全谷村民在村委会的带领下对村内村容村貌、道路设施、娱乐场所等进行改造。在为期三个月的改造中，他们先后建成彝族跳歌场4个，村组文化活动室5个，实施村庄道路硬化2000米，开挖、铺筑山间小路2100米，完善了通路、通水工程，新建了停车场、就餐、住宿等旅游接待设施，建成了水车、水体景观、姑娘房、垛木房等一批旅游景点，2007年元旦，“咪依噜风情谷”正式开业迎宾。自开业以来，“咪依噜风情谷”营业取得很好的成就，对促进岔河村经济的发展起到很大的推动作用。

（一）“咪依噜风情谷”的旅游亮点

“咪依噜风情谷”在确定以开发民俗文化旅游带动经济发展的发展战略以后，在旅游建设的规划当中，着重强调了岔河村民族歌舞、民族手工业和优美的自然风光等几大特色。目前，在“咪依噜风情谷”比较有特色而且已有一定开发价值的旅游亮点主要有以下几个方面：

1. 歌舞

（1）敬酒歌、对歌

岔河彝族崇尚歌舞，村内常见的传统类型的歌分为敬酒歌、打歌两大类。敬酒歌就是在饭桌上，或者对贵客敬酒的时候唱的。敬酒歌有现成的曲调，声调高亢；也有一部分歌词，但是歌词并不固定，敬酒的时候根据实际情况选择曲调，选择歌词或者即兴创作歌词，把自己心里的想法表达出来。

对于上层领导，敬酒的时候一般比较讲规矩，敬酒歌一般就是唱彝家对领导的热情和祝福，比如较为常见的祝福酒歌：“彝家的山最美，彝家的水更美，彝家的姑娘美，姑娘的心灵更美。尊敬的领导请喝下这杯酒，喝下真诚的酒，喝下祝福的酒。”而对于较熟悉的人或者是同辈之间，歌词就随意很多，也活泼调皮很多。比如比较赖皮的：“喜欢呢也要喝，不喜欢也要喝，管你喜欢不喜欢也要喝！”遇到这样的情况，客人想拒绝也没有话可说；青年男女间开玩笑也唱："樱花绽茶花放，樱花茶花朵朵有，不是为了采花你来做什么；甜荞酒苦荞酒，美酒佳酿天天有，见酒不喝你是男人么；石榴花开叶子青，靓妹端酒俊哥喝，叫你喝酒你不喝，到底想哪个？小小酒杯团团罗罗，就像小妹脸上的小酒窝，小妹敬酒你不喝，给是瞧不着？"让客人毫无回绝之力。另外，在酒桌上敬酒，经常一圈酒敬完以后大家就很活跃起来，互相之间如果年龄相差不是特别大、上下级关系不是特别明显的，就开始互称"阿老表"，对年轻女性则称"阿表妹"，感觉特别的亲切。"阿老表"之间和"阿老表"与"阿表妹"之间就没有等级、没有年龄之分了，大家完全没有隔阂的在一起互相敬酒、对歌，气氛融洽，其乐融融。

对歌，又叫打歌、山歌，一般是男女对唱，有单独对唱也有集体对唱的，都不在家里唱。在节庆或者婚礼的时候，小青年们男子站一边，女孩站另一边，彼此对唱。曲调有一定的规律，但是歌词不固定，思维敏捷的姑娘们就在对歌的时候充分表现自己的才能，即兴创作优美调皮的歌词，往往唱得男青年们对答不出，十分窘迫。在喜庆的场合，男女青年一般都集体对唱山歌，不管认识不认识，都通过对歌聚在一起，互相嬉笑打骂，气氛热烈，把喜庆的气氛推到高潮。很多彝族的青年男女就是在这样的对歌中结识，然后在姑娘房恋爱最后走到一起的。现在，在姑娘房外会有小伙子唱歌请求姑娘开门，但姑娘就是不开门，小伙子在门外越唱越着急。在旁人看来，完全是一幅彝家风情的美丽图画。

"咪依噜风情谷"的歌，贵在天然和原生态。盛装的彝族姑娘开口唱歌，声音清亮，穿透云霄，让人精神为之大震。虽然听不懂姑娘们的彝话，听不懂她们唱的是什么，但是随着欢快的曲调，也很容易被她们所感染，情绪随之高昂起来。

（2）左脚舞

彝族跳脚踏歌的历史悠久，源远流长，蕴藏着深刻的人文内涵。彝族中流传着这样的话："生活离不开火，彝家人离不开跳脚；不唱山歌喉咙痒，不跳左脚脚杆痒；麂子是狗追出来的，山歌是酒赶出来的。"[①] 这些话充分表达了岔河彝族群众对左脚舞的热爱。左脚舞，因为跳的时候一般都是脚在动，手只是随着身体的上下跳动而摆动，所以左脚舞一般又叫跳脚，有的地方也

① 周汉德．南华岔河彝族村［J］．彝人故事（有奖征文），2005（11）．

叫跳歌、踏歌。跳左脚舞的时候，一定要跟着旋律让身体上下跳动起来，跳起来以后人就能够完全的放松、投入到简单欢快的舞蹈当中。

左脚舞一般由“歌头”① 带领，在月琴的“噌噌”声中，不分年龄、不分男女，也不管是否熟识，大家手挽手的拉在一起，随着月琴的声音或者左脚调的韵律，就可以有节奏地跳动起来。很多青年男女就是在跳左脚舞的时候寻到了意中人的。每到逢年过节和喜庆的日子，全村人都要汇集在跳歌场围着篝火欢跳左脚舞，篝火在场子中心熊熊燃烧，当歌头的男人们弹起月琴，先在场中歌舞起来，接着男女老少跟着他的旋律，绕着火堆一圈圈地跳啊转啊，通宵达旦。

左脚舞有着约定俗成的韵律，有着40多调，是彝族群众在劳动生活中创作出来的原生态曲调。一般都是短小精炼、热烈欢快的曲调，歌词的内容也很活泼多变，贴近生活，比如“青菜心，白菜心，老表好良心；青菜苔，白菜苔，老表好人才；瞧着老表人才好、好人才、人才好、好人才……”，歌词特别的上口，旋律也因此变得容易记住。但是跳脚的时候一般不直接唱这些歌词的，只是随着节奏用“啰哩啰、啰哩啰”的音调来哼出旋律，然后脚随曲动，每到重音的时候就踢一次脚，从左脚开始，所以跳脚才又叫左脚舞。一般跳左脚舞的时候，从头到尾只用四到五种不同的曲调。在歌头的带领下，人们一遍一遍地重复着熟悉的调子，随着调子跳动，因此不懂得左脚舞的人加入以后，很快就可以融入其中。所以，左脚舞具有很强的娱乐性、包容性和感染力。

（3）月琴

在南华县，跳脚的传统乐器一般有二胡、三弦、月琴三种，而岔河村民跳左脚舞的乐器就是月琴。民国《镇南州志》中记载：“月琴，俗乐也。其音响差，近琵琶，以园如满月，故称月琴。”月琴音调不多，只有四根弦，琴声古朴，类似于琵琶。跳脚的时候通常由领头的人弹奏月琴，其他人跟着节奏或哼或唱，整齐一致的声音和着月琴“噌噌……”的琴声，虽不悠扬动听，但也别有一番激动人心的韵味。

月琴是彝族自己独具特色的民间乐器，在岔河，每家每户都有月琴，几乎所有的男人都会弹奏月琴。用岔河村民的话说，在这里“不会弹琴的俊小

---

① 歌头，指跳左脚舞的时候带头的那个人，一般就是弹月琴的人。

伙找不着漂亮的阿妹，不会合着琴声跳脚的俏姑娘相不着俊阿哥”。彝族的祖祖辈辈就是用这不起眼的月琴弹奏出他们对生活的追求与希望，弹奏出他们心中的快乐与忧愁。

2. 刺绣挑花

精美的刺绣是岔河特色旅游开发的一大亮点。为了全面打造民族文化旅游的环境，充分展示彝族的刺绣文化，岔河妇联在2006年4月组织村内妇女成立了刺绣协会。刺绣协会下属的几个刺绣专卖店，就成了展示岔河刺绣文化的大平台。

在刺绣商店，主要是向游客出售各种刺绣作品，有衣服、鞋子、荷包等非常具有民族特色的东西，也有一些手提包、领带、拖鞋等时尚用品，心灵手巧的彝族妇女把传统的刺绣手艺用到现代都市人的生活用品上，构思精巧，又不失民族特色。

3. 姑娘房

姑娘房是彝族婚嫁的摇篮，姑娘房里，走出了一代又一代的彝族青年，培养了一辈又一辈彝家人的爱情。在岔河，姑娘房多是修建在村边，每村一个或两个；多为瓦顶垛木房，没有窗户，用篱笆做门；每个姑娘房都不大，面积大概20平方米左右；屋内只有一层，通风良好，但是光线不太好。

白天的时候姑娘们和父母一起做活，不做活的时候一群姑娘就相约在姑娘房门前刺绣、聊天。晚上的时候，小伙子就会前来与姑娘们约会。一般情况下，小伙子们要隔十来天才会来一次，所以姑娘房基本上是姑娘们的天下，在姑娘房内谈天交友，生活十分自由。

姑娘房之所以让游人向往、好奇，主要在于彝族自由恋爱和男女青年在姑娘房自由交友，并且小伙子还可以夜宿姑娘房这些外界所不理解的风俗。彝族青年恋爱自由，可以自己选择恋爱对象，喜欢或者不喜欢对方都可以直接用风俗表达出来，而不会伤害到别人。男女青年通过姑娘房互相了解，增进感情，不受父母或其他因素的束缚。而在夜晚，小伙子夜宿姑娘房，也是彼此之间互相尊重，保持纯洁。姑娘房的风俗虽然独特，但是风气是非常淳朴的，姑娘房的习俗，反映了彝族人乐观豁达、崇尚自由的本性。

随着社会的发展，与外界交流的增多，交通便利，岔河村很多年轻人都外出打工，近几年村内的姑娘房也没有姑娘居住，暂时闲置了下来，但是姑娘房的传统习俗深深地烙在每个岔河人的心里。用村民的话说，就是没有进过姑娘房的人生，是不完整的人生。为了保护好民族文化，向游客展示彝族原生态的本土风情，村民们积极开发、维护姑娘房。在“咪依噜风情谷”，姑娘房成为游客必看的旅游景点之一。

4. **土主庙**

土主是彝族崇拜的主要大神之一，以前各村寨均有土主庙，20 世纪 60—70 年代，土主庙均被毁。小岔河丫口村的土主庙，近年在原来的基础上重新整修，形成了现在的土主庙。

现在的土主庙位于丫口村左上方的山坡上，庙不大，就是一间 30 平方米左右的狭长的瓦顶房屋，正面没有墙；庙前，一个大大的香炉矗立在正对庙的地方，庙外是一片平整宽阔的砖铺地板，地板上青苔遍布，似乎在告诉人们，这土主庙的悠久历史。

庙内供奉的十一尊神像，都是白色的石刻神像，每尊神像高四尺左右，靠着墙沿依次排开。土主位于正中，长有三头六臂，坐骑青牛；土主两侧，是手持宝剑武器的两位神。在很多地方，土主庙比较的简陋，庙内就只供奉这三位神。在土主神的左右两侧还分别供奉着龙神、道教的张李天师、佛教的送子观音、财神等十一尊神像，每年的年初二和一些特殊的日子，村民就会集体来祭拜土主庙。一般是每户出一人，大家祭拜完以后还要在庙前吃喝一顿方才离去。

土主庙门前空地的中央，有两棵相依相偎、枝条交错的古树，当地人称之为合欢树。两树根部分开，中部相贴，上部枝干交叉；一棵挺直刚劲，另一棵丰腴缠绵，正如一对恩爱的男女在呈现着天地融合、阴阳相生、雌雄交媾、男欢女爱的景象。对对青鸟在此树婉转啼鸣，唱着动人的情爱之歌。一些想要求子的人经常会来此许愿祈祷，除了拜土主庙内的送子观音，还拜合欢树。据说非常灵验，祈祷的人几乎要男得男，要女得女，村民也因此对合欢树非常的崇敬。

5. **古树**

“咪依噜风情谷”处在山的怀抱当中，山多树也多。在岔河村，树龄在五百年以上的古树达六千多棵。彝族长年居住山中，对树有深厚的感情，他们认为，人与树是相通的，树是村民的守护神，很多地方的村民现在还有祭拜树神的习俗。对于古树，村民更是敬畏，被岔河村民命名为“神树”挂牌保护的古树主要的有咪依噜树、夫妻树、合欢树、蟒蛇树、千年等一回树和许愿树。

咪依噜树是"咪依噜风情谷"的镇谷之树，"咪依噜风情谷"的名字就与这棵树有关；位在土主庙下方，根部庞大，中部光滑，上部左右各有一枝杈向外延伸，树身凸凹有韵致，略显弯曲显风流，一如咪依噜穿着长裙，轻舒玉臂，翩跹起舞的样子。

夫妻树在丫口村跳歌场中央，两大一小三棵麻栗树并排站立着。大的两棵相互搀扶，仿佛细心的丈夫在呵护妻子一般，依靠在一起；小的一棵像一个未着衣冠、不谙世事的孩童。每当跳歌场上有人踏歌，这三棵树就好像感受到了人们欢快的情绪一样，随风摇曳，给跳歌的人助兴。合欢树位于土主庙前，因两树交缠呈男女交合状，合欢树因此而得名。岔河村民求子必找合欢树，不论求男求女，有求必应。因此，合欢树在岔河村民心目中的地位非常高，神圣不可侵犯。蟒蛇树是位于"七家杀猪饭"后山坡的一棵云南松，树干粗但是没有枝丫，高二十余米，只在树顶有一团枝叶；粗糙的松树皮一块一块的翘起，仿佛蛇身上的鳞片；树顶枝叶斜斜横出，看起来就像一条巨蟒正在游走观望。而正好，蟒蛇树附近也常有小蛇出没，村民认为那就是蟒蛇树的神灵在庇佑这些小蛇。千年等一回树在土主庙斜下方，树高大威猛，因为与咪依噜的故事有关，被村民所敬仰。许愿树位于丫口村彝族生态村的停车场，两棵树在根部相连，在接近地面的地方分开向两个方向生长。在根部相连的地方，被系上粗重的铁链，上面挂着很多年轻恋人的同心锁，承载着年轻人们对于彼此要同根相连的美好愿望。

6. 农家乐

"咪依噜风情谷"的开发，很大程度上是依托在农家乐开发的基础上的。来到咪依噜，除了观看自然美景、体味民族文化，农家乐的美食是最大的享受。

岔河村发展最早的农家乐，是丫口村的彝族生态村。彝族生态村始建于2003年，由鲁正华一家经营。新农村建设的时候，为了能够保证旅游开发的成效，2006年整合投资8万元，建设了山门、停车场、跳歌场、卫生厕所、硬化村间道路，还对民居房屋进行装饰完善，粉墙画壁，展现彝族文化底蕴，为旅游的进一步发展奠定了基础。2006年5月，随着旅游人员的增多，由鲁正华、周维兴、周文兴、周开寿、周开友等5户农户每户投资2000元组成农家乐经营联合体，形成了现在的丫口村彝族生态文化村。在这里，游客既可尝到彝家饲养的纯正绿色无污染的黑山羊、乌骨鸡、土鸡蛋、烟熏腊肉和野生菌及多种地道山茅野菜的美味，畅饮纯粮酿造的彝家小锅酒，还可以和彝族小伙姑娘们手挽着手跳激情奔放的左脚舞，体验山里人率真纯朴、豁达闲适、宽容平和、热情快乐的生活理念，感受舒心和愉悦。

在丫口村彝族生态村之后，2007 年 1 月开始，岔河村又先后发展了“起家大院”，“彝人客栈”，“山菜饭庄”，“七家杀猪饭”等一共 10 个农家乐接待点，这些农家乐各有各的特色，比如“起家大院”的野鸡、“七家杀猪饭”的年猪菜、“山菜饭庄”的围猎场等的气氛和特色都是游客在别的地方所感受不到的。

（二）旅游业的发展

自 2006 年确定开发旅游业，到 2007 年“咪依噜风情谷”正式开谷迎宾，再到 2008 年 5 月被评定为国家 AAA 级民族文化旅游区，它的发展是比较快的。从“咪依噜风情谷”的开发，到现在发展的状况，它的发展带来的效益和发展中遇到的问题都已经基本呈现。如何解决目前“咪依噜风情谷”遇到的问题，如何把“咪依噜风情谷”开发得更好，“咪依噜风情谷”下一步应该如何发展，成了岔河村现在面临着的问题。

下面简要分析“咪依噜风情谷”的旅游发展状况。

1.“咪依噜风情谷”的开发

（1）起源

“咪依噜风情谷”的开发，起源于 20 世纪 90 年代初日本人到岔河的寻根之旅。1990 年 4 月，日本国立民族学博物馆横山广子到云南寻根，发现了民族风情保存完好的岔河彝村。之所以到岔河来寻根，根据村民的说法，主要是因为当年“男走夷方，妇多居孀”①，虽然一般解释都是说男的到缅甸一带去做工，但是也有人认为那个时候，一些岔河先人辗转到了日本并定居下来；另一种说法则是认为当初日本侵略中国的时候，岔河一带一些村民被带到了日本；两种说法的理由都是岔河彝族的文化与日本那边的文化相似，比如丧葬习俗中的一些礼仪，还有语言中一些相似的发音和语法上的倒置等。横山

① 镇南州志．大理：德宏民族出版社，1996：99.

广子惊叹于这里处在交通要道但是却保存得如世外桃源一般的民俗文化，在他之后，日本、美国、澳大利亚、荷兰、比利时、瑞典、丹麦、新西兰、加拿大、中国台湾、中国香港等国家和地区的游客多次慕名前来岔河考察民族文化，观光旅游。随后，电影《通天长老》、《大峡谷》摄制组来这里拍摄片段，留下了许多岔河风光；香港凤凰电视台也在这里摄制了《新娘出嫁》；中央电视台在这里摄制《火的民族》；日本东京电视台到这里作了"稻田文化"现场直播。同时，中央民族大学、国家民委、中央"三讲"检查团、全国金融系统青年知识分子考察团、中央党校省部级领导干部培训班、省内国际旅行社总经理、云南大学、省、州领导等专家学者也纷纷到岔河考察、指导和观光。岔河村这片古老的土地几年之间变得沸沸扬扬，热闹非常，仅1999年到此旅游的外国人就达1000多人。岔河村也因此被楚雄州政府定为第一个对外开放的民族风情参观考察点，为2006年岔河开发文化旅游业，拉开了序幕。

（2）发展过程

2006年，县委、县政府通过对岔河村的实地考察、研究，参考了多个地方的旅游发展策略以后提出，要以新农村建设为契机，依托岔河深厚的彝族文化底蕴，"把岔河一线建设成为民族风情浓郁、彝族文化荟萃、生态环境良好、人与自然和谐发展，以乡村旅游支撑的咪依噜风情谷"的工作思路，确定了"一年初见成效、两年巩固发展、三年形成品牌"的目标，在岔河村南永公路K13－19＋500米，全长6.5公里，涉及岔河村委会6个村民小组205户856人的范围内开发民族文化旅游。

2006年3月，县委、县政府确定以小岔河丫口村为农家乐建设试点，因势利导发挥民族文化资源优势，抽调工作人员驻点帮助规划，通过县财政补助、集体投入、群众自筹及投工投劳折资等共投入资金82480元，在丫口村开展以村庄道路建设，民居改造，修建寨门、公厕、垃圾池、停车场、跳歌场等为主要内容的"村容整治"及村民服务技能培训，以农家乐为载体尝试发展乡村旅游，取得了较好成效。

在丫口村试点成功以后，2006年10月，岔河新农村示范带建设全面启动，边建设、边发展，集中力量打造"南华咪依噜风情谷"。一是整合各方力量。依靠广大群众，加强培训教育，不断提高广大群众的文化科技素质，充分调动群众的积极性，加快推进新农村建设。通过争取上级补助、县级部门投入、村民小组集体筹资、群众个人出资及投工投劳折资等方式整合各块资金，实行“一名县级领导，一个县级部门，一抓到底”的责任机制，7名县级领导负责挂点联系，6个县级部门抽调工作组进驻6个村民小组开展工作，集中财力、物力和人力，抓好规划和建设。二是突出彝族特色。通过图腾、彝族绘画、彝族文字等，注重体现彝族民居风格，抓好以民居改造，畜厩搬迁，停车场、垃圾池、人畜饮水工程建设，村庄道路硬化、改厕改灶等为主要内容的基础设施建设。三是弘扬民族文化。组建民族歌舞表演队，培训彝族歌舞、乐器表演人才；利用传统手工艺，大力发展以服饰、鞋子、荷包等为主的民族刺绣精品和月琴等旅游工艺品；加强民族文化的收集整理，编写了《岔河导游词》，出版发行了《南华风采录》、《彝山情歌》和《哀牢民歌》；加快建设乡村酒店、咪依噜购物广场，完善配套服务。四是培植特色产业。加强森林及林下资源管护，开发利用野生菌等林下资源，大力发展樱桃、刺头菜和原生态黑山羊、土鸡、生猪、野猪、野鸡、野兔饲养为主的特色种养殖业，形成产、供、销为一体的产业链，拓宽农民增收渠道。五是大力宣传，积极拓展客源。以昆明和四川攀枝花客源为重点，积极开展营销宣传，不断扩大品牌影响力；加强与省内外知名旅行社的交流合作，重点发展一日游，大力拓展州内外客源市场，促进乡村旅游快速发展。①

在各级政府和村民的共同努力下，2006年10月到2007年元旦，岔河村通过“政府补一点、集体拿一点、群众投一点、部门整合一点、向上争取一点”的“五个一点”资金整合方式，6个村民小组集体投资达116万元，群众自筹投资56万元，群众投工投劳折资72.23万元，再加上政府补助和其他投资，一共426.9万元；共建成停车场9个，完成村内道路改造30余条，共6750平方米，硬化山间旅游道路2100米，架设人畜饮水管道7000米，新建过滤池1个、畜水池3个；完成民居墙体美化装饰5.4万平方米，畜厩改造210间1.5万平方米，整体搬迁畜厩100多户，厕所改造761.6平方米，新建公厕10个，新建垃圾池15个，化粪池67个；建成文化活动室3个，共650平方米，篮球场1个、风车7台、水车7台、水碓13付、特色寨门4座、垛木房13间、跳歌场4个；另外还建成或修葺了水景瀑布、姑娘房、垛木房等

① 该部分资料由岔河村委会提供。

一批旅游景点，整修了土主庙，美化了乡村环境，为发展乡村旅游奠定了基础。[①]

2007年元旦，“咪依噜风情谷”正式开谷迎宾。随后，一批农家乐在政府的指引、扶持下先后建成开业，建立了“丫口彝族生态村”、“山菜饭庄”、“七家杀猪饭”、“小酒飘香”、“脚楼寨”、“起家大院”、“彝人客栈”、“彝人古寨”、“水景房饭庄”、“山寨客栈”、“马鞍寨”等11个乡村旅游接待点，71户农户323人参与经营，从业接待服务人员达178人。从2006年4月至2007年8月，“咪依噜风情谷”接待了部分来自中国香港、中国台湾及美国、法国、加拿大、日本等国内外游客，并接待了上海、广东、湖南、北京、深圳等地的省外旅游团，共接待游客近17万人，实现营业收入230万余元，农民人均纯收入由2000年的860元增至2006年的1589元；2007年上半年，全村委会农民人均现金收入达930元，同比增长26%；“咪依噜风情谷”沿线6个村民小组农民人均现金收入1260元，同比增长52%，取得了较好的经济社会效益。其中丫口彝族生态村的5户农家于2006年4月26日启动联合经营农家乐时户均投入约7000元，实行共同经营、按户平均分配利润的管理模式，到2007年8月止，共接待游客约7万人，营业收入100多万元，户均收入超过8万元。[②]

通过对“咪依噜风情谷”的大力开发、建设，岔河村打响了“咪依噜风情谷”的名声，“离土不离乡，原生不原始”的乡村旅游产业基本确立。2008年5月，“咪依噜风情谷”被评为国家AAA级民族文化旅游区，更加快了“咪依噜文化旅游业”的发展步伐。“咪依噜风情谷”开始快速、稳定发展。

（3）旅游开发的相关措施和政策

在旅游开发、建设的过程中，岔河政府积极引导村民，根据各自资源和能力进行投资创业。政府以丫口村彝族生态文化村为试点，先行进行农家乐建设，取得了很好的成就以后，政府再次引导村民，根据自身资源组建农家乐或者进行其适合的行业投资。对于资源好，自身有意向投资组建农家乐的村民，政府根据实际情况分析是否可行，若可行的就给予大力的支持，帮助其进行规划，进行技术支持，还专门请了一些外地的专家、厨师、礼仪老师

① 相关数据由岔河村委会提供。

② 相关数据由岔河村委会提供。

培训农家乐的从业人员，帮助他们提高自身服务水平；不可行的就引导他们进行其他方面的投资，一定程度上避免了盲目、重复投资。政府还根据各农家乐的特点，帮助和引导农家乐形成自己的特色菜、特色景，做到各个农家乐各有不同，十一个农家乐，十一种不同的感受。

对于刺绣和养殖业也是如此。县旅游局、省社科院都积极帮助岔河刺绣产品开拓市场，对刺绣协会的会员举行不定期的培训，增强她们的创作水平和刺绣水平。对发展野鸡养殖的李维生提供野鸡的培育知识，提供疫苗等。在旅游开发中，岔河政府没有采取强制的措施，通过对村民进行的引导，通过技术支持和一些优惠政策，实现了全民动员开发文化旅游新农村的新局面。

(4) 刺绣协会和旅游协会

通过对“咪依噜风情谷”的建设，在谷内逐渐形成了以农家乐、手工业、养殖业为主的三大经济支柱，支撑着经济的快速增长。为了保证手工业、农家乐能够持续以健康的规模发展，岔河村先后成立了刺绣协会和旅游协会。

刺绣协会成立于2006年4月，是岔河村妇联在县妇联和县旅游局的牵头、引导下成立的。成立刺绣协会的主要目的，就是突出民族特色，发展民族手工业，另外还可以帮助村内妇女增加一些收入。在旅游发展的过程中，刺绣协会起到了很大作用。刺绣协会包括会员136户，占全村的大半。在旅游建设中，通过对刺绣协会妇女的引导培训，提高了大部分村内妇女的眼界和素质，为后期的旅游建设奠定了良好的基础。而刺绣作为最具有民族特色的手工品，不仅增加了村民的收入，也形成了“咪依噜风情谷”的一道亮丽风景。

旅游协会成立于2007年3月，由“咪依噜风情谷”内各农家乐成员组成，其会长是“彝人客栈”老板周开富。每到五一、十一长假和其他游客量大的日子来临之前，旅游协会就由会长组织召开会议，讨论如何接待游客、如何分配接待任务的问题；对于如何发展旅游，如何开发农家乐等问题，也由旅游协会的成员一起商讨。旅游协会的主要职责就是负责接待游客、规划各农家乐的发展、规范各家的经营模式，以及在一起交流经营经验，一起为旅游的发展出谋划策等。

2. 文化旅游带动的经济发展

岔河村委会实行以点代面、点带结合的经济发展策略。在“咪依噜风情谷”大力开发旅游，发展农家乐，以此为点，带动周边经济的发展，并取得了显著的成效。文化旅游的开发，在“咪依噜风情谷”内形成了以服务设施、劳动力为主的投资合作经营模式，为村内提供了几百个就业岗位，解决了部分农村富余劳动力的就业问题；帮助村民从产业单一、收入微薄的农耕中解放出来，根据农家乐的需要生产纯天然的绿色蔬菜或其他的经济作物，提高村民的收入水平；一些村民根据农家乐的需求，养殖土鸡、生猪、黑山羊甚至野鸡、野猪专供农家乐使用，既保证了农家乐的菜源，也增加了农民自己的收入。据不完全统计，2006 年，岔河村实现经济总收入 589 万元，比创建前 2004 年的 401 万元增长 47%；农民人均纯收入 1589 元，比 2004 年的 1286 元增长 23%[①]。而农家乐所需的鸡、猪、羊不仅从本村购买，也从岔河村的另外六个村民小组购买，从而拉动了这些村民小组养殖和畜牧的发展。小岔河的村民周莲英告诉我们，农家乐搞起来之后，生猪的价钱由原来的 8 元涨到了 16 元，鸡也涨到了 23 元一斤。“彝人客栈”的老板周开富也说，虽然从村民手里买肉买菜不如在县城里买的便宜，但是村里的都是绿色无污染的，游客们来到这里，就要吃这种原生态的东西。所以，即使贵一点，农家乐也很乐意从村民手里购买。既满足了自己的要求，又帮助村民发展经济，大家都很乐意。

另外，由于开发旅游，游客大量增多，刺绣产品销售也很多。周开芹告诉我们，现在刺绣协会的商店里每天都能营业收入两三百元，游客多的时候可以达到几千元。旅游和刺绣相互促进，共同发展，形成了良好的发展态势。

在岔河现有的旅游服务中，除了农家乐吃饭之外，还有马鞍山的洗车服务、彝人客栈和山寨客栈的宾馆住宿服务。这些都是在旅游的推动下，村民根据自身资源开发出来的。此外，正在酝酿的围猎场即将向游客收费开放。丫口村彝族生态文化村的周开芹说，目前比较想开发一些娱乐和基础设施项目，比如度假山庄，这些都是在旅游的带动下不断涌现的发展机会。

岔河村发展民族文化旅游已经初见成效，“咪依噜风情谷”在开发旅游的两年内发生了质的变化。村内基础设施改善，村落环境变化明显，村民的居住环境和生活水平也得到了很大的提高。村内一些农民从经济效益低下的农业生产中解放出来，从事旅游服务，提高了收入，丰富了生活。村内剩余劳动力、村民自产蔬菜水果都派上了用场。在农家乐经济的促进下，农民由单纯的种粮向种菜、养殖发展，种植业、养殖业也逐步发展起来。农民大力发

① 数据由岔河村委会统计、提供。

展观光农业、生态农业、精品农业，种植无公害蔬菜，养殖无公害牲畜，农业结构开始向多元化发展。

3. **旅游发展中存在的问题**

尽管“咪依噜风情谷”发展顺利，从开谷迎宾到现在，谷内经济发展平稳。但是在2007年下半年到2008年以来，岔河的旅游发展速度已经放慢很多，游客不如以前来得多，最为明显的就是农家乐的经营状况下降。调查中我们发现，在“咪依噜风情谷”内的11家农家乐，并不是每家都赚钱，有几家是在开谷的时候赚了一些，现在已经处于停业状态；还在营业的农家乐收入也不如以前；村民对于自己未来发展的道路和想法都不清楚；除了搞农家乐的人，其他没参与搞农家乐的人，在村容村貌改建完成以后，就感觉自己似乎与旅游没有关系一样。这些问题的存在，主要是以下几个原因造成的：

（1）旅游亮点开发力度不够，可看点少

岔河以优美的自然风景和独特的民族文化氛围为基础开发旅游，以“走进咪依噜，相聚姑娘房，体验农家情”为旅游主题。但是旅游亮点开发的深度和广度不够，游客来到咪依噜，只能走走看看，不能深入的去体验，显得比较的单调。

很多很有民族特色的旅游亮点开发力度不够，开发中遇到一些困难。比如最具特色的姑娘房，在实际开发中就遇到很大问题，要不要开发、如何开发成了岔河村民两难的选择。现在姑娘房基本都是空闲出来，仅供游人从外部参观，特有的民族文化没有得到表达。有人建议可以花钱请一些年轻女性到姑娘房，为游客表演歌舞，在姑娘房内陪游客聊天吃饭等，甚至可以让游客体验夜宿姑娘房的感受。但是这个非常的不好管理，管理不好可能会对姑娘房的文化和习俗产生扭曲的影响。而且村民们几乎都无法接受这样的开发方式，姑娘房素来是村民们心目中爱情的神圣摇篮，这样的开发让很多人觉得亵渎了姑娘房的圣洁。

另外，在丫口村的土主庙也没有得到很好的开发。土主庙历史源远流长，南诏土主庙就是最具代表性的例子。丫口村的土主庙虽然不能与南诏土主庙相提并论，但是可以根据情况做相应的扩建，让游客能够在这里参拜土主和其他的一些神，形成一个朝拜的景点。现在土主庙门前还有有求必应的合欢树，与土主庙相结合，共同开发，可以形成一个很有特色的朝拜、上香的场所。但是要不要开发、如何开发这些，也是暂无定论。

（2）旅游产业的发展单一

“咪依噜风情谷”的旅游服务项目较少，多集中在农家乐吃饭上面，而对于其他的娱乐设施则几乎没有建设，还局限在“饭桌上对歌喝酒，饭桌下扑克麻将”的状况。游客来到咪依噜，除了吃饭，就几乎没有可以娱乐的地方。这样的农家乐为主的乡村旅游，又没有可以体验的其他内容，游客来了一次就不会再来。这对于“咪依噜风情谷”以“一日游”为主体的旅游发展是很不利的。游客多数是周围城市的人，都来过以后就没有回头客，那么客源只会越来越少。而相关的研究也表明，这样经营单一的农家乐顾客回头率都低于10%[①]。

（3）农家乐经营模式落后

“咪依噜风情谷”的农家乐除了“彝人客栈”，另外的十家都是几户联营的模式。这样的模式在建立之初，大家共同集资、共同经营，平均分配，能够起到降低风险的作用。但是在长期的经营当中，很多矛盾就凸显出来。几户人联营，在发展中要协调彼此之间的矛盾，很难做到再投资、改建或者扩建等具有一定风险性的规划。

此外，这样联营的模式导致农家乐内部管理混乱。因为都是平均出资，每个人都会有主人的感觉，在经营过程中很难接受别人的管理，在几户人之间因此而吵架的事情时有发生。而参与联营的人，为了表示公平，除了管理者之外，其他人员均采用轮岗制度，每天一轮或者每周一轮。这样的轮岗制度导致的结果就是每个人做的饭菜口味都不一样，个人专业技术难以提高；轮到自己不喜欢的岗位时，可能会出现马虎了事等情况。管理者因为多劳少得，逐渐的也对开发农家乐失去积极性。

很多村民认为应该改进农家乐的经营模式，但是对于具体的改进方式，很多村民持保守意见。参与经营的人都想要参与农家乐的管理，想要随时了解农家乐的经营情况，一旦让他退出农家乐的管理，把农家乐转交给别人来经营，他们是很不放心的。他们认为那样的话别人赚了多少自己也不知道，自己很容易吃亏。

在农家乐服务中，一些服务员根据自己的标准来判断、衡量别人的标准，

---

① 何丰伦，黎蕊．乡村旅游“回头客”为何不到10%［N］．日照日报，2008－05－07.

而由于服务员多处于农村，而游客多是城市人，因此在很多细节的地方，做得不到位。比如在“七家杀猪饭”，一位服务员打扫完卫生以后，管理的人认为不干净，请她重扫；而她就认为自己扫得很干净了，管理的人纯粹是刁难她。要在这样的情况下对农家乐采取现代化的管理模式更是困难，农家乐的服务水平难以提升。

（4）村民意识落后

虽然在新农村建设中，大部分的村民都得到了实惠，但是对于自主开发投资、自主创业致富等多数村民还是表示难以接受。村民普遍认为旅游的发展要靠政府，要靠政府出来引导、开发，比如开发一些游乐场所，建设一些娱乐设施等项目，如果由村民自己来做的话，都觉得风险太大，不愿意参与。很多村民比较宁愿安于现状，不愿承受风险。

另外，没有参与农家乐经营的部分村民，对于旅游的开发并不热情，认为开发旅游只是开农家乐那些人的事，对自己的影响并不大。

村民保守意识的直接结果就是村内基础设施建设落后，政府没有出面规划整修的就没有村民主动去做。在政府引导村民奠定了产业的基础之后，村民自身的发展后劲不足。大部分的村民认为，旅游最大的好处是村落环境得到了改善，生活水平有了提高。对于旅游业发展速度的明显减缓，村民都认为是政府投资后劲不足；对于下一步的发展，几乎都处在等待政府指示的状态。

4. 旅游的发展方向

岔河村“咪依噜风情谷”由一个落后、封闭的彝族部落，发展到现在的国家级文化旅游区，它的发展和所取得的成就是有目共睹的。但是现在岔河的旅游发展速度减慢，部分农家乐甚至停业了大半年，而其他的旅游亮点也没有得到有效开发，岔河旅游的发展走到了整改的关口。

（1）建设相关的娱乐、服务设施

改变游客到岔河只能吃饭没有娱乐的现状，建设相关的基础设施、娱乐设施。由政府或以村小组为单位集体出资修建一些观光点，包括自然景观和民俗文化景观，吸引游客；建立一些娱乐设施，比如民间传统游戏的游乐场等，开发野外烧烤、烤全羊、登山、在围猎场打猎、采果子等娱乐活动，丰富游客的行程。

“咪依噜风情谷”离县城近，投资建设宾馆住宿可能风险较大。但是“咪依噜风情谷”山清水秀，仿佛世外桃源一般的环境也可以利用来开发一些度假村，吸引在城市的人前来体验山间舒爽宁静的生活。

（2）多方位的开发旅游亮点

岔河彝族文化底蕴厚，很多彝族的传统习俗都能在这里找到。比如神秘的姑娘房、独特的婚丧习俗、美丽动人的神话传说等。为什么不可以把这些只能看看的东西开发出来，让不了解这些的游客们体验呢？旅游的亮点不应该仅仅是停留在跳脚、服饰和刺绣上。姑娘房、土主庙、婚嫁习俗等都是可以开发出来的。把土主庙扩建或者修整，让游客们也可以参拜；请游客们体验彝族的婚嫁，感受爬油杆的热闹；还有青年的对歌、跳脚也可以发展成一定的规模，让游客融入其中。最有开发潜力的还是姑娘房，但是能不能开发、要如何开发，都是仍在探讨中的问题。除了传统的彝族风俗，岔河还可以将民族文化与现代文化相融合，开发一些独特的旅游项目。在丫口村的“咪依噜十怪”就是一个值得开发的入口点。

（3）提高服务人员综合素质

进一步提高旅游服务人员的综合素质，在礼仪、唱歌、服务的基础上，增强服务人员的现代服务意识。游客喜欢感受原生态的文化，但是不喜欢感受原生态的服务。

现在在“咪依噜风情谷”从事旅游的都是当地村民，村民素质的高低，直接决定着旅游发展的速度和质量。在“咪依噜风情谷”经营的一年多时间里，村民素质的差异已经逐渐体现出来，服务业的管理体制问题也越来越明显。只有村民素质提高了，眼界开阔了，他们要求发展的意识和竞争的意识才能够增强，才能够打破现状，谋求自身的发展。村民素质不提高，做什么都要政府出面指引，这样是很难取得较大成就的。努力提高村民素质，尤其是旅游服务人员的素质，是很急迫也很必要的事情。

（4）打造吃、住、行、游、购、娱于一体的多元化农家乐

“咪依噜风情谷”发展到现在，开发最好、发展最快的就是农家乐。农家乐也一直是带给村民收益最多、最直接的一项服务，村民对于农家乐开发的积极性也高于其他产业。2004年，胡锦涛同志在视察上海崇明县农家乐时指出：“农家乐前途无量”[①]，农家乐一定程度上成了“咪依噜风情谷”开发的

① 引自：农家乐能否长乐．http：//www. sina. com. cn，2006年12月14日．16：47观察与思考．

基础，积极做好农家乐，不仅是给从事农家乐的人带来经济利益，更重要的是，为进一步开发“咪依噜风情谷”打好基础。但是目前农家乐的经营状况不容乐观，根据“咪依噜风情谷”的资源条件，笔者对“咪依噜风情谷”内的农家乐的发展做了简单的SWOT分析，如下表所示：

表4－1　**“咪依噜风情谷”农家乐发展资源条件分析**

Strengths（优势）	有很好的自然资源和民族文化底蕴，民族文化保存完好。谷内建筑保持民族特色，村落布局合理，村容村貌整洁，古树参天，森林覆盖率70%以上。交通便利。
Weakness（劣势）	起步较晚，经营项目单一；经济和社会支撑条件弱；基础设施薄弱；旅游开发亮点较少；经营策略不够灵活，散客流失①。
Opportunity（机遇）	新农村建设、当地政府大力扶持，民俗旅游发展势头良好，“咪依噜风情谷”被评为国家3A级风景区，更有利于旅游的长远发展。
Threats（挑战）	同地区农家乐纷纷开办，竞争激烈；民俗旅游发展速度减慢；回头客少，客人多是一次性消费，本地客流逐渐减少；内部管理矛盾，发展积极性低。

根据分析，笔者认为“咪依噜风情谷”的农家乐要获得长远发展，首先必须改变目前经营模式不够灵活、项目单一的情况，从顾客的角度出发，打造以民族特色为主导的多元化发展的农家乐，为顾客提供融吃、住、行、游、购、娱等内容于一体的综合性旅游活动。吃是指农家乐的吃法应该灵活多变，灵活给客人提供服务，不管是两个人还是十个人都应该给人家提供方便的饮食。这一点可以借鉴其他地方的做法，人少的时候少做几样菜，人多的时候多做几样菜，这样农家乐可以留住散客，对于客人来说也方便了很多。条件允许的话还可以给客人准备不同的套餐方案供选择，满足客人不同的口味。“咪依噜风情谷”交通便利，开发宾馆服务风险较大，但是可以在农家乐内准备两三个房间供需要的客人用；没有客人的时候也不耽误自己家用，既有特色又充分利用了资源。而行、游、购、娱这些都可以包含在旅游开发里面来完成。

① 咪依噜风情谷的农家乐，无一例外的都是按桌收费的。每桌酒菜可招待10人左右，而一般五人以下的散客根本吃不完，也吃的不划算，因此几乎没有散客来光顾农家乐。

其次，各农家乐要了解自己的优势和劣势，积极建设、改进自己不足的地方，重视自己内部管理问题，实行规范的管理体制，采取现代化的管理方法。目前“咪依噜风情谷”联营的农家乐内部毫无例外的都存在着管理纠纷问题，这不仅难以提高农家乐的管理水平，对于农家乐的开发再投资也是非常不利的。另外，根据各农家乐特色不突出的情况，要各自进行特色宣传，突出自己的特色，积极开拓新的市场，毕竟在农家乐行业，光靠某个地方的顾客群和固定的消费者是很难长期生存和发展的，尤其是乡村旅游本身游客回头率就不高，游客都是寻找新鲜，看过的东西不会专门再跑去看。因此各农家乐一方面要积极开发新市场，吸引新顾客；另一方面要积极开发新项目，拉回老顾客；还要突出特色，在众多竞争者中打响自己的招牌。最后就是要提高农家乐的档次和品位，必要时也可以借鉴现代宾馆的管理培训制度，保证所提供的服务质量；注意改善农家乐的卫生情况。在农家乐的服务员，不论是厨房的还是添菜的，都没有见到相应的健康证；农家乐内部厨房也没有相应的消毒措施，作为基本的卫生保障，这些都是需要注意的方面。

农家乐的发展在“咪依噜风情谷”旅游发展中已经占据了极其重要的地位，农家乐发展好了，回头客多了，旅游也能很快发展起来；而旅游发展好了，农家乐将发展得更好。

(5) 综合发展，打造世界级的民族文化旅游区

“咪依噜风情谷”打造世界级的民族文化旅游区是具有一定的基础的。从20世纪90年代开始就有外国游客到咪依噜旅游观光、考察这里的民族风情；随着凤凰卫视、日本国家电视台对“咪依噜风情谷”的报道，“咪依噜风情谷”在国内外都拥有了一定的知名度，在对外的宣传中也很有噱头。当地政府对于“咪依噜风情谷”的规划，是将打造世界级的民族文化旅游区作为其发展目标的。岔河村在民族文化、交通、地理、发展契机等方面都有优势。岔河交通便利，地处交通要塞，接壤姚安，距昆明、楚雄、攀枝花等城市都不远；南华县在2007年确定了“以‘一头两翼’① 中的‘两翼’为突破口，以社会主义新农村建设为契机，逐步推进的乡村旅游发展”的发展思路，作为其中的“一翼”，“咪依噜风情谷”在发展契机上占有优势。总体上说，

① “一头两翼”，“一头”是以“野生菌王国”旅游接待区为龙头，“一翼”是“五天”公路沿线的“彝寨天堂”，另“一翼”就是“咪依噜风情谷”。

“咪依噜风情谷”或许有成为世界级民族文化旅游区的实力，但是就目前岔河以昆明和攀枝花两地的游客为主要目标群、主体发展“一日游”的情况来看，与当地政府所提出的目标是有很大差距的。

在现有的基础上，“咪依噜风情谷”最大的优势就是原生态的民族特色。依托民族特色开发，认真挖掘、整理、保护、继承和弘扬优秀独特的彝族文化，包括彝族的饮食、服饰、礼仪、歌舞、语言文字、毕摩祭祀和图腾崇拜等，全力发展原生态的民族特色和民族文化。加强旅游服务人员的业务培训，以热情、周到、优质、高效的服务，吸引游客；加强对村民素质的全面培养，对农家乐等旅游服务机构实行现代化管理，提高管理效率和管理水平；发展村内民族文化景观、自然景观，加强村内基础设施建设；引进外资，融合资金大力开发民族特色产业……通过这些措施，一步一步建设，最终把岔河“咪依噜风情谷”打造成一个世界级的民族文化旅游区，向世界展示彝族文化的风采。

（三）本章小结

岔河村具有独特的旅游发展优势。除了地理位置的优越、交通便利和民族文化底蕴深厚之外，南华县野生菌王国、中国核桃之乡、生态美食城的三大特点也都能在这里得到集中的体现。可以说，岔河发展“咪依噜风情谷”具备了天时、地利、人和三大条件。通过全方位的打造，“咪依噜风情谷”已经成为一个具有一定知名度和影响力的新农村建设亮点。2008 年 5 月，“咪依噜风情谷”被国家旅游局评为 3A 级风景区，乡村民俗文化旅游已经成为岔河村的新兴产业。

在民俗文化旅游的发展建设中，到目前为止，“咪依噜风情谷”开发最好的民族特色就是刺绣和敬酒歌，发展最多的就是农家乐。农家乐也带领村内的部分人走上了致富的道路。但是发展旅游不等于发展农家乐，除了农家乐，还有很多设施要发展，很多民族元素要开发。现在岔河村的情况是一部分人认为，发展旅游就是为了搞农家乐；一部分人认为要政府出面修建一些旅游相关配套设施，以便发展农家乐。可以说，农家乐成了发展旅游的符号。

另外，现在岔河的农家乐经营状况并不乐观。11 家农家乐里面，有 4 家因为生意太清淡而停业了。他们有的还连成本都没有赚回来。养殖业养殖的野猪也是还没有找到销路，而“咪依噜风情谷”的农家乐又因为价钱太贵，并不被游客所接受。村民盲目投资、投资以后管理不善等问题都很突出。此外，岔河村内未参与农家乐经营的村民普遍认为，村内发展旅游对自己没有太多的影响；“咪依噜风情谷”的村民尚且如此，岔河村另外 6 个村民小组的村民又能好到哪里去呢。这说明，靠旅游带动周边产业经济的发展这个政策的作用并没有很好的凸显出来。

当然，农村的建设是要一步步进行的，不可能一口吃成个胖子。不可否认，岔河“咪依噜风情谷”在开发产业、建设经济这一点上是非常成功的。虽然现在在发展过程中遇到了问题，但是它的发展经验，值得我们学习。

五、工业及其他产业

一个民族的民间技艺承载着民族的文化，展示着民族的生活，是民族祖辈智慧的结晶。作为典型的少数民族村庄，岔河村内代表着民族特色的手工业和手工艺有很多，它们有的是发展历史悠久的，有的是近年新发展起来的，而有些则已经失传绝迹；但是它们都从不同的角度反映着彝族人的文化和生活状态。

岔河村村民世代以农耕和山林为生，而社会发展到今天，传统的农业和商业格局已经被打破，很多村民也尝试其他方面的一些谋生方式，比如运输和加工。虽然他们当中很大一部分还没有完全脱离农耕生产，但是这些产业在岔河经济的发展以及未来的经济规划中起着不可小觑的作用。

本章就从手工业和其他产业的角度来做简单介绍。

（一）传统手工业

在岔河村，月琴、织工、酿酒和其他一些生产生活上的手工工具有着悠久发展的历史，而且在很早时候就已经形成一定的交易规模，所以笔者将它们称为传统的手工业。由于各种原因，这些传统手工业中的很大一部分已经失传，存在着的也在原来的基础上发生了一些改变。但是不管怎么样，它们当中所蕴含的民族文化内涵和表现的民族元素没有改变，岔河村民的生活和文化的变迁也可以在这些手工业上看到一点影子。下面就几类具有代表性的手工业作简要介绍。

1. 月琴

月琴是一种古老的彝族民间乐器。彝族崇尚歌舞，对歌跳舞时伴奏多用月琴、二胡、三弦等乐器伴奏。在岔河，月琴是代代相传的宝贝，相比较下，二胡三弦少有人用。岔河村350多户，家家都有月琴，在这里“不会弹琴的小伙就找不着漂亮的阿妹”，琴是彝族人交流的重要工具。

民国《镇南州志》中记载：“月琴，俗乐也。其音响差，近琵琶，以圆如满月，故称月琴……民国以来逐渐发展，业者有二十余家，而惟‘抱月斋’郭纯熙所制最著名……月琴取材于楸木、水冬瓜木、香笋木，易学而难精……”[①]可见，月琴作为手工业发展的时间很早。

新中国成立前，岔河很多村民都会制作月琴，月琴的制作工艺不论精细与否，都较为普及。“文化大革命”中，月琴作为传统民族娱乐用具，被列在“破四旧”的范围之内，做月琴被禁止，村民家中的月琴也被悉数没收或砸毁。月琴作为民族工艺，几乎失传。改革开放后，政府提倡发展民间产业，月琴才又重新发展起来。但是由于曾经的手艺都已经失传，村内月琴制作起步更低，会制作的人更少。目前，岔河村内只有两人会做月琴，其中一人并不以此为专业，所以，真正的月琴制作者，只有李树明一人。

（1）月琴的制作

据李树明介绍，目前月琴的制作主要有两种方法，一种是平面的，月琴做好以后在上面描出花纹，用颜色鲜艳的油漆漆出绚丽的图案；一种是立体雕刻的，用稍厚的楸木板拼成月琴的框架，在框架上雕刻出各种图案。前一种较为便宜，做工需要三天时间，价格在200元左右，多为本地村民购买；后一种较贵，做工也较麻烦，大概需要时间13天，价格在600到1200元不等，李树明多数销往南华县城和外地。他每年做月琴的纯收入在14000元左右。

（2）月琴的发展历史和现状

月琴作为彝族传统的乐器，发展历史悠久。但是在“文化大革命”时期，月琴的发展受到严重破坏。“文化大革命”时期，月琴作为民族文化和民族服装、民族习俗一起被列入禁区，不允许发展。村民家内藏有的月琴，都被没收或者砸毁。到改革开放的时候，恢复了民族文化的自由发展，但是很多做琴手艺已经失传。

① 镇南州志［M］．大理：德宏民族出版社，1996：466.

有“镇南月琴第一人”之称的李树明，开始学做月琴的时候也是非常艰难。据李树明自己介绍，他开始学做月琴的时候，是从姚安的集市上买了一把外地人做的月琴回来，自己测量尺寸、厚度，自己一整天的在家琢磨，摸索着把月琴的框架做出来；然后自己学着拼板子、拼轴承，自己试着刻花纹，就这样在慢慢的摸索中学会了做月琴。那个时候做月琴的人很少，因此尽管他开始的时候做的月琴不太好看，做工也比较粗糙，但是还是有人要向他买。第一把琴李树明做了几个月的时间，后来慢慢的做多了，手艺熟练了，做工才慢慢变得精细，速度也快了起来。

从改革开放到现在，岔河也陆续出现过一些做月琴的人，但是由于做工等方面的原因，也逐渐的被淘汰。现在岔河村委会，就只有李树明一人专业的制作月琴。通过近年来政府出台的民间艺人保护政策和举办的民间手艺展示活动，李树明的月琴已经名声在外，2007 年李树明还荣获了“镇南月琴第一人”的称号。随着各民族文化的交流融合，很多汉族、白族的人也开始跳左脚舞，月琴的需求量更大，市场更为紧缺。李树明制作的月琴基本都是客户上门订做。据李树明介绍，他一个月做两把立体雕刻的月琴，每年只能做二十几把，但是订做的客人很多。很多时候不得不把那些不着急要货的客人往后延，先去满足着急要货的客人。因此，有些客人会出现订货一两年以后才能拿到月琴的情况。

(3) 月琴的传承和发展

虽然月琴的市场非常走俏，但是李树明并没有根据市场扩大生产规模。在政府的扶持和李树明自己的积极努力下，镇南月琴名声在外，但是他的月琴规模小，不能实行机械化操作，难以形成强有力的民族产业，而且继承也面临着很大困难。虽然李树明曾多次表示他愿意免费招徒，但是年轻人很少有愿意来学的。这样下去，李树明的精湛手艺难免有在传承中退化甚至失传的风险。

其实，月琴手艺的传承困难，除了年轻人怕学之外，与手工业费时费力、但是风险高有很大的关系。现在的年轻人信息交流方便，都往容易挣钱的地方走；而做月琴就是要把年轻人捆在一个单一的行业上，这对于年轻爱闯的年轻人来说是很难接受的。而且，月琴的市场需求虽然大，但是制作工艺复杂，难以学会；即使学会，也难以学精；学不精的月琴是没有市场竞争力的。月琴除了作为民族乐器，还具有更深一层的收藏价值，这对月琴的做工是很挑剔的。岔河村先后被淘汰的其他月琴就是很好的例子。而李树明的传承方式局限于跟着他学，帮着他做，他的主要传承目标是他的女婿，也就是说，他主要还是想要传给自己的家人。这在一定程度上限制了年轻人想跟他学习手艺的想法。作为传统的手工业，月琴的传承和发展，可能遇到了挑战。尽管如此，李树明还是很有信心地说，没有别人来学没关系，他会慢慢的把手艺一点一点的传授给他正在做菌子生意的女儿女婿。

除了继承困难，李树明对于自己月琴的产权保护意识也不强。在采访中我们发现，李树明的月琴虽然号称“镇南月琴”，李树明也被称为“镇南月琴第一人”，但是他的月琴并没有相应的商标，更谈不上注册。对于这一点，李树明认为，现在能做镇南月琴就只有他一个人，没有必要做商标，而且商标还容易被人假冒。另外，他的月琴都是上门定做，所以市场上是不存在假货的。虽然目前看来不是很有必要，但是对于月琴规模的扩大、月琴向外的长期发展来说，没有商标对月琴的发展是不利的。

2. **织工**

（1）织工简介

织工是彝族妇女传统的一项必备手艺。过去，她们采火草捻线、纺麻、织布，再做成一件件的家里人穿的衣服。家人的一年的穿着全从她们的手中翻腾出来，所以妇女多精织工，手巧者还织布出售，形成了小型的织工产业。

（2）织工的没落

织工曾经是岔河妇女必备的手艺。现在村内只有少数人懂得传统的织布方法，另外还有一些人使用从外面学习得来的方法织布，更多的人已经不懂织工，家里穿用都直接从集市上去买。传统的彝族麻布衣服逐渐被市场上的棉布和其他常见布料所取代。起大妈说，现在很少有人自己织布了，村民要做衣服也是直接去买别人织好的布料，又方便又便宜。而由于制作工艺复杂，很多织布手艺也已经失传，岔河民间的织工业也逐渐没落。

3. **酿酒**

酒在岔河村民的生活中是不可或缺的。岔河村民喜欢喝本地粮食酿的酒，其中以苦荞酒最佳，其次是大麦酒和米酒，还有玉米酒。

（二）新发展起来的手工业

2002 年，南华县政府把小岔河设立为温饱示范村，上级政府到岔河村来调查，发现这里的刺绣精美，如获至宝。2006 年，岔河被列为新农村建设试点村；依托新农村建设，岔河开始大力开发民族文化旅游，刺绣作为岔河民族文化的重要部分，被列为重点开发对象。于是，刺绣作为一项新兴手工业，迅速发展起来。

1. 刺绣

彝族妇女从小就开始学习刺绣。在农闲的时候，妇女们坐在火塘边忙做刺绣的时候，就会给刚懂事的女孩子一副针线，一块布料；孩子就这样一边玩一边学会了刺绣。彝族的服饰，不论男女，都有刺绣的陪衬，或艳丽或朴素，都需要绣上花，以示民族特色。因此，刺绣是彝族妇女世代相传的基本技能，即使在困难时期，忙于挣工分或者“破四旧”废除了民族服饰，都没有影响到刺绣的传承。

新农村建设以前，刺绣作为彝族生活的一部分，多用于村民的日常生活，村民做的刺绣一般都是自给自足，只有极少数会拿去销售。那时候，刺绣手艺的好坏，是很多小伙子判断一个姑娘聪慧与否的重要凭据。小伙子第一次见到姑娘的时候，会首先留意姑娘衣服上的刺绣；绣得好，就认为这个姑娘心灵手巧，从而留下美好印象，以后再继续交往。结婚以后，妇女们做的刺绣也多限于家人的衣物鞋帽，以及日常生活用品。刺绣虽然是民族特色的手艺，但是并没有形成产业，没有开发。

南永公路开通以后，很多外地人从岔河村路过。他们见到村民精美的刺绣，会提出买卖的要求。因此一些村民在闲暇的时候也会绣一点刺绣放在公路旁的商店里卖。

新农村建设以后，岔河村妇联在县妇联和县旅游局的引导下，成立了刺绣协会，专门负责组织妇女做刺绣，向外来游客展示岔河刺绣，组织刺绣培训，承接各类刺绣订单等。刺绣作为一个新型的手工业，在岔河得到了全面的开发。

2. 刺绣协会

岔河村刺绣协会成立于2006 年 4 月，从成立到现在吸收了正式成员 136 户，遍布岔河咪依噜风情谷的各个自然村。协会内设有会长、副会长和秘书长；会长周荣秀主要负责与县妇联、县旅游局联系，向外界争取刺绣订单，主办协会培训活动等；副会长周开存主要负责协会内部的采购，协会商店的经营销售和协会的财务管理；秘书长周莲英主要负责组织人员参与培训，组织人员分配协会任务等。刺绣协会成立以来，主要是通过向外界推销刺绣产品、接收订单来维持运转；接到订单以后在村内组织妇女进行规模刺绣。据不完全统计，刺绣协会从2006年4月份成立，到2006年年底，一共营运收入14万元，平均每户纯收入500多元；接受订单的范围从县城，到省里，再扩大到国外；目前主要做的是对外出口的订单。刺绣协会的创立积极、全面地开发了刺绣产业。

刺绣协会每年4月到8月间不定期的举行培训活动。所谓的培训活动，就是针对妇女们在刺绣中花样设计和搭配方面的不足，指导妇女们进行一些花样设计和颜色的搭配。培训的时候，县妇联拿一些新鲜的花样来让刺绣协会的人仿照或者参考那些花样，做出新的花样以后拿到外面去营销；营销成功的就把接到的订单拿回刺绣协会，协会组织会员来分配并完成任务。通常情况下，如果订单数量不大，就在会员当中平均分配任务，大家做完以后再统一交到协会；如果订单量很大的话，就会让每一个会员根据自己的能力承担一定的任务，剩余的数量则动员村内其他妇女共同参与完成。不管是什么方式，不管完成数量的多少，最后刺绣协会根据各人劳动按件付给报酬。据刺绣协会会长周荣秀介绍，协会接到的订单一般为刺绣一些衣服、纪念品和包，这些订单多数来自省城，也有一些是出口到日本的。接到订单以后，协会秘书长会组织人员分配任务；分配到任务的人到协会商店领取刺绣所需的针线、布料等。为了保证刺绣的质量，防止有的人会为了节约成本买劣质的绣线，协会商店里的针线和布料都很便宜，都按采购价出售，中间不赚取利润，相当于是公益性质的提供给大家，只收取成本。拿到材料以后，妇女们按照自己的任务，回家做刺绣，定时定量的将刺绣好的东西交到秘书长处。有的时候订货数量多，时间紧，会员们就动员全村妇女一起做，而且也暂时抛开农活，整天的赶刺绣。完成的订单一般要交货以后才能拿到货款，拿到货款以后才能给大家分成，其中还是会提取一部分作为协会的运转基金。

除了订单，村内妇女也在闲暇时做一些刺绣拿到刺绣协会代售，主要是荷包、衣服和鞋子。在刺绣协会的商店里，摆满了帮助村民销售的各种刺绣品，琳琅满目。

村内妇女，不论是否是协会会员，只要有自己做好的刺绣都可以拿到协会分布在各处的商店里代售；售出以后协会收取一定的报酬作为协会运转基金。

目前，刺绣协会在咪依噜河谷设有六个商店，均分布在农家乐旁；其中，以“彝人客栈”和丫口村彝族生态园的两个商店最大，经营效益也最好。

3. 刺绣的发展

刺绣协会的成立，大大地促进了刺绣行业的发展，把刺绣这个原本只存在于家庭内部的手艺活发展成了手工业。这个过程，也刺激了刺绣协会以外的刺绣行业的发展，民间刺绣也比以前更多的走向市场。

岔河村的妇女几乎都会在农闲的时候就做刺绣，除了自用，还用于出售。销售方式除了请刺绣协会的人代售，还有一些在路边商店、集市零售的，甚至有的自己联系销售渠道，直接销到外地。新村的李莲英就介绍说，她做的刺绣除了在村里、集市零卖之外，她还在丽江、昆明等地有朋友帮助她销售。还有“镇南月琴第一人”李树明的妻子周兰芬，她也是刺绣协会成员，但是她除了完成协会分配的任务以外，她主要还是协助丈夫做一些与月琴相配套的刺绣品，李树明月琴的背带和套子，都是她一针一线做出来的。据她介绍，她做一条月琴背带需要大约十三天时间，与丈夫做出一把月琴的时间相差不多，那样的一条背带配在丈夫的月琴上，能卖200元左右，而且还可以提升丈夫月琴的档次。此外，她农闲时做的荷包、鞋垫之类的刺绣也就放在自家商店①里出售。

刺绣的销售市场也在逐步向外扩展。刺绣协会会长周荣秀告诉我们，2006年协会刚成立的时候，协会的产品多数是销售给本地的人；本地人对衣服、鞋子的需求比较大，因为刺绣比较费时，而且讲究手艺的好坏，很多人都更愿意来花钱买别人绣的好的，而不愿意费时费力的去做；本地的青年人也比较喜欢桃心形荷包，主要用来向异性表达爱慕。所以刺绣协会在2006年的经营中，一半以上的营业额来自本地销售；而纪念品和订单的营业额加起来还不足一半。而2007年，销售的东西主要转向了外地，一些菱形的荷包和绣鞋很受外地游客欢迎，订单数量、订单的范围也更加的扩大，接到好几个出口日本的订单。而在刺绣协会以外的刺绣市场，零卖的刺绣品也从村内走到县城，从县城走到省城。刺绣的销售范围逐步扩大。

① 李树明家自己的院子里有一个卖日用杂货的小商店。

4. 刺绣发展中存在的问题

(1) 行业发展

刺绣行业发展得很快，遇到的问题也很多。刺绣的人工成本高、利润薄，零售市场占有率不高，消费群体固定但是需求不稳定；而订单市场则因为村民生活习惯、自身素质等因素影响，在发展过程中一再受挫。

岔河刺绣的特色即是纯手工制作，制作出来的刺绣虽然不如机绣的花样整齐，针脚细密，但是颇受游客喜爱。然而，手工制作刺绣是非常费时的，人工成本较高。比如一双绣鞋，一般要三到四天才能够完成，售价在十几元左右。除去材料成本，妇女辛苦一天的收入不到五元。一个荷包需要两天时间完成，但是售价也只是七八元左右。尽管妇女的利润如此低下，但是跟普通机绣比起来，手工刺绣的价格还是显得过高，在市场上手工刺绣和机绣的竞争就处于一定的劣势。很多顾客，尤其是本地的顾客都会选择看起来更漂亮而且便宜的机绣；而手工刺绣就只能定位在相对“高端”的消费市场，主要卖给外地游客和本地有一定消费能力的人。而本地人只有在重要场合的时候才舍得穿手工刺绣的衣服，平时都穿一些机绣或者其他较为便宜的；所以一人有一两套手工绣的衣服就足够，不用经常添置。因此本地的人目前对于手工刺绣的衣服需求并不大，市场几乎已经饱和；仅有的需求也停留在鞋垫和荷包一类的小饰品上面。外地游客虽然都很喜欢这样原生态的民族风情的东西，但是游客随着旅游季节周期性变化，导致这一部分市场不稳定，波动性较大；而且很多游客比较喜欢小荷包和绣鞋，一般也是在刺绣商店选购。这样的话，刺绣的销售主要被局限在刺绣商店内，销售额不稳定；利润较多的刺绣衣服等的销售也很不乐观。所以，尽管目前刺绣在岔河发展得很好，但是岔河几乎没有专门的刺绣从业者，做刺绣的人多数都把刺绣当作业余活动来做。

周荣秀告诉我们，有两次在县妇联、省社科院的引导下，协会接到对外出口的订单，要求使用丝绸刺绣。但是协会成员都是农村人，干完农活以后接着做刺绣，身上的泥土不可避免的就染到丝绸上面，没办法弄干净，最后只能由省社科院赔钱了事。虽然协会本身没有什么直接经济损失，但是这让周荣秀看到了现在刺绣方式的局限性，这样的刺绣方法很难把刺绣行业做大、做强。另外，有时候接到的订单量较大，一时忙不过来，就有成员在刺绣的时候马虎了事，给刺绣协会的信誉造成了很大的影响，协会因此也失去了一些向外发展的机会。

(2) 手艺的传承

刺绣是岔河的女性从小就学习的手艺，岔河村内几乎所有妇女和成年的姑娘都可以绣很精美的刺绣，但是现在的刺绣与过去相比，已经逊色很多。

据村内一些年长的妇女介绍，在过去，传统的彝族刺绣是直接在衣服上绣的，妇女们根据材料自己搭配颜色、设计花样，然后直接在衣服上绣出来。而在困难时期，村民都忙于挣工分、干劳动，刺绣这样费时费力的手艺根本就没有人做。因此，经过那段时间以后，很多刺绣中用到的技巧就失传了。尤其是几位年长的妇女先后去世，刺绣中如何设计花样、如何搭配花色、如何拐弯转角等方面的技巧就几乎没有人会。现在岔河的刺绣花样比较少，颜色的搭配也比较固定，刺绣的针脚也不如以前的细密、整齐。

而随着生活水平的提高，村民与外界接触更多，刺绣在村民生活中的地位也逐渐下降，日用的刺绣可以用机绣品代替，刺绣作为商品买卖的利润也不高，现在很少有年轻人能够坐下来像她们的母亲一辈那样专心地做刺绣。所以，虽然人人都会刺绣，但是总体手艺都比较粗糙，一些有难度的绣法都不会做，需要家里长辈代劳。而且，随着刺绣手工业的发展，刺绣由日用品变成了商品，为了提高效率、节约时间，很多人都只绣自己擅长的那几个花样，这样直接导致了刺绣花样的单一，很多好的民族图案就这样流失了。刺绣手艺代代相传，但是在传承中刺绣水平逐渐降低了。

5. 刺绣发展的相关对策

面对岔河村刺绣发展情况，刺绣协会的会长周荣秀告诉我们，对于如何做好、做大刺绣行业，她认为应该从以下几个方面着手：

首先把村内的妇女们统一起来，引导她们进行有序的规模刺绣，刺绣出来的东西也进行统一销售，形成自己特有的品牌。现在村内除了刺绣协会，还有一些零散刺绣的制作和销售，由于各人刺绣水平不一，刺绣品质量参差不齐。一些人为降低成本，使用劣质的材料来做刺绣，这样的产品销往外地，对岔河村刺绣的长远发展是不利的。另外，刺绣协会很多时候也存在人手不够的问题。要把刺绣发展成能够影响村内经济发展的产业，需要全村妇女齐心协力的共同开发。

其次是积极开发市场，开发产业链，突出自己的特色，形成产、供、销一体的产业链条。目前岔河村刺绣的村外发展主要依靠县妇联和省社科院的帮助、扶持，没有独立的市场开发能力。周荣秀认为，不能一直这样等待别人拿回来订单，毕竟上级扶持是有限的；而且这样容易使得村内妇女没有独立发展的意识。而可以以刺绣协会为单位，积极开发市场，要形成自己的产、供、销一体的产业链，妇女们能够自己做出来刺绣就拿到外面去销售，在刺绣的制作和运营方面变被动为主动。

由于过去刺绣协会做的多是订单生意，多数订单要求按照固定的花样刺绣，这限制了村内妇女在刺绣方面的创意，也不能很好的突出自己的民族特色。这样做出来的刺绣卖的只是手工，附加值低，与云南大理、丽江等地的刺绣手工相比并不占优势。而妇女们在订单之外做的那些颇具民族特色的零散刺绣又大都销在本地，造成了刺绣的特色不突出，在外地市场上的竞争中没有特色。所以，要在订单之外多做突出自己民族特色的刺绣并积极拿到外地出售，开辟出外地的刺绣零售市场。

再次，在刺绣中利润相对较高的是衣服，据了解，刺绣一件衣服布料成本大概 40 到 50 元，但是做好以后能卖到 300 元以上。但是由于以前刺绣衣服主要针对的是本地市场，现在在本地市场几乎饱和的情况下，很少人再做衣服来卖，转而做利润较低的鞋子和荷包。虽然传统的彝族服饰在外界的市场难以开发，但是可以借鉴大理白族的刺绣服饰精品经营模式，经过设计与现代的一些元素结合，加工出民族特色的服饰。

岔河村彝族的服饰上面刺绣的面积很大很广，这造成了刺绣成本高。在开发外地刺绣服饰市场的时候，可以考虑到外地人的喜好，在衣服上绣少量的花，以素雅为主。这样一来降低了成本，二来迎合了市场，还具有民族特色。

另外，针对现在村内刺绣水平倒退的情况，经常举行刺绣的交流活动，进行一些实质性的刺绣培训活动。过去岔河村内精湛的刺绣手艺是很值得称道的，可以请现在村内刺绣手艺好的人给大家言传身教，提高总体的刺绣的水平。自己设计一些特别的图案、做一些有创意的刺绣作品，也能在一定程度上提高刺绣的利润空间。村民周莲英就曾经自己设计刺绣过一个“福”字，大约 1 平方米，花费了 1 个月的时间，估价在 2000 元以上；这个利润相对于一般的做荷包鞋子来说，是很高的。

最后，就是要提高刺绣者的素质。通过村内的交流和对外界的接触学习提高刺绣水平；通过对外界的接触、了解打开眼界，才能有发展和竞争的意识，从根本上增加刺绣的发展动力；改变个人的生活卫生习惯，提升刺绣产品的档次。

就目前刺绣行业的发展来看，岔河村刺绣面临的压力不小。如何把自己的产品推广到市场、在市场上占据特定的位置是它所面临的重要问题。在零售刺绣方面，岔河刺绣还主要停留在本地和来本地的游客上；对于外地市场，则是完全的局限于订单作业。刺绣产业的长远发展除了刺绣手艺的传承，更重要的是打出属于自己的特色，找到属于自己的市场。岔河刺绣应该在不断提升自己水平的基础上，积极主动的去开发新的市场，找到自己的立足点。

（三）手工艺

1. 竹工

岔河懂得竹编的人不少，但是竹编仅作为村民自用，很少有人以此为业。民国《镇南州志》记载："本县竹工仅能编筛、箩、箕、篮之属，不逮牟定竹工远甚。[①]"竹编多而不精，是岔河竹编工艺的一个特点。

竹椅竹凳主要是村民自己家用的时候编织，手艺好的人编织的竹椅竹凳做工精美，看起来非常具有原生态特色。随着社会的发展，很多人对原生态的东西十分青睐，像竹工这样的手工艺品很有市场潜力。由于岔河村民历来只习惯于自编自用，市场上买卖的竹编多为箩筐，而少有竹椅竹凳一类精致小巧的东西。如果可以提高村民竹编的制作精细水平，将竹编发展为一项手工业并不困难，但是随着老一辈手艺人老去，小一辈的年轻人并不喜欢学习这类手艺活，因此，竹编不仅在做工改进方面存在困难，连基本的传承也遇到了问题。

2. 木工

岔河的木工，多数是建房所用。岔河的建筑多为土木结构或垛木房，建筑中需要大量木工来搭建房架和屋顶。在岔河，木工均为男性，而且每村每寨都有懂得木工的人；建房者需要请到木工时，也一般是请熟悉的人，彼此之间属于"借工"，不付薪酬。由于木工和竹工有许多相同之处，一般懂得竹工的人也会懂得木工。

---

① 镇南州志［M］. 大理：德宏民族出版社，1996：467.

3. 手工艺发展中的问题及相关对策

毫无例外，岔河村目前的手工艺要么已经失传，要么面临传承的问题。以竹工为例，理论上说，现在的市场上对于精细制作的手工编织品是有一定的需求的，但是岔河村的竹工较为粗糙，相对精细的只有竹椅竹凳；而竹椅竹凳目前还没有形成相应的市场。年轻人不爱学习这些手艺，主要原因也是因为认为这些手艺不挣钱或者没有前途。要保护好这些手艺，首先就要让人看到它的价值，对于年轻人来说，就是要看到它的市场价值，才有人愿意来学；也只有看到了它的市场价值，才会有动力把手艺做精做细，从而形成一个良性的循环圈。目前岔河村手艺发展最大的问题就是，没有找到合适的市场。

要发展手艺，可以先找到这项手艺的开发市场。在岔河村的手艺中，木工主要是用于建房、其他手艺基本已经失传，所以目前最有潜力发展成为一项专门工业的是竹工，现在在市面上也有很多类似的精巧的竹编制品。可以针对市场制作一些精细的竹编品尝试，但是竹编因为没有突出的民族特色，所以市场的开发和推广会比较困难。在开发中也可以通过宣传教育，借鉴别人的发展经验等，让村民看到竹编的发展潜力和发展价值，引导村民自发自主的学习、开发竹编市场，保留已有的竹编技术、提高竹编技术水平，进一步完善、提高竹编技艺。

（四）其他产业

1. 运输业

岔河村地处南华、姚安、牟定交界，南永公路又从村内贯穿而过，离楚大高速、320 国道也不远，交通运输的先天条件是很好的，发展运输业具有一定的优势。据村委会统计，岔河村内大大小小的车子一共有一百多辆，差不多三分之一的村民家里有车。在新农村建设以前村内没有其他产业基础的情况下，运输是村内经济的支柱，是村民收入的重要来源。

岔河村运输的发展从 20 世纪 80 年代末 90 年代初开始。据大岔河的紫发富介绍，那时候车子少，在大岔河有村民先赶马车、开拖拉机帮人拉货，后来村内李氏兄弟买了一辆东风货车，开始跑长途货运。发展到现在，李氏兄弟各自拥有载重 20 多吨的大货车一辆，家业 40 多万。目前，岔河村内 100 多辆车中，有 70 多辆是货运的货车，其余是自用的或者载人的小型车。

2. 加工业

（1）菌子

野生菌的生长期很短，集中在夏季。通过对菌子进行简单加工可以避免菌子变质，菌子生意可以从每年有菌子的6月开始一直做到没有菌子了以后的两个月，前后加起来每年可以做5个月的菌子生意。

（2）草药

岔河村草药资源丰富，部分村民在农闲的时候上山采集一些草药出售。采回的草药一般要进行简单的加工才能够保存和使用。加工程序也非常的简单，先把采回的草药分类、洗净、去除不需要的部分，然后分别晒干或者烤干，等待收草药的人上门采购。有的村民略懂一些医理知识的，将三七、虫蔴等滋补的药加工、磨成粉以后拿到集市出售。这些药可直接炖服，滋补身体。还有一些村民将采回的草药泡成药酒，治疗跌打损伤和关节等毛病。

（3）核桃

核桃是岔河村居民的主要经济林果之一。每年8月到10月，核桃成熟的时候，会有很多人上门收购。一般说来，干的核桃可以卖到每公斤几十元，湿的可以卖到每公斤7到8元，带绿色外皮的更便宜一些。村民采摘、出售核桃一般都是从树上采下直接就出售，一些村民看到这中间的利润差价，于是开始自己收购湿核桃回来加工、晾干以后再运出去卖。

随着政府的宣传和开发，南华县成了有名的中华核桃之乡。随着名声的扩大，从事核桃交易的人也越来越多。而在近年来村民们退耕还林栽种的核桃也有一部分挂果、上市了，在收核桃比较忙的季节，很多人还要请小时工来帮忙去核桃的绿皮。随着可以上市的核桃越来越多，核桃的加工具有很大的潜力，可以进一步去挖掘。

（五）本章小结

岔河村村民世代以农耕和山林为主，村内的手工业和手工艺并不多，很多手艺都已经失传。新农村建设以后，部分村民放开了土地，旅游业和养殖业又成了村民的主要生活支柱。手工业在岔河经济发展中，所占比重非常低；它们的地位之所以重要，主要的原因是它们代表着民族的文化，是民族文化的一种表现形式。

近年，政府出台保护民间手艺人的政策，对民间手艺人进行一些特殊的培训和保护，促进各地民间艺人间的交流。李树明就是这样一个被保护的艺人，镇南月琴也因此有了名气。如何扩大生产规模，做强做大镇南月琴，把镇南月琴做成拉动岔河村经济发展的产业是一个艰难的问题。而刺绣虽然独具民族特色，但是发展情况也没有大理、丽江一带的好。很多妇女做刺绣，纯粹是农闲时的业余活动，这样的状况，要发展好刺绣产业是不太可能的。不管是月琴还是刺绣，在岔河作为手工业发展的时间都不长，在发展的过程中有很多前人的经验可以借鉴，但是在摸索中走出属于自己特色的道路，发展壮大是很不容易的。

此外，村内还有很多不成“业”的手工，或竹编或酿酒，作为民族文化的一部分，这些是可以发展成为带动村庄经济的产业的，但是大部分都已经面临失传的危险。要不要抢救这些手艺、抢救这些手艺有没有价值也是一个问题。

作为手艺之外的其他产业，运输和加工在岔河的发展并不特殊，同很多地方一样。加工业只是简单的加工，严格说来还不能算作“加工业”。岔河的加工业具有不错的发展前景，尤其是菌子和核桃的加工，可以发展成规模化加工，不仅可以创造效益，还方便村民，帮助村民降低生产风险。

六、科技知识与应用

本章主要讲述岔河村村内的科技知识及相关科技应用。科技知识重在介绍科技内容，属于描述说明；科技应用重在结合实地情况说明岔河村对于科技知识的应用。文章主体以横向的写作思路，主要介绍岔河村普遍有的科技知识以及村民如何应用这些科技知识；又以时间为纵轴，介绍岔河村以前存在过的传统科技知识和已经在应用中的现代科技知识。

（一）科技知识

1. 传统科技知识

（1）天文历法

岔河村是典型的彝族村寨，彝族占该村总人口的99.4%，很多老人还在使用彝族的太阳历记日子。彝历即太阳历不按月亮盈亏为周期，而是以地球绕太阳为周期，故称“太阳历”。其十月太阳历以12属相回归纪日，3个属相周期为一个时段（月），即36日为一月，30个属相周为一年。1年10个月，360日，10个月终了，另加5日“过年日”，习称“过十月年”，全年为365天。每隔3年多加1天，即闰年（闰日），为366天。

（2）民间医药

从原始社会起彝族人民就不断在积累医药的知识，也形成了一定的医疗体系，不过对当时彝族的医药还没有书面的记载，只是靠口传一代一代的传承下来。

村民在长期的生产生活中不断地了解了许多植物药的习性和特点，所以当地医药所用的药物多以动植物药为主，再辅以矿物药，本地传统医药中所用的药物达数千种。

①植物药

彝医植物药在彝医中起到关键的治疗作用，传统医药中所使用的植物药也达到数百种，这些药物不乏一些珍贵的药材。经过几百年的积累和传承，彝族人民已经对这些药物的产出地、习性、疗效等有了深入的了解，目前本地对102种植物药有了系统的记录，书中对药物的产出地、植物的外形、习性、疗效、剂量等方面都有详细的描述。但是实际上民间所用的药物远比有书面记载的药物要多出许多。

②动物药

岔河村山多，周围环境中动物药资源极其丰富。由于一些工作小组，比如新铺冲处于交通闭塞的深山之中，更保持了生物界的自然生态状况，保留了较多的动物种类；同时亦保留着彝族人民世代相传的动物药知识。岔河村村民善于用动物的胆、肉、骨、血、油等来治疗疾病。有记载的当地医药常用的动物药有：胆类药物10种、油类4种、骨类11种、血类5种、肉类22

种、肝、肺类3种等。

③酒

彝族医药很善用酒，酒的使用也是由来已久了，岔河村也是如此。在当地，酒是用谷类和曲酿成，其中用玉米和高粱酿制的酒又居多，其性悍，质清，味苦甘辛，性热。具有散寒滞，开瘀结，消饮食、通经络，行血脉，温脾胃，养肌肤的功效。可以直接当药，治疗关节酸痛，腿脚软弱，行动不利，肢疼体冷，肚腹冷痛等症。当地的村民用酒治病历史较长，范围很广，数量较多，方法各异。在日常生活中，彝族自古以来好客喜酒，自古以来彝族有“进门三道酒”的传统，就是客人进门须得喝三杯酒。酒成为彝族人民生活中不可缺少的饮料。这些情况在岔河村反映得淋漓尽致。

2. 现代科技知识

在岔河村现代科技知识的身影也是随处可见，但是由于这些知识不是岔河的特色，也没有什么特色可言，所以文中只是简单描述和介绍，具体知识内容没有必要一一列出。

（1）作物播种

水稻、小麦、马铃薯和玉米是岔河村的主要农作物，虽然农作物并不是岔河村的主要经济来源，农民有时也会外购一些粮食来食用，但在作物播种方面，岔河村的村民还是运用了比较先进的科技知识。

水稻播种方面常用到的科技知识主要有：培育壮秧和中小苗移植，单本稀植，好气灌溉等。小麦播种技术主要体现在：选用优良品种，深耕细耙，平衡施肥、足墒、适时、精量匀播等。玉米播种方面的技术主要要抓好四方面工作：适时播种、抓好播前准备、提高播种质量以及作好苗期管理。

（2）化肥使用

为了保护生态环境，打造绿色农家乐，岔河村的大多数农作物都是施农家肥，农家肥的来源广、数量大，便于就地取材，就地使用，成本也比较低。农家肥最主要的特点是所含营养物质比较全面，但是含量比较低，而且肥效较慢，不利于作物的直接吸收。

（3）农业机械使用技术

广泛意义的农业机械，其范围较大，种类较多，可以说凡是农、林、牧、副、渔业生产过程中所用的各种机械，统称为农业机械。农民要使用各种农业机械，就必须了解一定操作方面的科技知识，更有必要懂得一定维修维护方面的知识。对于普通农户，简单的农业机械操作是不成问题的，岔河村常用的农业机械有拖拉机，脱粒机。至于如何操作、如何养护和维修等知识内容这里不作描写。

（4）果树栽培

在前面我们就提到岔河村是林业大村，而且由于近年来村委会积极响应镇政府有关大力发展核桃、樱桃、杨梅等果树栽培的号召，村委会面向全村展开各种形式的果树栽培技术的宣传教育。在这一过程中，大量普及了许多果实栽培方面的科技知识，其中包括嫁接、核桃和樱桃的幼苗抚育、合理控制栽植密度、果树的整形与修剪技术等。

（5）农药的使用

农药是为保障促进作物的成长，所施用的杀虫、除草等药物的统称。根据防治对象，可分为杀虫剂、杀菌剂、杀螨剂、杀线虫剂、杀鼠剂、除草剂、脱叶剂、植物生长调节剂等。岔河村在种植作物，防治果树病虫害方面是很少用到农药的，但是不代表没有，较为普遍的是杀虫剂和杀菌剂。不仅使用这些农药时要注意很多事项，需要科技知识来指导，而且农药的使用方法多样，效果不一，也要根据情况选取不同的使用方法，较常用的方法有喷粉法、喷雾法、毒饵法等。

（二）本章小结

从某种程度上讲，人类社会的发展史是一部科技进步史。从农业文明到工业文明乃至现代文明的历史轨迹，可以清楚地看到，科技进步是推动经济社会发展的主导力量，实现可持续发展的关键是科学技术。一个地区经济、文化发展所处的阶段，与它所处的科技环境是密切相关的。

岔河村科技方面的总体情况与中国千千万万农村的情况相比，有相似之处也有特殊之处。除了与大众相似的那些科技知识与应用，岔河科技的特殊之处在本章也有所反映，尤其体现在传统科技方面。岔河村是典型的彝族村寨，可以说彝族在悠久的历史长河中积累的科技知识也是岔河村在科技方面的成就。岔河村传统的科技基本是这个民族所拥有，且在应用中不断改进完善的科技，本章主要介绍了该民族在天文历法、计数、民间医药方面的成就。

本文涉及的现代科技内容主要指从中华人民共和国成立至今的这段时期

岔河村普遍应用的科技。由于岔河村没有自己的工业，现代科技知识与应用主要还是体现在农业种植方面。2006年岔河村开始了“新农村建设”的探索与实践，着重在农业种植、养殖方面加大科技投入，力图走“现代农业”的道路。一方面是在现代自然科学基础上使传统农业生产技术由经验转向科学，在作物播种、化肥使用、果树栽培方面积极应用现代科技；另一方面，加大现代农业机械在农业生产方面的应用，如技术经济性能优良的拖拉机、耕耘机、收割机、农用汽车以及林、牧、渔业中的各种机器的应用。

七、基础设施、医疗保健和文化教育

一个地区的基础设施是地区经济发展的基础，较好的基础设施能有效吸引外来资金的投入。同样，整个地区的群众文化素质也是经济发展的关键因素。同时，医疗保障措施的完善也是维护地区经济发展的一个重要条件，本章将对岔河村以上三个方面进行详细描述。

（一）基础设施

1. 交通情况及道路硬化

岔河村处于南华、姚安及牟定三个县的交界地方，临滇川公路干线路程大约20公里，因坐落于两条小河流的交汇处而得名。在2006年之前，即“咪依噜风情谷”开发之前岔河村就有南永公路通过，又临近楚大高速公路，因此交通相对比较方便，南永公路连接着南华和永仁两地，为两地的物质、文化方面的交换和流通提供了较大的方便。

（1）南永公路

对于岔河村来说南永公路意义非凡。从交通角度来说，它可谓是岔河村的主干线，在“咪依噜风情谷”开发之前就给岔河村带来了极大的便利：

第一，由于南永公路穿村而过，无论是县城领导还是镇上领导都会经常到这个地方来指导工作，这给岔河以后的发展特别是“咪依噜风情谷”的开发建设提供着基础性和机遇性的政治作用，这条公路给岔河带来了很好的“政治地缘优势”。

第二，南永公路也给当地村民外出和进行交通运输业带来诱发性的条件，交通的相对发达较早地提升了当地村民的经济意识，在经济发展方面起着较好的促进作用。

第三，南永公路途经姚安，岔河村的许多年轻小伙子特别是前些年大多都会到姚安的姑娘房去寻找自己的意中人，同时姚安的小伙子同样也会来到岔河的姑娘房寻找适合的对象，这样南永公路在一定意义上也承载着岔河的婚姻关系，在相当大程度上影响了岔河村的人口结构，该村的大部分姻亲都在姚安。

因此，南永公路可以说是岔河的政治、经济、婚姻之路。

（2）村内道路

在“咪依噜风情谷”建设之前，岔河村与外界的交流主要由南永公路承担，而岔河村内部的生产生活道路是村民自发或者由村委会组织修建的一些村间泥土路，那时的道路引用当年的老支书的话就是：旱季走路一身灰、雨季走路一身泥！由于资金等各方面的缺乏，道路都没有实施硬化，因此山路的运输具有很大的风险性。

在2006年开始的岔河村“咪依噜风情谷”开发建设时，在州政府、县政府、镇政府相关单位及村委会的统筹安排下，遵行《土地管理法》、《村庄和集镇规划建设管理条例》、《云南省村庄和集镇建设管理实施办法》的相关法律法规，交通特别是村间交通状况得到了许多改善，“咪依噜风情谷”主要从马鞍山起，以岔河村委会辖区内南永公路沿线为中心（谷长6.5公里），途经三家村、大岔河、新房子、小岔河，到新村为止，共覆盖和涉及六个村民小组，岔河村委会总共含12个村民小组，风情谷建设涵盖了其中六个小组。在“咪依噜风情谷”的建设中，各级政府重点对以上风情谷经过的六个村民小组进行了建设，在交通方面，主要实施了路面扩宽修整、改迂为直、修建停车场、道路硬化、道路安全方面的工程。首先，原来村间的运输性泥土路进行了规划性的扩宽并用石沙进行了混合硬化，道路两侧特别是危险的地方如山体会出现滑坡的地点采取了相应的加固措施和预防措施，比如通往三家村“山菜饭庄”、新村通往彝族文化生态村的道路等都进行了路面扩宽修整、道路硬化、安全防护方面的建设；其次，原来的人行小路也进行了硬化、安全预防和保持原始特点的建设，如从彝人客栈到脚楼寨、丫口村到彝人客栈、彝人客栈到七家杀猪饭等许多人行小道都进行了水泥或者石沙混合硬化，在古老的岔河彝寨有寨门和栅栏围着，因此某些旅游性质的人行小道上仍然保留着这种古老的遗风，用树枝和竹子编织起来的栅栏既有古老的文化气息又能兼顾道路安全，可谓一举两得！最后，对原有的南永公路岔河“咪依噜风情谷”路段也进行了一些修整，特别是在改迁为直和修建路旁停车场方面，比如原有的南永公路在经过小岔河时是一个拐弯，在进行“咪依噜风情谷”建设时，进行了改迁为直的建设工程，改迁为直后原来的拐弯地点改建为停车场，这样道路既变得更加安全方便，也方便了大量的外地游客停车，同时也能给当地旅游经济及第三产业带来潜在的经济价值。

（3）村建道路

在进行路面交通建设的同时，在一些村间道路交汇的地方或者村落及干线道路交界地点也建设了跳歌场、运动场，在南永道路的两侧特别是在大岔河和起家大院处建设了水碓和水车等，当然其作用已经不是农用而是用作旅游参观了，这些水碓和水车只是体现一种岔河彝族人民在古老的时代利用这些农用工具来生产生活的方式，重现岔河古代彝族生活状况。而跳歌场在今天仍然有很大的娱乐用处，跳歌场的建设一般就是在人流比较集中场地且相对平整的宽阔地带进行规划修建，比如我们在考察中就见到丫口村的一个跳歌场，其建在古老的夫妻树周围，地表进行平整修复后，再在地表铺上一层青松叶，无论是青年男女还是老年人都可以在这个跳歌场跳传统的彝族左脚舞或者进行某些交流性“会议”。

2. 住房及相关建筑

目前，岔河村的住房主要有垛木房、砖瓦石房、钢筋水泥房、土坯房等，其各自数量占全村房屋建筑的相对比重如7－1表所示①。

表7－1　　　　**岔河村房屋建筑类型统计**

住房类型	砖瓦石房	垛木房	钢筋水泥房	土坯房	其他房
户数（户）	30	20	4	6	8
所占比重（%）	44.12	34.48	5.88	8.82	11.76

注：其他房包括草顶房、厕所等公共设施。

从表中我们可以看出，随着经济的发展，传统的垛木房所占比重已经低

① 表中数据根据笔者在岔河各自然村实地调查回收的有效问卷统计得出。

于砖瓦石房，但钢筋水泥房所占比重仍然较小，这在一定程度上反映了岔河村经济发展水平。

（1）垛木房

改革开放之前，岔河彝族人民大多住在垛木房里，但现在遗留下来的垛木房大多用来关养牲口了，占较少部分的垛木房为保存下来的姑娘房，用来供游人参观。垛木房建筑材料主要是木材，这些木材来源于岔河本地，因此取材比较方便，其建筑外形古朴自然，由于垛木房的高度有限以及材料的重量，决定了其建筑地基要求没有砖瓦房的要求高，据村里的老人述说，当时建盖垛木房时只需要用泥土夯实地基或者下挖原有地面，挖到“老土”时并在几根主要柱子的下面用坚硬石头夯实后就可以顺利建盖垛木房了，垛木房由一些圆木、宽木板等相互组合而成，特别是在还没有铁钉的古老时代，建筑物一般都用自制的木钉相互连接，垛木房有通风散热的自然特性，在南方相对比较适应其自然特点，并且其通风散热的特点还有利于玉米等作物的晾干及防腐。

（2）砖瓦结构房

随着改革开放以后经济的迅速发展，岔河村民的收入也有了较大的提高，加之村民外出的所见所闻，许多家庭都纷纷建盖了砖木结构或者纯粹的砖瓦结构房屋，与原来的垛木结构房屋比较起来这些砖瓦结构房屋更具有保暖性，云南地处中国南方，但同时也处于高原之上，岔河村更是如此，因此在冬天这些房屋受到青睐和欢迎，同时砖瓦结构的房子在外形上显得更现代化，村民间争相建盖这些房屋也体现出其家庭的经济实力，在许多时候这有助于他们对外的许多交流和合作。现在岔河村民的居住房分为以下几类：木泥结构、砖木结构、钢筋水泥混合结构的房屋建筑，木泥结构的房屋建筑材料包括木材、墙筋、泥土及瓦片，木材和泥土都取材于岔河本地（虽然国家现在严格限制砍伐木材，但是如果经过村委会核实确实用于建筑住房的木材还是能审批下来），瓦片一般到南华县城去买，因为岔河村没有自己建盖的瓦厂，周围近一点的地方也没有瓦厂，其中需要特别说明的是墙筋，在中国的许多农村地方夯实土墙是没有采用墙筋的，这特别体现出彝族人民的智慧，在实践当中他们发现土墙容易倒塌，因此就采用了墙筋来进行“串联”墙体，那么，墙筋是什么材料呢？其实也是一种当地的木材，用当地的话语讲它叫牛鼻子树条，在岔河村的深山当中有许多这样的藤条，具有很强的韧性，因此当地的村民就用这种藤条作当代的“钢筋”，用于加固土墙，防止土墙因雨水的淋湿而坍塌。砖木结构的房屋的建筑材料包括砖石、木材及瓦片，砖石同样取自南华县城，偶尔用到的基石也是就地取材，在岔河周围的山上就有许多的坚硬岩石可为地基之用。至于钢筋水泥混合结构的房屋建筑材料包括钢筋、水泥、砖石都需要到南华或者附近的县城购买，因此能建盖这样房屋的村民在当地算是比较富裕的人家，经过我们的实地观察和了解，现在村民中的大多数都是住在砖木结构或者木泥结构的房屋之中，仅有少数的富裕型村民能够建盖起钢筋水泥混合结构的房屋，当然除了村民自建之外，比如春雷小学和村委会的房屋也属于钢筋水泥混合结构，春雷小学是在2000年姚安“1·15地震”事件之后由希望工程资助建成，村委会也是在相关单位的资助下建设而成。

（3）农家乐建筑

除了一般村民居住房、学校及村委会房屋之外，岔河当前的一个特色房屋建筑是“村村冒烟，处处点火”的农家乐建筑，在2006年开始建设“咪依噜风情谷”后，许多村如起家大院、三家村的山菜饭庄和彝家土鸡宴、七家杀猪饭、彝人客栈、脚楼寨、彝人古宴、古寨客栈等农家乐都纷纷仿照丫口村彝族文化生态村的农家乐那样建盖开业，并在2006到2007年的将近一年营业中收益颇丰，这些农家乐的建筑聚合了古建筑和现代建筑艺术的许多共同优点，远远看去具有古老典雅的彝族建筑风貌：从一扇两旁分别堆放两大坛子酿酒并有着高耸彝人崇拜的牛头的大门穿过，就是长长的篱笆围成的人行硬化小路，一些小路周围及上面搭建起的天然藤棚，在炎热的夏天绝对是个乘凉的好去处！但真正可以休息娱乐和吃饭的地方大多都是古老的四合院样式，大自然赐予的当地村民所谓“松陀螺”一串串挂在餐厅及周围，可以让长期生活在大城市的人们体验到农村的恬静和悠然，走在挂满“松陀螺”的四合院里观赏着略带现代化气息的“自然之室”不禁让人想起陶渊明“采菊东篱下，悠然见南山”的名句！这些农家乐的建筑既不全是古老传统的彝人建筑也不全是现代的钢筋水泥结构的建筑，除了少数如脚楼寨等全部是传统彝人建筑的再现之外，其他的农家乐建筑都是传统和现代的结合，但以传统建筑风格为主。因此这些农家乐给人体验古朴的彝族风情之外也不会由于古建筑的某些缺点给客人不好的感受。其建筑材料大多是经过精致加工的木材、艺术型的瓦片以及现代砖、水泥等材料，进到彝人农家乐，坐在古式的竹凳和巨大的木团式桌子周围，看着周围的古式建筑别有一番感受！这些农家乐的建盖除了政府给予一定规划和鼓励性支持外都是由当地临近的村民自发组织建设和运作的，有些是在原有的建筑基础上进行修改建设，有的是全部集资新建，所有这些农家乐串联在“咪依噜风情谷”的始末，形成了岔河村显著的房屋建筑特色，也形成了岔河“咪依噜风情谷”一道亮丽的风景线。

(4) 草顶房及娱乐设施

在建设民用房屋、学校建筑、村委会办公用房及农家乐建筑之余，政府组织农家乐相关成员同时建设了配套农家乐的草顶房娱乐休闲场所；组织村民重建或者修建了彝族人民传统的土主庙等具有民族特色的公共设施；同时各村各寨特别是“咪依噜风情谷”沿线的六个村民小组都严格进行了人畜分离建设；再有，“咪依噜风情谷”涉及的各个村民小组落实到每个小自然村都建设有公共厕所用以服务于旅游经济的发展；在我们的调查访问中还了解到进行“咪依噜风情谷”开发建设后村委会还建设了文化活动室和部分电教广播设备。

草顶房的建盖目的是促进农家乐服务业的发展，草顶房是彝族人民在还没有瓦片的时代的住房，在我们现代人现在看来它仅是一种古老文化的代表，但是在古老的时候却是岔河彝族人民遮风避雨及生活的必备建筑，它主要由木材和大茅草构建而成，房屋很低，看起来仅有4～5米高，屋顶用大茅草严密地遮盖起来，下面大多是用木材搭建连接而成。土主庙在改革开放前特别是在“文化大革命”时期遭到严重的破坏，甚至称得上毁灭，改革开放后土主庙作为一种文化建筑得到一定程度的恢复和修建，我们在调查走访小岔河时看到了重建起来的土主庙，这里的土主庙在原来是临近几个自然村每年都会来祭拜的地方，因此现在作为一种文化建筑进行了重修，但是其他地方的土主庙如三家村的土主庙我们走访的过程中只看到了地面的遗留地基，这些地方的土主庙由于资金等方面的问题没有进行恢复重建，土主庙仍然是一种土木结构的建筑，其建造与上面述说的村民居住房屋相近，只是土主庙里面的各类彝族人民崇拜的图腾及“神仙”由巨石雕刻而成（有一些也是用灰泥雕塑），一般土主庙前面是空旷的场地，是岔河彝族人民给前来拜祭土主庙的人作为活动之用。人畜分离是岔河“咪依噜风情谷”建设的一个重点项目，这个项目的建设关系到整个风情谷的外貌和环境卫生，但这也是最困难的一个项目，因为人畜分离首先面临的巨大难题是资金，其次是人民的不理解，因为当地彝族人民的习惯上觉得人畜分离会带来不安全的因素，以前处于安全等方面的考虑，善良淳朴的彝族人民把牲畜的圈跟人住的房屋紧密连接在一块，大多是房屋的一楼关养着各类牲畜，二楼用于人居住，再次，人畜的分离会占用一批土地，进而带来一些土地使用上的纠纷，当时许多彝族人们认为好好的为什么要再建设另外一些房子，耗费劳力的同时也需要花费大批资金，因此进行这项工程建设的时候面临着很多的具体难题，不过各级政府及各村民小组领头人站在发展旅游经济、建设农家乐的高度上积极对村民进行了说服工作，在某些方面也进行了资金方面的支持，最终顺利完成了人畜分离工程，较好地解决了原来村间脏、臭、乱的状况。至于各自然村的公共厕所建设仍然是为了整个风情谷的整体风貌而建，当然同时也改善了村间卫生状况，原来的彝族人民对厕所方面的要求不高，在离住房不远的地方用茅草或者树枝搭建一个简易“茅坑”当作厕所，甚至有些家庭根本就没有厕所，据我们访问的一个前任老支书说，当时有些家庭就随便在房前屋后解手，给当地的村容村貌带来极大的不良影响，针对这些脏、臭情况，政府规划并组织各自然村特别是旅游村进行了公共厕所的建设，给自己带来方便的同时也给外地来的游客以良好的印象，公共厕所的外表仍然采用了比较古朴式木质结构建设，其内部则采用现代化的盥洗设施加以建设，因此在外形上公共厕所的建设没有影响到整个“咪依噜风情谷”自然古朴的民族风格，同时建设公共厕所的资金由县政府、镇政府、集体以及相关村民个体各出一部分。再有，由岔河村委会的相关上级部门建议以及村委会的考虑，发展旅游业应该大力发扬彝族人民的传统优秀民族文化以及普及岔河村民的文化素质，因此村委会牵头出资建设了文化活动室和相关电教设备，文化活动室用于培训和传授彝族传统的民族文化，同时也用于各类庆典或者文艺集会活动之用，至于电教设备则是用于普及村民各类服务业知识和提高村民文化素质之用，文化活动室及相关电教设备就建设在村委会旁边，是现代化的钢筋水泥混合结构型建筑，我们在采访和观察中发现其可容纳300~400人，据村委会的主任和副主任讲解介绍，文化活动室经常用于培训活动和举办各类会议。

(5) 房屋墙面特色修饰

在路过岔河村时，整个“咪依噜风情谷”的各类建筑物墙面上都描绘了一些绚丽的图画，如牛头、红艳的火苗等，在村委会前面的大石壁面上画有各类穿着古老彝族服装的彝族人民生产劳作的图片，于是我们访问了当地的许多村民，想知道是他们自己画上去的还是政府组织规划的。后来村民向我们解释说这些都是政府指导下请美术设计师来专门画上去的，于是我们又专门查阅了政府相关文件并询问了相关负责人，最后我们了解到以上建筑的外观都是遵照南华县委县政府及相关行政负责部门和技术部门的规划而形成，如 2007 年 4 月 15 日下发的南华县龙川镇人民政府第 12 号文件里面关于房屋改造、装饰管理下面的十九条和二十条就规定，凡在景区即“咪依噜风情谷”内进行房屋改造或附属设施改造的，外观装饰上严禁采用外墙瓷砖等贴面材料，主导使用外墙环保涂料（白色、黑色、青灰色、土黄色）协调搭配装饰，确实，我们一路上看到的墙面，基本都是这些色调搭配的图画和各类造型，同时管理条例也说道，外部门、窗及楼房上裙在外部色彩上主导采用油漆（绿色、朱红色、橘黄色）协调搭配装饰。这些有组织的规划能有效地配合好岔河“咪依噜风情谷”的民族风貌并且与当地自然环境相互衬托。

3. 电力电信和邮政状况

在农村经济发展中，交通、住房等基础设施的建设能在很大程度上反映人们的生活便捷程度和经济发展水平，此外，电力、通信、邮政的状况也是农村经济情况的一个重要标尺。下面我们进一步描述和讨论岔河村这几个方面的情况。

（1）岔河村的电力发展情况

岔河村早在 1982 年就通电了，这在云南农村来说相对算比较早的，因为岔河村离南华县比较接近，许多地方的通电还需要通过这个地方来转接，加之交通也比较方便，这就给岔河较早通电带来方便。

①电网改造。

据现任岔河村委会副主任的回忆，在 2002 年至 2003 年进行电网改造，在实施电网改造当中同样遇到了许多的问题和困难，在岔河村民的意识里，原来的电力状况就比较符合村民的需要，并且在他们的感觉里也没存在什么重大的缺陷，为什么要进行电网改造？同时，电网改造的初期正处于农忙时节，农民不但要抽出劳动力来进行电网的改造工程，而且还需要出一部分资金来重整电网，对农民来说一分钱都是很不容易的，许多的农民不支持电网改造都是出于这一原因，这也是当时电网改造过程中最大的难题。

面对这些困难，村委会的领导班子及各小组的领导人深入到群众当中，讲解电网改造的好处：第一，电网改造后电价会下降，因为线路加粗、连接方法改进以后就节约能源，从而导致电价下降；第二，电网改造后用电更加安全，防护措施更加完善；第三，用电更加方便，换了电表之后可以增大各家各户的用电容量。经过大量细致的工作，最终岔河彝族人民选择了支持电网改造工程，在2003年顺利完成了电力方面的改造工程。

电网改造后的效果，经过我们对村民的调查得知：电网改造后给村民带来了确实的好处，最大的感受是用电更加安全，原来的电力带有巨大的危险性，一旦不懂电力的人触电后很容易导致死亡，因此电力的使用范围在岔河村来说很有限，基本就是用作照明，而电网改造后，首先用电安全多了，人如果不小心触了电，电力设施就会自动跳闸。其次，用电也较之前稳定多了，在电网改造的过程中无论是电力相关部门还是村委会及村民们都有了用电的丰富实践经验，因此在建设的时候就更加注意避免了不安全的因素，比如电线杆在建造时需要把周围的高树或者有长高趋势的林木都砍伐掉或者移植开，这样避免了火灾和大风天气出现的树碰电线的现象，同时电线杆比原来的更加牢固，且栽电线杆时更加注意了其稳定性，因此电网改造后的用电就更稳定，不像以前经常出现断电的现象。再次，每一度电比以前便宜了一些，由于在经济上减轻了负担，所以用电的范围更加广泛，许多家庭又增设了一些电器，这样更加方便了村民用电，同时娱乐电器的增加也给生活相对枯燥单调的农村带来一些娱乐的方式。最后一点是相对于电力公司及电力部门来说，电网改造弥补了以前电力设施的一些弱点和缺陷，杜绝了一些偷电现象，同时也减少了漏电，与国家节约能源的环保政策相吻合，从实际行动上支持了国家的大政方针。

②信息建设。

进入21世纪，信息沟通的流畅与否关系到一个国家一个地区的发展，也关系到每个人的切身发展与进步，信息对岔河村同样有着很大的影响。

岔河村在信息的建设方面总体上与其他同级别的地区相同，在某些方面甚至要更为突出，据现任副主任介绍，岔河村在2004年建起了手机信号台，这跟电力的接通一样，比云南其他的许多农村地区更为先进，当然这也有各级政府的特殊关心和帮助，同时交通的方便同样是一个重要原因。在2007年8月，南华县龙川镇开始组织建设“数字乡村”工程，这个工程根据《云南省人民政府办公厅关于实施“数字乡村”工程建设的意见》和《南华县人民政府关于实施“数字乡村”工程建设的意见》两个文件的要求，为确实加快岔河农业和农村信息化发展，全面提升农业和农村信息化水平，以信息化促进现代化农业发展和社会主义新农村建设的目的而展开，岔河村的信息采集、图片采集整理以及信息网页的制作由当时龙川镇“数字乡村”工程建设领导小组领导下的第四小组负责，小组成员有幕贵才（组长）、向国琼、黄明。

“数字乡村”工程的建设目的是为强化农村信息基础设施建设，健全信息服务网络，建立和完善农业和农村综合信息数据库，提高信息服务人员素质和服务质量，加快信息技术在农业生产经营和农村社会管理服务中的应用，全面提高南华县农村社会管理服务的信息化水平，缩小城乡“数字鸿沟”，促进南华县现代农业和社会主义新农村建设。其“数字乡村”工程坚持“政府牵头、部门协作、统筹规划、整合资源、统一标准、分步实施、注重实效、安全可靠”的原则推进“数字乡村”建设，最终实现以文字、数据、图片、视频图像等方式全面展示和反映全县以自然村为起点和建设重点的农村基本情况，及时为各级领导、各部门和农民群众提供信息服务，推进农村经济发展。针对这些要求和为岔河当地经济和提高信息化考虑，岔河村的相关负责人对岔河“数字乡村”工程建设遵循了以下几个建设重点：① 完善岔河村信息基础设施。进一步完善农村网络基础设施，努力推进农村信息网络建设，实施电话、广播、电视、互联网“村村通”工程。同时为配合岔河农家乐等企业的发展，还建设了岔河村信息服务平台，逐步形成农民专业合作组织、市场、生产经营大户的农业和农村信息服务体系。② 建立和完善了岔河农业农村综合信息数据库。建立和完善以岔河各自然村为基础的农村基础情况、乡风民俗、政策法规、政策补贴、政务公开、村务公开、农业生产管理、农业科技、生产资料和农产品市场、财务管理、农产品质量标准、名优产品、农业企业、农民专业合作组织、招商引资、农村劳动力转移、农村资源环境管理、农村规划建设、农村疫情监测防治、林业、农田水利基础设施防汛抗旱、饮水安全、水土保持、气象、扶贫开发、卫生、计划生育、社会保障等岔河村经济社会信息数据库。③ 整合资源，建设了农业农村综合信息网络平台。依托云南新农村建设信息综合网站，积极配合南华县、龙川镇，组织开展“数字乡村”工程建设，优化版面设计，扩充信息容量，提高信息发布的权威性、实用性和实效性，使之成为贴近农民生产和生活，推进农业和农村信息化，服务新农村建设的统一信息资源共享平台和重要窗口。④ 推进农业生产经营管理信息化。有重点有步骤地推广先进的农业智能生产管理技术，建立农作物栽培管理、动植物病虫害防治、畜禽饲养管理等农业专长者系统，建立农产品质量安全、疫病监测预警、农产品和农业生产资料市场信息管理和服务系统，加快农业机械化和装备信息化。⑤推动岔河社会管理服务信息化。积极探索岔河社会管理服务信息化工作的新思路，建立完善法律政策咨询、政策补贴、农村现代远程教育、农村公共事件应急处理等信息系统，加快普及信息技术在岔河教育、农业科技、建设、文化、医疗、卫生、社会保障和社会治安等公共事业中的应用，促进农村管理服务的民主化、科学化和规范化。⑥推进农业农村信息服务进村入户。积极请科研机构和涉农厂商、运营商，开发适合农村特点、适合农村需要、方便农民使用、价格比较低廉的电子信息产品。依托新农村综合信息网络平台、各涉农网站、农村现代远程教育系统等信息网络资源，搞好面向农民的各类技能培训，提高农村劳动力技能。创新信息服务模式，探索网上办事和“一站式”服务，大力推广电脑、广播、电视、电话、信息接收机与科技服务相结合的信息服务模式，以多种方式、多种渠道和网络提供面向“三农”的信息服务，加快信息进村入户步伐，满足农民群众多层次、多方面的信息要求。

在实施“数字乡村”工程中镇政府在组织和舆论方面都做了精密的保障措施，除了成立“数字乡村”工程建设实施领导小组之外，还积极采取新闻报道、信息交流、经验介绍等方式，展示建设成功案例，推广做法和经验，普及信息技术知识，增强广大农业生产、经营和管理者的信息意识，形成了全镇人民共同关心、支持和广泛参与“数字乡村”工程建设的社会氛围。在2007年9月1日到9月5日之间，“数字乡村”工程建设动员暨培训会在龙川镇召开，其中岔河也抽调了一部分懂技术的领导干部参加了计算机、网络应用基础常识、“数字乡村”软件应用以及信息采编等内容的培训。经过两个月的细致工作，在农科站、农经站、农机站、财政所、信息产业办、民政办、计生办、林业站、卫生院、国土办、城建局、龙川学区等单位的支持和协助下，经技术部门的培训和帮助最终在11月16日到11月30日完成了自检自查，并接受了各级部门的检查验收。至此，岔河村“数字乡村”工程建设完成。这项工程在短期内对岔河村民的影响不是很明显，但在未来肯定会发挥巨大的作用，特别是对岔河旅游经济以及农家乐服务业的发展带来极大的显性和潜在的经济效益。

几乎是在建设“数字乡村”的同时，岔河村接上级通知进行了卫星广播电视转星调整，当时岔河村委会根据《关于加快卫星广播电视转星调整的通知》文件的要求，成立了转星领导小组，组长是当时的支部书记和主任李天荣，副组长是村委会副主任罗忠发，小组成员有起贵才、紫发忠等，这次转星调整提高了岔河卫星广播电视传输的质量，方便了广大用户的接收，当时岔河村使用的是亚洲35号、亚洲4号、亚太6号、亚太2R号、中卫1号、鑫诺1号共6颗卫星，转星后无论是中央和地方卫星广播电视节目全部调整到鑫诺3号（东经125度）和中星6B（东经115.5）两颗专用卫星传输的卫星广播电视节目。经过两个多月的调试工作后，岔河村12个村民小组，317台卫星接收机全面调整完毕。据岔河村委会的报告，通过这次地面卫星接收机调整要求，岔河村的电视收视率大幅度增加，收看质量有所保证，使广大人民群众看上了更多更好看的节目，截至2007年11月25日，岔河村电视广播收视率达98%，确保了人民群众的电视娱乐生活。

（2）电信与邮政发展

随着一个新生事物的出现和发展，某些时候会代替掉之前的某些事物，或者说使之前的某些事物降低其使用价值，电信业和邮政业就是这样的一个例子。

随着电信的大力发展，电话和手机在岔河村的逐渐增多，邮政特别是邮政通信大大降低。据岔河村委会副主任的介绍，自2004年岔河建起手机网站后，邮件数量就大幅度下降，并且有越来越少的趋势，一年到头也就是偶尔出现一两封，遇到学生或者在外工作的人需要在村委会开具什么证明才会出现信件，因此现在的信件一般都是镇上直接送到村上，然后村委会的成员带往各自然村（因为只是偶尔出现，因此已经不用专门的投递员了），当前在外地打工或者读书的人都是打电话回家而不愿意发信件，加之信件存在可能弄丢的风险，特别是在山区的农村常会出现这种情况，因此电信的快捷安全逐渐代替了缓慢的邮政。

4. 水利和防火防震设施

以上是对岔河交通、建筑、电力、电信及邮政等方面的介绍，下面让我们再来了解一下岔河水利、防火及防震方面的情况。

（1）水利

①饮用水设施。

岔河村周围都是一座座葱葱郁郁的大山，水土保持得比较好，我们到当地调查的时候恰好遇到一个工程队在修建岔河村辖区内的龙山水库，据修建水库的负责人说工程预计2009年8月竣工，其水库的坝基有200米，坝顶高5米，长度有120米。但是这个水库的水是引往南华县的城市用水，因岔河水土保持得比较完善，称得上山清水秀，水源丰富，水质较好且无污染，所以南华县的城市用水打算从岔河的龙山水库取水。那么岔河村的饮用自来水是什么时候建设好的呢？我们调查“七家杀猪饭”一个负责人时问了这个问题，具体哪一年份他也不太记得了，但他说岔河饮用自来水大约是10年前即1998年左右建设起来的，但是最初建设的自来水管道很窄，新农村建设的时候政府出资，岔河村民自己出力把管道重修了，情况比以前好了很多。但自从办农家乐的人家变多以后，用水量剧增，再加之各自然村都建设起了现代化的盥洗厕所，需要大量的自来水维持其清洁，因此，水就经常供应不上，可以说缺水比较严重。同时由于新农村建设后，集体资金少了，所以岔河的许多村民只好等待和依靠上级政府来帮其改建。仅有少数的农家乐用水大户集体集资来自已重新改建了属于自己的自来水，如彝人客栈和脚楼寨就联合起来修建了一条自来水管道，彝人客栈的客人比较多，因此用水量比较大，在政府还没有具体规划再扩建自来饮用水之前其不得不自己筹集资金以解燃眉之急。但岔河村民当前的缺水不是由于水源的匮乏而是由于管道的狭窄，水源处于岔河本地的铺冲，水量丰富且有大量剩余，所以只要有一定的资金支持来修建管道，岔河村当前的缺水问题就可以得到解决。

②农田水利设施。

2006年开始新农村建设（“咪依噜风情谷”建设）后，除了建设自来饮用水之外还建造了一些新的农田放水沟渠，如大岔河到小岔河之间的河流堤坝加固工程，小岔河旁边的养鱼池（后来由于水位不够改造为观景台）的修建等；在新农村建设之前，大部分农田的水利设施都是农民自发组织建设的沟渠和河道，经过多年多代的积累，加之岔河森林覆盖率较高的现状，水土流失不太严重，因此农民自发建造的沟渠和河道已经基本能够防治某些特殊的山洪了，所以在新农村建设时水利方面的建设特别是小流域治理方面的工程比较少。

在访问岔河村委会副主任的过程当中，他还给我们介绍了生态修复综合治理工程和防汛抗旱方面的情况：“生态修复综合治理工程方面比如退耕还林、植树造林，在退耕还林中会遇到一些需要进行政府补贴和奖励的情况，要对农户进行适当补贴才能顺利实现退耕还林的目的，基本上一亩土地每年补助150公斤杂粮，20公斤的大米，80公斤其他杂粮，如大麦、小麦、玉米等。在防汛抗旱方面，旱灾很少，水灾还是会有的，但是也没有具体的进行防洪等方面的工程，只是我们村委会及小组领导会经常值班查看，争取发现及时，自己能处理的就自己处理，遇到特大洪水时就通知人畜疏散，撤到安全区域等；不能处理的请求上级部门协调解决。”可以说岔河的水利设施是固定堤坝加人员看护，这种模式比较适用于岔河各自然村间预防山洪方面。

③村内排水设施。

我们在走访岔河各自然村的过程中，发现村内排水设施以村民自己修理的小排水沟为主，大多是泥土加固的沟渠，在特大暴雨的天气，显然这种沟渠承受不了山洪的压力。但是据村民讲，由于岔河本地森林覆盖好，雨季降水量也不太大，因此村民都觉得没有必要进行很完善牢固的防水措施，再加之村民经济方面的原因，直到现在各自然村并未正式修建过比较大的防水设施，即使偶尔出现大一点的山洪，都是村民自发组织临时解决。调查中我们注意到，村委会前面有一个水量观测站。据后来专门的访问，这个观测站是在“咪依噜风情谷”建设时上级相关部门出资建设的雨量观测站，主要用于了解当地的年降水量等。

（2）防火

与防洪设施相对应的是防火设施，上面提到岔河村周围都是森林覆盖率很高的连绵不绝的大山，因此防火显得比较重要，有效防火是对整个岔河村民生命财产的保护。因此我们专门调查了这一点，据我们对村委会现任副主任的访问，了解到村内防火状况是：“没有具体的防火设施，只是我们的防火人员及村委会的人员会轮流进行防火值班，每年的6月份到第二年的12月份属于正常的森林防火期，每年的3月到5月是森林戒严期，在戒严期我们的护林员会经常到各个山头进行巡视看护森林，因为这段时间比较干燥，因此遇到放牧等劳动的人就会教育他们不要带火上山，要注意火灾等。”对于岔河是否建立有防火观测站来预防和控制森林火灾的问题，岔河村委会的副主任解释说：岔河村有这种观测站，但是几个县才有一个；岔河片区的观测站设在姚安县，除了姚安观测站之外，现在还进行卫星观测，一旦有火灾情况卫星观测站就会立刻发现，可以及时通知各相关单位进行有效的扑救。对于村委会的领导班子及村护林员来说，一般在森林防火戒严期间工作量会比较大一些，而在日常的森林防火日期工作主要是进行重点观测和预防，进行森林防火宣传工作。

(3) 防震

在2000年的姚安“1·15”地震中，岔河也受到了影响。据岔河前任支部书记介绍，当时站在地面有强烈的震感，在这次地震中一些本身就是危房的建筑受到了较大的冲击，在各级政府及希望工程的帮助下，一些农户才没有丧失住所。在“1·15”地震之前，岔河村基本没有发生过地震，因此村民的防震意识很淡薄，相应地，各类建筑的防震设施就比较少。经过“1·15”地震经验教训，现在岔河村民普遍提高了防震意识，特别是在建盖各类新兴建筑时就特别注意了这一点，许多村民的新居都专门留出了紧急疏散的通道。当然由于岔河本地的建筑大多是土木结构，防震能力本身就比较好，比如在充实土墙时放在里面的墙筋就是一种防震措施。其次，由于当地的房屋建筑相对比较矮小，因此防震能力也自然地提高，所以基本没有由政府主导建设的防震设施，一般都是村民在建设房屋的时候自己修建相应的设施。

（二）医疗保健

1. 医疗相关机构及医疗举措

了解了基础设施以后，本节将主要介绍岔河村的医疗制度及特点，同时也了解一下当地的相关医疗机构对岔河村民进行的资金、政策等方面的支持。

(1) 村卫生所

岔河的村级卫生机构在很久以前就存在，据岔河一位退休老教师的回忆，当时的村级卫生机构叫卫生所，设一名卫生员，当时主要负责治疗村民的常规疾病和接种一些疫苗。但是随着私人诊所的出现以及当时村卫生所管理的落后，再加之岔河离南华县城和姚安县城都比较接近，岔河的村民大多都直接到县城就医。因此岔河村卫生所在村民们心中的地位逐渐下降，一直到2003年全国爆发的那场罕见“非典”后，村卫生所重新被国家重视起来，进而在村民中又逐渐树立起威信。2003年在龙川镇财政所、镇卫生院、镇农业推广中心、镇城建办、镇爱国卫生运动办公室、镇民政办、镇水管站、镇中心学校、镇广播站的支持和协助下，新型农村合作医疗制度在岔河村委会建立起来，新型农村合作医疗制度配套的村级医疗机构是卫生所，其直接上级是镇卫生院，同时也由卫生局管理，设置的主要目的是：落实疾病预防控制措施，重点控制严重危害农民身体健康的鼠疫、霍乱、艾滋病、痢疾、结核等传染病及碘缺乏病、克山病、病毒性心肌炎、血吸虫病等地方病[①]。同时，卫生所也需要开展慢性非传染性疾病和职业病、寄生虫病的防治，并加强精神卫生工作，防止各种意外伤害，扩大免疫范围，稳定计划免疫接种率，还需要做老年保健等工作；除了以上工作，卫生所的职责还体现在对孕妇和儿童的管理方面；爱国卫生教育方面，如动员群众广泛参与农村改水、改厕等；开展健康教育和健康促进活动，推进“全国亿万农民健康促进行动”。

（2）医疗相关机构

各类相关单位对卫生所和岔河村的支持主要包括：镇财政所在财政上调整了卫生支出结构，加大了对农村卫生投入力度，直接促进了初级卫生保健工作目标的实现；镇卫生院进行了卫生方面的综合管理、业务指导和质量监督，加强了岔河卫生网络建设，培训相关人员提高卫生服务质量和服务效率，并对岔河的卫生技术员加强中医药知识和技能的培训，在岔河地区大力推广中医药适宜技术，规范中医药服务；镇农推广中心配合农民医疗保健制度的实施，加强了农资市场监管力度，严格加强人畜共患疾病的预防控制；镇城建办也将农村卫生服务设施纳入城镇建设规划，指导农民搞好新建住宅的卫生配套设施建设，对农村环境进行了监督和监管，严格监控污染物的排放，同时加强对饮用水源的监督管理，推进农村环境综合治理，为提高农村环境质量做出努力；镇爱国卫生运动办公室主要对岔河村的改水进行了规划指导，组织了改水改厕新技术的交流、推广；镇民政办在岔河比较贫困的几个自然村中协调建立医疗救助帮困制度，支持相对贫困的农民也加入到新型农村合作医疗制度中来；镇水管站配合卫生院实施人畜饮用水工程，使饮用水达到清洁卫生水标准，以达到控制传染病、地方病、寄生虫病的发生和传播；镇中心学校为培养适应初级卫生保健工作需要的农村卫生技术人才，制定中、小学健康教育课，组织实施搞好中小学生的健康教育工作；镇广播站采取多种形式开展农村卫生政策、健康教育以及先进典型方面的公益性宣传，充分联合各种宣传媒介，以村民喜闻乐见的形式，普及卫生科学知识，倡导健康文明的生活方式。

---

① 南华县龙川镇人民政府文件，龙政通〔2006〕22号.

(3) 医疗举措

通过实地调查及相关资料的查阅，我们了解到关于岔河农村新型合作医疗制度实施的一些情况，比如资金筹集方面，实行“三级筹资、统一管理”的办法，即每年农民个人缴纳10元/人，中央补助40元/人、省级补助40元/人，共90元/人。就诊补偿模式包括三类：①门诊按比例减免；②住院按比例补偿；③产妇定额补偿。门诊费用限于定点医疗机构中就诊时减免，门诊减免不设起付线，村卫生室按门诊总费用40%的比例减免，岔河村卫生室每人每次门诊减免限额不能超过10元，每人每年门诊减免累计不超过200元，同时实行门诊月平均处方额限价，岔河村月平均处方额控制在25元/人次以内；在乡镇卫生院住院，扣除50元的起付线及超范围检查、用药后，按70%的比例减免，在县级医疗保健机构住院，扣除200元起付线及超范围检查、用药后，按60%的比例减免，转诊到县以外医疗保健机构（政府举办的人民医院、中医院、保健院、乡镇卫生院等非营利性医疗机构）住院，扣除起付线500元及超范围检查、用药（用药参照医保用药目录）、床位费按每天20元标准计算（不足20元的按照实际发生费用按比例减免）后，按35%比例减免，已经确诊的癌症病人和精神病人住院按65%比例减免；持有《生育证》的参合孕产妇住院分娩，给予补偿，同时，实施严格的限价收费政策，乡级正常单胎住院分娩收费控制在600元以内，县级医疗机构控制在800元以内，正常单胎住院分娩限价指产妇住院分娩期间发生的一切直接费用，包括床位费、护理费、检查费、化验费、手术费、药品费等，乡镇卫生院正常单胎住院分娩每例一次性补偿400元，县级定点医疗机构正常单胎住院分娩每例一次性补偿400元，难产（指臀位助产、胎头吸引、产钳助产、双胎及多胎分娩、妊娠并发症、妊娠合并症、分娩并发症、毁胎）、剖宫产视为疾病按比例补偿，难产、剖宫产乡级控制在1500元以内，县级控制在2000元以内；农村特困户、五保户、贫困残疾人、已经确诊的癌症病人和精神病人补偿时免起付线；每人每年累计住院费用补偿封顶线为15000元；参合农民因急诊到楚雄州辖区内相邻县级医疗机构就近住院的，视同在本县内同级医疗机构住院，享受县内同级定点医疗机构的报销比例，但必须在48小时内向县合管办报告登记备案。同时也具体地规定了参合者就医程序和报销程序以及合作医疗基金不予减免补偿的情形，特别是违法犯罪造成的医疗事故就更不可能得到报销。

据2007年《南华县龙川镇岔河村卫生室工作开展基本情况》报告称：经过2003—2005年的实施计划，村卫生所在2003年建盖起了业务用房5间，约75平方米，设有诊断室、注射室、观察室（内设观察病床2张）、药房、仓库，有乡村医生3人，均取得中专以上学历和乡村医生执业资格，其中：男村医2人，女村医1人。近几年在公共卫生工作开展方面，进行了疾病预防控制工作和妇幼保健工作，在2007年，全村新出生婴儿基础疫苗接种率达100%，建证、建卡率达100%，在2007年4月在学校开展乙肝、麻疹加强免疫查漏补种15人，在2007年1至7月全岔河村无传染病病例报告。在疾控中心指导下开展艾滋病防治知识宣传，入户宣传350户，发放宣传材料800余份，入户宣传率达100%，开展孕产妇艾滋病毒抗体监测15人，开展饮用水水源消毒8次，水池18个，186立方米，全村外环境消杀2次，出食品卫生安全、传染病防治黑板报5期15板，新建卫生厕所37所；在医疗业务方面，随时做好辖区内突发公共卫生事件的医疗救治准备，确保医疗安全，如2007年1至7月，共接诊患者475人次，业务收入7095元，就诊患者人数逐年增加；在新型农村合作医疗工作方面，为使中央的“回民”政策落到实处，配合村委会领导深入到每家每户作宣传动员，2007年全村应参合350户，1537人，实际参合339户，1406人，参合率达91.47%。2007年1至7月，共减免门诊患者453人次，减免金额2106.45元，人均减免4.65元，住院补偿15人，共补偿13825.24元，以上两项共为患者节约医疗费用开支15931.24元。这些举措在很大程度上解决了岔河村民群众“看病难、看病贵”的一些问题。

除了国家建立起来的医疗机构之外，村民中间还存在一些家传下来的中医，他们自己采药或者到外地购买一些本地没有的中药材来为自己或者村间邻舍治疗某些疾病，据我们访问村卫生所的医生说，岔河村另外有两个比较出名的中医，在比较贫困的家庭，特别是遇到一些慢性疾病、后遗症和传染病时很多村民都会找这些中医为自己诊断和开药。另外，这些中医不但会治疗村民的疾病，而且也会治疗一些农家饲养的牲口。因此虽然中医没有正式的行医证明也不以医为谋生的手段，但村民对其医术和医德还是比较推崇的。

2. 流行性疾病及本土疗法

以上我们了解了岔河村的医疗机构和医疗相关举措，接下来我们来看一下岔河本地常见疾病种类有哪些，并了解一些本土疗法。

在我们访问村民及卫生所主要负责人周医生后得知：岔河村很少有人犯

克山病或者碘缺乏以及血吸虫病等方面的遗传或者流行疾病，偶尔会有结核病的发生，其他常见的流行性疾病都是比较常规的疾病，如感冒发烧、肚子疼、妇科病等。另外，肾脏方面的疾病也比较多。针对结核病的治疗，其在当地具有一定的特殊性，在南华县政府和疾病预防控制中心的争取下，《世界银行贷款卫生第X个项目》和《全球基金项目》在南华县开展，给南华县广大结核病患者也包括岔河村的结核病患者带来了福音，使患有活动性肺结核的病人获得了第二次生命。结核病是由于结核杆菌侵入人体后引起的一种严重危害人类健康的慢性传染病，因此村卫生所高度重视这一疾病的防治，根据上级政府的规定，在2004年3月22日到2010年12月31日止，全南华县辖区内的常住人口、有暂住证半年以上的流动人口都能享受免费政策，如初治涂阳病人、初治重症涂阴病人、复治涂阳病人都可以享受肺结核治疗免费政策，免费治疗病人在治疗期间免费享受异烟肼、链霉素、利福平、乙胺丁醇、注射器和注射水等，同时初诊肺结核可疑症状或疑似肺结核的病人免费胸片检查一张，胸片检查异常者免费痰涂片检查，病人在免费治疗期间免费痰涂片复查，病人管理采用定期到县疾病控制中心结核门诊取药的方式开展家庭病床管理治疗，不住院。

对于感冒发烧、肚子疼、妇科病等常见疾病，包括经常出现的几类肾脏疾病，据卫生所周医生说，治疗比较容易一些，使用常规的、普遍的治疗方法就可以治好，村民也会根据自己感觉的情况选择不同的地方就诊，如果感觉比较严重的他们就会在县城或者医疗条件较好的地方去看，而一些后遗症如岔河村叫的半边风则会请中医辅助治疗。但即使岔河村没有像艾滋病等状况的发生，卫生所仍然需要对某些疾病做出预防工作或者宣传，如针对岔河村许多村民饲养着狗这一事实，需要进行预防和控制狂犬病，针对大量村民都饲养猪的事实，同样进行了猪高致病性蓝耳病的预防和控制措施等。比如艾滋病，其全称为“获得性免疫缺陷综合症”，许多村民对艾滋病缺少认识，因此卫生所需要对他们进行培训等，如给他们讲艾滋病的传播途径是哪些，哪些方式不会传染艾滋病以及怎么预防艾滋病等；针对狂犬病的预防比较严格，据龙川镇人民政府的规定，全镇范围内要实行100%的免疫接种和100%的拴养，如果违反这一规定有严厉的处罚措施，如出现犬类咬伤人或因犬咬伤致人感染狂犬病事件，将严肃追究养犬当事人和所属单位领导的责任。村卫生所需要对本村的狂犬病或者类似狂犬症状进行疫情报告，即如果发现有狂犬病临床症状或检测呈阳性结果的动物，需要立即向当地动物防疫监督机构报告。同样，在2007年8月份卫生所对全村范围内的健康猪强制免疫猪高致病性蓝耳病，当时每头猪收取防疫费1.00元。从这些工作中可以看出卫生所在岔河村的重要性。

3. 乡村医护人员培养

对于地处偏僻山区的岔河，乡村医护人员的培养十分重要，下面让我们来了解一下岔河村医护人员的培训制度和培训情况。

岔河村卫生所的医护人员每年都会接受培训，特别是在岔河“咪依噜风情谷”建设之后，根据南华县龙川镇人民政府的相关文件规定，卫生所的相关单位特别是卫生局和镇卫生院都对卫生所相关人员进行了技术上和管理上的培训，据我们采访的岔河村卫生所负责人周医生（楚雄卫校毕业）介绍说，她们每年都会到南华县农校去培训，培训的内容和科目都很齐全，涉及各个方面，如临床、内外科、妇科等方面的培训，同时每年培训的内容都差不多，培训时间一般来说最长一个周，一般都是3～4天或者2～3天。在县农校培训的过程中，各个地方的乡村医护人员互相进行交流和沟通，同时把自己会遇到的难题向农校的专业老师请教，虽然培训时间较短，但是周医生说收获挺大的，随着医术的不断进步和临床经验的丰富，自己觉得对培训的内容吸收得越来越好。当然，在培训的过程中也会有卫生所相关领导来安排一些卫生所必须要进行的工作和疾病预防重点等。由于岔河村当地的教育状况还相对比较落后，因此整个岔河村委会的医护人员比较紧缺，当前除了两个老中医之外就只有村委会的三个医生（现在基本上就一个人在值班，另外两个因为到卫生所就诊的人数较少而经常不在卫生所），所以在医护培养方面基本都是把岔河村的医生召集到县城或者镇里培训，然后再由卫生所对各自然村的村民进行相关内容的培训。同时，各级政府正在积极鼓励中学生选择适合自己的大专、中专技术教育，在医术、农科技术方面为家乡做出自己的贡献。

4. 妇幼保健

看一个国家的未来需要重点看年轻一代的发展情况，同样，一个地区乃至一个村的发展也要靠年轻一代来发展奋斗，同时，任何的发展都需要身体素质作为基础条件，那么接下来我们将要了解岔河村的妇幼保健情况。

新中国成立后我们国家彻底摘掉了外国人扣上的“东亚病夫”的帽子，特别是2008年奥运会在北京召开更说明了这一点，这些年的成绩离不开我们国家对妇幼保健的高度重视，一个人身体素质的培养从婴儿时期就已开始，在婴儿之前就是孕妇的保健措施，岔河村的村民在妇幼保健方面的认识高度一致，他们在妇幼保健方面采取了多项举措。首先，妇女保健方面，岔河村卫生所和相关上级单位每一个季度都要组织一次体检，针对某些已生孩子的妇女每年进行复检等工作。其次在政策法规方面也有对妇女保健方面的一些硬性规定，比如镇上每一季度都要组织妇女来体检、复检之类的。村委会及卫生所主要是通知和组织村里相关妇女参与，具体检查工作由镇上相关机构进行。特别是育龄妇女的检查是强制性的，只要是村委会和卫生所通知的都必须参加，因为妇幼保健这方面与计划生育工作有很大相关性，检查措施一方面保障了妇女的健康同时又对胎儿进行了预防性的保健，让婴儿出生后更健康。再次，除了以上两个方面之外，在计划生育方面，也能从源头上控制住违法的可能性。

以上是对妇女进行的保健检查措施，对婴儿出生前后的保健措施同样显得重要，岔河村卫生所及相关上级部门规定在婴儿出生之前，要对孕妇进行产前检查，原则上是进行五次，但是一般建议检查2～3次，因为检查的时候会有大量辐射，对自身和胎儿不利。同时周医生根据从事医生工作多年的经验向我们介绍说：如果母亲经常发脾气或者营养缺乏都会对胎儿造成一定程度的影响，现在有一种说法就是胎教，如果母亲经常发脾气对孩子是有不利影响的，以后他（她）可能会有暴躁易怒的脾气。因此在检查的过程中也会注意这些方面的教育和观察，当然最主要的工作还是看胎儿有没有生长畸形等，同时她们认为最好是进行手检，因为这样对孕妇及胎儿的影响较小。同样，在婴儿刚刚出生的一段时间，卫生所仍然要对幼儿进行保健护理，周医生说："在幼儿婴儿方面，在他们出生之前需要对母亲检查，在一岁以前需要检查三次，在一岁到三岁之间需要检查两次，七岁之前每年都要进行疫苗的接种，直到七岁之后才采取自愿的方式。"那么一般检查哪些方面的情况呢？针对我们这个问题，周医生说："胎儿婴儿的检查一般是看他的生长发育，比如有没有发育迟缓、营养不良、缺钙等方面的问题。当然这些条件是近几年才有的，10年以前是没有这么多检查的。至于三岁以后，特别是到五六岁上学时期，每年进行常规的疫苗接种等工作，如麻疹等常规的疫苗接种。七岁以后的学生就按照自愿原则来接种这些疫苗。"此时我们问她，七岁以后自愿接种疫苗的人是否跟七岁以前的人数差不多？周医生回答说："当上级在某些固定的时间下发通知时，原则上这段时间是疫苗接种时间，然后我们就负责通知他们，但不是硬性的要求，按照他们自愿的原则来接种疫苗，来的人还是比较多的，因为现在的保健意识还是有了很大的提高，毕竟身体是第一位的。同时根据农村许多小孩吃零食的情况，村卫生所的医生会建议家长让小孩少吃零食，因为要定时定量补充营养对身体才有好处，如果随时吃零食的话就会造成营养不良的情况。同时有些工厂加工制造出来的零食可能会存在有害物质在里面，所以大多数情况下都会建议村民给小孩吃一些杂粮，别太单一，因为杂粮会有不同的营养物质在里面。”岔河村民的妇幼保健就是通过当地村卫生所以及各相关上级医疗部门的培训和教育来进行强有力的保障，定期进行孕产妇保健宣传，宣讲孕期保健的重点，如产前检查、增加营养、保证睡眠以及左侧卧位、不接触农药等有害物质等，也进行产后保健的宣传教育，如产后母婴同室、四个月内实行纯母乳喂养，定期接受医生访视，产后 42 天到分娩医院进行检查等。

5. 村落环境与个人卫生

(1) 村落环境

走进岔河村后感觉它没有像许多的农村地区一样，地面泥泞不堪，又脏有乱，这让我们稍微觉得有些诧异，于是问了村委会的负责人以及村里的村民，村委会的领导说岔河根据龙川镇政府关于开展卫生整治工作的相关要求以及根据岔河正在建设的“咪依噜风情谷”旅游区的实际情况，制定了岔河村公共卫生管理条约，如村设立村容和环境卫生管理小组，负责本村的村容和环境卫生管理工作。同时要求村民做到柴火、家务用品及屋内收拾摆放有序，保持房前屋后及庭院干净整洁，并管理好自家牲畜、家禽，做到牲畜、家禽圈养不乱跑，不发生因牲畜、家禽污染卫生环境等事宜。同时，也要求教育子女不在村间公共设施上乱写、乱画，还要求村道保洁实行分段负责，村委会分责任区到组，小组分责任区到户，对保洁不到位的农户，由村组农户共同监督批评，督促其经常保洁。最后还规定辖区内所有住户门前都实行“三包”，禁止在门前乱吐、乱丢、乱贴、乱摆等行为。通过以上管理条约的实施，村间环境卫生得到了巨大的改善，经过我们访问的医生和村民说：“岔河自从新农村建设后实施了卫生管理条约，村里卫生环境改善了许多，相比较以前，道路也硬化了许多，还有房子的建设也改变了好多。村委会倡导了家家户户讲卫生，还有以前人畜没有分离，就住在一起，现在家畜已经都搬出去了。原来的情况是坐在家里面都能闻到臭味，现在这种状况得到了巨大的改善。”关于环境卫生改造方面，我们在访问前任老支书时他也曾提到，当时岔河环境卫生方面主要存在着脏、乱两方面的情况，人畜没有分离，脏的方面主要体现在人、牛、猪、鸡住所混合，因此家禽和牲畜的粪便堆满房前屋后；乱的方面主要体现在木柴乱堆乱放，垃圾也是到处乱扔！在建设岔河“咪依噜风情谷”时就重点对这两方面进行了改造和规范，现在的情况已经基本得到了改善，接下来的主要任务就是要注意保持这种干净协调的环境了。

（2）个人卫生

有关村民的个人卫生方面，在建设岔河“咪依噜风情谷”之前，据村卫生所周医生讲，村民个人卫生意识极其薄弱，无论是劳动卫生方面还是饮食卫生方面都不太注意，甚至在村民的心中存在这样一种观点：不干不净，吃了不生病！有些农民甚至说某些看似不太干净的东西其实有一些有药物作用，因此没必要也没条件来讲究干净卫生，某些外出多年的人如在外工作的人回来时如果“太注意个人卫生”了，反而与家乡人民产生了距离感！因此，周医生说，在建设“咪依噜风情谷”后就必须对村民们进行培训，特别是环境卫生和个人卫生方面，针对他们落后的意识和行为，必须要经过培训来加强和改善，而在2006年和2007年的两年间，卫生培训举行了八次，每次参加的人数都是各村落农家乐负责人和各家庭的主要负责人。经过培训后村民在穿着方面的卫生质量显著提高，原来村民认为在农村干农活洗衣服和不洗衣服差不多，即使穿上干净的衣服一天半天也就很脏了，随着2006年“咪依噜风情谷”的发展，各农家乐及相关服务业的增多，客观上也要求村民的卫生更需要讲究，因此，这两年个人卫生方面得到了许多的提高。另外一个方面是洗澡，无论是过去还是现在村民里的男子都会到岔河村的河流或者水库去洗澡。除了外在的卫生方面，个人饮食卫生主要是由卫生局和食品监督局来进行管理。他们同样会组织管理和培训，对村民进行食品卫生方面的培训，比如怎么管理食品等方面的知识。因为在“咪依噜风情谷”建设之后，不仅仅是村民自己，同样也有外地的游客来到了此地，此时食品卫生显得尤为重要了，所以食品监督局以及监督局专门请来的食品专家都对村民特别是农家乐的服务人员进行了相关培训，比如对炒菜等方面的细节要求都进行了说明和“手把手”的训练。

（三）文化教育

1. 文化体育活动

在岔河的丫口村我们见到了一个跳歌场，在跳歌场的旁边有一个小型运动场，运动场上建设有岔河村彝族传统的运动器材，如跷跷板、单杠及“压转杆”等运动器材，据村民说，这些场地器材主要供他们闲暇时间健身娱乐时使用。那么究竟岔河村民在闲暇时间都进行哪些娱乐活动呢，根据我们抽样调查问卷统计结果显示（见图7－1）：60%的村民在闲暇时间选择看电视，24%的村民把闲暇时间用在聊天上，而上网、看书及其他类活动几乎没有（百分比均为0），这从侧面反映了岔河当地的教育水平，跳歌所占比例也仅为7%，这说明彝族传统的娱乐活动近些年来大大减少。

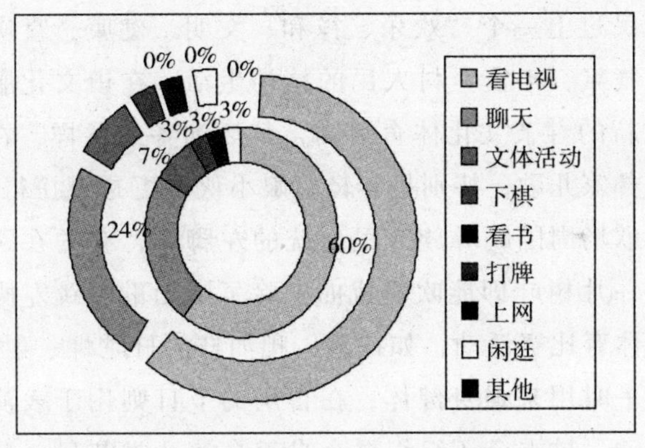

图7－1 岔河村村民娱乐活动统计图

（1）传统活动

岔河村是一个彝族自治村，村民基本上都是彝族，而古老的彝族人民发展和传承下了许多丰富的文体活动，再加上这些年的新发展、新融合，更加丰富了村民的文化娱乐活动。村里每年都会开展和组织不同形式的文艺体育活动，这些活动中既有彝族古老的文化活动也有体现着新时代气息的活动。在彝族传统文化活动方面，跟汉族人民形式差不多的节日有五月份的五月初五，是端午节；七月份有七月十四的中元节；八月份有八月十五中秋节，其他特殊节日也差不多失传或者不时兴了。现在对于彝族人民来说，特别重要的是火把节和春节，从2006年到2008年的三年中，村委会及各自然村每年都分别组织了火把节及春节等传统的文化体育活动，并在农闲时节有组织地进行了传统舞蹈的培训活动，这样做不但有利于岔河村传统彝族文化的传承，同时还有利于岔河当地旅游经济的开发。

对于彝族人民来说，火把节无比重要，每年的农历六月二十四岔河村民都会自发组织隆重的火把节，村民们都会在新建立起来的跳歌场参加火把节，男女老少都穿上彝族人民的传统服装围在一起唱歌跳舞，跳的舞蹈一般来说都是左脚舞，唱的歌有各式各样民歌和山歌，在火把节当中，村委会仅做一些预防火灾的措施，因为火把节会使用到明火，特别是遇到干旱的年成需要做些特别的防护措施，至于具体的娱乐和祭祀等活动都是由村民根据传统的节目和自己喜欢进行的项目来展开。除了隆重的火把节之外，就是全国上下都欢度的春节了，据岔河村委会存档的资料称，在2006年春节期间，岔河村委会为使全村人民过上一个“欢乐、祥和、文明、健康、喜庆”的春节，为活跃人民的节日气氛，丰富全村人民的精神生活，在镇文化服务中心的指导下组织了一次全新的春节文化体育活动，其活动各式各样，在春节期间，岔河彝族同胞唱起彝家儿歌，特别是年轻姑娘小伙子更是打扮得既得体又优雅，相约到集中的跳歌场周围跳彝族人民传统的左脚舞，有的在跳脚的过程中触景生情，随手摘一片树叶即能吹奏成曲；除了唱山歌、跳左脚舞之外，还进行一些民间传统体育比赛活动，如摔跤、爬油杆、打陀螺、射弩、铸犁头等，这些体育活动在平时用来强身健体，在喜庆的节日则用于表演和比赛，除了这些文艺体育活动，村委会还组织群众自编自演几类节目，最终在整个春节期间共集体演出了10余场次，这些节目的群众观赏性强，取得了村民的一致认可。同样，在2007年春节期间，村委会传承了2006年的优秀节目，继续组织了一场活跃、欢快、热烈、隆重的春节活动，在春节期间共组织了8场次文体活动，共演出15余场次，比上一年更增加了演出的场次，同时也吸引了更多的观众，包括临近村子的人。在2008年春节期间，岔河村委会根据前两年的经验，为创建和谐岔河而又一次组织了春节文体活动，在这次的组织过程中，村委会贯彻着“以科学的理论武装人、以正确的舆论引导人、以高尚的精神塑造人、以优秀的作品鼓舞人”的文化工作方针，让广大村民在欢庆节日的同时，还学习和认识了十七大精神，为接下来的一年以饱满的热情和全新的精神风貌向前进奠定了基础。此次演出，村委会挑选出前两年比较受欢迎的娱乐体育活动，在春节的喜庆期间演出了10余场次，内容包括传统的左脚舞、唱山歌、月琴弹奏等文艺活动，同时还包括摔跤、爬油杆、打陀螺、射弩、铸犁头等较好的体育比赛节目，通过这次活动的组织，调动和鼓舞了广大群众参与活动的积极性，增强了群众和村委会之间的凝聚力和向心力，促进了岔河村群众文化建设及精神文明建设，也为建设岔河小康社会添加了浓重的一笔。最后，岔河村委会的班子成员对我们说，对于以后的春节活动，村委会都尽量会进行组织，让村民过上快乐、喜庆的春节。

在传统文化体育方面，除了村民自发接受和传承之外，政府也同样重视，比如在2007年，龙川镇及岔河村委会联合组织岔河村民进行了彝族歌舞培训，为了打造“咪依噜风情谷”品牌，这次的培训目标是达到人人基本会唱彝族歌曲，使岔河彝族文化得到更好更快的发展，培训的内容包括二十首歌曲，如《欢迎你》、《彝山美酒等你喝》、《敬上十杯祝福酒》、《请你留下来》、《相聚干一杯》、《要走呢，阿老表》等，透过这些歌曲的名称我们可以看出岔河彝族人民的热情好客。同时培训分为三个步骤，历时一个月，第一阶段是自学阶段，时间从2007年7月20日到7月26日；第二阶段是培训阶段，时间从2007年7月27日到8月17日；第三阶段是比赛阶段，时间是2007年8月24日。通过这样的培训和竞赛活动，村民们接受了比较正式正规的培训，对提高村民的唱歌水平起到了较大的作用，在我们的采访过程中也体验到了村民所唱歌曲的高亢和好客之音。

（2）非传统活动

随着经济社会的发展，岔河村同样引进了许多新的文体活动，其中有政府主导的文化宣传活动也有村民自发引进的文体活动，政府主导的文化活动一般是倡导正确的、新时代所需的价值观的活动，如：南华县农村“2131”工程免费放映、婚育新风进万家活动等，放映一般由南华县电影公司负责，常由大谷堆放映队或县公司二、三队下岔河村放映，放映时间是从2006年进行岔河“咪依噜风情谷”建设后开始的，从此每年都有电影的免费放映，观看人数都在200人左右。

“婚育新风进万家”活动同样历时将近三年，从2006年元旦—2008年6月，当时龙川镇的总体安排是：2006年主题活动是关爱女孩与社会性别平等，

2007 年的主题活动是人口素质与独生子女教育，2008 年的是婚育道德与家庭幸福，2009 年的是生殖健康与生命质量，最后 2010 年主题是生育文明与和谐社会。岔河村根据村民的实际情况进行了组织，2006 年 3 月 18 日在岔河村委会大会议室，由当时的支部书记主持召开了生殖保健知识之二讲座，其中主要讲述了避孕原理、避孕套使用方法、宫内节育器等方面的知识；2006 年 9 月 13 日同样在岔河村委会大会议室由支部书记召开了生殖健康知识之三讲座，主讲优生重要性、近亲为什么不能结婚、什么时间怀孕好等相关知识；2007 年 4 月 12 日，由现任支部书记在岔河村委会大会议室召开生殖保健知识之四讲座，主讲女性青春期知识、未婚人流的危害等方面的知识；同年 10 月 9 日在同样的地点由现任支部书记举行了题为“孩子是明天的希望”的活动，主要讲述新生儿的护养等方面的知识，2008 年 5 月 23 日又举行了“五期知识教育”即青春期、新婚期、孕产期、哺乳期、更年期的知识，参加的人都是各自然村的组长、孕产妇、家长等，这对于当地村民的健康和文化知识水平的提高都有较为积极的意义。至于村民自发引进的文体活动，如逢年过节进行的打牌娱乐、打麻将娱乐以及一些新的邻里邻居交往的规则等，虽然它不是很大型的文化活动，但是其起到的作用不比大张旗鼓的文化活动小，随着年轻人越来越多的走出去，邻里邻居之间的摩擦越来越少，在之前，邻居交往，所谈多是家常琐事，稍不注意就会扯到邻居的长短是非上来，构成了邻里团结的巨大威胁，而当前，由于村民之间的交谈多是“外面世界”的情况，相互之间的扯皮事情会相对减少一些，甚至为了出门有伴还经常出现更多的互帮互助等现象，无疑这些文化的发展对减少岔河村民之间的摩擦是有利的。

2. 学校教育

（1）新农村建设前的小学教育

有关岔河村过去的教育状况，我们访问了一位现已退休的老教师，他跟我们讲述了当地的主要教育情况，在岔河村“咪依噜风情谷”建设之前，岔河村的小学教育呈现以下特点：

①双语教学。

因为岔河是民族地区，要求是汉语、彝语双语教学。这在前些年特别是在电视还没出现之前较为困难，因为岔河村民讲的都是彝族语言，又没有电视录音等的影响，因此学生学汉语较为费劲，也因此当地的教学质量一直没有很大的提高。但当时的课程等设置是符合国家教育部的规定的，还多出了一门彝族口语的教学，即用彝族语言来翻译汉语。这位老教师是当时的初中毕业生（改革开放之前的初中文化），因此在教学过程中虽然自己较好地掌握了汉语等各类课程，但是在具体的教学环境下，特别是在刚开始任教的头几年中，感觉也有一些比较费劲的地方。

②学校基础设施。

当时的学校基础设施比较差，特别是冬天天气寒冷时，许多小孩的手都冻僵了，连写字都困难，当时恰好遇到困难时期，衣服也比较单薄。针对这个现状，当时也采取了解决办法，学生来上课都自己提着一个小火盆来，这样可以取暖烘手写字，那时不像这些年，由于经济条件的改善穿得比较厚不需要再带火盆。当时作为老师同样也没有自己的表，只能用学校一个上发条的闹钟。

③学校少，教师教学、学生上学不方便。

当时的学校只有两所，一个中心小学，一个分校，中心小学在岔河村委会即大岔河，另外一所分校在阿鲁碑。当时这位老教师就在中心小学任教，因为大岔河离小岔河有一段路程，因此这位老教师就在学校吃中午饭。

④工资待遇低。

对于当时的教师来说还存在一个比较大的挑战，就是工资福利等待遇较低，在某些时候还不如在家挣工分，加之家里的孩子小，事情就变得更困难。据老教师回忆，当时的工资只有17～18元，直到改革开放后才开始大幅度增加，开始的时候加到170元，其退休的时候有一千多元，现在他们退休了仍然领着退休工资。因此，在改革开放前家人都建议他不要任教，都要求他回家干活，挣点工分换取粮食来养家糊口，但当时老教师受过一定的教育，他认为如果自己不教的话，岔河村本来就是民族地区，这么多后人都不读书的话会变得更加落后，为了整个村的发展，自己不得不把它继续教下去。至于干农活的问题，只有抽空帮助家里干一些了。据老教师回忆："当时我早上和晚上回家来干干活，解决一下家庭的困难，当然如果自己不教的话，村里的小孩子也就没有上学的地方了。这个村的其他人也不可能教，外面的人要调到岔河就更加不可能了。"

⑤复式教育。

由于老师和设备的缺乏，只得实行复式教育，这个情况直到今天仍然存在，因为一些地方一个年级人数太少且师资力量薄弱。什么是复式教育？举个例子，比如一、二、三年级的学生在同一个教室里上课，由同一个老师授课，讲完一年级又上三年级然后再上二年级这样的模式，在上一个年级课的时候其他两个年级的学生就在预习、复习或者做作业，教学分为两级复式或者三级复式，两级复式指的是两个年级一起上课，三级复式即是三个年级一起上课。

⑥教师轮训。

当时的再教育和培训地点在南华县进修学校，实行轮训制度，一般4～5年就会轮到进修一次。除了这些之外，当时学校的体育设施就只有一个篮球场，同学偶尔能进行篮球运动，同时，老师也带领学生进行了乒乓球桌的建设，当时的乒乓球桌是木制式，由老师和同学自己拼凑起来的，球拍也是自己用木头做成。

（2）新农村建设前的小学以上教育

由于当地经济发展水平的限制，在前些年，很少有初中及以上文化水平的人，只是条件较好的家庭才能承受其负担。岔河隶属文笔乡，因此读初中在文笔乡政府所在地读，高中则在南华县。而现在岔河隶属龙川镇，初中设在龙川镇政府所在地，高中仍然在南华县就读，前些年由于经济无法支持而导致许多孩子无法上学，而今天的岔河村，却由于大学生的就业率低下从而许多学生及家庭也没有选择继续学习深造。

由于岔河村民的教育意识的落后，为岔河经济的发展留下了一些隐患。据我们的调查数据显示（见表7－2）：农户家庭主要劳动力受过高中教育的仅占5.88%，大专及以上的占1.47%，52.94%都是小学教育，这显示出当前岔河村教育状况的落后。

表7－2　**岔河村家庭主要劳动力受教育情况的调查统计**[①]

教育程度	大专及以上	高中、中专	初中	小学	文盲半文盲
户数	1	4	24	36	3
所占比重	1.47%	5.88%	35.29%	52.94%	4.41%

① 数据由笔者实地调研回收的有效问卷整理得出。

(3) 新农村建设以后的教育状况

新农村建设开始后，当地的教育在原有的基础上有了许多的改善和提高，但据村民及教师的反映，在一定程度上也有某些不利于教育普及的举措。

改善的方面有基础设施建设、增设学校、教师培训、文化体育设施建设、教育经费减免方面。基础设施建设得到了改善，岔河村中心小学现在改为春雷小学，就是由希望工程及上级领导关心下建设而成，包括电脑等配备；同时岔河村增加了一所学校，新建的学校设在铺冲，因为那离中心学校比较远，所以在那专门建了一所小学；教师轮训比原来更多，这样有利于教师知识观念的更新；同时经过对一些学生的了解，现在的春雷小学有了较为完备的体育设施，如篮球场、乒乓球桌、羽毛球场等，也有了专门的音乐教学设施，最后是教育经费的大量减免给许多贫困家庭带来了希望，现在的小学生无须缴纳学费，只需要一些日常的书本费，同时还有许多机构对岔河学校及学生个人进行资助，如镇妇联、希望工程、寒窗助学、楚雄日报社、云南省信息产业办以及团省委党员活动等，资助有资金、书本、课桌、足球、篮球、羽毛球、电脑等各类物品。

至于不利教育普及方面，主要是学校的合并，即集中办学对普及教育造成极大的不利，普及率相对以前来说不升反降了，比如：要集中在村完小去读书（年级稍高一点的年级，如二、三年级），有些远的地方还需要乘车，年龄小一点的就存在困难，因此从主客观方面造成事实普及率的降低。那么集中办学的主要出发点是什么呢？老教师告诉我们，学校这样办学主要考虑两个方面，第一，资金问题，学校多了开支也很大；第二，避免分散师资力量，学校少了老师也就会减少，在管理上以及经费上都减少了困难。

但是，当前的岔河基础教育正在按照政府及上级主管部门制定的教育方向不断完善，特别是在2008年3月，岔河村委会制定了《加强基础教育的办法措施》，其中写道，为使学生的个性、潜能得到充分发展，发挥办学的最大社会效益，要使学生学会学习、学会生存，在德、智、体、美、劳诸多方面得到生动、活泼、自主的全面发展。根据这个总体要求，岔河村春雷小学进行了相关具体的规定，例如教师的规定有：①积极开展教研活动，探索新的教学方法，教师与教师之间每月必须互听课八节，并且认真做好听课记录，听完后互相探讨，取长补短，进一步促进课堂质量，真正树立以学生为本的观念，不断培养学生的自信心，不断减少差生面，全面提高整个完小的教育教学质量；②每位教师必须根据学校安排，认真写出各种工作计划和工作总结，结合学生实际，备好课，并且每月检查时，要有超前的内容，作业批改及布置要及时，语文要保证一课有一次课外作业，一单元有一次综合练习，有一次作文，三年级以上每周有一次日记批改，数学作业要一天批改一次课外作业，并注重批改质量，有批有改，检查时在班级中随意抽查；③教师也要注意校容校貌的建设，每位教师和学生都有责任和义务管理好学校的花草树木，真正把学校建设成为“环境优美、校风优良、教学优质”的好学校；④在安全方面，要利用每周班队会和每周三次集队，分季节进行安全预防教育，牢固树立“安全第一”的思想，并要求加强校外安全教育，对于课外活动，如体育课、劳动课等教师都必须跟班；⑤出勤考察，各教师都必须按时参加学校组织的各种政治业务学习和相关的集体活动，上课铃响 2 分钟内必须进教室，上课期间不随意外出等；⑥注意推行“五维评课法”，充分挖掘校内资源，并抽时间撰写教学论文。而对于学生来说，除了正常的学习课程，如语文、数学等课程之外，还开展了一些诸如“公民道德及未成年人思想道德教育活动”、“改陋习树先锋及八荣八耻”、“践行十七大会议精神学教活动”、“学习《公民道德实施纲要》”等活动，且学生也要进行养成学习，即在值周老师的指导下，以学生成员为主，以少先队员轮流执勤为方式，每天对学生个人卫生、个人纪律、宿舍卫生、住校生纪律进行检查、记录，这些记录情况作为教师考核的重要依据，这样为学生养成良好的学习习惯、卫生习惯、纪律习惯等形成了良好的氛围，达到学生学会学习、学会做人、学会生存的目的。同时学生每周都要上一节民族舞蹈课，上一节民间传统体育课，上一节民歌课（岔河彝族民歌），并且在课间操表演《彝族规范舞》，通过学生和老师的这些努力，岔河村春雷小学以“学会学习、学会做人、学会生存、振兴少数民族地区教育”为校训，以“团结进取、求实创新”为校风，以“勤谨认真、求真务实”为教风，以“勤奋学习、为国争光”为学风，正在实施着岔河的特色教育。

3. 村民技能培训

除了学校教育，村委会及相关主管部门还对村民进行了农业技能培训和劳动力转移培训。

（1）技能培训

2006 年开始岔河“咪依噜风情谷”建设后，各级政府及相关技术部门又加强了岔河村民的农技教育培训力度，其主要表现在以下几个方面，杨梅栽培、樱桃栽培、山鸡养殖、黑山羊养殖、牛饲养技术、科学养猪等。

其中第一板块是牛场的建设，包括牛圈舍的条件、牛圈规划和布局等内容；第二板块是母牛良种繁育，包括杂交改良技术、肉用基础母牛的育成期，妊娠期，哺乳期等各个时期的相关护理技术；第三板块是犊牛培养，其中有如犊牛的护理、犊牛早期补料等内容；第四板块是肉牛育肥，包括了青年牛、架子牛的育肥内容，隔离观察的必要性及方法，喂养草、料的准备工作，如育肥期混合精料参考配方和白酒糟育肥肉牛参考配方的配置等；第五板块的培训内容就是饲料加工调制与饲料安全，其中包括了粗饲料加工调制的方法步骤及许多常用饲料的应用等。

(2) 劳动力就业转移培训

同当前中国的许多农村地区一样，岔河村也存在着大量剩余的劳动力，这些剩余劳动力不仅不能创造经济效益，反而给自己的家庭造成越来越沉重的负担。因此，无论是村委会还是上级劳务输出部门都会积极为岔河的富余劳动力进行培训输出，在2006年，岔河村委会根据南华县劳务输出领导小组制定的《关于下达2006年度农村富余劳动力转移培训任务的通知》精神，岔河村委会对全村16~30岁的农村富余劳动力进行转移就业培训，培训主要是引导性培训和技能培训，全年培训了100人，皆为引导性培训。在2007年，岔河村委会为进一步推进岔河“咪依噜风情谷”的旅游发展，提高旅游发展服务接待水平，同样组织了16~30岁的岔河富余劳动力1期160人的培训(其中餐饮服务员技能培训160人)，培训对象为岔河村辖区内从事乡村旅游服务行业的16~30岁的餐饮服务人员，培训内容包括《劳动法》、《劳动保障政策及法律法规》、《餐饮服务礼仪》、《道德规范》等，培训方式灵活多样，实行集中学习、个人学习和小组户长会上宣传学习等手段进行，这次服务技能的培训在一定程度上提高了各农家乐的接待服务水平，也在一定程度上实现了农村富余劳动力向第二、三产业转移，扩大了就业面。同样，在2008年，村委会为提高岔河富余劳动力的技能水平和就业能力，促进更多的岔河村富余劳动力向第二、三产业转移就业，组织了16~30岁的岔河富余劳动力共106人的培训（其中引导性培训106人），培训方式跟2007年相同，培训内容增加了《公民基本道德规范》等内容。通过这些有组织的培训，村民的劳动技能水平及服务意识有了较大提高，加快了劳动力的转移，比如台资的信隆集团、巨福集团、丰安永安集团、银河科技聚创电子等企业都有到岔河地区招聘劳动力的情况，当然这些招工信息一般来自南华县劳务输出部门。

4. 党员教育及其默化影响

对岔河村来说，党员的影响力具有较大的作用，下面是党员教育及其对村民潜移默化的带头作用的展示。

岔河村的整体经济发展仍然按照先富带后富的总体思路来进行，因此政府扶持和支持的"先富"就必然是较有经济头脑、较有带头性的村民，特别是在2006年开始的新农村建设以来，村委会及上级政府更是注重选拔较有潜在能力的农村"先富"人物来进行重点培养，其中先锋党员又是其重点中的重点培养对象。岔河村在2006年实施了"农村致富先锋"行动、"党员当先锋 建设新农村"行动、"党员当先锋，彝寨换新颜"行动，在2007年实施了"社会主义新农村建设党员干部感受教育培训"、基层党组织"手拉手"结对共建活动等，在2008的前半年，继续巩固加强前两年实施工程，据岔河村委会的领导介绍，在下半年同样会有类似的"先富"工程的实施。

"农村致富先锋"行动是为提高农村党员带头致富和带领群众致富的能力，发挥农村党员在社会主义新农村建设中的带头作用，体现党员先进性，加快岔河全面建设小康社会进程而实施的一项党员教育工程，社会主义新农村建设，关键在党，关键在人，核心在于建设一支高素质的农村党员队伍，使广大农村党员成为社会主义新农村建设的骨干力量，成为农民增收致富的带头人。通过党员的"先富"带动和默化影响周围的群众，为整个岔河村的经济发展带来有效的影响。岔河村实施"农村致富先锋"行动，在农村进行了有计划、有步骤地培养具有较强致富能力的共产党员，并通过他们发挥先锋模范带头作用，带领和带动广大农村党员和群众共同致富，形成了先富带后富、最终实现共同富裕的长效机制。比如，1996年入党的丫口村人周文兴，带领全村5户群众联合开办彝族生态农家乐，2006年4月开业至2008年初，营业收入达120万元，户均增加纯收入4万多元，带领全村群众走上了依靠发展乡村游的共同富裕路。通过这种在农村党员农户中选择有一定致富基础条件的农村党员户，通过一年的扶持和培养教育，使培养对象的带头致富能力和带领群众致富能力明显增强，家庭经济收入明显增加，基本达到了本村农户上等水平。对于符合条件的培养对象，坚持了扶优扶强、集中扶持、跟踪扶持、先富带后富原则，在政策扶持、项目扶持、资金扶持、结对扶持、技术扶持五个方面进行培养，如项目扶持方面，龙川镇党委在扶贫开发、水土保持、科技培养、良种繁育、优质稻工程、农田水利建设、农村能源建设、示范基地建设等项目实施中，优先把培养对象及其所在村组列入项目实施范围内。最后龙川镇党委通过采取“规模 + 资金投入 + 社会效益 + 带动群众”的综合考评方式，对培养对象一年的表现进行考核，建立优胜劣汰的竞争激励机制。

“党员当先锋，建设新农村”行动是继“农村致富先锋”培养工程后的一个党员教育“先富”行动，目的是使一些“致富先锋”变成“带富先锋”。通过岔河党支部在71名党员中遴选了16名党员作为“农村致富先锋”培养对象，组织他们进行政策理论学习、宣传普及法律法规、举办实用技术培训、传承彝族文化、开展爱国爱乡教育活动，激发了其带头热爱家乡、建设家乡的热情，提高了他们的致富能力。16户“农村致富先锋”中，从事乡村旅游业的10户，种养殖业的1户，做彝族刺绣的2户，搞运输的2户，制作月琴的1户，一年下来，绝大部分家庭收入有了明显增加。如带领群众进行联合经营“农家乐”的党员周维兴家，纯收入达6万元，最后，16户“农村致富先锋”年家庭纯收入户均达1.8万元，人均4000元，是全村委会人均纯收入的2.6倍。在培养“致富先锋”之后，村支部党委要求其充分发挥他们的技术优势、信息优势、基础优势，做好经验传授，开展技术指导服务，提高群众致富能力，切实把“致富先锋”培养成为“带富先锋”。例如，小岔河村民周开富，在看到党员带头建设新农村的热情和干劲以及新农村示范带建设给岔河村带来大变化后，用尽自己全部的积蓄，投资50万元，建成集住宿、餐饮为一体的“彝人客栈”，开始营业当月收入就达6万元。通过“党员当先锋，建设新农村”的“带富”行动，最终在2006年底，全村委会农村经济总收入、农民人均纯收入分别比上一年增加176万元、297元，同比增长了36%、21%，党员真正成了致富的“带头人”，带富的“领路人”，新农村建设的“开路人”，达到了党员教育及默化影响的良好效果。

“党员当先锋，彝寨换新颜”行动是岔河村2006年结合党建设“三级联创”活动、实施“云岭先锋”工程和“彝州先锋走廊”建设而开展的引导党员当好先锋，带动群众积极参与，抓基础设施、弘扬彝族文化、调整产业结构、发展乡村旅游的一项行动，用了半年多的时间，使原来“吃粮靠返销，花钱靠卖柴”的彝寨旧貌换新颜，打造出了自然风光优美、民族风情浓郁、村容整洁古朴、主导产业明显、村组管理民主的南华“咪依噜风情谷”新农村示范带，探索了“着眼新发展、培育新产业、建设新农村”的好路子。此行动由龙川镇党委总揽，谋划群众致富路，当时从县级相关部门和龙川镇抽派了47名工作人员，其中32名党员、4名部门党组（党委）书记驻点帮助规划和指导建设，这些工作队员住在农家、吃在点上、工作在现场，先后召开党小组和村民小组班子会议91场次、户长会议1208人次，确保了建设进度和质量。将当地特有的文化以及各大媒体的相关报道结合，最终，岔河村被楚雄州政府指定为第一个对外开放的民族风情参观考察点，使岔河成了“经济特色显著的风情谷、彝族文化荟萃的风情谷、人与自然和谐的风情谷、群众生活富裕的风情谷、党建工作求新的风情谷”。这次行动村党支部发挥了“党员要带头，支委先带头，书记带好头”的党员教育及默化影响优势，使岔河村的小岔河村民小组被省委、省政府命名为第四批省级“文明村”，全村呈现出了经济发展、生活富裕、村容整洁、村风文明的新气象。

2007年实施的“社会主义新农村建设党员干部感受教育培训”行动是岔河村委会及上级部门以五个方面的教育内容，四个方面的教育方式，四个具体的教育措施而进行的党员教育活动，其目的是使当地党员干部做到带头服从安排、带头筹资投劳、带头自建家园、带头出谋划策、带头服务群众，让外来党员干部感受到南华“咪依噜风情谷”和“天堂彝寨”党员的思想观念大解放、组织活力大增强、经济社会大发展、村容村貌大变化、彝族文化大力弘扬的氛围，激发党员创伟业、干部创事业的同时默化影响农民创家业的思想意识，推动岔河经济社会又快又好发展。五个教育内容包括：一是学习政策理论；二是宣传法律法规；三是培训实用技术；四是传承彝族文化；五是开展爱乡教育。比如在传承彝族文化方面，教育党员及要求党员教育身边的村民传承勤劳、淳朴、善良的彝族传统美德，对外弘扬能歌、善舞、会艺的彝族优秀文化，把最动听的彝家山歌、最优美的彝家舞蹈、最漂亮的彝家刺绣、最精致的彝家月琴、最神秘的彝家姑娘房、最纯真的彝家羊角酒传承下去，作为彝族文化大力弘扬献给子孙后代、八方宾客。四个教育方式包括：一是参观考察；二是入户访谈；三是互动参与；四是专题讲座，比如专题讲座方面的内容是开展党员电化教育、远程教育、专题讲座等素质教育培训，积极学习发达地区的新做法、新经验，引导党员、干部善于内外比较找差距，切实感受发达地区党员、干部的新理念，激发不甘落后的积极进取精神。四个具体的教育措施包括：一是建立党员活动阵地；二是建立远程教育阵地；三是建立师资共享机制；四是建立外出学习制度，例如外出学习制度包括了定期组织党员、干部到发达地区参观考察学习，感受发达地区日新月异的变化，促进农村党员、干部解放思想、更新观念，推动工作开展、生产发展等。通过对党员及干部的以上培训，不但党员思想观念和行动有了较大的良好变化，同时也默化影响了周围的村民，让村民也积极投入到生产改造和自我学习的行动当中。

基层党组织“手拉手”结对共建活动是南华县进行的一项创新式扶贫行动，从2007年11月开始实施，目的是为了实现城乡基层党组织优势互补、相互促进、共同提高，根据南华县70个机关党总支（支部）、26个事业单位党总支（支部）、32个企业党总支（党委、支部）与128个村（社区）党支部（总支）结成“手拉手”共建对子的方法，岔河村党总支与县政府机关党总支政府办党支部结成“手拉手”对子，通过结对互助，岔河村党员队伍先锋模范作用更加突出，强化村委党组织建立了更加坚强的党组阵地、凝聚了党员的人心、促进了岔河村的和谐。比如在聚党员人心方面，县财政从2008年起每年为每个农村党员安排50元教育培训经费；农村老党员定补年龄从70周岁放宽到65周岁，每人每月领取20元等。

以上这些是近几年特别是新农村建设后的党员教育活动情况，从这些党员教育活动中可以切实看到其本身的作用以及党员对村民群众的默化影响。据岔河村委的干部说，在可预见的近些年，党员教育将会抓得更紧更好，目的都是想通过党员的先锋模范作用潜移默化地影响周围乃至整个岔河的村民，让岔河的经济社会持续、稳定地发展下去。

（四）本章小结

本章共分为三节内容，主要描述了岔河村关于基础设施、医疗保健和文化教育方面的基本情况，基础设施方面包括四部分：交通情况及道路硬化、住房及相关建筑、电力电信邮政状况和水利、防火、防震设施。医疗保健方面包括五部分：医疗及相关管理机构、流行性疾病及本土疗法、乡村医护人员培养、妇幼保健和村落环境与个人卫生。文化教育方面包括四部分：文化体育活动、学校教育、村民技能培训和党育及其默化教育。

交通及道路硬化方面主要描述了新农村建设过程中所进行的村间道路改造、停车场建设、运动场建设，通过今昔对比可以了解到过去的岔河交通情况以及当前的交通设施状况；住房及相关建筑主要描述了岔河村村民住房、关养牲畜房、学校、政府、农家乐建筑、公共厕所、土主庙、草顶房及建筑墙面设置等基本情况；电力电信邮政状况方面主要描述了岔河电网改造、“数字乡村”工程、转星工程、邮政的基本情况；水利、防火、防震方面主要讲述了饮用自来水建设、农田放水沟渠、防汛抗旱、村间防水、森林防火、抗震设施方面的基本情况；医疗及相关管理机构方面主要介绍了村卫生所及相关直接上级部门在岔河进行的工作情况，同时也简单介绍了村间的中医情况；流行性疾病及本土疗法方面主要描述了岔河村民常见的疾病及相关治疗方式；乡村医护人员培训方面简单介绍了岔河医护人员的进修渠道及培训相关内容；妇幼保健方面主要介绍了当前及过去岔河村妇女、儿童方面的保健措施及一些错误保健方法的纠正；村落环境与个人卫生方面主要介绍了岔河村公共卫生管理条约和实施情况以及村民个人卫生方面的今昔对比情况；文化体育活动方面，主要描述了近年来岔河村组织传统节日，如火把节和春节的基本情况，以及由政府主导的新时代文化娱乐活动情况；学校教育方面主要描述了岔河村小学基础教育的今昔对比状况，同时也简单介绍了岔河村初中及以上教育状况；村民技能培训方面主要介绍了近年来由政府主导的农用技术培训活动以及劳动力转移培训；最后，党育及其默化教育方面主要描述了2006年后至今的党员教育培训活动及其影响。

八、经济制度

经济制度主要包括三方面的内容：第一是社会的所有制结构，第二是这个社会所施行的经济体制是计划经济还是市场经济，第三个方面是讲这个社会创造出来的财富按照什么原则来分配。本章前三节主要从以上三方面来介绍岔河村的经济制度，并按照新中国成立前、土地改革时期、合作制时期、集体制时期到家庭联产承包制时期的顺序，分别讲述不同历史时期的经济制度及其变化发展。最后一节，我们将从具体管理制度上阐述岔河村的经济制度。

（一）新中国成立前的经济制度

1949年之前，岔河村处于封建地主制阶段，也就是说地主和富农占有绝大部分土地和生产资料，农民只能靠租种土地取得微薄的收入，还要缴纳沉重的地租和赋税，并受高利贷剥削，农民苦不堪言。

1. 所有制结构

所有制结构是经济制度的一个重要方面，一个阶级拥有的生产资料的多少决定了这个阶级的生产地位。而农村的经济基础是土地，土地的所有、占有和支配关系直接影响着农业生产活动。因此，这部分主要围绕岔河村的土地所有制结构进行介绍。除土地外，牲畜和劳动工具也是生产资料的一部分，同土地所有制一样，当时大部分牲畜和生产工具也被地主和富农占有，贫农只占有部分生产资料。

（1）土地所有制

岔河村在清朝至民国时期的土地制度是封建土地制度。土地分为民田、官田、学田、籍田、屯田、司田、僧田、公田8类，绝大部分都被剥削阶级所占有。根据1952年核实统计：土地改革前，全村地主、富农合计户数不到9%，却占有30%以上的土地；雇农、贫农合计户数占一半以上，而仅占有土地27%，土地分配极不均衡；如若按户均拥有的土地计算，地主为贫农的11.81倍，为雇农的134.81倍。[①]

当时的土地分为三个等级：上则田，中则田和下则田。规定土地按等定产，按等交租。以现行的亩产量折算，各等级土地的产量和交租量是："上则田600斤，交租360斤，占60%；中则田产360～430斤，交租210～240斤，占50%～60%；下则田产150～200斤，交租90～110斤，占55%～60%。"[②]在封建土地所有制下，农民拥有的粮食非常少，绝大多数的粮食都归地主所有。"1949年地主人均有粮2491斤；贫农和雇农人均分别为231斤和88斤；地主为贫农的10.78倍，为雇农的28.31倍。"[③] 贫苦农民还受苛捐杂税、高

---

① 南华县志［M］．昆明：云南人民出版社，2006：229.

② 南华县志［M］．昆明：云南人民出版社，2006：357.

③ 南华县志［M］．昆明：云南人民出版社，2006：346.

利贷和夫役、兵役之苦。

新中国成立前，农民备受地主阶级的压迫，“为谋生计走夷方”的人很多，遇到灾荒年份，“民掘观音土为食，多胀死者”的情况常有发生，因此生产和生活都没有得到很大的发展。

（2）林权制度

新中国成立前岔河村的林地大部分都是私有的，约占 80%，村族公有约占 20%；县道和县城周围的林木归县城管辖。森林多为地主占有，有一部分族山、村山，多是水源林；农民占有的山林极少。私有林中，约 70% 属地主，仅有 30% 属劳动人民。公有山林中，国有的很少，多属村山、族山（包括祠堂、庙宇、坟山林）、水源山和风景林。

2. 经济体制

新中国成立前的岔河村由于地主阶级的剥削和生产技术的落后还处于自给自足的自然经济状态，所生产的产品基本只够满足个人的需求，但也存在少数的商品交换。因此，新中国成立前，岔河村的经济是以自然经济为主体，商品经济并存的状态。

3. 财富分配制度

财富的分配原则一般有按资分配和按劳分配两种：按资分配是指资本方通过自己的有效投资，资产可以以数量级的方式进行增长，而且无上限。这是具有剥削本质的；按劳分配是按照个人提供给社会的劳动的数量和质量分配个人消费品的方法，是分配个人消费品的社会主义原则。

封建地主制时期的财富主要掌握在地主阶级手中，这一时期的财富不是按劳分配，而是按资分配。地主阶级和富农拥有绝大多数的土地等生产资料，他们通过对贫农、雇农的剥削来获得财富。农民整天起早贪黑地干活，只能得到微薄的收入，而地主基本上不用干活，就可以获得高额财富，这违背了“按劳分配”的客观规律。少数人掌握着大部分的财富，导致社会贫富差距巨大，是经济不能平衡发展的重要制约因素。

（二）土地改革、合作制、集体制的经济制度

新中国成立后，中国彻底结束了封建地主制，逐渐向社会主义制度转变。改革开放以前，中国农村主要经历了土地改革、合作制、集体制三大历史时

期。在这三个时期中，中国农村的经济发生了翻天覆地的变化，岔河村也在党的正确领导下，步入了社会主义新时期。

1. 所有制结构

新中国成立后农民不再受地主阶级的剥削，拥有了自己的土地和生产资料，开始进行自主地生产，农业经济因此得到较好的发展；后来为深化社会主义改造，实现共产主义，开始进行合作制经济，形成互助组，大部分生产资料归集体所有，经济发展迅速；1958 年开始搞人民公社，由于要求过高、步子过快、工作过粗、脱离实际情况，严重影响了岔河村的生活和经济。

（1）土地改革时期的所有制结构（1951—1953 年）

岔河村的土地改革从 1951 年末开始到 1953 年初结束。《土地改革法》颁布之后，岔河村并没有立即实行，一是因为各民族社会发展存在差异，另一方面是因为岔河村特殊的生产特点。当时提出要充分注意照顾少数民族地区的特殊条件，实行适当的政策，本着“慎重稳进”的方针，遵循“稳、宽、缓”的原则；依靠少数民族群众的觉悟和意愿，自觉进行改革。

①土地改革时期的土地所有制

土地改革将地主和富农的土地分配给农民，消灭了地主阶级，彻底推翻了封建土地制度，使农民翻身做了主人，为农业经济发展提供了基础。岔河村正式实施土地改革是在 1951 年 12 月 18 日，县人民政府发布布告，宣布在全县实行土地改革，并在县城召开群体大会，举行土改游行示威；接着成立县土地改革委员会，并派出了土改工作队，指导乡政府开展工作。全县的土地改革工作由点到面分两批进行。岔河村当时属于文笔区，是第一批改革的对象，从 1951 年 12 月开始，经过六个月的大力整治，基本完成了土地改革。1953 年春季经过复查后颁发了土地证。在土地改革中，岔河村按政策规定，没收征收了地主、富农、小土地出租、祠堂、村族、学校出租的土地，占当年总耕地的 41.25%。所没收土地和财产全部按政策分配，实现了“耕者有其田”。表 8－1 为土地改革前后，土地所有权对比表。

表 8－1　**土地改革前后岔河村土地所有权对比**　单位：亩

阶层名称	土改前		土改后	
	户均土地	人均土地	户均土地	人均土地
雇农	0.48		4.94	1.51
贫农	8.47	0.83	9.2	1.66
中农	8.87	1.86	11.15	1.8
富农	16.37	2.24	13.75	1.91
地主	64.71	9.27	8.63	1.28
小土地出租	9.75	3.13	5.98	2.19
合计	9.6		9.76	

②土地改革时期的林权制度

新中国成立初，林地的所有权大部分都在地主手上，直到1952年，在土地改革的推动下没收地主山林，分给贫下中农，县人民政府发给土地证。土地改革结束时，全民所有制山林占10%，集体所有制公山占20%，农民分到的山林（个体所有）占70%。

（2）合作制经济时期的所有制度（1953—1957年）

土地改革结束后，为进一步加强社会主义改造，开始实行合作制经济。合作制经济是社会主义过渡时期的经济制度，它既保持了个体经济的积极性又保证了劳动互助的积极性。岔河村的合作制经济开始于1953年底，结束于1957年。合作制经济包括：农业合作化、手工业合作化和资本主义工商业合作化。

①农业合作化

农业合作化经历了互助组、初级农业生产合作社、高级农业生产合作社三个历史进程。

②手工业合作化

手工业合作化形式，是由手工业生产合作小组、手工业供销合作社到手工业生产合作社，步骤是从供销入手，由小到大，由低到高，逐步实行社会主义改造和生产改造。

③资本主义工商业合作化（和平赎买政策）

（3）集体制经济时期的经济体制

和全国其他地区一样，岔河村集体制经济时期开始开展人民公社运动，实行"政社合一"的体制，也就是所谓的"一大二公"。"大"是指大规模，原来一二百户规模的农业生产合作社被合并成拥有四五千户的人民公社；"公"是指公有化程度高，原来经济条件各不相同的农业生产合作社被合并以后，主要财产归人民公社所有，收入在全国范围内统一核算和分配。

2. 经济体制

20世纪50年代初，经济体制开始发生变化，由新中国成立前的自然经济和商品经济开始逐渐转变为社会主义计划经济，为实现共产主义，对生产、资源分配以及产品消费事先进行计划。土地改革时期仍然是实行市场经济，1953年，中国从不发达的市场经济或准市场经济向计划经济过渡，1956年全面建立计划经济体制，岔河村也不例外，本书不再涉及。

3. 财富分配制度

与全国各地一样，这一时期的财产分配制度由以前具有剥削性质的按资分配制度逐步过渡到了生产资料社会主义公有制下的按劳分配制度。

（三）改革开放后的经济制度

改革开放是中国经济制度的一次重大变革，首先它改变了土地所有制结构，实行家庭联产承包制，其次它改变了经济体制，将原来的计划经济改为社会主义市场经济。这一时期的分配制度仍然是按劳分配，但由于市场经济，导致贫富差距加大，大部分资金开始流入少部分人手中，再加上股票、债券、基金等金融工具的逐步发展，许多人开始投资证券，成为不具有剥削性质的资本所有者，因此，改革开放后期的财富分配制应该是按劳分配与按资分配两种分配方式并存的分配制度。

1. 所有制的变革

改革开放以前，土地实行的是集体制，使用权和所有权全都归集体所有，改革开放后，土地开始实行家庭联产承包责任制，把土地分产到组、分产到户。家庭联产承包是在保留集体经济必要的统一经营的同时、集体将土地和其他生产资料承包给农户，承包户根据承包合同规定的权限，独立做出经营决策，并在完成国家和集体任务的前提下分享经营成果、一般做法是将土地等按人口或劳动力比例根据责、权、利相结合的原则分给农户经营。家庭联产承包制并没有改变土地的集体制，而是把土地的使用权交给农民。让农民经营管理，农民只需要“交够国家的，留足集体的，剩下的都是自己的”。承包户和集体经济组织签订承包合同。

(1) 生产资料所有制的变革

改革之前，从1953年政府全面实行粮食等农产品的统购统销开始，一直都是计划经济。在此期间，有过多种形式的经济制度。

首先是包工到组，即由生产队规定一定时期内必须完成的作业数量和质量以及完成后应得的报酬，包给作业小组，生产队按承包者完成任务的好坏分别给予奖惩。这种形式虽然能一定程度上克服评工记分的平均主义缺点，但由于有些农活质量难以检查和保证，实践中不易操作，于是出现了联系产量计算报酬的农业生产责任制，即包产制。

包产制主要包括包产到组、包产到户、包干到户等形式。包产到组是由生产队将一定生产项目包给作业组去完成，作业组对质量承担责任，产品交生产队统一分配，超产得奖，管理不善受罚。包产到户则是以户为单位承包一定的生产任务，劳动成果中包产部分统一分配，超产部分全部或部分作为奖励承包给社员。1978年12月，县委、州委在五街公社马龙河大队花塘生产队总结当年包产到户，粮食产量由上年21048斤提高到32709斤，增产64.3%的经验，并在面上推广。包干到户则是将土地、牲畜、农具等固定到农户，农户独立完成全部生产过程，劳动成果除完成国家征购任务和交足集体提留公共积累外，剩下全部为农户所有。这种方法简便，利益直接，深受广大农民尤其是贫困农民的欢迎。

1979年初，县委在文笔公社斗山大队邹家生产队搞联产责任制试点，推动面上开展多种形式的生产承包责任制。当时承包的内容多为一年或一季的“四定三包”（即在确定土地、劳力、措施、奖惩的前提下，实行包产、包工、包成本），有的包到组，有的包到户，也有部分作物或土地到组到户，形式不一。年底，全县1464个生产队中，包产到组679个，占46%；包产到户137个，占9%；部分作物包产到组230个，占16%；不承包或包工不包产的418个，占29%。1983年，全县1534个生产队全部实行联产承包责任制承包，并不断完善为定土地、定产量、定上交任务到户的责任制。“大包干”中定土地的办法是：地分坐落，好坏搭配，按人平均承包的户，多年不变；再按各户承包的面积确定作物的产量和上交任务，有特殊情况的分年调整，分年上交任务合同，甲（生产队）、乙（社员）双方按合同办事。“大包干”后，生产队仍然是集体经济组织，上级领导和有关部门对农业的领导和服务工作，由生产队贯彻落实到户。1981 年下半年后，集体牲畜（包括役畜）一律“折价到畜，按人分配，牲畜归已，价款逐年偿还”，落实到户饲养；原集体所有的大农具、机具和仓库、畜厩、烤房等设备，也按质折价，分配到户使用或出售。

(2) 林地所有权制度的变革

联产承包在林权公有制的基础上，将林地划分到户，把林地的使用权转让给农民。这一时期实行林业三定，即稳定山林权、划定自留山、确定林业生产责任制。1982 年 2 月，县成立林业“三定”领导小组，在文笔区岔河大队试点，并从县、公社、大队、生产队抽调干部，各公社（龙川镇除外）、大队、生产队开展林业“三定”；9 月 20 日，“三定”工作结束，全村稳定山林面积为 145.3663 万亩，颁发林权证 7.647 万份，划得 1.5284 万自留山，面积 7.0523 万亩；有 1303 生产队建立和健全林业生产责任制，占有林队的 95.8%。

1983 年 7 月，县人民政府转发《关于划分“自留山、责任山”若干问题的暂行规定》，全县抽调干部、职工 738 人组成工作队，于 7 月 4 日在全县全面开展工作，9 月 20 日结束，划分了自留山，给生产队社员填发自留山使用权证；对责任山野进行了划分，落实大队管理公山（水源林），落实集体共同管理的责任山，给社员划分牧草山；给学校划分柴山；划分水源林；划分给水库、坝塘管理所管理的山林。在划分“自留山、责任山”时，划出国有林，归集体经营。

表 8-2　**1985 年文笔区各种林场林业用地统计**　单位：亩

文笔区林地面积	人均面积	有林地面积	疏林地面积	灌木林面积	未成林面积	宜林地面积
309465	9.15	40845	51615	153645	153645	61980

其中用材林占有林地面积 50.76%，防护林占 48.5%，薪炭林占 0.04%，经济林占 0.6%；珍稀植物有香樟、红椿、樱桃、楸木、铁核桃、孔雀杉等；中草药有茯苓、党参、黄连等；林副产品有鸡枞、木耳、香菇、松茸、松子、杨梅等；珍稀动物有鹿、獐、猴、穿山甲、孔雀等。

1984年，木材实行“购七留三”政策，70%作为统配材交售林业部门，30%作为留成材；国营生产的规格材90%交国家统配，10%作为留成材，留成部分由林农自主处理；取消通行证，改为木材采伐上市出售证，林农凭证上市和加工半成品或成品木材销售。1985年，执行中央（1985）1号文件，县人民政府决定：自1月起，木材退出统购派，实行议购议销，开放木材自由市场；3月，根据省林业厅《关于实行木材运输证明的通知》，对木材交易实行“三证”管理（凭证采伐，凭证运输，凭证销售）。

2. 经济体制的变革

1978年后，国家取消了统派统购的制度，开放了农副产品价格，恢复农村集市贸易，改变了单一的流通渠道，逐渐走上了社会主义市场经济的体制。这些改革措施基本上是在不触动计划经济体制框架的前提下，通过政策调整向农村基层组织和农民放权让利，以此来激发生产经营者的积极性，并实现短期的政策目标。

（四）经济管理制度

经济管理制度也是经济制度的一个重要方面，前面三节主要是从宏观的角度来阐述经济制度，这一节我们将从微观方面，也就是从具体操作方面来介绍岔河村的经济制度。经济管理制度是指对一个地区的收入支出管理以及资源财产的管理，包括了农民负担的管理、土地的管理、林政的管理和财务的管理，由于土地管理等制度在其他章节有涉及，所以这里重点对农民负担管理进行介绍。

自2006年农村税费改革后，取消了乡统筹费、农村教育集资等专门面向农民征收的行政事业性收费和政府性基金、集资和屠宰税。农民不用再缴纳农业税、农业特产税。农民的负担大大减轻，基本上主要是“一事一议”筹资筹劳、义务教育收费、公费订阅报刊费用。

（1）“一事一议”筹资筹劳的管理制度

“一事一议”筹资筹劳必须是对兴办农民直接受益的生产生活等公益事业，必须经民主程序确定，由农民自愿出资、出劳。“一事一议”主要用于村级农田水利基本建设、村内街道和生产道路修建养护、植树造林、人畜用水设施维护以及村民认为需要兴办的其他集体生产生活公益事业项目。

“一事一议”筹资筹劳的预算原则为“无事不筹，有事慎筹”。每年年初两委对群众提出需兴办的事项进行梳理，从本村实际出发，区别轻重缓急，确定当年所办项目。项目确定后，要对整个项目的实施编制预算方案，需要多少筹集多少，但不能超过国家或当地筹资筹劳的上限。筹资筹劳方案须经2/3以上村民或村民代表会议讨论通过后，报乡镇政府审核，经县（市、区）农民负担监督管理部门批准后实施。经批准后的筹资筹劳工程建设实行议标或招标，工程完工后进行决算和审计。

（2）农村义务教育收费管理制度

由政府兴办的农村小学和初中（含义务教育阶段的特殊学校及特教班）全部执行各省政府制定的“一费制”收费办法和标准，全部免除农村义务教育阶段学生学杂费。除此之外，学校不得再向学生收取其他任何费用。个人、部门和单位不得通过学校代收税费，也不得向学校摊派各种费用。

另外，对贫困家庭学生免费提供教科书并补助寄宿生生活费，实行“两免一补”。“两免”实施范围和对象为：一是21个国家扶贫开发工作重点县农村义务教育阶段家庭经济困难学生、特教生；二是全省义务教育阶段中，持有当地民政部门颁发的特困证（卡）、低保证的农村特困群众和城市低保户的子女。“一免”（即免费提供教科书）实施范围和对象为：21个国家扶贫开发工作重点县和农村特困群众子女以外的农村义务教育阶段家庭经济困难学生。

（3）农村公费订阅报刊费用限额制

乡镇、行政村和农村中小学严格执行公费订阅报刊的限额标准。每个乡镇公费订阅报刊占上年财政支出的比重不得超过0.1%；村级组织公费订阅报刊每村每年不得超过800元，省级贫困村公费订阅报刊每村每年不得超过500元；农村中心小学（包括完小）公费订阅报刊每年不得超过800元，其他农村小学或教学点公费订阅报刊每年不得超过500元。公费订阅报刊在限额范围内首先要订阅党报、党刊，任何部门和单位都不得借助行政手段和管理权限，向村集体和农民个人强行摊派和征订报刊，不得层层分派指令性征订指标或者以此作为考核评比条件，不得以回扣或代扣方式促订促销。

（4）责任追究

纪检监察机关和农民负担监督管理部门要按照《中共中央办公厅、国务院办公厅关于印发〈关于对涉及农民负担案（事）件实行责任追究的暂行办法〉》（中办发〔2002〕19号）规定，对因加重农民负担引发恶性案件、严重群体事件或造成重大影响的其他案件的，依照规定追究党政领导和有关责任人的责任。

（五）本章小结

经济制度是一国经济的根本，经济制度制约着经济的发展形式、发展方向以及发展速度。任何经济行为都只能在规定或特定的经济制度下进行。因此，经济制度决定了一国的经济发展水平。

岔河村与我国各个地区的经济制度大体相同，都经历了封建制、土地改革、合作制、集体制和家庭联产承包制几个时期。这是由我国国情决定的，封建制是统治了我国2000多年的经济制度，它的主要特征是地主阶级占有绝大部分生产资料，靠租借土地和收缴田赋来剥削农民，社会财富是按资分配，拥有的生产资料越多，分配到的财富也越多。直到外强的入侵，中国才从闭关锁国的梦中惊醒；在中国共产党的领导下，经过无数场浴血奋战，无数救国英雄抛头颅洒热血，新中国终于重新站起来了；为了解放生产力，推翻封建地主阶级，新中国成立后的第一件事就是进行土地改革，改变了土地所有制，将地主的土地分给农民，使农民自己享有生产果实，社会财富不再是按资分配，而是按劳分配，劳动越多，获得的财富越多，这是中国由新民主主义向社会主义过渡的时期。新中国成立以来，中国一直在探寻如何发展社会主义道路，从互助组到人民公社运动，再到“文化大革命”，中国经历了曲折的三十年。直到1978年，中国寻找到了一条结合我国国情的经济政策——改革开放。改革开放正式确立了我国现行的基本经济制度，即以公有制为主体，多种所有制共同发展的社会主义市场经济。这一经济制度的确立结合了我国的具体国情，公有制是社会主义经济制度的基础，对发挥社会主义制度的优越性，增强我国的经济实力、国防实力和民族凝聚力具有关键性作用。公有制也是实现人民富裕的保障；而非公有制经济对我国社会主义市场经济发展也有积极的作用。

九、经济政策

经济制度是一个长期的管理制度，但是，短时期的经济管理还必须依靠经济政策的调整。经济政策能顺应时代发展，及时解决当前问题，以保证经济的正常、稳定发展。目前“三农”问题是我国比较重大的经济问题，中国作为一个农业大国，“三农”问题关系到国民素质、经济发展，关系到社会稳定、国家富强。近年来，我国出台了很多关于解决“农业、农村、农民”问题的政策，包括发展政策、社会保障政策、帮扶政策、福利政策以及救济政策。这些政策的实施，保障了岔河村的基本生活，减轻了农民的负担，促进了经济的发展，提高了村民的素质，有效地缓解了“三农”问题。

（一）发展政策

为了减轻农民负担，增加农民收入，发展农村经济，我国出台了很多惠农政策，主要有减轻农民负担政策、加强基础设施建设政策、拓宽农民增收渠道政策和加强精神文明建设政策。

1. 减轻农民负担政策

在中国农村的发展中，农民负担过重一直是影响农民增收的重要因素，要发展生产力，必须减轻农民负担。为解决这一问题，我国进行了农村税费改革。

岔河村实行税费改革是在2003年，改革以前农村税收实行“三提五统”，税费逐年递增，而且负担卡外还有负担。不仅如此，票据也很混乱，“五花八门”的都有，有时票据上只有收款金额没有收款项目，有时甚至连票据都没有，农民也不知道负担到底从何而来；税费改革后，不仅取消了多项税收，增加了种粮补贴，还把以前的“负担卡”改成了“明白卡”，让农民对自己的负担来源一目了然。

经过几年的改革，岔河村全面完成了农村税费改革，从以前的税费繁重到现在的政府补贴，农民的负担明显减轻，遏制了农村乱收费、乱罚款和各种摊派，减负幅度达到30%以上。与此同时，中央和地方财政加大了对基层改革转移支付力度。

岔河村在坚持“减轻、规范、稳定”的原则上，逐步建立规范的农村税费制度，保护和调动了农民的生产积极性，推动了乡村机构、义务教育等农村各项改革，促进了农村经济持续健康发展和农村社会的长期稳定。

2. 加强基础设施建设政策

基础设施的建设是农村发展的先决条件，只有把基础设施建设好了，农民有了基本的生活保障和良好的生活环境才能更好地发展，创造更多的价值。

根据新农村建设的要求，岔河村开展了以“治五乱”为主要内容的村容村貌整治行动，清除路障，硬化道路，净化道路，美化墙体，绿化村庄，使大多数自然村旧貌换新颜。

通过县财政补助、集体投入、群众自筹及投工投劳折资等共投入了资金82480元，进行了“村容整治”及提升村民文明程度的服务技能培训。

岔河村在美化亮化过程中注重保持彝族民居风格，抓好以民居改造，畜厩搬迁，停车场、垃圾池、人畜饮水工程建设及村庄道路硬化、改厕改灶等为主要内容的基础设施建设，保留了“姑娘房”、垛木房等特色建筑，修复了寨门，兴建了跳歌场，通过图腾、彝族绘画、彝族文字等进一步突出了彝族特色。

岔河新农村示范带启动建设以来，共建跳歌场4个、厕所10个，文化活动室650平方米、风车7台、水车7台、水碓13副、篮球场1个，村内道路硬化6750平方米，居民墙体装饰5.4万平方米，畜厩搬迁改造1632平方米，人畜饮水管线建设7000米。通过改善基础设施，岔河村村民们有了基本的生活保障，用水用电都十分方便，村间道路也得到了改善，而且整个村庄的环境也更加优美了。以前人畜都是合住，厕所也不卫生，经过整治之后，人畜分离了，厕所也洁净多了。这些变化不仅是表面的，村民自身的卫生意识和环保意识也得到了提高。经过整治之后，村民的生活水平提高了许多，开始向更高的层次发展了。

3. 拓宽农民增收渠道政策

（1）主要内容

拓宽农民增收渠道，要充分挖掘农业内部增收潜力，按照国内外市场需求，积极发展品质优良、特色明显、附加值高的优势农产品，推进“一村一品”，实现增值增效。要加快转移农村劳动力，不断增加农民的务工收入。鼓励和支持符合产业政策的乡镇企业发展，特别是劳动密集型企业和服务业。着力发展县城和在建制的重点镇，从财政、金融、税收和公共品投入等方面为小城镇发展创造有利条件，外来人口较多的城镇要从实际出发，完善社会管理职能。要着眼兴县富民，着力培育产业支撑，大力发展民营经济，引导企业和要素集聚，改善金融服务，增强县级管理能力，发展壮大县域经济。

（2）具体措施

①发展主导产业。

发展特色产业就是要培育壮大主导产业，岔河村耕地较少，林地较多，畜牧业和种植业是当地的主导产业。因此，必须加快建设优势农产品产业带，积极发展特色农业、绿色食品和生态农业，保护农产品知名品牌；大力发展畜牧业，扩大畜禽良种补贴规模，推广健康养殖方式，安排专项投入支持标准化畜禽养殖小区建设试点。发展这两个特色产业，不断创新培育新品种是增加农民收入的关键。

第一，发展种植业。岔河村大力发展核桃种植，规范和完善野生菌资源的开发、保护和利用。通过进行对野生菌开发、保护、利用的宣传和培训，2006 年岔河村野生菌采集量达 22840 公斤。岔河村积极推广核桃嫁接技术，2006 年核桃种植面积已达 6300 亩，总产量 16000 公斤，核桃产业成为该村经济增长、农民增收的又一大亮点。2007 年岔河村林业总收入达 385400 元。

第二，发展养殖业。2007 年，为建设好“咪依噜风情谷”特色养殖示范点，岔河村畜牧业和饲草饲料的“十一五”规划生产分配指标如下：

表 9－1　**岔河村畜牧业“十一五”规划生产分配指标**　单位：头（只）

	存栏	出栏	商品
生猪	1100	1540	1030
大牲畜	900	480	4600
羊	2900	2000	1800
家禽		15000	

表 9－2　**岔河村饲草饲料的指标**　单位：人、%

饲料饲草	冬季黑麦草	青贮饲料	氨化饲料	配合饲料
指标量	30	750	250	15
占全镇总指标比例	1.36	1.89	2.89	1.16

岔河村充分利用楚雄黑山羊品牌和龙川镇纯种努比羊胚胎移植的成果，采取“集中管理，分户养殖”的模式，发展黑山羊养殖产业。2006 年黑山羊出栏 2000 只，产肉量达 35 吨。2007 年岔河村畜牧业总收入达 2569160 元。

产业结构的调整使农村更好地发挥自己的优势产业，并促进了新型产业的发展，为农村经济的发展指明了正确的方向，增加了农民的经济收入。从宏观上讲，是经济协调发展的重要方式。

②开发新型产业。

新农村建设以前，岔河村的经济一直以农业为主，经济比较落后。由于岔河村交通区位明显、自然条件优美、水资源条件好、林下资源丰富、乡风民俗淳朴、民族风情浓郁、彝族文化底蕴深厚等潜力和优势，被选为新农村建设试点，开发岔河村从未开辟过的产业——旅游业。

2006 年 3 月，县委、县政府确定小岔河丫口村为新农村建设示范带，同时也是“群星文明工程”示范点，抽调了相关人员驻点帮助指导。2006 年 10 月，岔河新农村示范带全面启动，南永公路沿线的 6 个村民小组同期开展新农村建设，集中力量打造南华“咪依噜风情谷”，岔河新农村示范带地处南永公路沿线，全长 7 公里，涉及岔河村委会 6 个村民小组，205 户，901 人，沿线村民均为世居彝族，整条河谷民风淳朴，生态良好，环境清幽，保留着传统的彝族歌舞、服饰、刺绣以及生产生活方式，热情的“拦门酒”、古朴的喇叭迎宾调、神秘的“姑娘房”、传统的风味菜、清醇的“羊角酒”、动人的原生态山歌、奔放的“左脚舞”等，洋溢着浓郁的民族气息。

在政府和村委会的大力支持下，自 2006 年 4 月小岔河丫口村率先发展乡村旅游以来，至今共有“七家杀猪饭”，“小酒飘香”、“脚楼寨”、“起家大院”、“彝人客栈”等 11 个乡村旅游接待点（其中 2 个设住宿服务），71 户农户 323 人参与经营，从业服务接待人员达 178 人。从 2005 年 4 月至今，接待了部分来自中国香港、中国台湾及美国、英国、法国、加拿大、日本的国外游客，并接待了上海、广东、湖南、北京、深圳等地的外省旅游团，共接待游客近17万人，实现营业收入200余万元。其中：小岔河丫口村5户农户于2006年4月26日联合经营农家乐，启动时户均收入约7000元，实行共同经营、按户平均分配利润的管理模式，至今共接待游客约7万人，营业收入约110万元，户均纯收入超过8万元，全村25人人均纯收入达16000元，比开展新农村建设前增长7.7倍；今年刚起步的“起家大院”，5户参与农户均实现纯收入13000元，人均纯收入达3000元，比开展新农村建设前增长160%；“七家杀猪饭”7户户均实现纯收入25000元，人均纯收入达5000元，比开展新农村建设前增长285%。2008年上半年，岔河村新农村示范带6个村民小组实现农村经济总收入235万元、农民人均纯收入1260元，分别比上年同期增长62%、51%。

③先富带动后富。

2006年岔河村开始实行龙川镇的“农村致富先锋”培养计划，在实施过程中注重发挥“农村致富先锋”带领群众发展致富的作用，使“致富先锋”逐渐发展成为“带富先锋”。岔河村党支部在71名党员中遴选了16名党员作为“农村致富先锋”培养对象，组织他们学习相关知识，并从技术、资金、信息上给予扶持，提高他们的支付能力。16户“农村致富先锋”中，从事旅游业的有10户，种植业的1户，做彝族刺绣的2户，运输的2户，制作月琴的1户，通过一年多的培养，绝大部分家庭收入有了明显增加。如带领群众进行联合经营“农家乐”的党员周维兴家，去年纯收入达6万元；从事月琴制作的党员周兰芳家，去年纯收入近1.2万元；组织成立“岔河彝族刺绣协会”的党员周荣秀、周莲英两家，去年纯收入都在1万元以上；进行生猪养殖的周开贵家，去年纯收入近1.5万元。16户“农村致富先锋”年家庭收入均达1.8万元，人均4000元，是全村委会人均收入的2.6倍。

“致富先锋”也很好地发挥了带头致富的作用，利用他们的技术优势、信息优势、基础优势，传授经验，开展技术指导服务。

目前，全村参与发展乡村旅游业的党员已经达11人，许多党员家庭收入得到较大增长。从事养殖业的群众转变养殖方式，形成规模化养殖，全村养殖黑山羊在40只以上的已有42户。2006年，全村委会农村经济总收入、农民人均纯收入分别比去年增加176万元、297元，同比增长36%、21%。党员真正成了致富的“带头人”，带富的“领路人”，新农村建设的“开路人”。

(3) 实施效果

岔河村新农村建设工作按照州委、州政府“试点先行、稳步推进”和“抓百村建千村促万村”的总体部署，利用该村交通区位明显、自然条件优美、水资源条件好、林下资源丰富、乡风民俗淳朴、民族风情浓郁、彝族文化底蕴深厚等潜力和优势，大力发展农村经济，加强农村基础设施建设。2006 年被县委、县政府评为第三次民族进步先进集体和重点项目建设工作先进集体，被州妇联评为新农村建设巾帼示范村，2007 年被省委、省政府命名为第四批省级文明村，被省妇联评为新农村建设巾帼示范村，被州委组织部评为“彝州先锋走廊”建设十佳示范点，2008 年被州妇联评为州优秀妇女之家（学校），被州旅游局、州旅游协会授予民族文化生态旅游村，被国家评为 3A 级旅游景区。岔河一线新农村示范带建设所取得的成功经验，得到了各级党委、政府的高度评价和充分肯定。岔河一线新农村示范带的建成，在一定程度上提高了南华的知名度，逐步形成南华对外交流的一张名片。

（二）社会保障政策

1. 养老保险扩覆政策实施

目前我国农民养老意识比较薄弱，而且没有多余的资金购买养老保险，这就导致了老年农民的生活常常得不到保障。为了解决农民的养老问题，保障农民的晚年生活，我国出台了农村社会养老保险扩覆的政策。为认真学习贯彻“三个代表”重要思想，维护、实现和发展好农民群众的根本利益，贯彻落实党的十六大关于有条件的地方探索建立农村养老保险制度的重要精神，2006 年龙川镇下达了《龙川镇人民政府关于认真做好 2006 年农村社会养老保险扩覆工作和试点工作的通知》，岔河村积极贯彻党的政策，认真完成了扩覆指标任务。

2007 年 5 月起，岔河村将原有的“两证”换发为云南省劳动和社会保障厅统一印制的《云南省农村社会养老保险手册》。此外，2006 年参加农村社会养老保险，2007 年满 60 周岁可以领取养老金的，不用更换原有的“两证”。为了顺利推进农村社会养老保险试点工作，确保试点扩覆工作任务圆满完成，岔河村“两委”制定了如下措施：

第一，成立由村党支部书记、村委会主任为组长，村委会副主任、文书为副组长，村委会成员和各村民小组组长为成员的新型农村社会养老保险扩覆工作领导小组，具体业务由文书起贵才办理。

第二，试点扩覆工作实行村三职和大员包片包村。紫发忠负责：三家村、新房子、马鞍山；李天荣负责：小岔河、新村；罗忠发负责：陈官冲、飞家；起贵才负责：大岔河、芹菜塘 ；李雄负责：铺冲、阿噜碑起家、飞家。

2007 年龙川镇下达给岔河村的扩覆指标是 21 人。扩覆工作的重点是村委会三职及大员以及家属起好示范带头作用，开办农家乐的 67 户人员，必须每户参保 1 人，村组组长、副组长、妇女委员、党小组长也要积极带头。

2006 年 11 月 20 日，岔河村全面完成了龙川镇下达的指标任务，实现 50 人参加农村社会养老保险。占全村农业人口总数的 3.25%。参保人包括了小岔河、起家、李家、新村四个村民小组的村民，其中小岔河 21 人、起家 15 人、李家 8 人、新村 6 人。缴费方式均为分期缴纳，首付均 400 元，全部都由个人缴纳，未获得政府和集体的补贴。

2007 年经过村组积极宣传动员、召开户长会、动员村民积极参与，岔河村认真完成了新型农村社会养老保险的扩覆工作，参加保险的仍然是 2006 年参加养老保险的四个村，其中李家 5 人，新村 5 人，小岔河 5 人，起家 6 人。总扩覆人数为 21 人，占全村农业人口总数的 1.37%。

从以上数据可以看出，岔河村参加养老保险的村民并不多，最根本的原因是经济条件的限制，参加保险的都是家里相对比较富裕的村民，有些是村干部，组织上要求参加。此外，农民的养老意识也比较薄弱，有些村民手头有足够的钱却不愿意购买，认为没有必要。因此，要提高岔河村的养老保险扩覆面积，还应从以上方面入手。

农村社会养老保险制度建设中日合作项目，由国家劳动和社会保障部与日本国际协力机构合作，计划用三年时间，推进我国农村社会养老保险制度建设，引导部分乡镇、村组建立各种养老补助制度，逐步向社会养老保险制度过渡，解决参保农民的养老问题。项目选择了我国 7 个省市的 8 个县（市、区）进行试点，在今后三年时间内，中日项目执行单位将开展实地调查、政策研究、人才培训、基金管理系统开发和运行等一系列活动，支持试点地区进行农村社会养老保险制度的创新，不断提高业务管理能力和水平。做好这个项目，不仅对促进试点地区农村社会养老保险制度建设具有积极意义，而且对推进全国农村社会养老保险制度建设也将发挥积极作用。

2. 新型农村合作医疗政策实施

新型农村合作医疗制度是由政府组织、引导、支持，农民自愿参加，个人、集体和政府多方筹资，以大病统筹为主的农民医疗互助共济制度。建立新型农村合作医疗制度是新时期农村卫生工作的重要内容，是实践“三个代表”重要思想的具体体现，对提高农民健康水平，促进农村经济发展，维护社会稳定具有重大意义。

2006年新型农村合作医疗在岔河村实施，为使中央这一惠民政策落到实处，村卫生院积极配合村委会领导深入到每家每户做宣传动员工作。2007年全村应参加合作医疗350户，1537人，实际参加合作医疗339户，1406人，参合率91.47%。1—7月，共减免门诊患者453人，减免金额2106.45元，人均减免4.65元，住院补偿15人，共补偿13825.24元，以上两项共为患者节约医疗费用开支15931.24元。

合作医疗提高了农民抵御重大疾病的能力，保护了农村生产力，提高了农村居民健康水平，促进了农村经济和社会稳定发展。做好农村居民的基本医疗保障工作，满足农村居民的基本医疗保健需求，切实减轻了农民因重大疾病带来的经济负担，有效地防止了农民因病致贫、因病返贫现象的发生。

（三）帮扶政策

1. 城乡互助政策

为贯彻实施党的十七大提出的“建立健全城乡党的基层组织互帮互助机制”的要求，南华县在全县城乡基层党组织中开展了“手拉手”结对共建活动。围绕深化农村党的建设“三级联创”活动和实施“云岭先锋”工程“五好五带头”的目标要求，结合县、乡（镇）机关挂钩扶贫工作，全县70个机关党总支（支部）、26个事业单位党总支（支部）、32个企业党总支（党委、支部）与128个村（社区）党支部（总支）结成“手拉手”共建对子。这一政策是岔河村最近推出的比较有特点的帮扶政策。

岔河村党总支的结对共建单位是县政府机关党总支、政府办党总支。该村“手拉手”结对共建的范围是公路边7公里的村民，共203户，城里的有姚安县，武定县，楚雄州，昆明市，四川省等各县市、自治州、省内及省外的企事业单位。村委会负责登记村户的名单，城镇单位根据自己的意愿选择农村家庭进行结对。结对成功后，通过互留电话住址的方法进行联络。城镇单位与农村家庭间的活动都是自行组织，不受规定，一般城镇单位会资助农村家庭农具、农药、化肥、学费等方面的物质，更多的是帮助农村家庭寻找致富出路、进行技术培训、培养村民素质等。

“手拉手”结对活动还刚刚展开，虽然产生的影响并不很大，但已经初见成效，农村家庭在经济和生活上有了另一道保障，这也是“工业反哺农业”的一项有力举措，同时城乡关系也得到了进一步发展，为城乡共建提供了很好的基础。对于结对活动以后的发展趋势，村委会副主任罗忠发说道：“大部分结对户都会越走越亲，就像走亲戚串门一样，平时通过打电话联系，越走越亲。但也不排除有些村民素质太低的情况，使两家关系走入僵局。”

2. 放宽小额信贷政策

小额信贷扶贫是银行、财政、社会力量向贫困农户提供小额有偿有息的信贷资金，实行“有偿使用、小额短期、整贷零还、小组联保、滚动发展”的原则，并指导帮助支持贫困农户实现可持续发展的一种全新的扶贫方式。

岔河村发放小额信贷大力发展农家乐、核桃、黑山羊、野猪等产业。2007年度，岔河村发放第一批小额信贷总额为99000元，总共发放50户。其中，小岔河发放小额信贷户数有5户，新村15户，起家4户，铺冲4户，大岔河5户，每户发放金额为3000元。2008年度，岔河村发放第一批小额信贷总额为150000元，总共发放50户。其中，大岔河5户，新村15户，小岔河15户，起家5户，铺冲5户，飞家5户，每户发放金额3000元，农民在政策的扶持下也取得了很好的经济成效，生活水平有了较大提高。

（四）福利政策

1. 残疾人福利政策

残疾人福利，是国家和社会在保障残疾人基本物质生活需要的基础上，为残疾人在生活、工作、教育、医疗和康复等方面提供的设施、条件和服务。《残疾人保障法》中规定残疾人享有各项社会保障的权利。政府和社会采取措施，完善对残疾人的社会保障，保障和改善残疾人的生活。符合国家规定的残疾标准的残疾人，由县级残疾人联合会核发残疾人证。残疾人凭残疾人证享受国家规定的有关优惠和福利待遇。

(1) 主要内容

残疾人福利，是社会福利的一个重要项目。其主要内容和任务是：

第一，多渠道、多层次、多形式开拓残疾人就业门路，扩大就业范围，提供就业机会，保障残疾人的工作权利和自我实现的权利。主要体现在两个方面：一是对安置残疾人员就业达到一定比例的民政福利企业制订了税收优惠政策。二是保障残疾人在机关、团体、企业事业单位、城乡集体经济组织的就业率。

第二，大力发展残疾人特殊教育，提高残疾人的文化素质和自立能力。

第三，加强残疾人社会保障政策。

第四，开展立法、宣传和教育，保障残疾人的合法权益和提供特殊保护，呼吁社会尊重、关心和帮助残疾人。

第五，兴办残疾人生活、工作、教育、文化娱乐活动的设施及器材的生产。

第六，在社会事业的各个领域为残疾人提供优先服务和辅助性服务。

第七，鼓励对残疾人的社会捐助。政府有关部门和残疾人组织应当建立和完善社会各界为残疾人捐助和服务的渠道，鼓励和支持发展残疾人慈善事业，开展志愿者助残等公益活动。

第八，在农村合作医疗中，残疾人也享有相应的优惠政策。残疾人可免去合作医疗每年应交的10元，即残疾人可免费参加合作医疗。

(2) 实施情况

岔河村有残疾儿童3名；集中供养了一名64岁的视残者；当地低收入残疾人有36名，其中，绝对贫困的残疾人有18名，相对贫困的有18名。残疾类型包括肢体残疾、语言残疾、视力残疾、智力残疾、精神残疾。该村的残疾人身残志不残，仍然跟普通村民一样下地干农活，做手工，养家糊口。

村委会在各级部门和县残疾人联合会的领导下，也开展了很多扶助残疾人的活动。一是开展了有力的宣传活动，使《残疾人保障法》深入人心；二是了解残疾人的需求并提供帮助，对肢体残疾者提供拐杖、轮椅，对语言残疾者提供助听器，对视力残疾者提供盲杖、盲人表，对高龄残疾无生活能力的老人实行集中供养等。现起家的64岁老人起国荣在龙川镇养老院休养，衣、食、住、行等各方面都有了保障；三是进行教育培训，把残疾人适龄儿童纳入“普六”、“普九”规划，对残疾贫困学生减免学杂费。为成年残疾人举办就业培训班，邀请技术人员进行修理、刺绣、剪纸、果树嫁接等各方面的培训，使残疾人的就业得到保障。

2008年免费参加新型农村合作医疗的残疾人有24名，其中小岔河5名，大岔河4名，铺冲4名，新村4名，李家3名，芹菜塘2名，马鞍山1名，三家村1名。他们可以免费参加合作医疗，不用缴纳10元的入保费。

2. 老年人福利政策

根据《老年人权益保障法》，老年人依法享有的医疗待遇应得到保障。参加农村新型合作医疗且符合救助条件的“五保”老年人等贫困老年人，民政、卫生等部门应当按照规定帮助其缴纳个人应负担的全部或部分资金，并对参加新型农村合作医疗的70岁以上的老年人的医疗费用给予适当照顾。

农村“五保”老年人由县、乡两级人民政府组织实施供养。贫困老人去世的，殡葬服务机构应当减免其丧葬殡仪服务费。

2006年，岔河村办理《老年人优待证》的一共有31人。为体现对老年人的关爱和帮助，岔河村委会带着节日礼物热心慰问了退休干部31人，高龄特困老人74人，给老年人送去了节日的温暖。

岔河村老年人协会是村里60岁以上的老人组成一个协会的形式，老年人可以将心中的想法，或遇到的困难在协会的活动中进行交流甚至解决。老年人协会通过开会和组织集体活动的形式帮助老年人解闷、散心、解决问题，他们还可以通过协会提出自己的问题，协会反馈给村委会，村委会再尽量帮助他们解决。老年人协会还负责组织会员参加各种文娱活动，锻炼身体，学习教育，丰富老年人的生活。

另外，龙川镇还成立了龙川镇老干部管理办公室，加强对老干部的权益保障，进一步从政治上尊重老干部、思想上关心老干部、生活上照顾老干部。

（五）救济政策实施

1. 灾民补助政策

国家建立了针对突发性自然灾害的应急体系和社会救助制度。

2006年岔河村发生了春荒，政府立即拨专款发放春荒救济粮，共发放了30袋大米，450公斤。岔河村委会将这些救济粮发给了17户30人，每人获得救济粮15公斤。10月份，因暴雨袭击，导致农田毁坏，山体滑坡，政府又拨专款，发放给岔河村低保粮930公斤，救灾粮200公斤。岔河村委会将其发放给了房后山体滑坡的周义兴和李宗贵两家，周义兴领取95公斤救济粮，李宗贵领取105公斤。11月份又发放给100户受灾群众36364斤粮食，平均每户获得364斤粮食。

2006年12月，为了让村民能保暖御寒，岔河村委会给3户困难家庭各发了一床厚棉被，让村民寒冷的冬天感受到了党和政府送来的浓浓温情。2006年春节期间，岔河村委会给18户困难群众发放了救济粮600斤，救济款300元，使39人过上了圆满的春节。2007年2月，发放给11户受灾群众420斤粮食，250元救济款。2007年的夏荒，龙川镇又发放了300公斤粮食，共20袋，给受灾和困难群众，岔河村将这些救济粮发给了10户受灾群众。2008年2月，发放给13户受灾群众390斤粮食和420元救灾款。2008年6月发放给16户受灾群众480斤粮食。

2. 贫困家庭救济政策

扶持贫困户发展生产、治穷致富，是党的一项重要政策。贫困户的标准主要包括一年内每人平均的口粮和纯收入，目前执行的是口粮300公斤和纯收入500元。

岔河村2006年绝对特困户数量如下表所示：

表9-3　**岔河村2006年绝对特困户数量表**

小组	户数	人数
大岔河	1	6
三家村	1	5
新房子	2	8
马鞍山	1	6
飞家	2	9
铺冲	5	15
小岔河	4	12
新村	4	9
芹菜塘	1	5
李家	4	8
起家	2	6
合计	27	89

可以看出铺冲的贫困户最多，这主要是因为铺冲所处的地理位置比较偏僻，离公路比较远，只能依靠传统的农业获得收入，而且运输等方面存在很多困难。

岔河村公路边6个村民小组贫困户情况如下：

表9-4 **岔河村6个村民小组贫困户情况**

小组	户数	人数
三家村	4	18
马鞍山	6	19
新房子	4	16
大岔河	7	30
小岔河	12	52
新村	17	61
合计	50	196

2007年上半年，岔河村对15户特困家庭发放了救助款粮，救助人口48人，共发放救助款8480元，救助粮3374公斤，救助对象得到了基本的生活保障。

3. 最低生活保障政策

1999年，中国政府颁布《城市居民最低生活保障条例》，规定：对持有非农业户口的城市居民，凡共同生活的家庭成员人均收入低于当地城市居民最低生活标准的，均可从当地政府获得基本生活物质帮助；对无生活来源，无劳动能力，无法定赡养人、扶养人或者抚养人的城市居民，可按当地城市居民最低生活保障标准全额救助。

楚雄特困居民最低生活保障标准定为64元，即：每人每月15公斤商品粮、现金收入22元。南华县保障标准分为两个档次，即：5公斤大米加上10元现金补助；10公斤大米加上12元现金补助。10公斤大米加上12元现金补助档次，重点保障患重病病人家庭（长期患重病、残疾人、麻风病、精神病、艾滋病等）。

2006年岔河村发生了春荒，当时政府拨专款购买了低保粮，发放给低保户930公斤大米。2007年岔河村委会有农业人口1465人，保障人数60人，占总人数的4.1%。其中领取5公斤粮加10元补助的有11户，42人；领取10公斤粮加12元补助的有5户，18人。2007年上半年，对16户低保户发放了低保粮和低保款，共发放低保粮2340公斤，低保款3816元。下半年发放了低保粮2340公斤，低保款4536元。

4. "五保"户供养政策

老年、残疾或者未满16周岁的村民，无劳动能力、无生活来源又无法定赡养、抚养、扶养义务人，或者其法定赡养、抚养、扶养义务人无赡养、抚养、扶养能力的，享受农村"五保"供养待遇。

岔河村有两名"五保"户，一名集中供养的，一名分散供养的。

起国荣是岔河村唯一的一名集中供养的"五保"户，现已经70多岁，有视残和肢残，因为无儿无女，加上身体残疾，没有能力靠自己生活，因此被纳入"五保"户的范围，2002年开始在龙川镇敬老院供养。"五保"老人因不能写字，其申请表和合同表均由村委会帮其代签。老人入院后，衣、食、住、行和日常生活都由养老院负责，平时也做一些力所能及的劳动，如打扫卫生，种植蔬菜等。"五保"老人集中供养的经费，实行社会筹集一部分、群众筹集一部分、财政补贴一部分的办法解决。"五保"老人去世后，由所在村民小组负责收殓安葬及支付所需费用，其私有财产和带入院内的私人物品造册登记后归还所在村民小组处理。还有一名分散供养的"五保"户，名李腊秀，是李家组人，她每月都会获得60元的补助。

（六）本章小结

本章主要介绍了岔河村的经济政策，这些政策与国家出台的经济政策是一样的，主要包括发展政策、社会保障政策以及救济政策。

岔河村大部分政策都落施到了实处，其中发展政策实施得比较好。主要是因为岔河村作为新农村建设试点，政府对新农村建设项目投资较多，也比较关注。

但是像很多农村一样，岔河村的社会保障体系也有待进一步完善。根据调查，岔河村参加养老保险的村民很少，只是一些家里条件比较富裕的人，人口老龄化将进一步加大养老金和医疗费用支付压力，城镇化水平的提高将使得建立健全城乡衔接的社会保障制度更为迫切。因此，加快完善社会保障体系，是保持经济持续、快速、协调、健康发展的有力保障，是全面推进小康社会建设的一项重要任务。

十、风俗习惯与文化生活

文化一般分为广义的文化和狭义的文化，从比较狭隘的意义上来讲，文化就是在历史上一定的物质资料生产方式的基础上发生和发展的社会精神生活形式的总和。文化的核心是人，有人才能创造文化，文化是人类智慧和创造力的体现。岔河村的主体民族是彝族，因此岔河村的文化可以算作彝族文化的一个具体表现。在漫长的历史生活中，岔河村的村民创造和发展了和自身相适应的民族文化。这种文化的形成与岔河村的生产力、环境是密不可分的。同时，这种文化以多种不同的形式表现在村民日常生活的各个方面，时时刻刻影响着村民们的日常生活。本章主要从服饰、语言文字、建筑、神话传说、节日庆典、宗教信仰、生活习俗、饮食特色等方面展现岔河村多彩的彝族文化。

（一）服饰

岔河彝族的传统服饰，不论男女均为短装、长裤、绣花鞋。光绪《镇南州志》中也有记载“农多短褐，以便操作”[①]。男式衣服多为对襟短卦，女式为大襟短卦，外套黑色绣花围裙，简洁大方。彝族的服饰上多刺绣挑花，在领口、袖口、衣襟上绣上绚丽的花样。

岔河村彝族服饰在近几十年经历了一些变迁。现在的岔河村的服饰中，女装一般是绣花衬衫外套一个绣花黑色右衽大襟的短褂子，外系围裙，素色的长裤和绣花鞋；年长者还戴黑布包头。衬衫颜色艳丽，在袖口和衣领上绣花；黑褂在沿边和衣襟上绣马樱花或云纹；裤子相对于上衣就朴素很多，一般在裤腿处绣花；围裙根据年龄分长围裙和短围裙，长围裙呈葫芦状，是年长一些的妇女用的，围裙上摆用银链或者绣花带子系在脖子上，下摆长及大腿，腰部用三指宽的带子系在腰间；在前襟和下摆绣花，围裙的边也用绣花

① 镇南州志［M］. 大理：德宏民族出版社，1996：199.

包裹，显得很精致而且庄重。短围裙是年轻人和一些中年妇女用的，长度就是从腰部到胯部，也用一根三指宽的带子系在腰间，正面绣花，非常漂亮。一般四十岁以上的妇女都戴着黑布包头，这与彝族民间的莲母老祖的传说有关。一年不论天气冷热，彝族妇女都要用一块长约四尺的黑布缠成包头，只在睡觉的时候取下。年轻人多数不戴黑布包头，只在重要节日的时候戴艳丽的花帽，由精美的刺绣、鲜艳的绒球和彝族特色的银链构成，穿戴方便而且十分的抢眼。

相对于艳丽的女装来说，男装就低调很多。上装一般是蓝色对襟短上衣，在领口、袖口和衣襟两旁绣花；下装多为黑色长裤；在重大节日的时候，男子也会穿用手工织布做的白色棉布衬衫，只在领口和胸前绣上精致的小花纹；衬衫外面再套上绣的非常精美的蓝色或者黑色褂子。

岔河彝族传统的鞋子是千层底的绣花鞋，男子多为绣花凉鞋，女子为绣花的小布鞋。但是这种鞋做工复杂，而且不防水，穿起来容易弄脏弄潮，不太方便。现在岔河村民妇女日常穿的鞋多数为塑料底的绣花鞋，男性多数穿皮鞋，绣花男鞋一般只在节庆的时候才穿。

在岔河彝族传统的服饰当中，羊皮褂是较为独特的。过去村民常穿的羊皮褂子，现在在岔河的山里面依旧十分普遍，下地干活或上山看林的时候，羊皮褂子既防寒又防水，是必不可少的装备之一。羊皮褂是彝族古老文化的象征，凝集着彝族千百年的历史，在过去彝族的婚俗中，男子娶亲的时候一定要有一件羊皮褂子作为聘礼。此外，羊皮褂还具有御寒保暖，防雨防潮，劳动保护，既可披又可垫的特点。因此，在彝族村寨，无论男女，出门的时候都会在普通衣服外面披上羊皮褂。

光绪《镇南州志》中记载“夷服羊裘，冬夏不易”[①]，在调查中我们也了解到，在岔河，现在很多人还保留有羊皮褂，在山里，很多人还穿羊皮褂下地干活，不仅防雨防潮，起到保护作用，还方便休息。另外，彝族的妇女还用黑色的布做包头，黑色包头的两端绣有莲花，这与彝族对莲母老祖[②]的崇拜有关；戴银饰，包括耳坠、项圈、手镯、链子等，做工精美，妇女们欢快跳

① 镇南州志［M］. 大理：德宏民族出版社，1996：199.

② 莲母老祖：是彝族传说中一位勇敢、慈爱的彝族妇女，莲母老祖的传说详见第六章。

歌的时候，银饰随着摆动发出叮叮的清脆声。

20 世纪 60 年代，新中国的建设还处于摸索阶段的时候，农村体制改革，实行工分制，村民忙于干活、挣工分，少有时间纺线织布；到了“文化大革命”的时候，全国上下搞革命，在革命的浪潮下，岔河彝族被禁止再穿彝族的传统服装，彝族服装也一度退出了村民的生活。20 世纪末，岔河掀起民族原生文化旅游的热潮，很多民族学者到岔河考察当地民族特色；2006 年，岔河村被列为新农村建设示范点，并开始发展旅游业。为了发展旅游业，也为了保护自己的民族文化，岔河村民重新穿上了彝族服饰，但是重出江湖的彝族服饰跟传统的相比还是有一些变化。

现在的彝族服饰，布料多数是从市面买来的棉布，而不是以前的棉麻布，刺绣也简化了许多，花样也较少[①]。男子的衣服一般上装保持彝族的绣花蓝色或黑色褂子，但长裤和鞋子都与汉族无异；只在重大节日穿上绣花棉鞋和麻布衬衫。妇女的服饰变化较小，只是很多年轻的妇女已经不再戴包头，在重大节日的时候用花帽[②]代替。妇女的银饰也减少，只有耳坠、手镯和链子，而且一般只有中年妇女佩戴。传统的岔河的妇女多戴银饰，耳坠、项链、手镯、簪花等多数是银制品。银饰做工精美，其中以耳坠居多。银在彝族的生活中具有特定的意义，按照彝族的传统，婚嫁订婚的时候，男方必须送给女方三件银饰：耳坠、项链和手镯；彝族的长辈去世的时候，也必须用银装饰他的人形牌位[③]，没有银的人家就从家里妇女的银饰上取。过去，一个家庭生活条件如何从妇女的银饰上就可以看出来。

（二）语言文字

岔河的本地村民很好地保留了彝族的文化，其中最重要的就是彝语。岔河村民在日常生活和村内交往中使用的都是彝语，只有与外界人交往的时候他们才使用汉语。岔河村民几乎都能够同时使用彝语和云南话，部分人还能

---

① 在经历了困难时期以后，很多花样和设计花样的技巧都已经失传。

② 花帽是一种以刺绣为主体的小圆帽，上沿饰有彩色绒球，下沿坠有银链，颜色艳丽。是彝族黑布包头的替代品，一般只有年轻女性戴。

③ 人形牌位：彝族的人去世以后，会由毕摩找一棵松树块根，雕刻成人的样子供奉。相当于汉族供奉的祖先牌位。

说很好的普通话。过去老一辈的岔河人中很大一部分只会说彝语，不会说汉语。岔河的小孩出生就学彝语，在彝语的环境长大，没有上学的小孩几乎不会说汉语，也听不懂。过去小孩都从上小学开始学习汉语，刚入学的时候一般要采取双语教学，即用汉语讲完课以后，还要用彝语解释一遍。随着社会开放，与外界人交流的增多，岔河村民的汉语水平也逐渐提高。现在电视的普及也帮助岔河村民更好的学习普通话，帮助村民跟外界进行交流。

彝族有自己的文字，史称“爨文”、“韪书”或“倮文”等，是一种音节文字。1975年，国家以彝语北部方言的圣乍话为基础方言，以喜德语音为标准音，制定了《彝文规范方案》；1980年8月1日，国务院批准《彝文规范方案》正式使用。从那时候开始到现在，彝文在四川省境的彝族地区和云南彝语北部方言区得到了普遍的推广，但是在岔河彝语属于中部方言区[①]，不在彝文的推广范围之内；另外根据南华县志和镇南州志记载“南华彝族……自称和他称倮倮，因属彝语写汉字……”[②]，岔河彝族历来都使用汉字，极少人懂彝族文字。因此，彝族文字在岔河无人识得也就不足为奇了。

彝语在岔河保留得非常完好，村内彝族都会说彝语，村民们日常交流中也使用彝语。南华彝族有两种不同的方言——中部方言和西部方言，其中中部方言又分为南界、北界、英武、江迤四个不同的次方言区，岔河和大智阁、云台山、沙桥的部分地区一起归属于北界次方言区[③]。村民在这些范围内交流均可使用彝语。岔河的彝族属于彝语汉字的民族，很久以前就使用汉字，彝文很少人懂。据介绍，岔河村只有一人懂得彝文，但是在几年前已经去世，现在彝族的文字只在州文化馆有保留。为了弘扬彝族文化，在实施新农村建设，整改村容村貌的时候，村民把彝族的文字重新应用了起来，在村寨名称旁边和村内宣传栏里，采取汉字和彝文交叉的形式把彝文也写了进去，营造出了独特的彝族文化氛围。

---

① 2006年版《南华县志》第650页记载，南华彝族的方言分中部方言和西部方言两种，而岔河属于中部方言中的北界次方言区，语言也属北界次方言。

② 南华县志［M］．昆明：云南人民出版社，2006：651.

③ 南华县志［M］．昆明：云南人民出版社，2002：650.

（三）建筑

岔河村的建筑以土木结构的瓦房和垛木房为主。现在岔河有一些人家也建了砖瓦房甚至钢筋混凝土的房子，他们的材料一般是从县城购买。但是这样的人家不多，岔河还是很好地保持着彝族的传统建筑。

1. 瓦房

岔河村现有的居民住房一般为瓦房。有泥土的，也有砖墙的，但是以泥墙的瓦房为特色。建筑的时候都是就地取土，夯成土砖[①]，再砌墙而成；也有的直接就用泥土夯成墙。这样建成的瓦房保留了自然的特色，墙体的颜色跟当地的泥土一样。建筑一般一字排开，几家人公用一个大院子，庭院宽敞；都是二层的小楼，一层生活，二层主要是堆放谷物、储存一些东西。

建筑泥土房的时候，为了达到防震、防裂、牢固墙体的目的，通常在墙的内部加入“墙筋”。墙筋一般都是比较有韧性的藤条，在砌墙的时候，在两根柱子之间把墙筋拉直、压平，夹在泥墙的中间，可以起到拉扯墙体的作用。岔河村是典型的彝族村庄，他们的彝族文化在瓦房的墙体上也有所反映。在南永公路沿线，路边的村庄墙体上都有各自的民族文化。南华到“咪依噜风情谷”这一段，墙体上写的都是不同形状的或正或倒的“福”；进入“咪依噜风情谷”，墙体上的内容就变了，要么是牛头、火把，要么是农耕、跳脚，充分展示着彝族深厚的民族文化。

2. 垛木房

垛木房是岔河非常具有民族特色的一道风景。解放初期到20世纪80年代末，生活条件差，岔河很多人住的是垛木房。垛木房，顾名思义，就是用木头堆垛起来的房子。一般在四角用粗一些的圆木作为柱子，用碗口粗的木材沿柱子横向顺次堆垛而成。在接近屋顶的地方留有部分空间以透光亮，以前屋顶多为茅草，现在也多数改为瓦顶。现在在岔河还随处可见垛木房，但是现在都是关牲畜用，或者是柴房，基本无人居住了。

垛木房曾经是岔河村民的主要住房。20世纪80年代以前，村内几乎没有

---

① 这样的土砖一般是将用水和好的泥土放入一个长方体的模子中，压实然后取出风干而成。

土木结构的房子，均为垛木房。垛木房以圆木垒垛为墙而名为垛木房，一般有上下两层，其顶经历了土顶、草顶、木片顶、瓦顶的演变。过去住人的时候，上层一般堆放杂物，下层住人和牲畜。现在垛木房都只作为牲畜的圈或者堆放柴火杂物使用，功能退化了很多，大小、做工也不如以前了。

彝族多居住在山区，修建垛木房对地基的要求不高，而且可以就地取材，建造也很简单，有冬暖夏凉、通风良好的特点。因此，即使现在已经很少人居住垛木房，但是垛木房在岔河村民的生活中，依旧扮演着重要角色。现在在岔河村，垛木房一般分布在村民居住的瓦房后面或者侧面，关养着村民的牲畜家禽，或者储存一些柴火农具。

3. 有特色的村口和村内道路

村庄的寨门一般都修建得比较宏伟，建在南永公路边进入村寨的入口处。高大宽敞的寨门由木材搭建而成，寨门两侧都会放有两个高大的酒坛，充分展示了彝族豪爽、能喝的特点；寨门顶部中间或者两侧会挂有牛头骨，表达一种民族崇拜；寨门后面就是独具特色的寨道，弯弯曲曲，但是都有瓜棚覆盖在寨道上，形成瓜果长廊。夏天从寨道经过，葱翠的瓜叶随着微风起舞，发出沙沙的响声；嫩嫩的瓜果在头顶摇晃，一不小心还可能会撞到果上；蜂儿、蝶儿在嫩黄的花间飞来飞去，仿佛自己也置身其间，完全一幅乡村美景的浓缩图。秋天瓜果成熟的时候，叶子落尽以后，金黄的瓜果一个一个的在瓜棚上排列，同样美不胜收，别有一番韵味。

岔河村内树木多，屋前屋后、道路两旁都是树或者芭蕉，树下都是各种野草，一派生机盎然。村内的道路现在多为石板路，也有石子路；道旁的树多数为花红、李子和刺梨之类的果树，还有一些不知名的古木，雄立在道旁，展示着这个村庄的悠久历史。

（四）民间传说

1. 咪依噜的传说

传说在古代村寨里有一个勤劳勇敢、善良聪明的彝族姑娘，名叫咪依噜，咪依噜是彝语发音，汉语的意思就是马樱花。咪依噜很漂亮，整个人像马樱花一样的纯洁美丽。她有一个勇敢的青年恋人，叫查列若，两人相亲相爱。但是，山上出现一个残暴的土官，横行霸道，村民受尽苦楚。土官在山顶修建了一个“天仙园”，从村寨内强抢民女，然后关在“天仙园”里陪他玩乐。很多年轻美丽的姑娘都遭到了土官的毒手，村民却敢怒不敢言。咪依噜知道这些以后，决心救出被困的姑娘们，并惩罚这个土官，于是咪依噜在二月初八这一天，采了一朵白色剧毒的马樱花戴在头上，来到山顶土官关押姑娘的寨子，把花浸泡在酒里，请土官喝下。为了不让土官起疑，咪依噜也喝下了毒酒。土官被毒死，姑娘们也获救了，但是咪依噜因为喝了有毒的酒，也被毒死了。咪依噜的恋人查列若外出打猎回来以后，听说咪依噜到山上救姑娘们去了，急忙追赶到山上，但是咪依噜已经死去。查列若伤心欲绝，抱着咪依噜痛哭，哭出来的眼泪变成了红色，染红了满山遍野的马樱花。从此，马樱花就变成了红色。人们为了纪念咪依噜，就在每年的二月初八在门上插上马樱花，供奉祖先灶神；傍晚的时候全村人点着火把，敲着盆鼓在村寨周围喊“咪依噜回家了，咪依噜回家了……”，呼唤咪依噜的神灵。现在，在岔河村委会门前的公路旁，还有关于咪依噜的壁画，向过往的客人讲述着这个凄美的故事。

在岔河村委会丫口村土主庙附近，有一棵凹凸有致、线条优美的刚栗子树，村民把它称为咪依噜树；在咪依噜树后面100米的地方，有一棵刚劲挺拔的锥栗子树，树干上长满青苔地衣，仿佛一位勇敢的武士，村民叫它千年等一回树。据村民说，千年等一回树原本是天庭千总卫官，咪依噜死后直上天庭，受到封赏。千总对美丽的咪依噜一见钟情，为讨咪依噜欢心，他偷偷地摘了一个千年熟一回的蟠桃送给她，作为回报，咪依噜也给了他一把随身带的锥栗子。王母知道这件事以后非常生气，认为千总和咪依噜不守规矩，要给予严惩。于是就将他们两个打下凡间，惩罚他们在人间等待一千年后才能回到天庭。咪依噜下凡以后化作青刚栗，站在家乡的土地上遥望着家乡人民，而痴情的千总下凡以后在咪依噜后面站住，化作一棵雄伟的锥栗树，永远的守护着咪依噜。

2. 火把节的传说

关于火把节，民间有很多不同版本的传说。康熙《镇南州志》中记载，“……相传汉彝酋阿南，夫为人所杀，誓不从贼，于是日赴火死，国人哀之，因为此会；又唐南诏亦假是日宴会，召五诏醉而焚之；又云：孔明于是日擒孟获，侵夜入城，父老欢呼，设燎以迎。未知孰是，……”[①]可见，对于火把节的传说，彝族民间也是说法不一。在岔河村内，村民普遍比较认可第一种说法，即阿南夫人殉夫说。

传说汉朝的副将郭世忠杀死了曼阿那酋长，并发觉酋长的妻子阿南夫人长得很漂亮，便要娶她为妻。阿南夫人假意答应，但提出了祭奠亡夫的三个条件。然而，在祭夫时，阿南却点火烧着了灵堂，跃身跳入熊熊烈火中自焚而亡。阿南的忠贞勇敢，博得了人们的赞叹和钦佩。从此每年在阿南自尽的日子，人们便点燃火把，串乡游寨，以示纪念。

另一个流传较广的传说是关于慈善夫人殉夫的。唐初的云南境内本有六个部落，称为“六诏”。最南端的部落蒙舍诏称为南诏。南诏日益强大，一日，南诏王皮逻阁邀约其他五诏首领聚会。邓赕诏首领的妻子慈善夫人认为皮逻阁居心不良，极力劝丈夫不要前往。但丈夫不听，临走时慈善夫人含泪在丈夫的手臂上套了一个铁环，以求护身。在聚会上，皮逻阁极力向五诏首领敬酒，在五诏首领喝醉后自己偷偷下楼，点火烧掉了首领们聚集的松明楼，五诏首领均未幸免于难。面对松明楼灰烬，慈善夫人悲痛欲绝。她从灰烬中找到丈夫佩带的铁环，认出了丈夫的尸体并将其运送回家。后来，皮逻阁听说了这个聪慧贤德的慈善夫人，想娶她为妻。但慈善夫人怎肯再嫁，把丈夫葬了以后，带领族人与皮逻阁对抗，最后被皮逻阁围城弹尽粮绝后，自尽身亡。从此以后，人们便在她死去的这一天点起火把，以纪念“火烧松明楼”的历史故事和勇敢聪慧的慈善夫人。

另外，岔河附近的彝族中广为流传的火把节传说还有这样两种说法：一种是火把节起源于一次奴隶暴动，这些奴隶在羊角上捆火把，攻进了奴隶主家，烧死奴隶主，从而得到了自由。奴隶们在这一天庆祝自己获得自由，形成了火把节。另一种说法是在很久以前，天上地下相通，有一年，天神派收税人到人间收税。由于人间闹灾害而歉收，人们交不起租税，人间一位大力士便把收税人打死了。天神大怒，先发洪水想淹没地上的人类，但洪水被人们战胜了。天神又放出各种害虫到人间来吃百姓的庄稼，大力士带领百姓用火把烧虫，最终战胜了虫害，夺得了丰收。久而久之，相沿成俗，形成了彝族的火把节。

---

① 镇南州志［M］. 大理：德宏人民出版社，1996：7.

火把节的传说有很多不同的说法，但是不管说法如何，都反映了彝族人民对美好事物的向往、对英勇坚贞的崇敬和对恶势力不屈的斗争精神。火把节也在各种不同的传说中演变成了各地彝族人民的共同节日。

3. 丧葬习俗的传说

岔河村民的丧葬习俗十分复杂，关于其中要请松人回家作为神像的部分，有一个非常感人的故事。很久以前，一家人母亲和儿子一起出去干活。农活太多，儿子手忙脚乱忙不过来，但是母亲又帮不上忙，儿子就非常生气母亲怎么一点忙也帮不上，于是就用赶牛的棍子打了母亲。母亲因为帮不上忙，心里也十分着急，但是儿子这样打她，她觉得非常生气，但是也没有说什么，就回去给儿子做饭。母亲做好饭给儿子送来的时候，儿子还是依旧忙得一塌糊涂。母亲非常犹豫要不要给儿子送饭过去；送过去的话，儿子又会打她；不送，儿子又挨饿。正在犹豫的时候，儿子看到母亲，就大叫母亲你快过来啊！母亲一听，以为儿子出什么事了，一着急就奔跑起来，但是没注意脚下，摔了一跤。母亲摔下去以后就没有再站起来，在母亲摔倒的地方，长出来一棵松树。儿子非常伤心，又后悔又恨自己，哭着把这棵松树背回家，放在自家楼上每日供奉。

此后，彝族就形成了在人死后要从外面背棵松树回家供奉的习俗。在时代的演化中，背回家供奉的松树由以前的一棵树，演变成为现在的人形的小松树牌位。这棵松树，象征着彝族死去的亲人，也教导着彝族人要孝顺父母，不能打骂父母，不能对父母大吼大叫。

4. 黑布包头的传说

岔河村内妇女终年佩戴的黑布包头源自于莲母老祖的传说。莲母老祖是一位有菩萨心肠的彝族妇女，一天在山上干活的时候，一头小山羊为逃避天神的捕捉而向她求救。莲母老祖心善，答应救山羊，但是这样一来，她就得罪了天神。天神很愤怒，扬言要狠狠的处罚她。为了逃脱天神的处罚，莲母老祖把白色的火草麻布织成的包头染成了黑色，天神来搜寻的时候居然没有发现她。从此，莲母老祖善良仁爱的故事就流传开来，彝族人民敬重莲母老祖的仁爱之心，于是妇女们也仿照莲母老祖，把白色包头染成黑色。

后来彝族妇女为纪念莲母老祖，还在包头的两侧绣上两朵莲花，以此象征莲母老祖就在身边，祈求自己能够得到莲母老祖的庇佑。

5. **气候寒冷的“另类解释”**

岔河霜多，气候冷凉，农作物产量不高。对于气候冷、霜多，在岔河村内流传着一个小典故。据说当年天宫派掌管霜降的仙人下人间撒霜的时候，仙人在路过岔河的山头时，装着霜的袋子被岔河山上的树枝挂到，袋子破了，霜撒了一地。从此岔河范围内的霜就每年都很大，气候也因此变得寒冷。而由于挂到霜口袋时拉扯了树枝，至今岔河境内山上的树木都长得笔直。

（五）节日庆典

1. **火把节**

六月二十四火把节，是岔河村民每年最盛大的节日。六月二十四这一天，村民不做农活，上山对歌跳脚，庆祝节日。全村人在山头上，围着火堆跳脚对歌，现在火把节的时候还会举行一些其他的娱乐活动，尽情玩耍。

火把节是彝族的传统节日，历史悠久。咸丰《镇南州志》记载“六月二十四日夜，束松为燎，渗屑炬中，令光四溢。村落绕烛田间……名‘星回节’，俗谓火把节”[①]，在康熙《镇南州志》中，也有关于火把节的记载。火把节这一天，彝族村民杀鸡甚至宰羊表示庆祝，吃过饭以后村民都到山间玩乐，对歌跳脚等，直至天黑。火把节的时候不下地干活，全村人一起欢度节日。岔河村民在历年的火把节中逐渐形成了固定的游乐场所，火把节这一天，附近居民都到同一个山头跳脚、对歌，男青年还举行摔跤比赛等；由于人多热闹，每年的这一天这个山头也成为一个小集市，销售一些食物和手工艺品。

传统的火把节在天黑以后才进入庆祝的高潮。天黑以后村民一起手持火把，在村内田间走动，既有保护村内一年平安的意思，也有火把照过田间庄稼以后，庄稼会长得更好的寓意；然后回到村内跳脚踏歌，尽情欢乐。但是近些年随着火把节的传播推广，很多地方的火把节都不再讲究这些，除了白天举行的欢庆活动，晚间的活动也被简化为欢庆，祭祀仪式很多都已经被取消了。

每年火把节都有很多游客到岔河体味纯正的农村火把节，因此火把节的时候岔河村热闹非凡。丫口村的周开芹告诉我们，每年火把节都很想出去玩，

① 镇南州志［M］. 大理：德宏民族出版社，1996：73.

但是来玩的游客太多了，走不开。这样的情形除了因为岔河的风景宜人之外，最主要还是因为这里的火把节过得非常具有彝族特色，是真正的原生态的彝族节日。

2. **彝族年**

与火把节相对应，彝族还有另外一个重大节日——彝族年。彝族年的时间各地不一，一般在冬至左右，它缘于彝族十月太阳历。十月太阳历是一种非常古老的历法，其渊源可追溯到远古伏羲时期；它以十二属相来记日，一天一个属相，十二属相轮回一次为一个周期；三个属相周期为一个时段，也就是一个月；三十个属相周期为一年。这样算下来，一年就有10个月，每个月36天，再加上5个过年日，一年正好365天；每隔三年多加1天，即是闰年，就有366天。太阳历有两种观测方法，一种是根据观察北斗星的斗柄来确定大寒大暑，夏季北斗星斗柄指上为大暑，是农历六月，过火把节；冬季北斗星斗柄指下为大寒，是农历腊月，过彝族年。另一种就是观测太阳的运动，当太阳运动到最北边为夏至，最南为冬至。火把节和彝族年，就是根据太阳历的大寒大暑或者冬至夏至来确定的。由于各种原因，各地彝族过彝族年的时间不一致，但是一般都是在大寒或者冬至前后。在《续云南通志》中有载："彝族'以六月二十四日为节。十二月二十四日为年'。"

过彝族年的时候，彝族人民主要进行的是祭祖活动，元代李京《云南志略》中有载：彝族"各岁以腊月二十四日祀祖，如中州上冢之礼。"除了年前的准备时间，彝族年正式的时间是三天。第一天清晨鸡叫以后全村开始杀过年猪。杀过年猪时有一套规矩，由村寨里的小伙子们从最年长或辈分最大的家里开始杀过年猪，依辈分排下来。若村寨里住有"毕摩"或"苏尼"①，要先杀他们家的过年猪，然后再按辈分排列杀猪次序。用年猪的胆、胰、尿泡占卜主人家的吉凶，以猪胆饱满、色泽好，胰平展，无缺陷，尿泡丰满为吉祥，预示来年人畜兴旺，家人安康，粮食丰收。杀猪以后取猪肾、肝、舌、胰与苦荞粑粑一起祭祖、供奉家神。第二天主要是庆祝，村民一起互相拜年、一起对歌玩耍；第三天送祖，意思是过完了年，应该要把祖宗家神送回去了。

---

① 毕摩或苏尼：毕摩是彝族主持宗教活动的"长老"，多精通彝文，通彝族文化、历史，在彝族传统社会中的主要职责可分为四类：一是主持祭祀；二是占卜；三是采药治病；四为主持盟誓和神明裁判。苏尼是彝族内的"巫师"，地位不及毕摩，主要是使用巫术帮助别人"驱鬼治病"。

因此要在天不亮的时候就开始准备送别餐，给祖宗们临行前食用，还要在门口挂装有炒面的口袋，意为为祖宗们准备的干粮；在鸡鸣时开始祭祀、祈福、送别，然后全家人一起把供奉过的送别餐吃掉，意味着已经送走了祖宗。

过完三天彝族年，村民们还要开始拜年，其中最主要的是媳妇回娘家给父母拜年。媳妇们要带着猪头肉、茶酒等礼物回娘家给父母拜年，表示已出嫁女儿的一片孝心；有小孩的一定要把孩子带上，尤其是在年内出生的孩子拜年就更为重要；父母一般也都要给女儿和外孙一些礼物，钱或者物都可以。拜完年以后，彝族年就算是完全结束了，正式进入下一个新的年份。因为彝族年是根据太阳历计算，而太阳历一年只有十个月，因此彝族年也被称为“十月年”。

以前各地彝族均过彝族年，但是经过清朝时期的“改土归流”和新中国成立前后的动荡波折，现在岔河村甚至云南境内大多彝族都已经不再过彝族年，仅在民间还流传着太阳历和过去彝族年的一些说法。

3. 二月初八

经过“文化大革命”的“破四旧”，二月初八等具有民族特色的节日现在已经失传。但是二月初八的美丽传说还在岔河村内流传着。二月初八，也就是插花节，传说这一天是勇敢的咪依噜姑娘为救姐妹，与恶霸共同饮下毒酒的日子。咪依噜的情人痛苦地流下带着鲜血的泪水，染红了原本洁白的马樱花[①]。从此，白色的马樱花就变成了红色，村民把二月初八定为插花节，来纪念善良勇敢的咪依噜姑娘。

二月初八是咪依噜的节日，在这一天，青年男女上山对歌打调，互表爱慕的可以摘下一朵花给心爱的人戴上，表示自己的心意；山上也因此演化出小型的集市和一些竞技活动，比如青年男子摔跤之类的活动。在村内，村民们要进行大扫除，在门上插上鲜红的马樱花，供奉灶台。晚上的时候全村人一起敲锣打鼓的在村内举行一些仪式，庆祝节日。过去二月初八是彝族人民很隆重的一个节日，但是现在在岔河，已经很少有人在二月初八的时候举行祭祀活动了，一般都只是打扫庭院，在门上插上马樱花，然后青年男女相邀出去玩耍。

---

① 插花节详细传说请参见第六章。

4. 土皇节

十月份的时候，岔河村民要过土皇节，主要活动就是祭拜土皇。土皇节的时候，全村买一只羊到土主庙宰杀，杀羊之前用生米、酒、茶先敬土皇；杀羊以后，用煮熟的羊肉和做熟的米饭、酒、茶再重新祭祀一次。这样祭祀以后，可保村内牲畜平安，不生病。

但是土皇节随着社会的发展已经逐渐被淘汰，现在很少有人再拜土皇，也没有人过土皇节了。

5. 春节

岔河彝族过春节的习俗，与汉族很相似。每年进入腊月，家家户户都开始为过年（即过春节）做准备，杀年猪、购年货、置新衣，打扫庭院，采松毛[①]等。在过年以前还要把自家借出去的东西全都收拢回来，在春节期间是不可以借还东西的。到腊月底的时候要接灶神，一般是在腊月二十四的时候把灶神请进家门；在春节前一天，要把家神[②]从平时供奉的地方请下来，用“净水”擦洗干净，供奉的地方也要重新打整。此后一直到过完春节，每次家里吃饭都要先供灶神和家神，请灶神和家神先吃。此外，在以前没有自来水的时候，过年前一天还要把过年所需要的水都挑好，过年的那一天和大年初一是不可以到水井去挑水的。

大年夜的时候家家户户贴新的对联、门画，穿新衣；吃饭的时候在屋内铺上松毛，吃饭前要先祭祖，主要的供奉家神和宗教神灵；祭完以后放鞭炮，一则表示庆祝，另外的意思是告诉别人自己家要过年了。吃的最为丰盛，表示一年的辛劳得到了回报。吃完年夜饭，有的人还会烧一点马樱花树，祈祷来年得到神灵的庇佑。初一的凌晨，每户人家至少一人要去祭神树和山神。全村的人在天亮的时候汇合到山神前，大家一起祭拜，然后把各自带的酒肉拿出来大家一起吃喝。饭后，村民即可自由活动，很多村民就会集聚在村旁跳歌场一起踏歌跳舞，大家尽情狂欢。大年初一的时候，妇女不可以到别人家去串门，不可以扫地，也不做针线活计。初二的清晨全村每户人家的男主人要聚集到水井祭龙神，祈求下一年水井也有足够的水供给村民使用。祭龙的时候除了每家每户要带酒肉之外，一个村寨还要出一只鸡，在水井前杀了

---

① 松毛，即松针，松树的叶子。

② 家神，这里指那个松树做的人形牌位。

祭龙神。祭拜结束，大家聚在一起喝酒吃鸡肉。祭龙神的时候还有一点特别讲究，就是如果有村民在年内家里生了小孩的，要单独出一只鸡，与集体的那只鸡一起祭给龙神。初二的下午要祭土主神、牛神、观音老母、财神等，于是下午全村的人又到土主庙去祭祀，祭祀完以后还是在一起吃喝一顿。

以前岔河村民过年是从年三十晚开始持续到正月初五的，现在简化了，只过到正月初二的晚上即可。过年的时候地上铺的松毛，需要选一个彝族认为好的日子打扫出门（一般在正月初五），送到干净的地方让其自然风干，然后才可以作其他用途。

6. 清明节

清明节时间与汉族相同，过清明节的时候，在人、畜居住的房屋门口都插上柳枝；清明的时候还要去扫墓祭祖，戴孝一年或者两年的人扫墓尤其隆重，除了扫墓，还要给新坟添土、修草等，而一般戴孝满三年的人家也会在清明的时候脱孝[①]。

7. 七月十四

农历七月十四是汉族的中元节，在岔河，村民们也和汉族一样重视这个节日。在中元节的时候，把一些彩纸、棉纸剪成小件的衣服状，与冥币、纸钱一起装包烧给去世的亲人。烧的时候在地上画灰圈，只在圈内烧；边烧边唤亲人的名字，表示这些东西是烧给他用的，别人不要来抢。这很大程度上受到汉族的影响，因为在很多地方，彝族是不过中元节的，他们在每年七月十四的时候炒五谷杂粮祭祀家神。因此，在别的地方，七月十四被称为炒食节。

另外，如果哪家在近两年的七月十四以前家里有人去世的话，还要在七月十四这一天宴请至亲，然后去给去世的亲人扫墓。但是近些年由于扫墓容易引发山林火灾，七月十四的时候村民一般直接在家祭拜这位去世的亲人，然后宴请至亲，不再上山扫墓。

8. 其他节日

岔河彝族过的节日还有端午节、中秋节、元宵节等与汉族相同的节日，过节的时候也是和汉族一样，做同样的祭祀活动，吃同样的食品，不同的是岔河彝族中秋节的时候不祭祖。

---

① 清明的时候脱孝，一般是在清明这一个月内由毕摩算卦指定一天举行脱孝仪式，而不是在清明的这一天。

（六）崇拜及信仰

彝族是多神崇拜，从山、树、土地到火、老虎、牛和神话中的莲母老祖等都是他们的崇拜对象。岔河村的彝族现在还保留有祭拜山神、树神、土主的习惯，在小岔河土主庙，庙内供奉着土主、山神、树神的神像。每到节日，村民相聚在此祭拜土主山神、树神。岔河彝族崇拜自然，岔河村境内，有夫妻树、合欢树、蟒蛇树、咪依噜树、千年等一回树等古木，村民根据古木的生长形态，结合自己的生活和对自然的崇拜情结而编出一个个美丽的神话、传说；岔河彝族崇拜自然，在衣服上刺绣都是模仿自然的图案，比如马樱花、梅花、云纹、火、牛等。

彝族尤其崇拜火，火塘是最显彝家风格的地方，火塘在彝族人的生活中是神圣不可侵犯的。彝家人认为左边是最重要的位置，所以每家都把火塘放在堂屋左边的最显要位置，煮饭、取暖等，家里大小事都离不开它，火塘里的火种长年不熄灭代表家族能繁衍昌盛。火塘的左边是主人的座位，客人只能坐右边；火塘上的三脚架不可踩踏，三脚架的位置一次固定以后不能随便挪动，尤其是不可被外人挪动；任何人不得从火塘上跨过；添火烧柴的时候，不可从小的一头开始烧，而且只能从一个方向添火。

关于火，彝族还有一个重大节日——火把节，火把节的时候，村民围着火堆踏歌狂欢。在岔河，村民住房外的墙体上，随处可见火堆、火把的画像，充分展现了火在彝族生活中的重要地位。另外，农闲、家人谈天说地的时候，岔河的村民也都是围火塘而坐的。火在彝族心目中有着崇高的地位。所以，有人称彝族是火的民族。

岔河村，尤其是“咪依噜风情谷”一带，村民都在墙体上画着他们对于各种神的崇拜，最常见的就是火和牛。居民墙外体、村寨外墙、寨门入口处等等很多显眼的地方，都绘有火堆和牛头；在小岔河的“七家杀猪饭”外，还画有一只威猛的老虎。每个村寨的入口处都高高的挂着牛头骨，表示人们对牛神的尊敬和崇拜。

岔河山多地少，村民对山的感情特别的深厚。每年过年都要祭拜山神，祈祷一年能有好的收成，祈祷一家人一年都能够健康平安。在村民的心目中，山神主宰着生活中一家人生活的来源和平稳。树神和龙神也是村民过年的时候要祭拜的神，祭拜树神一般是在大年初一，拜龙神在大年初二，但是随着村民思想的日益开放，山神和树神的祭拜已经被并入了土主的祭拜中一并完成；土主在一定程度上代表了山神和树神，而龙神的祭拜依旧存在着。比如起家大院的六户人家，每年的大年初二大清早就聚集在月牙泉旁的龙潭水井，因为这里是该村的龙神所在地。大家一起杀鸡祭拜龙神，祈祷新的一年里能够风调雨顺，村里能够人丁兴旺，村民都平安等。除了龙潭，岔河还有土主庙。在岔河的丫口村，就有一个古老的土主庙。庙内供奉着土主、财神、龙神、道教的张李天师、佛教的送子观音等十一尊神像，每年的年初二和一些特殊的日子，村民就会集体来祭拜土主庙。一般是每户出一人，大家祭拜完以后还要在庙前吃喝一顿方才离去。

岔河还有供奉家神的传统。所谓家神，就是自己家里去世的祖先。岔河村民在家人去世以后，请毕摩指引，从山上挖一棵松树回家；再由毕摩念咒开光，做成人的样子供奉起来，相当于为去世的人立的牌位，只是意义更大，程序更复杂一些[①]。家神一般供奉在火塘正上方的楼上，在墙壁上掏空形成一个方格，人形牌位就放置在内，一般外人不得窥视。每逢节庆和家有大事的时候都要供奉家神，春节的时候还要将家神从方格中请出来，擦净灰尘，重新收拾好方格以后再把家神放回去。代表家神的人形牌位一般要供奉三代以上，然后将牌位所代表的人画入家神画，挂在墙上继续供奉，才可将人形松树牌位撤去。但是在岔河，由于各种历史原因，很少有人家里供奉家神画，供有的人形牌位，也是“文化大革命”以后新立的。虽然在历史上遭到严重的破坏，但是这个传统在村中的保留还算比较完整。

此外，岔河彝族还保留着一些图腾崇拜，比如崇拜老虎、牛头等。与汉族家里供奉祖先一样，彝族也崇拜家神，遇到节庆或者重大活动的时候都要祭拜家神。

过去在岔河村，村民的禁忌很多，都是传统文化流传下来的禁忌。晚上的时候，不可以在村内吹笛子、跳脚，除非是办喜事，所以，跳歌活动多在村外进行。不可以随便动主人家的火塘、不可跨越。主人敬酒不可以拒绝，即使不能喝也要双手把酒接过来。过年的时候要在腊月二十九就把水挑好，否则要等到初二拜过龙神以后才能挑水；过年的时候不能在家里杀鸡，要到

① 具体程序参见第六章。

屋外；大年三十晚不准泼水等。在岔河，不可以站门槛，尤其是妇女；正月十五的时候不可以坐门槛。孕妇不能参加婚嫁丧事等活动……彝族禁忌虽然很多，但是随着社会的发展，很多不合理的禁忌现在已经破除。

（七）生活习俗

1. 嫁娶

岔河的青年男女到16岁以后，父母就不再限制他们的交友活动，女孩子在16岁以后就可以相约闺友一同搬到姑娘房居住。姑娘房多为一个村寨的人公用，也有的地方姑娘多的，就由姑娘的父母或者村里几户人家一起为姑娘建造。姑娘房一般在村寨的边缘，与父母住的地方隔开一段距离，每次可同时居住3到6个姑娘，搬到姑娘房居住的姑娘每日白天和以前一样的做活计，只是晚上就到姑娘房歇息，自由交友。姑娘房是传统彝族男女青年社交的场所。每到天黑的时候，小伙子们就会来到姑娘房，和姑娘们一起玩耍，对歌猜谜、谈天说地，彼此间增进了解。来姑娘房玩耍的小伙子一般都带着行李被褥，如果双方中意，小伙子就在姑娘房内玩到天亮，困了的话就打开自己带着的行李睡觉，天亮后小伙子就悄然离去。虽然青年男女在姑娘房共处一室，但是小伙子和姑娘们都保持纯洁，彼此尊重对方，接受传统道德的约束。所以，姑娘房内虽然青年男女在一起闹腾，气氛非常的热烈，但是氛围并不轻浮，而且男女双方在选择对象的时候都非常的慎重。

通过在姑娘房的交往了解，如果小伙子中意姑娘，在他清晨离开姑娘房的时候，会带走姑娘身边的一件小东西作为信物，一般就是手帕、头饰等；同时也留下自己的一件东西，一般是荷包。姑娘发现小伙子留下的东西，如果姑娘也中意小伙子，那么她就会安心的等待小伙子下一次来姑娘房与自己相聚，在这期间，姑娘就不再与别的小伙子交往；如果姑娘对小伙子不中意，那么她就继续寻找自己的意中人，下次小伙子回来的时候就会看到有别人陪在姑娘身边，小伙子就会很识趣地离开。互相中意的男女青年一般在交往三次以后确定关系，也就是小伙子来姑娘房找姑娘三次，姑娘都没有拒绝，小伙子也很满意的，就确定了稳定的恋爱关系；如果三次以后觉得不满意的，就彼此退还信物，解除关系。不管怎么样，青年男女们都是友好、和平地对待彼此，不会出现纠缠不休的情况，对彼此也不会产生不好的影响。青年男女在姑娘房确定稳定的恋爱关系以后，经过更长时间的相处，如果确定对方是自己想要的结婚对象，那就禀告父母，父母通过对对方情况做一番明察暗访，了解对方的人品和家庭情况以后，就可以找媒人上门说亲。通常，如果是男方要娶妻进门，就由男方负责找媒人提亲；如果是男方要入赘上门，就由女方找媒人上门提亲；不论男女，提亲娶亲的程序是不变的，只是男女角色互换一下而已。提亲的媒人一般要找家庭兴旺、日子过得红火的中年夫妇来担当。媒人在提亲的时候，带着提亲一方准备的酒肉和彩礼，上门说亲；说成了以后就确定结婚日期，也就是俗称的压八字。然后姑娘就从姑娘房中搬出来①，各家开始准备婚礼。在提亲的聘礼中，过去一般要求要有一件羊皮褂子，女的还要有银耳坠、银手镯、银戒指、银项链和银头饰，现在羊皮褂子少了，多数改要手表或其他贵重的东西。

结婚的日子一般选在农历的六月、八月、十月或者腊月的黄道吉日，但是要避开亲属的属相日②。结婚的时候，自己直系的亲属要一一请到，其他的亲属和好友就不用专门去请，他们知道喜讯以后自己会前来道贺吃酒。结婚时，嫁出的新娘或者上门的新郎家里是不办喜宴的，只有至亲会前来帮忙或道贺。前来娶亲的人在进门前会受到新娘的娘家人戏弄，要给财礼或者糖果才给开门，让他进屋；娶亲的时候不认亲，不叫岳父岳母。如果新人家住在山区，那么结婚的时候，新娘或上门的新郎就一个人到婆家家里来，没有人送亲；如果在坝区，比如在“咪依噜风情谷”一带，那么她的娘家兄弟姐妹会送亲过来，而长辈是不可以来的。送亲的人也不多，多在六个以内，而且都要是双数。送亲的时候要么在天没亮的时候出门，要么在天黑以后再进娶亲家的门；在岔河，并不时兴“哭嫁”，新人都是高高兴兴地嫁出去；新人进门以后不认亲，不叫父母，不吃婆家的东西；当夜不睡觉，与年轻人一起唱歌跳脚；到天明的时候才拜见公婆，给公婆敬酒，举行认亲仪式，然后吃过中午饭，新郎新娘一起回娘家认亲，也就是回门。

结婚的时候一般是在新娘进门的那一天晚上办喜宴，在喜宴上，宾客们可以根据自己情况和一般“潜规则”给新人和新人的父母送礼钱或者其他礼

① 已经有了婚约或者已经结婚的女性不可以再住在姑娘房；同样，有婚约或者已婚的男性也不可以随便进入姑娘房。

② 避开亲属的属相日，也就是说挑选结婚日子的时候，要把亲人属相的日子都排除；比如父亲属羊，那么就不能选在属羊那天结婚。

品。在20世纪90年代，礼钱一般都在20到30元左右，现在一般都是一百到两百元，亲近一些的就更多一些。礼品一般也是较为亲近的人送，根据情况有所不同。喜宴开始前，新人进村的时候，为喜宴专门请的唢呐队就吹起欢快的唢呐，直到宾客吃完散去。唢呐是很有特色的传统乐调，根据不同的情景吹迎宾调、喝酒调、敬酒调，一般结婚的时候吹的是小型的、声音较为清脆的唢呐，吹唢呐的人一般为二人或者四人，条件好的会请6人或8人，都必须是双数。

20世纪60年代以前，在新人进门的那天晚上有很多的娱乐活动。除了对歌跳脚，还要爬油杆闹洞房。爬油杆就是在庭院中间栽一棵笔直的松树木杆，刮去外面的糙皮，用猪肠或者羊肠灌满香油，缠在松树杆上，再用针把肠戳破，让油顺着杆子流下来。油杆一般高三米左右，顶部挂着一个猪尿泡[①]，请送亲的小伙子爬上去把猪尿泡取下来；送亲的小伙子不行的话再由婆婆的后家人去取；然后是奶奶的后家人取，最后是本村的同姓人来试，直至取下那个猪尿泡为止。爬油杆的时候惊险刺激，热闹非凡；在别人比赛爬油杆的时候，其他的人就围着油杆拉成一个大圈，一起围着油杆跳舞唱歌，给爬油杆的人加油助威。“文化大革命”以后，爬油杆已经基本失传，在岔河，现在没有人家在结婚的时候进行爬油杆活动。现在结婚都时兴对歌、跳脚、闹洞房。

回门的时候新郎新娘带着茶酒，新郎就去拜见岳父岳母，呈上专门准备的糖果茶酒，叫岳父岳母为爹娘，就算是认亲了。然后新娘家的亲朋好友聚在一起吃饭，祝福新人。在娘家过了一夜以后，新郎新娘回家，正式开始在一起生活。

过去由于早婚现象多，很多女孩还小就结婚，因此，很多人家在新人结婚的时候不准备喜房，等待女孩长大成熟以后，才准备喜房让他们同住。而现在，由于政策规定，20岁以后才能结婚，而且男女择偶的时候参考的条件也较多，决定结婚的时候也非常慎重，因此彝族女孩结婚一般都在20多岁的时候，已经很成熟了。因此，现在结婚的时候都备有喜房，新郎新娘回门以后就可以住到一起，共同生活。

岔河彝族多数都是大家庭，三代以内很少分家。因此，新人结婚以后依旧和公婆住在一起，直到孩子长大才分开。

---

① 猪尿泡，即猪膀胱的俗称。

由于岔河彝族婚姻自由，男女双方结婚前都选择慎重，彼此之间比较了解，感情基础深。因此，婚后夫妻生活和睦，很少出现家庭矛盾，也很少有离婚现象。

2. **丧葬**

在岔河，丧葬的规模和隆重程度都远远超过婚嫁。

老人临终的时候，家族中的所有人，包括在外的男丁和嫁出去的女性，不论远近都要火速赶回来，在老人床前守候。老人去世，儿子立即披麻戴孝，由村内族人陪同，先到舅舅家跪请舅家的人。请到以后，舅舅家就备一只羊，一些猪肉和酒，请毕摩和唢呐队与孝子一起赶往死者家中，帮助一起办理丧事。

毕摩是彝族中专门主持丧葬祭祀的人，是整个丧葬过程的主导者。请来毕摩以后，毕摩先念经，然后亲人替死者净身更衣[①]；到深夜的时候，由舅家把死者尸体检查[②]以后入棺，孝子孝女一起为死者守灵直到天明。天亮以后，毕摩带领死者的儿女及其同辈的兄弟姐妹上山去“点主”、举行“接魂”仪式。在仪式上，毕摩会指出一棵松树，这棵松树由死者的长子或幼子刨出背回家中，毕摩再把松树雕刻成人像，用银子点缀出人像的眼睛、鼻子和耳朵，念经附法之后，这个松人就作为死者的牌位供奉起来，象征死者的亡魂。

完成这些以后，根据毕摩的推算，如果当天是黄道吉日，那么在这一天，死者就可以出殡下葬；如果不是，那么毕摩要在死者灵前念一天一夜的经，死者家属在一旁跪听，为死者超度亡魂。然后才可以下葬。出殡的时候多请村内同姓的青壮年，人数不够的也请异姓人帮忙；村民如果家里有人怀孕，就不能去帮忙出殡。抬柩的时候，孝子在前面，大女婿抬棺头，其他人按辈分和年纪排列。从死者去世到出殡，唢呐一直要吹响着。丧葬的唢呐一般为三人或五人，不可是双数。亲朋好友知道老人去世，也会自发的来悼念、帮忙。在丧葬期间，招待客人一般都不用新鲜的蔬菜，以肉食为主。

老人出殡以后，亲朋好友就纷纷散去。如果老人在清明节以前去世，那

---

① 如果死者是男性，由亲人替他剃须，是女性就梳头；然后擦洗身体，完毕以后换上新的寿衣。

② 过去生活条件不好，很多人是饿死或劳累致死，所以舅家在入棺时检查死者的死因是否正常，若不正常，死者家属将受到族人的谴责。现在检查死者的这个仪式，仅是尊重舅家地位的表现。

么在清明、七月十四和来年老人去世的那天还要各自宴请宾客；第二年也是在这三天请至亲到家里吃饭，再一起给老人扫墓；第三年可以脱孝。如果老人在清明节后七月十四前去世，那么在七月十四的时候再宴请宾客；如果老人在七月十四之后去世，那么就不用再宴请宾客，直到来年在清明、七月十四和老人去世的日子和至亲一起祭悼老人即可。每次至亲前来悼念死者都要自己带纸钱、包裹烧化给死者。第三年就可以脱孝，脱孝的时间由舅家确定，从正月开始就可以。一般多选在三月清明节，或者七月十四的时候。由于操办重复，规模大，时间长，办丧葬的耗费极大，近年来政府提倡丧葬从简，所以宴请宾客也多数只在老人去世的那一次，之后就只是举行祭悼的仪式，很少操办。

3. **生育**

岔河彝族家里生小孩是不报喜的。生孩子很少到医院或者卫生院，而是把产婆或者卫生员请到家里接生。生了小孩以后，产妇要坐足一个月的月子，在这一个月里，产妇多吃土鸡蛋，用红糖水炖服。另外还喝用中药炖的母鸡汤调养身体，所以产妇虽然不经常走动，但是身体恢复得很快。

在生孩子的时候有很多禁忌，孕妇不可以在娘家生小孩、坐月子的妇女不可以随意乱走，不可以进别人家门。在坐月子期间，外人也不可以进产妇的房间。年内生了小孩的人家，在过年大年初二祭龙神的时候，要带一只鸡去祭龙神。生了男孩的就带一只阉鸡，生了女孩就带一只母鸡，以祈求新添的小孩能够得到龙神的庇佑。小孩满月的时候要摆满月酒。摆满月酒不用去请客，客人自己会拿着鸡蛋、带着给孩子的新衣物和礼钱前来祝贺。

（八）饮食文化

1. 酒和酒文化

楚雄广为传流的“汉人贵在茶，彝人贵在酒”的说法，反映了彝族好客喜酒的习惯。在岔河“咪依噜风情谷”，村寨的入口处、农家乐的入口处都会有半人高的酒坛，充分表达了岔河彝族爱喝酒、来了这里就要喝酒的含义。在村内，村民普遍喜欢饮酒，并认为敬酒是对人尊敬的表现。

岔河彝族喝的一般都是自烤的小锅白酒，主要是荞子酒、麦酒、米酒和玉米酒，另外还有一些自制的泡酒。酒的度数一般都在 48 度到 50 度之间。

取48度为分界线，是寄语于“48”即事事发的意思，50度以上的酒太烈，一般少喝；对于一些不能喝酒的女性，也会用40度左右的酒来招待。

岔河村民热情好客，对待远方的客人有喝拦门酒的习俗，对贵客还要喝三道酒。进入彝家山寨，首先必须饮下三杯拦门酒。漂亮的彝家姑娘端着羊角酒杯，一边唱着敬酒歌一边请客人喝下，不论会不会喝酒，那份热情和真诚是让人无法抵挡的。喝完三杯拦门酒，客人才算是进入了彝家寨子，融入了彝家生活。三道酒是彝族接待贵宾的最高礼仪，进入村庄，要喝下第一杯迎宾酒，也是拦门酒的形式。由盛装的姑娘捧上清醇的苦荞酒，请客人喝下，为客人接风洗尘。第二杯祝福酒，是在酒宴上向客人敬上的酒，同时还要唱祝酒歌，表示彝家人对客人的热情，客人可以在村内尽情享受主人的招待；祝酒歌有现成的曲调但是没有固定的歌词，敬酒者可以即兴发挥创作。第三杯是留客酒，表示对即将离去的客人的挽留，喝下这第三杯酒，客人就可以带着彝家人的真诚祝福离开①。

2. 茶

在岔河，很大一部分村民也喝茶，茶在婚礼和酒宴上是不可缺少的。很多人家喝的茶与汉族无异，但是传统的彝族茶是将茶叶放在陶制的土罐中用火烤，烤出香味以后再加水煮，待水沸腾就可以喝了。这样的茶与一般习惯的茶不一样，喝的时候味道稍淡，不留神还能喝到烤焦的茶叶末，有炭香味。现在在岔河的起家大院就能喝到这样的特色茶。

3. 菌子

南华素有“野生菌王国”之称，岔河的野生菌也是种类多、产量大，因此，吃菌子也成为当地的一大饮食文化。松茸、牛肝菌、鸡枞和其他的杂菌都可以在岔河村的饭桌上见到。松茸由于药用价值高，价格贵而少有村民舍得吃；只在农家乐招待贵客的时候会有坨坨肉炖松茸这道菜。松茸色白肉嫩，说不上是什么味道，可能吃的就是这种感觉吧。牛肝菌在岔河属于比较常见的农家菜，一般有土黄色和褐色两种，肉厚，味鲜，煎炒炖均可，清汤最为可口。

---

① 周琼．云南乡土文化丛书·楚雄［M］．昆明：云南教育出版社，2003：131.

（九）歌舞

彝族是喜歌善舞的民族，闲暇时或者逢年过节总要弹琴对歌[①]跳舞，岔河的彝族也不例外。康熙《镇南州志》有这样的记载："倮倮山居……凡遇婚丧，男女团聚吹笙跌脚，以歌自相唱和为乐。"[②] 所以，彝族跳脚踏歌的历史悠久，源远流长，蕴藏着深刻的人文内涵。在岔河，边弹月琴边跳脚是村民最直接、最普遍的休闲活动。岔河几乎每个村民家里都有一把月琴，月琴声音古朴响亮，男人的月琴一响，女人们就会很自然地哼起响亮的左脚调，脚步也就不自主的开始随着节奏动起来。村里人在茶余饭后喜欢对歌跳脚[③]，活泼欢快的调子和舞步非常具有感染力。彝族歌舞，是村民们生活不可或缺的一个部分。

（十）本章小结

岔河村是典型的彝族村，虽然地处交通要道，但是村内民族文化和民族习俗保存完好。不管是衣食住行，还是交往娱乐，岔河村民都向我们展示着他们特有的彝族文化。本章重点介绍了岔河村多彩的服饰、交流的语言文字、特色的建筑样式、各种民间传说、丰富的节日庆典、崇拜及信仰以及饮食特色和歌舞。以上这些方面共同构成了岔河村的文化，展现了岔河彝族村文化的民族性、多彩性和深厚性。

岔河村多彩、深厚的民族文化不仅是岔河村的骄傲，更为岔河村旅游业的发展和繁荣提供了强有力的支撑。丰富多彩的民俗文化为旅游的发展增添了新的亮点，同时通过旅游业使更多的人了解岔河村的民族文化。文化和旅游业形成了互相支撑的关系，通过民族文化来带动了旅游业的发展，反过来旅游业又促进了民族文化的传播。但是也存在不能忽视的一个问题，过度的

---

① 彝族民间的一项音乐活动，有韵律无歌词，一般由男女或单独或集体的即兴作词对唱，所以叫对歌，也叫山歌、踏歌。

② 镇南州志［M］. 大理：德宏民族出版社，1996：8.

③ 跳脚：彝族一种舞蹈，由于在跳这种舞的时候主要是脚动，手只是随着摇摆，所以又叫跳脚或者跌脚；因为总是先出左脚，以左脚为主导，所以又称左脚舞。

开发旅游业也会导致原始民族文化的质变。旅游业的开发必然会对民族文化进行商业式的包装和推销，一旦这种模式被过多的采用，就会对民族文化的传承和发展产生灾难性的影响。岔河村现在发展的思路之一就是开发旅游业，在开发的过程中一定要注意到民族文化的保护，不能过度开发、泛滥开发。要在开发旅游业的同时保护好民族文化，在保护好民族文化的基础上适当开发。这样才能使民族文化和旅游业都能够做到可持续性发展，最终做到双赢。

第二部分　农户

十一、低收入家庭

（一）传统种植—养殖户——周兴家

周兴，男，今年43岁，彝族，家里共4口人，学生2人，其妻子紫春秀，今年38岁，也是彝族，夫妻俩都是初中文化水平，会讲一点普通话，发音不太标准，但俩人的勤劳淳朴，给我们留下了很深的印象。两个孩子都在南华县城里读书，大儿子周文章，今年16岁，在南华县海子山中学读初三，小女儿周文艺，今年刚满10岁，在南华县盘龙小学读五年级。两个孩子很听话、懂事，但学习成绩不是特别好。

这是一个贫苦的四口之家，家里主要从事种植业和养殖业，他家的住房是比较传统的砖瓦房和木垛房，虽然木垛房已经被城市现代化拒之门外了，但在这林榛苍茫的山野村庄之中，它却是一道不容忽视的风景。从远处遥望那醒目而令外来宾客新奇的木垛房，总有一股温暖会在某一瞬间从心底泛起。那种质朴的感觉，会让我们像穿越时空般顿忘现实中的迷茫，体味到的是另一种时空的念想。对于周兴家来说，家里人主要住在砖瓦房里，木垛房主要用来堆放家里的生产工具，如斧头、锄头、犁铧、背篓、镰刀等农家用具，还有木柴、碾米机等，虽然看起来有些凌乱，但这些东西却是他家生产生活所必不可少的。周兴家的住房面积大约100平方米，两间木垛房，5间砖瓦石房，家里的摆设比较简单，除了必要的家具和日常生活用品以外，还有一台彩色电视机，一个电饭锅和一部手机，其他就没有什么电器了，家里的生活很简朴，但周兴和妻子都很能干，家里上上下下打理得都很好。此外，家里还有一辆摩托车，摩托车对周兴家的生产生活起着十分重要的作用。前几年交通还不是很方便的时候，每逢俩孩子放假回家，又恰巧家里的农活不太多，他就会骑着摩托车到南华县接孩子回家，但随着村村通公路政策的实施，交通也越来越便利了，俩孩子基本都是自己坐公交回家；又或是每次去南华县城办事，买生产和生活材料，一去一回，也不会耽搁太长的时间，既方便又快捷。

表 11－1　**家庭耐用消费品情况统计表**

项目	个数	项目	个数
电冰箱	0	电话	0
洗衣机	0	组合音响	0
照相机	0	手机	1
电视机	1	电脑	0
影碟机	0	自行车	0
电动车	0	电饭锅	1
农用车（拖拉机）	0	电磁炉	1
摩托车	1	微波炉	0
卡车	0	电风扇	0
小轿车	0	空调	0

周兴家主要的经济来源于传统的种植和养殖，他家总共有水田种植面积 2 亩，旱地种植面积 3.6 亩，主要种植玉米和大豆，经济作物草果（主要是核桃）种植面积 5.6 亩，小型的核桃大约 50 多株，但核桃的成熟期较长，目前挂果的棵数较少，还没有经济收益，其他的经济作物种植，如辣椒、各种蔬菜等，一共加起来有 1 亩左右，蔬菜种植面积有 0.6 亩，主要以菜园子式的种植模式为主，供自己家里人食用。对于农业生产，妻子可是周兴的好帮手，到春耕时节，两人会仔细推算四季节气，根据节气特点，做出耕种计划，妻子总会叮嘱周兴："今年咱们要多种点玉米，多种点大豆，你明天到县城去记得多买点玉米和大豆种子……"，周兴的妻子很能干，除了在农忙季节帮他种地之外，还在自家屋后种了很多的蔬菜。播种、施肥、浇水、松土等环节，妻子都会细心注意，这几年菜园里也种上了许多以前没有种植过的蔬菜品种，妻子紫春秀还说，"前几年去县城，看到菜市场卖的菜都是一些特色的品种，

家里也没有种植过，觉得那些品种挺新奇的，就买了一些蔬菜种子，没想到种出来的效果还是挺不错的。”除了蔬菜的种植，还有辣椒和大豆，而这两种作物的栽种，相比于蔬菜来说，就没有那么琐碎麻烦了。周兴和妻子偶尔会拿些蔬菜等到县城去卖，也给他们家带来了一定的收入。

表 11－2　　2011 年家庭收入来源情况统计表

职业	收入（元）	职业	收入（元）
从事种植业	8000	本乡镇就业工资	0
从事渔业	0	外出打工	0
家庭手工业	0	从事运输业	0
从事畜牧业	0	政府补贴和社会救济	0
从事养殖业	9000	出租草场耕地房屋等	0
从事旅游业	0	其他经营收入	3000

其次，对于水稻的种植，需要有十分充足的水源，近年来，虽然云南大面积的干旱，对各个地区的农业生产造成了很大的影响，但这里地理条件较好，森林覆盖率很高，水源算是充足，不过周兴家水稻的种植面积很少，只有 2 亩左右，每年水稻的产量也不是很高，勉强能满足家人的需求，有时候还需要去南华县城里购买一些，而水稻的种植周期较长，收割过程比较烦琐，所以家里人生活得比较辛苦，农忙季节常常要忙到很晚才能回家休息。由于各种因素和条件的限制，尽管夫妻俩精打细算，他家的生活水平一直都不高。

表 11－3　　2011 年家庭种植业收入统计情况表

种类	玉米	水稻	大豆	辣椒	核桃	各种蔬菜
亩数	2	2	1	0.6	5.6	0.6
折算价值（元）	2000	2000	1000	500	3000	500

除了传统的种植业，勤劳的周兴两口子还发展了小规模的家庭养殖业，家里现在养着 2 头黄牛，5 头生猪，20 只鸡。鸡、猪等牲畜的喂养是一项常规而重要的工作，每天，他们都必须提前准备所需的食粮和饲料，以保证牲畜的健康、快速生长。到了耕种的季节，两头黄牛主要用来犁地，这大大减

轻了家里人的劳动量，但与机械化农业生产相比，效率很低，家里人生活得很辛苦。猪和鸡除了留下一些自已吃以外，主要是拿去卖的，卖的对象大都是当地主营农家乐的人们，他家的鸡主要圈养在房屋一层，猪则有单独建筑的猪圈，用中等粗的木头锯成一定长度的木段子，用钉子钉垒而成。这些牲畜的粪便也是很好的有机肥料，可以为家里的农业生产节约不少的肥料开销，而且还是无公害的。按照当地的市价，2 头黄牛的折算价值大约为 3500 元，5 头中等个头的猪已经可以卖到 5000 余元，而 20 只鸡则可以卖到 800 元左右。然而疫病一直是养殖业所要面临的风险之一，去年，由于气候、周围环境等因素，好多户人家所喂养的家猪都出现了大面积的死亡现象，由于疫病的传染性和杀伤性，给众多饲养户增添了很大的压力，包括周兴家，也面临着这样严峻的问题。虽然当时及时采取了补救措施，但也带来了很大的损失。由于当地人口数量有限，而且经济条件不太好，有时候由于疫病等因素，外地人都不敢收购生病的牲畜，面对此类情况，村里人都不知道怎么处理，只有无奈地蒙受损失。

而从周兴家的林业发展来看，在国家实施退耕还林工程以来，他家共实施退耕还林面积 2.5 亩左右，每年从退耕还林中能够获得 600 多元的补贴。其次，随着国家农业政策的进一步实施，家里承包到户的土地每年有 80 元/亩的农业补贴。而从目前的情况来看，核桃是周兴家极具发展潜力的一种经济作物，而且生长状态还不错。虽然核桃是一种成熟期较长的作物，目前还不能带来经济收益，但从他家目前的种植规模看，几年后，相信核桃这一作物，定能给他家带来一笔可观的收益。

南华县的森林覆盖面积很大，而且大多都是原始森林，在这些深山密林中生长和出产松茸、牛肝菌、干巴菌等 200 多种野生食用菌，生活在这里的人们，到了野山菌成熟的季节，都会上山采摘各种野生菌，而当南华县每年的“野山菌饮食文化节”来临之际，到当地收购野山菌的菌贩也是数不胜数。因此，每到这一季节，周兴和妻子都会到山上采摘，一个多月的辛苦采摘，最终也能获得 3000 ~ 4000 元的收入，比起其他劳作所获得的收入，这样的特色经济，也让周兴和妻子找到了生活的信心和激情。

两个孩子很懂事，平时在家帮父母做着一些他们力所能及的家务活，给家里人减轻了一定的负担。特别是农忙季节，家里的人手也不够，常常要忙到很晚才回来休息，两个孩子在家负责做饭，为牲畜准备食料等，也减轻了不少负担。然而两个孩子的学习成绩不是特别好，这也是周兴夫妻俩最关心的问题，俗话说“可怜天下父母心”哪！做父母的都希望自己的孩子有出息，虽然孩子在这方面存在各种各样的困难，但周兴还是会好好鼓励孩子，平时也在通过各种途径了解资料，为孩子的将来做着各种打算。

生命的闪光点永远都不会局限于这里的人们在物质生活上的遗憾。周兴的勇敢勤劳，让我们看到的是一个丈夫的可靠，他，即使在生活这条路上走得有些艰辛，但他的生命是有价值的。因为他在晴空烈日下的坚毅身影，撑起的，是那片可以照亮全家，温暖全家的天空。

因为他，让妻子在艰苦的环境下仍永志不移地为这个家奉献所有，让妻子在无助绝望时仍能感受到那份“当家人”给予的安全感和厚实感。夫妻俩在家庭压力等因素的制约下，虽然生命不再有年少时的意气风发，有的只是艰苦条件下不能抹去的容颜苍老与心中难以消除的忧愁，但他们在那片坚实的土地上，留下的是致富的梦想，是期盼孩子成人成才的梦想。在这片照耀着和煦阳光的大地上，成就的是一种不一样的感动。我们衷心地祝愿他们，在未来的道路上越走越好。

（二）传统种植—养殖户——王光华家

走过一段路边长满竹子的小路，不久，我们来到了王光华家的屋后，刚和一起来的同伴说几句话，他家的狗吠声就响了起来，几秒钟后，主人听到了狗吠声，就立刻走了出来，迎接我们的就是我们要找的户主王光华，他中等个子，皮肤黝黑。看到我们，他看上去显得既有点紧张，又有点惊喜，急忙把我们招待进屋。他家的房屋属于砖瓦石房，正房刚翻修过，是崭新的，颜色比其他家房子亮丽一些，正房左边是一间占地面积较小的厨房，厨房分为里外两间屋，里屋是平时煮饭烧菜的主要场地，里面也没有太多的设备，除了电饭锅、电磁炉等家用电器，整个里屋最明显的就是橱柜旁摆放着的沼气灶。再有，就是火堆，火堆上支撑着三脚架，平时烧水和炖汤，都在三脚架上面进行。到了冬天天气很冷的时候，全家人可以在火堆旁取暖聊天。外屋主要用来摆放餐桌和其他的物品原料，比起里屋较为宽敞，平时家里人就在这里吃饭，而家里有客人到访的时候，换一个较大的餐桌就行，也不会觉得拥挤。整个房屋总面积大约200平方米，在他的家里，没有任何华丽的修饰和装扮，房子里的摆设都比较简单，除了电视机、洗衣机等日常生活所需的物品外，没有其他的电器设备，但家里收拾得很整洁。

表 11－4　　家庭耐用消费品情况统计表

项目	个数	项目	个数
电冰箱	0	电话	0
洗衣机	1	组合音响	0
照相机	0	手机	2
电视机	1	电脑	0
影碟机	1	自行车	0
电动车	0	电饭锅	1
农用车（拖拉机）	0	电磁炉	1
摩托车	1	微波炉	0
卡车	0	电风扇	0
小轿车	0	空调	0

王光华家里总共 6 口人，劳动力 2 人，其妻名叫李凤英，1972 年出生，家里还有年老的父亲和母亲，父亲王兴荣，今年已经 73 岁了，身体状况一直都不太好。听王光华说，几十年前，家里主要是以种田为主要的生存之道，所以，那时候老人需要经常到田里劳作，常年在水田里忙碌，在田埂边上摔了好多次，对老人的身体造成了很大的影响，导致后来患上了风湿，身体素质急速下降。现在，老人平时走路拄着拐杖，走起路来身体还是难以保持平稳，大部分时候需要有人搀扶着。其母亲名叫李秀，1940 年出生，身体也不太好，几乎可以用“骨瘦如柴”来形容，老人不会说普通话，由于年纪大了，耳朵也有点背，所以，我们之间的交流很大程度上难以进行。王光华有一个儿子，一个女儿，儿子名叫王正文，今年已经 20 岁了，学习成绩还不错，现在在云南民族大学读大二，是家里学历最高的人，由于父亲一代都没能好好上学，所以，家里培养出了一个大学生，也是家里所有人的骄傲。女儿名叫王正萍，今年 16 岁，在南华县念初三，女儿的学习成绩不是很好，快要中考了，女儿紧张的备考中，也让家里人有些着急。

王光华家世代都居住在岔河村，家里主要从事种植业和养殖业。家有水田种植面积1.9亩，旱地种植面积2.5亩，主要种植大豆和小麦等，经济作物草果种植面积18.5亩，草果由于种的时间不长，还没有形成经济效益；其他的经济作物种植，如菜叶、花椒、核桃，一共加起来有4亩，蔬菜种植面积有1亩。据王光华介绍，他家的退耕还林面积很少，只有1亩左右，每年只有250元左右的收入，除此之外，家里承包的土地，每年有500元左右的农业补贴。

对于农作物种植，王光华家运用的是传统的耕作方式。每年农忙开始，稻谷、小麦等各种作物的播种也就开始了，他家的稻谷种、玉米种都是从农科站买来的，当然当地人也有私人卖种子的，但王光华担心不可靠，所以，一直都是从农科站购买庄稼种子。种稻谷的时候，同时还要做另外两件事情，一是放除草剂；二是施肥。他家用的除草剂是当地人自己发明的，效果很不错，在翻农田的时候将除草剂放进田里，抑制草种发芽生长，从而起到铲除杂草的效果。而施肥主要是以农家肥为主，较为环保，也节约了化肥的成本支出。一般玉米的种植时间大致是在清明节以后，每次下种的时候，先得把土整体翻一遍，然后再用锄头挖一行一行的小坑，把玉米种子丢在小坑里，最后少放点松软的泥土把种子埋好。一般在下种的时候都会多放几颗，以防止一些坏掉的种子发不出芽，但是小坑不能太深，太深了幼嫩的玉米苗没有办法破土长出来，那样的话就会做无用功，而且还浪费种子。另外，当地会经常下大雨或者暴雨，小坑太深了，下雨的时候就会出现两种情况，一是土地比较深，种子会被雨水泡死，二是雨太大就会把本来松软的泥土压紧，不通气，也会影响幼苗的生长或者种子无法发芽。这样做好就可以过一段时间，等到端午节的时候，再去除草和检查种子发芽情况，长势怎么样，如果一个小坑里的玉米发芽太多，就要拔掉一些，一般情况只留下两棵幼苗就可以了，至于那些没能发芽的，就可以从那些长得比较多的坑里移过来，然后再给禾苗松松土，施肥，及时地给禾苗补充养分，不过这时候也要注意，就是松土不能太重，太重了就会伤到禾苗的根部，施肥也不能过多，少许即可，多了会起反作用，把禾苗的根部烧死，等禾苗长到半人高的时候就可以加大肥量，使禾苗长得更好，以后结出丰满的果实。王光华说："种庄稼也是需要天时、地利、人和。天时就是要风调雨顺，有了好天气，万物才能复苏；地利就是土地要肥沃，贫瘠的土地不管你怎么弄也没有办法长出好的庄稼；人和就是种庄稼是需要掌握很多技术的，只有很好地掌握了科学合理的技术，苗才会长得好，最后的收成也才会很好。”

养殖业也是他家的主要收入来源之一，王光华夫妻俩虽然文化水平不高，但夫妻俩聪明能干，善于学习和总结。夫妻俩为了能让家里的经济生活水平更好，从2006年开始，他们结合当村的环境和家里的实际情况，决定慢慢地学习摸索养猪和种植魔芋，经过夫妻俩的辛勤劳动，他家的养猪事业发展得越来越好。在2007年，虽然整个国内市场猪市低迷，猪肉价格和生猪价格一路狂跌，但对于相对闭塞的岔河村地区来说，影响不是太大，但也不小，村子里很多人家见养猪无利可图，很多以前养猪多的人家纷纷放弃了养猪。可王光华的观念和做法却与大多数人截然相反，他此时一下就买了10头小猪，喂养了10个多月后，将肥猪全部卖出，这一下子就赚了不少。这样一来，他尝到了甜头，同时也更加坚定了他好好养猪的想法。不久，他又向别家买了一头长势不错的母猪，准备从小猪开始培养，然后再一批一批地出售。

据王光华介绍，养猪也是很有技巧的。大规模的喂猪就不能买小猪，必须自己喂母猪，而且得注意母猪的选种，以及公猪的配种，如果这一步做得不好，那将直接影响到最后的收益。在母猪下小猪以后，小猪的喂养也得细心，这个时候母猪必须要有充足的奶，还要慢慢的给小猪喂粮食和饲料，只有这样小猪才长得好、长得快，并且最好能放出猪圈让小猪每天都动一动，这样有利于成长，如果老是圈养会影响小猪吃食。一个月以后就可以把小猪分圈喂养，最好能4~5头一个猪圈，太多了，有些猪很凶，一些胆子小的猪就吃不到猪食，会影响猪的生长。听到他的介绍，让我们从中学到了不少关于养猪的技巧和各种注意事项，在他身上，我们不仅看到了勤劳致富的良好品质，同时也让我们看到了农村发展的新希望。

王光华家的经济收入主要来自于养殖，去年养猪一共收入30000多元。至于种植粮食作物基本是不挣钱的，一年面朝黄土背朝天的劳动只不过是为了一家人一年的口粮和养猪的粮食，这是极为辛苦的工作，有时候实在让人难受，如果遇到气候不好，一年的粮食生产还不能满足家庭所需。而且也正因为这样持久的劳作，让家里人的身体素质急速下降，王光华的妻子在劳作的过程中，还经常会生病，平时基本上都需要吃药调理，这也给家里人增加了很大的负担。而王光华也认识到，只有发展非农产业，才能使家庭的经济生活条件得以改善。所以，从小他就教育两个孩子，一定要好好念书，走出岔河村，远离“脸朝黄土背朝天”的辛苦生活。

表 11 - 5　　20011 年家庭支出情况统计表　　单位：元

	总支出	生产性	衣服	食品	看病	教育	娱乐	红白喜事	交通	通信	住房
2011 年	44800	5000	2000	1500	4000	30000	300	500	1000	500	0

相对于家庭收入来说，他家的支出也是比较大的。从他家的支出结构可以看出，教育支出占了大部分，共支出 44800 元左右，其他的生活支出，包括用于买衣服支出约 2000 元，食品支出 1500 元左右，看病花费约 4000 元，红白喜事礼尚往来共大约 500 元，交通运费约 1000 元，通信费用 500 元左右，还有娱乐支出 300 元左右（见表 11 - 5）。对于一个普通农户家来说，这样的消费支出是很大的。在农村，几十年的时间，都要供两个学生读书，实在是一种极为巨大的压力。现在，儿子上了大学，教育开销又加大了，使得家里的经济压力又一步加大。虽然儿子在大学里主要是依靠国家助学贷款来维持生活和学习，但这几年来家里人的平均身体素质水平下降了很多，医疗方面的支出也进一步加大。所以，总体上来说，家里目前的经济状况不是很好。

但王光华全家人都很节约，生活也较为简朴。儿子上大学，在学习文化知识的同时，也在利用各种机会和空闲时间做兼职或勤工俭学。寒暑假时，由于昆明市离南华县城也不是很远，所以，儿子有时候就利用假期的时间，在昆明市打工，努力挣着自己的学费和生活费等，而自从儿子上了大学以后，家里人的节约意识变得更强了，在家里，除了家里不得不买的东西，其他的东西是不可能买的。一家人生活得很艰苦，但他们心中一直藏着一个最初的梦想，那就是一定要好好供儿子上完大学，成为国家的栋梁之材，让儿子真正能够成为家里的顶梁柱。而儿子也一直在努力着，为了那个“让全家人过上幸福生活”的最纯真的梦想努力奋斗着。而女儿王正萍，也快上高中了，虽然自己的学习成绩没有哥哥的成绩好，但她很懂事，在学校里，生活很节约，学习也很刻苦，在哥哥的鼓励下，她也在不断地努力着。

即使现在家里面临着各种经济压力，但儿子女儿的成人成才永远是他们生活的目标和动力，再苦再累，为了两个孩子的学习和未来，为了家里人的幸福，花费再多的心血，他们都无怨无悔。在王光华看来，只要两个孩子长大成才了，能够成就自己的一番事业，改善家里的生活环境，比什么都强，他们做什么都是值得的。

听了这一番话，让我们甚为感动。一个勤劳艰苦的农村家庭，要供儿子女儿上大学，成就更好的未来，实在很不容易。而王光华身上并不封闭的先进思想是值得我们欣慰的，在未来的日子里，我们真诚地祝愿两个孩子的学习越来越好，长大后成为有所作为的人才，同时，我们也希望他们一家人能够早日过上轻松幸福的生活，实现他们最初的梦想。

（三）在本地打工家庭——周秀兰家

周秀兰，女，今年38岁，彝族，目前在“农家乐”经营户家打工，其丈夫名叫李文明，今年35岁，彝族，主要从事房屋的施工建设工作，村里人如果要装修或建盖房子，都会找他去设计和帮忙，两人都是初中文化水平。家里总共有6口人，夫妻俩育有一个儿子和一个女儿，儿子名叫周文章，今年12岁，小学四年级，女儿周文艳，今年15岁，但由于家庭等方面因素，目前已经没有在上学，在家里帮父母操持家务。周秀兰的父亲名叫周开祥，今年已经65岁了，满头银发，身体状况不太好，经常会生病，平时生活中还需要吃药调理。母亲罗慧兰，今年59岁，由于女儿和上门女婿平时都出去了，家里主要由母亲操持着家务。罗慧兰是一个左撇子，但却是个非常能干的人，每天早上差不多6点左右，她就已经起床了，起床后，她开始给家里饲养的鸡喂食，打扫屋子和院子，打扫完后，就出门干活了，有时候出门很早，等到太阳升起的时候，她已经背着背篓回来了。家里鸡猪的饲养等日常工作，母亲都打理得很好。虽然有时候也很辛苦，但母亲是个喜欢凑热闹的人，由于家离附近的很多“农家乐”比较近，所以，每到夜晚跳舞场上欢歌畅舞的时候，她都会去那玩一玩，跳一跳，放松一下心情，同时也从中获得了很多的欢乐。

自大力发展新农村建设以来，在南华县政府的积极引导和大力推广下，岔河村的生态旅游业迅速发展起来，而这一极具发展潜力的第三产业所带来的机遇，主要体现在当地“农家乐”生态旅游的发展，给当地人们带来巨大的经济效益和精神满足的同时，也给生活贫苦的人们提供了更多的发展机遇。岔河村委会实行以点带面、点面结合的经济发展策略。在“咪依噜风情谷”大力开发旅游，发展农家乐，以此为点，带动周边经济的发展，并取得了显著的成效。而文化旅游的开发，在“咪依噜风情谷”内形成了以服务设施、劳动力为主的投资合作经营模式，为村内提供了几百个就业岗位，解决了部分农村富余劳动力的就业问题。周秀兰家就是其中的一个典型例子。当地乡村旅游业的发展，不仅吸引了来自全国各地以及世界各国的宾客，给他们营造了一个个舒适优美的环境，同时，也给当地家庭困难的人们创造了良好的就业机会，经过这个过程，当地人的视野开阔了，自身素质和认知水平也大大提高了。虽然当地的整体教育水平不高，但经营所需的各种培训和要求，也让人们从中学会了很多技术性的东西。

周秀兰是一个热情开朗，勤劳朴实的农家妇女，初中文化水平，却给光临“农家乐”的宾客和邻里留下了美好的印象。在“农家乐”打工的这几年，从最开始的基础指导，到后期的专业知识的培训和学习，她表现得都很出色，从各种培训和学习中，她也学到了不少的东西和服务技能，观其行，热情细致地招待着每一个到访的客人。淳朴可靠的人格，踏实能干的特点，让她在当地很受欢迎。虽然在工作中也发生过一些不愉快的事情，但她是个非常谦虚谨慎的人，做什么事情都用心，也很细心。“农家乐”的女主人周大妈还说：“秀兰话不多，但她做事我很放心，家里有什么事，只要交代给她，她一定能够把事情做好。”

周秀兰家离周大妈家不远，但由于周大妈家的生意一直都比较好，所以，每天都会有宾客光顾。每天早晨6点左右，周秀兰就得起床，到周大妈家上班。大家都是村里的邻居，时间是相互协商的，如果周秀兰家里有事，跟周大妈说一声，也不用来那么早。但当周大妈说：“客人不是特别多的时候，早上不用来那么早的，昨晚也太累了，多睡会没事儿。”她总会说：“没事，不累不累”，说着说着，就到屋子里找活做去了。周秀兰踏实能干，工作做得也挺好，一般情况下，每个月能拿到1200元左右的薪酬，而吃、住都在自个家，也没有什么消费。因此，周秀兰每天辛辛苦苦赚来的钱，除了支付家里的生活开支外，她最想做的，就是好好给孩子存点钱，为孩子将来的教育和成家立业做一定的储蓄。因此，她都会做一定的储蓄，以备不时之需。

而周秀兰的爱人李文明，虽然是倒插门，但却是一个很有才能的上门女婿，目前主要从事房屋的建造和施工工作，每天都会很忙，只要有哪家的房屋需要拆迁和建造，都请他去帮忙。李文明在房屋的建造方面很有研究，虽然远不能和城市的建筑设计师相提并论，但在村里的建筑设计或房屋的建造方面，他还是非常在行的。而且他的木工活做得很好，在当地可以说是个能工巧匠，而也正是因为他的“巧匠”技术，使他在当地非常受欢迎。如果是邻居家正在进行房屋的整修或重建，李文明每天晚上回家里住，然后第二天清晨和妻子一样早起，带上房屋建造所需的工具，就去邻居家帮忙去了。午饭和晚饭都在邻居家吃，一般情况下，薪酬为100元/天。有时候别村的人会亲自上门来请他帮忙，离家较远的时候，李文明就在主人家里住，直到他家的工程竣工为止。这样一来，有时候就十天或半月都不回家，虽然这个工程有时候让李文明觉得特别累，但当我们问他的时候，他笑着和我们说，“在农村，累点，苦点，很正常，关键是要有事可做，有时候没有人请我，我也就只能待在家里干活了，也就没有了收入。”确实是这样，一年中，要进行整修或盖房建屋的家庭也不是太多，所以李文明的工作也只能是阶段性的。去年，村委会的房子要进行重建，需要很多像他这样的人去帮忙盖建，他也就去了，这个工程比较巨大，一干就是3个月，在连续的繁忙工作中很辛苦，但他勤劳踏实的干劲，给村委会和乡镇上的领导留下了很好的印象。后来，只要是村里或镇上有什么工程项目，他们都会和李文明联系，而且在一些道路施工建设等工程上，他也作了不少贡献，使家乡的道路变得越来越平坦，来往车辆的行驶也越来越安全了。

在家的时候，由于家里也种植小麦、玉米、大豆等粮食作物，以及猪、牛、鸡等牲畜的饲养，所以，一年四季里，基本也没有什么旅游或出去玩的时间。家里目前有300多株核桃树，都是前几年种的，目前还没有挂果，但这也算是他们家的另一笔固定资产，相信不久的将来，就能够给他们带来巨大的收益。

表11-6　**2011年家庭经济收入来源情况统计表**

职业	收入（元）	职业	收入（元）
从事种植业	10000	本乡镇就业工资	0
从事渔业	0	外出打工	20000
家庭手工业	0	从事运输业	0
从事畜牧业	0	政府补贴和社会救济	0
从事养殖业	10000	出租草场耕地房屋等	0
从事旅游业	0	其他经营收入	0

从周秀兰家的收入来源情况看，和村里其他的家庭一样，收入的主要来源为外出打工、家庭的种植业和养殖业，但家里的花费也很大。

表 11－7　　2011 年家庭支出情况表

	总支出	生产性	衣服	食品	看病	教育	娱乐	红白喜事	交通	通信
2011 年	23000	3500	1300	3500	7500	2500	2600	700	800	600

周秀兰的父亲今年已是 65 岁，平时身体状况不太好，平时需要吃药调理，看病的花费是一笔不小的开销，加上家里人生病的花费，他家医药消费就需要一两万元左右，而国家农村合作医疗政策的实施，对于岔河村来说，每年 50 元/人的合作医疗保险，这样，市级医院和村级卫生院能够报销 70%，州级医院能够报销 30% 左右，给他家减轻了不小的医药负担。而除此之外，生产性的支出，如购买农作物种子，购买鸡猪的食料等，总共也得 3500～4000 元，家里人穿的衣服，总共也得 1000 多元。而其他的食品、教育、娱乐、红白喜事、交通、通信等支出加在一起，大约需要 10000 元左右，家里的经济负担还是比较大的。但母亲却很能干，家里鸡、猪等的喂养，基本都是由她来做，为周秀兰夫妻俩减轻了一定的家庭负担。母亲的身体很好，平时在家，都会计划着去县城买一些适合该季度的，而又是家人喜欢吃的菜类种子，然后进行播种和精心护理，所以，每个季节，她家都会有各种各样的新鲜蔬菜可以食用。周秀兰家的固定资产不算太少（见表 11－8），但从她家屋里屋外的环境条件，以及一些生活消费数据，我们知道，这一家人，生活都很节省，一般情况下，只有两个老人在家，老人也不太注意自身的穿着打扮。

表 11－8　　家庭耐用品消费情况统计表

项目	个数	项目	个数
洗衣机	1	手机	4
影碟机	1	电饭锅	1
摩托车	1	电磁炉	1

听周秀兰的父亲周开祥介绍，“以前我们家的生活很困难，当我还很年轻的时候，生活条件非常不好，那时候我们家的土地大多是林地，非常贫瘠，而且能耕种的土地很少，耕种也很简单，当时我们仅仅是把一些树砍掉然后烧一烧，撒一些荞麦和高粱种在里面，就等着收割，到1983年包产到户时分到的田人均只有5分、旱地1亩，这让靠土地、靠天吃饭的我们很难解决温饱问题，而且我们这地处高寒山区，霜冻一来，那地里的粮食就都冻死了……那时，我们这儿的绝大多数家庭每年都是要饿肚子的，唉……有时候，每天都要找米下锅，甚至会饿很久……不过现在的条件好多了，但我们也得省着点，才能渐渐过上好日子啊……”，听老人一番话，不禁让我们感慨万分。祖祖辈辈的生活，一直是那么艰苦，可他们，就是那样费尽心血地把我们养大，我们是不是应该为他们做些什么？

说起周秀兰家的养殖，最值得一提的就是她家养的家猪，由于周秀兰和丈夫平时基本都很忙，所以，家猪的饲养，采用的是最原始的养殖模式，其他很多家庭的养殖业都是有一定规模的，基本上大家的养殖基地的布置和安排没有太大的差别，可周秀兰家不同，她家还是利用最初的养殖方式进行着家猪、家禽等的养殖，具体说来，她家的肥猪，没有设立单独的“卫生圈”，也没有把家里的肥猪分开养，而是统一关在一个牛圈了，每天只喂两次食，每次喂食的时候，把牛圈门打开，所有的肥猪就会自己跑出来吃食，她家的牛圈旁边摆放着3个浅木槽，是用来盛猪的食物和饲料用的，除了每天跑出牛圈出来吃食以外，猪的一切生理活动都是在牛圈里进行的，平时基本上不用打扫，还为家里的田地积攒了很多的农家肥，这种传统的养殖方式有一些好的方面，比如农家肥的制造，便于统一管理，但也有一定的缺陷，从科学的角度来剖析，这种养殖方式在一定程度上是不合理的，而且猪的生长周期也变慢了很多，影响了猪的生长发育。但女儿女婿平时不在家里，家里的劳动力资源也不充足，所以，家里的很多情况也难以改变。而家里养了那么多头猪，饲料和粮食的消耗和生产性的花费也需要很大的一笔预算。

除此之外，周秀兰家有2亩水田，4亩旱地，水田里主要是种植水稻，她家每年都会选择几种不同品种的水稻进行种植，但种植的水稻产量较为低下，有时候作为自家的米粮都还不够，还得去县城里购买一些。而旱地里主要种植大豆、小麦和玉米，大豆主要用来食用和销售，小麦和玉米就全部作为饲养家猪和家禽的饲料和粮食。但就目前的经济形势看，她家还是存在一些困难。周秀兰和丈夫李文明也一直在努力工作着，周秀兰在打工的过程中，也一直在学习各种服务技能和科学文化知识，提升着自己的文化素养，同时，在“农家乐”打工的这几年，也让她学到了很多东西，自己的思想见识也在不断提升。而李文明，在从事建筑工作的同时，也不断在寻找着其他适合自己的发展出路，虽然他们的知识文化水平都不高，但在他们夫妻俩的身上，我们看到的是一种辛勤劳动下的朴实，更是一种顽强不屈的执着，他们身上闪现的那种积极的生活态度，让我们感慨万分。

一步一步的坚持，一天一天的努力，周秀兰家的生活状况也在一天天发生着变化，虽然这种变化是微小的，但未来的生活里，我们相信，他家的生活将会越来越好。

（四）乡村运输业家庭——周文才家

今天，我们来到了南华县龙川镇岔河村新村村民小组，最先采访的就是周文才家，走近他家，最显眼的就是停在道路旁的蓝色大卡车，卡车上面放了一些煤屑，好像是儿子在不久前才刚运回家来的。走进他家，虽没有什么特别吸引人的地方，但质朴的农家小院，让我们感受到了家的感觉。特别是院子一角的那棵石榴树，石榴树的枝干不是很粗，但那绿叶丛中红红的花骨朵，给我们展现了一幅欣欣向荣的春景。

周文才，男，1959 年出生，小学文化水平，中等个子。由于常年在田地里劳作的关系，他的脸色黝黑，第一眼见他，给我们的印象最深的就是他的眼睛，黑黝黝的脸上，眼神非常坚定。从他坚定的眼神中，我们感受到了他内心的刚毅。其妻名叫起洪娣，现年 55 岁，两人育有一个儿子，名叫周盛，现年 30 岁，中等个头，已经结婚，这一天，正好碰到儿子周盛运东西回家，身着一套运动服，看起来很有朝气和活力，他说话直截了当，言语表现出来的是一种自信，但也能感受到他那谦虚谨慎的性格。其妻名叫起桂香，现年 27 岁，两人育有一个女儿，今年 6 岁，名叫周瑞婷，刚上小学一年级，是一个活泼可爱的小姑娘，说起话来很逗，可以说，她是家里人的“开心果”，她很爱说话，一点也不怕生人，和她交谈起来很有趣，她会和我说好多她喜欢的东西，时不时还会发出“嘻嘻嘻……”的笑声。

周文才夫妇和儿媳主要从事传统的种植和养殖，而儿子周盛一般情况下都不在家，现在在搞运输，主要是帮人拉货，如果是跑长途，就得拉到昆明、丽江、瑞丽等地方。跑长途，一辆载重五吨的车，拉满货从南华跑昆明就能有1000元左右的收入，除去油费、磨损费每趟还是能挣几百元。周盛告诉我们，认认真真工作，每年就能挣3万~4万元左右，村里也有很多搞运输的人，他们这些搞运输的通常都会选择常年在外，只是在过年过节和雨季生意少的时候回来，而周盛最主要的工作就是替别人拉货，如果没有拉货，一般都在家里干活。

周盛告诉我们，“虽然从现实出发，运输是我不错的选择，但这个行业，也是个辛苦的工作，有时候半夜三更的，我不睡觉，也得在公路上帮别人拉货，开车，是一个极其需要集中精力的事情，所以，有时候，几天的长途拉运，我眼睛都会熬红了，但也没办法，毕竟这是关乎自己生命安全的事情，所以，无论如何，也不敢有半丝半毫的马虎……”据周盛介绍，他是从2006年开始搞交通运输，当时，由于家里的种植业和养殖业所需的人手已经足够了，而周盛自己也没找到其他适合自己的工作，于是就和父亲做了协商，决定去县城里考驾照，经过征求全家人的意见，大家都觉得这是个不错的想法，而且当时在村里搞运输的人还不是很多，所以，拿着父亲的积蓄，他考了驾照。从那以后，就一直在从事着这一行业，到目前为止，已经干了6年了。

在这个过程中，虽然前几年比较赚钱，他一直都有生意可做，但最近几年，由于岔河村交通运输环境的不断改善，经济的迅猛发展，这一行业，似乎不像以前那么吃香了。主要原因有：一是现在交通越来越发达，专门搞运输的都以集团和公司的方式出现，运输货物要求的提高，有些货物需要专门的车来运输，一般的车已经满足不了客户的要求，同时也不放心交给这些到处找货拉的个人运输人员。二是现在搞运输成本明显提高，油价的增高让人难以承受。从支出方面看，运输业家庭支出和村里其他家庭有所区别的就是汽车的燃油费和修车保养费的支出，随着油价的上涨，这类支出还将不断上升，所以，周盛现在也不再单靠着运输来生活了。

现在，除非村里或其他地方有生意可做，周盛才会去比较远的地方拉货，一般情况下，就是村里兴盖房子，需要砖瓦、钢筋、水泥等原材料时，他需要帮忙去拉运，再有，就是家里和村里人家平常所需的基本燃料的运输，基本上都是由周盛来做。从现在的情况来看，虽然也从辛辛苦苦的工作中赚了些钱，但与以前相比，这方面的收入就大不如前了。现在各家各户基本上都有了摩托等便捷的交通工具，且专门搞运输的集团和公司占据了这里的市场。收入没有上涨，油价和汽车的维修费却涨得飞快，这也成了家里一笔不小的支出。

周文才家不是很富裕，房子里的摆设都比较简单，除了电视机、洗衣机、电磁炉等日常生活所需的物品外，基本上就没有其他的摆设，但家里上上下下都打理得很好。他家房子的面积不是很大，侧面的厨房是去年才兴建的，旁边有一个堆放各种杂物的小屋，里面摆放着一套碾米用的碾米机，有时候，家里做豆腐、做凉粉或春饵块也通过这台碾米机完成，必要的时候，只需换其中的几个部件就可以完成多种制作。周文才的妻子告诉我们，在这里，每当逢年过节的时候，每个家庭都会做一些新鲜的豆腐、凉粉等副食品，而一般凉粉又分为两种，一种是用米做成的，叫米凉粉，另一种是用豌豆做成的，叫豌豆凉粉，这两种凉粉的区别仅仅是原材料上的不同，其他的做工程序基本都一样，但也都得把握好各自的火候，做出来的凉粉才会成为美味。周文才的妻子还热情地跟我们说道："要是你们能在这多待几天，我一定让你们尝尝我的手艺……特别是到了夏天，我们这里天气比较炎热，吃凉粉可是一个很不错的选择。"把我们大家都给逗乐了，我们也馋了。

表 11－9　　**家庭耐用品消费情况统计表**

项目	个数	项目	个数
洗衣机	1	手机	4
影碟机	1	电饭锅	1
摩托车	1	电磁炉	1
大卡车	1	电视机	1

现在，家里除了周盛搞运输的收入外，其他的收入，主要依赖于家里传统的种植和养殖，据周文才介绍，他家也种着 0.6 亩左右的水稻，但每年的产量都不是很高，0.6 亩的水稻一般只够吃半年左右的时间，有时候，也需要去县城里购买一些。其次，就是瓜果、蔬菜的种植，虽然种植的规模不是很大，但周文才的妻子把家里的菜园子培育得很好，1 亩左右的菜地，都是绿油油的菜叶子，看起来蔬菜生长得很好。正如我前面提到的石榴树，他家屋外

的院子里，小路两旁都是各种果树，有苹果树、桃树、李子树等，其中最大的是那棵嫁接的梨树，枝干很粗。这里虽不是什么果园，走在小路中，却让我们感觉这就是个果园。离周文才家较远的地方，要数他家的核桃林，我们跟着他徒步来到这里，他家的核桃，种植的时间还很短，基本上还是小树，估计过几年才会挂果，但小树虽小，却几乎占据了眼前这一片小山，小山的海拔不高，气候条件很适合核桃这类植物的生存。周文才用手指着侧面的大面积森林，跟我们说，“这一带就是野山菌高产的地带，森林里会有各种各样的菌子，每到各种野山菌高产的季节，在我们这个地方的‘野山菌火锅’很受欢迎，不仅我们村里的人们喜欢吃，到这里游玩的外地人更喜欢吃。不过，现在还不是菌子高产季，不然我一定让你们好好吃一顿这里的火锅……”，说着说着，大家都笑开了。

周文才家目前养着1头水牛，5头生猪，20多只鸡。他家的鸡主要圈养在房屋一层，猪则有单独建筑的猪圈，这些牲畜的粪便也是很好的有机肥料，可以为农业生产和蔬菜种植节约不少的肥料开销。从养殖业中，他家大概能获得7000元的收入。

表11－10　2011年家庭经济来源情况统计表

职业	收入（元）	职业	收入（元）
从事种植业	3000	本乡镇就业工资	0
从事渔业	0	外出打工	0
家庭手工业	0	从事运输业	20000
从事畜牧业	0	政府补贴和社会救济	0
从事养殖业	7000	出租草场耕地房屋等	0
从事旅游业	0	其他经营收入	0

至于在支出方面，由于0.6亩的水稻一般只够5口之家吃半年左右的时间，所以周文才家每年还需要去县城购买800斤左右的大米，这方面的支出约1000元。生产性支出占家庭经济支出的大头，每年买化肥可能要用800元左右，还有农药也要花200元左右。近些年政府不定期的农业方面的培训让这里的人们学到了不少农业科技知识，比如薄膜种植，大棚种植等科学种植方法，农业种植的收益较以前有了一定的提高，不过生产投入也增加了不少。

在走访他家时，我们特意了解了他家整体的债务情况，发现他家每年的收入和支出基本持平，基本没有欠债的情况。年景好的时候，还有一些积蓄。

家里的产业不是很大，光靠父母亲和妻子也能忙活过来，所以，现在，周盛一直在思考着从事一些其他方面的工作，他也联系了很多人，思索着能让自己摆放在家里的大卡车有用武之地，周盛和我们说，“现在的竞争很是激烈，我也一直再找，看情况再做打算吧。”他是个积极上进的人，相信他能够以他的踏实能干，找到他想从事的事情。

（五）从旅游业转行——周开先家

周开先，男，今年47岁，彝族，中等个子，普通话说得不太好，但我们之间的交流基本没有问题，妻子周富存，与周开先同岁，彝族，我们到他家的时候，妻子没在家，出去忙活去了。据周开先介绍，家里总共有4人，常住人口2人，夫妻俩有两个儿子，大儿子周宝今年21岁，现在在福建打工，每年只是过年的时候回一次家，儿子一个人在外地打工奔波，周开先夫妇俩也挺担心的；小儿子名叫周遂，今年刚满18岁，去年当兵去了，目前，只有夫妻俩在家，操持着家务。他家的住房面积250平方米左右，房子挺宽敞的，但只有夫妇俩在家，显得有些冷清。不过，每天晚上他们都可以去跳舞场放松娱乐一下，也不失为一种快乐。平时家里农活不忙的时候，也经常会到邻居家串串门，大家伙儿聚在一起聊天，打扑克牌，也是生活中的另一种快乐。

周开先家以前是以开“农家乐”为主要的经济来源。几年前，随着政府大力发展新农村建设，大力帮助这里的人们发展旅游业，周开先家也进行了相应的家居设施的改进，开起了“农家乐”，一开始，生意还挺不错的，虽然当时光临的宾客不是很多，但每天的经营收入，也能够维持家里各方面的支出。不过，有时候也会出现“连续几天都不见客”的状况，周开先一家人也就不可能一直在家里候客，他们就先去地里干农活，等到有人光临时，再从地里赶回来接待，但这个过程中，由于准备、接待等过程中存在一些问题，农家乐的回头客很少。农家乐开了一年以后，由于周围开农家乐的家庭也越来越多，加之各种内在和外在因素的制约，生意也慢慢冷淡了。现在周开先家已经不再从事这一行业了。周开先告诉我们，大儿子周宝是一个憨厚老实的年轻帅小伙，从2009年以后，就去福建打工去了，但由于文化水平不高，各行各业又存在较大的就业竞争，周宝在打工的过程中难免也会遇到各种难题，每年的打工收入也不多，他每年春节之时会回一次家，每年大约能给家里人带回几千元的收入。大儿子孤身在福建，家里人也不太清楚儿子主要做什么工作，有些话似乎不太方便向我们解释，不过，虽然周开先夫妻俩没有说出来，但从他的言语、语气和表情能感受到，他对年仅21岁的儿子还是充满了担忧。而刚满18岁的小儿子周遂，也是母亲心头一块心病。18岁，对于大部分青年一代来说，应该还只是上学的年纪，现在在部队里当兵，虽然夫妻俩都知道这是件光荣的事，但夫妻俩还是很不放心，心里充满了牵挂。这天，在了解访谈之时，妻子接到了小儿子的电话，儿子向母亲说着一件件部队里发生的事，而电话这头，母亲一句句听似唠叨却关怀备至的话语，让我们听后都被深深感动了。相信儿子也一定会不负重托，做好自己该做的事。

现在，周开先家也不开农家乐了，夫妇就把主要的精力放在了家庭的种植业和养殖业上。他家也种水稻、小麦等粮食作物，水稻田的面积很少，大约只有0.6亩，且由于环境条件的限制，收获的水稻勉强满足家里人的需求，并没有出售的储备。由于两个儿子都外出了，他们夫妻俩一边在家里忙活，一边在地里忙活，家里有两个菜园子，夫妻俩种了一些供家里人吃的菜，以及一些在市场上卖得比较好的菜类，菜园子的面积较大，种出来的菜家里人一般都吃不完，因此，一方面，由于他家种出的菜是无公害的生态蔬菜，当地很多搞农家乐的家庭都会提前预订他家的蔬菜，这是他家蔬菜的销路之一；另一方面，由于夫妻俩的细心呵护，他们家菜园子里的蔬菜质量都比较好，又是无公害的，因此，每次周开先把蔬菜运到南华县的农贸市场出卖，生意都很好，还有了一些固定的购买客户。虽然种菜一卖菜这一过程比较辛苦，但夫妻俩在蔬菜的种植中也有了很大的收益。一年下来，从蔬菜的买卖中，他们大约也能从中得到4000元左右的收入。

周开先的妻子周富存是个心灵手巧的人，擅长各种刺绣和彝族民族服装的缝制，特别是她做的彝族花布鞋，远近都很闻名。闲暇之日，妻子都会坐在房间里缝制，她缝的花布鞋一般就是每双50~80元，这个价格还是相对便宜的，一般在楚雄市里，一双精致的花布鞋不会少于100元。因此，销量也还算不错。

表 11－11　　　　2011 年家庭经济来源情况统计表

职业	收入（元）	职业	收入（元）
从事种植业	7000	本乡镇就业工资	0
从事渔业	0	外出打工	15000
家庭手工业	2000	从事运输业	0
从事畜牧业	0	政府补贴和社会救济	0
从事养殖业	10000	出租草场耕地房屋等	0
从事旅游业	0	其他经营收入	3000

周开先家在当地收入水平不是很高，现在两个儿子都不在家中，从整体上看，他家的收入和支出还算平衡。家里除了日常生活资料的开销以外，其次就是生产性支出，到了耕种季节，一些种植材料方面的支出是少不了的。还有就是家里的养殖资料的购置和家禽疫病防治方面的开销，再加上红白喜事、通信、交通外出、医药治理等方面的花费，家里每年大约需要 27000 元左右的支出，但夫妻俩在家，生活上也很节省，除了维持日常生活必须消费的，夫妻俩基本不会乱花钱，家里的固定资产也不多，除了电话、电饭锅、电磁炉、电视机、洗衣机这些家庭用品外，家里也没有再购置其他的电器设备，当我们问他生活怎么那么节俭的时候，他若有所思地说："家里两个儿子都才刚成年，目前也没有成就什么事业，还没有找到合适的对象，生活上也还不能完全自立，我们夫妻俩也得多为他们着想……"而儿子外出打工孝敬爸妈，也为家里减轻了很多生活的压力，也是件让夫妻俩欣慰骄傲的事情。

表 11－12　　　　家庭耐用消费品统计表

项目	个数	项目	个数
电冰箱	1	电话	0
洗衣机	1	组合音响	1
照相机	0	手机	3
电视机	1	电脑	0
影碟机	1	自行车	0
电动车	0	电饭锅	1

续表

项目	个数	项目	个数
农用车（拖拉机）	0	电磁炉	1
摩托车	1	微波炉	0
卡车	0	电风扇	0
小轿车	0	空调	0

周开先夫妻俩都是特别有情趣的人。虽然现在不开农家乐了，但夫妻俩都喜欢唱山歌和跳舞，由于他家离娱乐广场很近，而娱乐广场上，每天晚上都会有很多的人在跳左脚舞，还有在唱山歌、拉二胡的彝族乡亲们，因此，每天除了忙活家里的事情外，晚上，夫妻俩都会到广场上和邻居们、游客们一起跳左脚舞，这也不失为一种雅趣。

乐观豁达，这是一种态度。在转行的经历中，虽然也让他们在经营的过程中遭受到了失败的打击，但也让他们进一步认识到了发展中存在的一些问题，从而转换发展模式，改变生活方式；细水长流，这是一种智慧。在蔬菜的精心培育中，在刺绣的点滴经营中，我们相信，他们的明天将会越来越好。

（六）外出务工家庭——起贵有家

起贵有，男，彝族，今年45岁，小学文化水平，大岔河村人。普通话说得不太好，但沟通起来没有问题，起贵有是一个典型的南方汉子，身材较为矮小，肤色有点黑，身体硬朗，说起话来面带微笑，给人一种既憨厚友善又精明能干的感觉。当我们走进他家的时候，家里只有他和老母亲在家，而起贵有，他一个人在家里的“加工房”碾米，准备着下一个月的粮食。我们见到他的时候，他刚从“加工房”里出来，手里还拿着葫芦瓢和铁筛子，身上的穿着很简朴，看到我们进来了，他立即放下了手中的工具，准备了几个竹凳子，招呼我们坐下，热情大方，嘴里还客气地说着：“家里有些简陋，实在有点对不住……”那憨厚有劲的声音里，却让我们感受到了淳朴的舒适。据起贵有介绍，老母亲今年已经70多岁了，虽然年岁已高，但其身体条件还算不错，对于家里一些简单的、难度较小的家务活，她还是能胜任的。当我们走进起贵有家的时候，我们就看到了他的老母亲正在庭院里打扫卫生，看到我们的到来，老人一开始有些诧异，脸上表现出好奇疑惑的表情。

老人是岔河村最纯正的彝族，非常和蔼，也很健谈，虽然老人的听力不太好，跟老人说话时，我们的音量都需要往上调高一些，但这并不影响我们之间的正常交流。当老人知道我们到来的目的后，她很兴奋，跟我说了一些她年轻时候岔河村发生的事情，她说道，“以前的岔河村是个非常封闭、贫穷的彝族村落，和外面的接触和交流都非常少，现在交通也越来越方便了，村里有的人办起了特色农家乐，有的人做起了生意，还有我孙女一代的，好多都出去外地打工了，家里的生活也越来越好了……”，说话的时候她很兴奋，虽然不会说普通话，但我们基本能听懂她想要表达的意思，我们的感触非常深。

起贵有家的房屋大约有 250 平方米，是砖瓦石房，正房相比于其他的厢房，看起来更华丽一些，墙体的外表面镶嵌着一层白色的瓷砖，而最中间的“堂屋”，整体上看起来更为庄重一些，堂屋的门框上镶嵌了白色的瓷砖，而且瓷砖上还刻印了一幅红红的对联，堂屋里的摆设和其他家的摆设基本相同，中间是“家神”，除此之外，侧面摆着一台 24 寸的彩色电视机，两侧是沙发，整体上看，房屋里的摆设很简单。他给我们沏了一壶茶，于是我们就谈开了，和他交流，我们发现他是一个极为幽默的人，交谈了几分钟，就看到起贵有的妻子李树存背着一个小背篓回来了，里面装的是新鲜的蔬菜，刚从地里回来，脸上还流着汗珠，看到我们，她开始有些惊讶，片刻之后，和我们寒暄了几句，就进厨房忙活去了。

起贵有的家里有 5 口人，平时只有老母亲和起贵有夫妇俩在家。起贵有夫妇俩有两个女儿，大女儿名叫起雁凤，今年 21 岁，5 年前就去昆明打工了，目前在昆明一家美容公司里担任美容师。二女儿名叫起雁花，今年 14 岁，目前还在上初中三年级，女儿成绩不太好，但还比较懂事。起贵有夫妇对二女儿起雁花的学业也比较担心，在为二女儿以后的成长之路做着各种打算。起贵有家里的田地大部分都承包给别人了，夫妇俩现在就把精力主要放在蔬菜和核桃林的种植和家禽、家畜的养殖上。

起贵有家原来有 7 亩地，有 2 亩水田，5 亩旱地，水田种的是水稻，旱地主要种植小麦、玉米和大豆。几十年来，夫妇俩主要从事的是此类农作物的种植，每年春季，就进行小麦、大豆等的种植，到了夏季，又开始忙碌着种植水稻和玉米等农作物，同时还要忙着进行蔬菜、核桃的种植和家禽、家畜等的打理，由于土地较多，家里只有两个劳动力，实在忙不过来。于是，前几年，起贵有把家里的大部分土地都承包给别人了，现在，由于农业经济重心的转移，2 亩水田承包给了别人，由于大家都是邻里亲戚，所以，承包的形式很简单，两家人之间也不用签合同，双方的交易规则是这样的：水田承包出去以后，对方可以根据自己的种植意愿种植自己有意向的水稻品种，化肥、农药等自行购置，整个生产种植过程不受任何约束，也就相当于把水田使用权给了承租户。到了年底，对方根据自家从这两亩水田中所获得的收成，根据一定的比例，分一部分给起贵有家就可以了。双方的承包关系非常人性化，要是遇到自然灾害或意外突发情况影响了水稻最终的收成，他们就会调整比例，这样双方都不会吃亏。起贵有还告诉我们，我们刚来时，看到他正在碾的稻米，就是承租户种的，不过，由于水田的面积很小，产量也不高，每年他家还是得买一些，旱地的承包形式和水田差不多，但他们没有全部承包出去，还留了3 亩左右的土地，他们夫妇就在上面种植大棚蔬菜，种那么多的瓜果蔬菜，一般家里人也吃不完，所以，他们种的蔬菜，一部分是卖给附近经营“农家乐”的家庭，另一部分，起贵有就会拿到农贸市场上去卖，每个星期去一到两次，夫妇俩从蔬菜的种植中也能获益不少。此外，夫妇俩还养了5 头肥猪，6 头小猪，十几只鸡，从承包出去的土地中获得的玉米和小麦，主要用作猪和鸡的食料，有时粮食不够还得向邻近的乡亲购买，虽然养猪和鸡也是一件很辛苦的事情，但比起每日顶着烈日在地里“脸朝黄土背朝天”地劳作，情况好多了。现在夫妇俩把大部分精力都放在了5 头肥猪上，他们计划着能够卖一个好价钱，看他家养的肥猪，长得还真不错。这是他们夫妇俩在家能够获得的另一笔收入。

其次，对于核桃的培养和种植，起贵有家有两片核桃林，一片是几十年前父辈种植培育的，现今已长成参天大树型的“成年”核桃林，面积约为半亩左右，而有的核桃树生长在旱地头边；另一片则是起贵有刚培育的，通常是通过嫁接、移植、幼苗培育等方法进行培植，目前还仅有 1~4 米，生长期还很长。可以预测，在不久的将来，这将会给起贵有家带来一笔可观的收益。

表 11－13　　　2011 年家庭经济来源情况统计表

职业	收入（元）	职业	收入（元）
从事种植业	5000	本乡镇就业工资	0
从事渔业	0	外出打工	18000
家庭手工业	0	从事运输业	0
从事畜牧业	0	政府补贴和社会救济	0
从事养殖业	10000	出租草场耕地房屋等	0
从事旅游业	0	其他经营收入	1000

从表 11－13 中，我们也知道，女儿打工的收入是全家的主要收入来源，女儿常年在外工作，基本上很少回家，所以，每三个月左右，女儿会定期往家里寄钱，每次不是很多，但对家里人来说，节省一点，也差不多够平时的花费了。但家里的花费也挺大的，二女儿起雁花上初中的生活和学习上的花费，每年细算下来，对一家人来说，是一笔较大的花费。另外，家里的核桃、蔬菜、小麦、玉米等农作物生长所需的各类化肥养料的支出，家畜、家禽养殖中的饲料等的花费，加上家里人日常所需用品的各类花费，细算下来，也是一笔不少的支出。从整体上看，家里的收支基本达到平衡状态。

表 11－14　　　家庭耐用品消费情况统计表

项目	个数	项目	个数
洗衣机	1	手机	3
影碟机	1	电饭锅	1
电视机	1	电磁炉	1
电冰箱	1	太阳能	1

从表 11－14 中看出，起贵有家的耐用品数量较多，生活上的经济压力也不是很大。据起贵有的妻子介绍，上个月，家里刚拿出了一部分钱，对家里的生活条件进行了改善，在家里安置了太阳能和洗澡间，现在，家里的生活条件也比以前好很多了。

女儿出门在外，生活和工作上都很不容易，四五年的打工历程，四五年的风风雨雨，四五年的成长，让这位仅有二十多岁的年轻女孩迅速长大，不断增长着自己的见识和经验，在工作中越来越稳重，也越来越成熟。

起雁凤十六岁就离开家，到昆明打工了。对于一个十六岁的女孩，这面临着很大的压力。社会上对学历和能力等的各方面的严格要求，让她失去了很多好的工作机会，她曾经也遇到过很多的挫折和失败，但这并没有让她就此颓废，她一直在不断学习和借鉴着别人的经验，在不断学习中吸取教训。最开始的工作，是从餐厅的服务员开始做的，在这段日子里，虽然每天都要忙到很晚，每天都会很累，但是在和客人打交道的过程中，让她学会了怎样很好地与别人进行交流；在和餐厅老板的沟通学习中，也让她学到了很多工作中的经验；在和同事们一起工作的生活中，不仅让她收获了很多的欢乐，也收获了难得的友谊，如今，大家成了好朋友。在餐厅干了半年以后，起雁凤辞掉了这份工作，然后在一家超市做了前台的收银员，这个工作比之前的工作复杂一些，工作也没有以前那么无聊了，而且薪酬较高，于是，在超市里一干就干了两年，生活都过得比较安逸。每天在前台收银，虽然有时也会遇到一些小差错，但也终究得到了解决。在这个岗位上，也让她学到了很多，增长了自己的学识和经验。

后来，由于她本人对“美容”的热衷和酷爱，于是就开始学习化妆和美容，2 年后，她毅然放弃了超市前台收银的工作，走上了自己喜欢的“化妆美容之路”。刚进入这个行业的时候，最初的工作内容仅仅是停留在学习和简单的化妆服务领域，在这期间，她也发现，工作中的好多知识和问题并不是自己最了解和擅长的，而公司里化妆师、美容师的能力，也远远比自己强得多，自己还需要更加努力地向他们学习和借鉴，于是，她在不断地努力着。

半年后，她被公司提拔为美容师，自己的薪水也有所上升。起雁凤的心里很是高兴。这时候的她，不算额外奖金，每个月的工资差不多能达到 2300 元，她是个十分孝顺的女孩，为了能够给家里多寄点钱，她的生活很节俭，除了工作和生活所必需的花费，她用于其他的娱乐或休闲等方面的消费很少。在这条崎岖的奋斗道路上，这些年轻的梦想追逐者，注定是辛苦的，更是勇敢的，是我们学习的榜样。

而正是在这条悲喜交加的道路上，起雁凤，一个年轻的女孩，用汗水，用坚强，用勇气，铸就了与当地同龄人不一样的青春年华。几年的学习和打工经历中，让她懂得了很多道理，懂得了人与人交往原则和诀窍……眼界开阔了，思想的境界在一天天的生活和学习中渐渐有了转变。起雁凤在社会化的大环境中，也一步步学会了“八面玲珑”的处事方式，如今的她，是一个成熟稳重的工作能手，更是一个职业的优秀美容师。她的种种经历，让我们感叹，更值得我们学习，因为在那些一个人在外努力奋斗的日子里，她承受了很多同龄人不能够承受的困难和挫折，最重要的是，她一直在坚持着自己的梦想，为改善家里人的生活条件不断努力着。在这个过程中，不仅是表面的工作和学习能力得到了很大的加强，而对于她自身而言，心理的承受能力、抗压能力也得到了很大的提高，心态发生了质的飞跃，思想的境界也自然提升了。

如今的起贵有家，生活的条件虽然不是太好，但在全家人的努力下，形势也一直向着良好的方向发展，相信在不久的将来，他家的生活状况就会发生翻天覆地的变化。我们期待着他们早日过上幸福美满的生活。

（七）特困户——周正国家

周正国，男，今年35岁，彝族，面部黝黑，显现出一脸的朴实，妻子是个非常能干的人，上上下下，里里外外，大大小小的事，基本都是她在操持。家里总共有6口人，父亲今年70岁了，身体很虚弱，前年被诊断出患了肺癌，除了到县城里住院，其余的时间都在家里休息，母亲的身体条件较好，能够做一些轻活儿。周正国有一个儿子，一个女儿，儿子名叫周俊，在上初二，女儿还小，才上小学四年级，兄妹两个都很听话，也很懂事。

他家的庭院是泥土的，和其他家的人不一样，没有用水泥等建筑材料整修过，下大雨的时候，庭院中是泥泞的。庭院的一旁，有一棵很大的野桑树和两棵大核桃树，庭院的一角，是两间用石棉瓦建筑而成的小屋，走近小屋一看，我们才知道，这两间小屋一间是用来喂养小猪的，另一间是用来喂养小鸡的。我们看到这一幕，似乎有些不太理解，周正国的妻子告诉我们，小猪的喂养是很费心的。小猪出生以后，前20多天，小猪和母猪是生活在一起的，因为这个阶段小猪还比较幼嫩，基本不会吃食，所以，这段时间女主人的主要任务，就是照顾好母猪，母猪自己会给小猪喂奶，照顾幼仔，不过，这段时间内，给母猪准备的食物就得好一点了，得多准备点玉米等粮食，以保证母猪的营养供给。大约25天以后，小猪逐渐长大了，这个时候，母猪就承受不了小猪给予的负担了，而小猪也能够自己觅食，不需要母猪喂奶了，他们就得把母猪和小猪分开喂养，于是就建设了这个小屋。同样，土鸡的饲养也是较为麻烦的，通常土鸡的饲养周期很长，如果小鸡饲养期间一些细节没有注意，有时一场大雨来袭，小鸡就会因此受到袭击，所以，特意把小鸡分开来，专门喂养，以确保母鸡孵化出来的小鸡全部能够健康成长，不会轻易损失掉。

周正国家的房屋是砖瓦石房，房屋面积加上庭院面积200平方米左右，还算宽敞，他家里的陈设比较简单，正屋里除了一套略显陈旧的沙发，一张长约2米，宽约0.8米的正桌，一台摆放了十多年的彩色电视机，一个较为陈旧的组合柜之外，没有其他陈设，但家里收拾得很干净。正屋右边的一间房屋是他家的“加工房”，房里存放着碾米机、磨面机、风柜等农业用具，左边的屋子就是厨房，厨房里只有水缸、碗柜、石灶等陈设，石灶主要是用来煮猪的食物用的，石灶上有一口大锅，每天清晨，女主人都会早起准备鸡、猪的食物。他家主要的燃料就是木柴，做饭做菜就在火堆上面的三脚架上进行，虽然这儿的农村电网改造已经完成，但对他家来讲，电几乎仅仅只用于照明和看电视，因为他家除了电视机和一部手机之外，没有其他的电器设备，所以，在当地，他家属于特别贫困的家庭。

表11-15　**家庭耐用品情况统计表**

项目	个数	项目	个数
电冰箱	0	电话	0
洗衣机	0	组合音响	0
照相机	0	手机	1
电视机	1	电脑	0
影碟机	1	自行车	0
电动车	0	电饭锅	1
农用车（拖拉机）	0	电磁炉	0
摩托车	电风扇	微波炉	0 卡车
小轿车	0	空调	0

周正国家主要以种田为生，属于自给自足的传统农业生活方式。他家有2亩水田，水田里种植的水稻不能满足家里人的需求。他家属于当地的低保户，

每年有一定的政府补贴和救济，补贴包括现金补贴和粮食补贴，给他家减轻了很大的经济压力。此外，他家有5.5亩旱地，其中的2亩旱地中，主要种植小麦、大豆和玉米，小麦和玉米主要作为家里鸡猪的食料，基本上没有向外出售的，其他的旱地，主要用于种植蔬菜、蚕豆、豌豆、魔芋等作物，魔芋是他家的一种经济作物之一，从几年循环的种植经验中，夫妻俩摸索出了一些种植的方法和技巧，由于气候、水分等较为适宜，魔芋的种植已经形成了一定的规模，目前的种植面积达到了2亩左右，而在魔芋地中也插栽了十几株小型的核桃树苗，现在仅有3～4米那么高，还没有到挂果时期。说起核桃树，他家房子周围的几棵已经有几十年的树龄了，枝干很粗，每年的收成很好，是他家的第二种经济作物，也是家庭收入的主要来源之一。

周正国家除了传统的农业种植，剩下的就是养殖，除了上文中说到的鸡猪的饲养，家里还养了5头黄牛，16只羊，黄牛中的两头主力，是家中田地耕种必不可少的工具，另外有一头母牛，3头小牛，所以，牛羊的放牧工作也是每天必须安排的工作，而家里的两个孩子正值上学的年龄，除了假期回家，平时都在学校里，没有时间回家为父母分忧，而父亲又患了肺癌，身体状况不太好。所以，家里的放牧工作就落在了母亲和周正国身上，周正国出远门或有其他重要的事情时，这个重任就落在了母亲身上，虽然母亲目前的身体状况还比较好，但随着年龄的增长，体力和承受能力也在一天天下降，所以，这几年来，家里的琐事也让夫妻俩忙得不可开交。到了夏秋季节，由于其屋前屋后的地理环境优势，他们就上山采集各种野山菌，野山菌可以在新鲜的时候卖，也可以晒干之后再卖，由于家离集市比较远，所以，采摘回来的野山菌一般很难保持它的新鲜度，所以，他家采集的野山菌，几乎所有都是经过晒干处理之后才出售的。而每到这个季节，只要家里不是太忙的时候，家里的三个劳动力，都会出工上山找野山菌，从野山菌的采摘中，他家每年也能获得2000～3000元的收入。

表11-16　**2011年家庭经济来源情况统计表**

职业	收入（元）	职业	收入（元）
从事种植业	10000	本乡镇就业工资	0
从事渔业	0	外出打工	0

续表

职业	收入（元）	职业	收入（元）
家庭手工业	0	从事运输业	0
从事畜牧业	5000	政府补贴和社会救济	1000
从事养殖业	10000	出租草场耕地房屋等	0
从事旅游业	0	其他经营收入	1000

根据周正国家的收入情况，各方面的毛收入加起来，也只有两万多，而各方面的支出却很大，所以家里基本没有盈余，而且还有负债。除了必需的生产性支出，例如：购买玉米、大豆和小麦种子，以及魔芋种子的挑选与购买，最大的花费就是父亲的医药费用，虽然家里人都办了农村合作医疗，市医院给报销了70%，已经减轻了很大的经济负担，但对他家说，整体下来，还是一笔很大的费用。而两个孩子的教育支出，虽然学校有生活费等补助，政府也给他们发了补贴和救济，给予了很大的帮助，但对大山深处的农民家庭来讲，供孩子上学一直是各家各户最为头疼的问题，对他们来说，这是一个极其严峻的任务，他们的经济压力很大。家里人平时的生活都非常节俭，夫妻俩基本上不会购置新衣服，两位老人就更舍不得花钱了。所以，家里的陈设一直都是那么简单。

一个贫苦的家庭，收入困难，病痛缠身，让我们看后、听后，只觉一阵心酸。周正国对两个孩子的要求特别严格，对孩子抱有很大的期望。他对孩子的学业很重视，他还经常对孩子说："咱家条件艰苦，没法儿和别人比，但咱也一定要活出人样来，不能让别人看不起，我和你妈，还有你爷爷奶奶在地里辛辛苦苦忙活了大半辈子，所有的一切都是为了你们，你们在学习上一定要争气……"即使条件很艰苦，但两个孩子都很坚强，学习也非常努力，说到这，周正国还兴奋地告诉我，儿子去年还考了全班第一呢……

看着他脸上欣慰的笑容，不禁让我们觉得心里既是高兴的，但也冲蚀着一种酸酸的味道。采访完后，我们准备离开了，走出庭院，他们还在一声声地挽留我们，不知为何，心里不知不觉沉重了很多。或许，是被他们的厚实与执着感动了，又或许是让我们看到了中国农村社会发展中存在的种种困难，引发了我们的担忧与反思，让我更加坚定自己人生的方向。看着这一角落里的人家，我们在心里默默祈祷，愿他们的生活早日得到改善，也希望这里的孩子都能够走出大山去，为自己的家乡做出一份应有的贡献，让家人都能够过上幸福的生活。

十二、中等收入家庭

（一）规模种植—养殖户——周开武家

周开武，男，今年41岁，彝族，初中文化水平，会说普通话，我们之间的交流基本上没有障碍，他给我的第一印象很深，中等个头，典型的国字脸，眼睛不是很大，浓浓的眉毛，身体看起来有些消瘦，但却很结实，精气十足，常年的户外劳作，使他的皮肤显得粗糙，呈现一种暗红色。谈话大方得体，充满自信。其妻名叫李天兰，今年36岁，彝族，周开武家以种植和养殖为主要的经济来源，家里6口人，除了他们夫妻俩，家里还有年迈的父亲和母亲，其父亲名叫周联兴，1949年出生，母亲名叫周成秀，1950年出生，两位老人的身体还算健朗，每天虽不能做强度大的体力活，但一般的家务，比如喂鸡，扫地、做饭等是没有问题的，这也给周开武夫妇俩减轻了些许负担。听周开武的妻子说，父亲比较擅长做背篓，竹凳等手工活，平常家里的活儿较少的时候，他就会去自家的竹林里砍一些成熟的竹子回来，经过细致的修理，把竹子的外表皮削下来，作为编制竹篓的材料，因为用最外层的那带有些许绿色的竹皮做成的竹篓才是最坚固的，然后经过层层的编制，最后呈现的竹篓和竹凳既坚固又美观，老人不会说普通话，耳朵有点背，但很热情。家里还有两个学生，大女儿名叫周艳，今年16岁，在南华县海子山中学上初三，小女儿周甜，上小学五年级，由于县城离家比较远，所以俩孩子住校，差不多每两个星期回一次家。

周开武家主要从事的是规模的种植和养殖。从种植业来说，虽然周开武夫妻俩都只有初中文化水平，但在一些政府工作人员和林业站相关人员的指导和培训下，他家种植的蔬菜和瓜果，属于无公害食品，质量非常好，因此销路也很好。当他们拿到南华县菜市场上卖的时候，人们一看他家的蔬菜，即使价格稍稍贵了点，但人们还是很愿意买他家的蔬菜，久而久之，人们也就记住了他家，很多人都是他家的常客。

最初，周开武家的蔬菜只是种植在自家的菜园子里，而每个季节，妻子总会琢磨着在园子里种上各种各样的蔬菜，所以家里时时都能够吃到各种新鲜的蔬菜，而且也不用花费太大的成本，有时家里的蔬菜储备量太大，送给邻居亲戚也是常有的事。

后来，随着当地生态旅游业的发展，随之而来兴起的“农家乐”，成了当地欣欣向荣的又一极具潜力的产业，“农家乐”对蔬菜的需求也越来越大。有时候村里主营“农家乐”的人们蔬菜供应不足时，也常常会上门买菜。

因此，夫妻俩商量后，决定扩大种植规模，为“农家乐”提供更大的发展空间的同时，也能从中获取可观的经济效益。后来，夫妻俩逐渐减少了小麦的种植面积，开始在地势较为平坦的土地上进行大棚蔬菜的大面积种植，一开始，由于夫妻俩缺乏种植经验，大棚内的水、阳光、湿度和温度没有控制好，里面的蔬菜长得并不好，有枯黄的，有萎蔫的，最终还赔了本，让他们损失了不少。夫妻俩后来专门请教了农业站的技术人员，才认识到，在土壤、水源等的配置上，存在一定的问题，而且在其他方面的一些关键注意事项也没注意到，后来，周开武专门买了几本关于大棚蔬菜种植方面的书，每天晚上都在家细细琢磨着每一个需要注意的细节，经过不断的实践探索，在一次次的失败教训中，夫妻俩也逐渐掌握了大棚蔬菜的种植技术。

现在，除了自家的菜园子，大棚里的蔬菜长得也很好，每年的产量很高，走进他家的菜园，各种适合这一季节的蔬菜都能看见，而周开武告诉我们，“这里的菜基本上只是家里人吃，而旁边大棚里的蔬菜才会拿到市场上去卖。”走进他家的菜地，左右两边排列的都是整整齐齐的大棚，大棚里有各种各样的蔬菜瓜果。其中最吸引人的莫过于会让人垂涎三尺的西瓜，周开武当时就给我们破了一个，说实话，大棚瓜一点也不比当季瓜差，而且种大棚瓜也很有发展前途。周开武告诉我们，西瓜大约能卖到四块多一斤，而且销量很好，基本上不需要为卖不出去而发愁，但是要是在当季的话，最多能卖到八毛一斤，还不一定卖得出去。除西瓜外，白菜的销量也很大，所以他只要在换季的时候种一些人们需求量较大的蔬果，就能够获得很大的利润。同时，周开武也给我们介绍了一些现在种植大棚蔬果的隐忧。随着科技的发展，大棚蔬果得到了很大的发展，虽然技术上没有太大的苦恼，但是种大棚蔬果的人也越来越多，市场竞争也越来越激烈，这也是他现阶段最担心的问题。其次，市场的具体情况也很难把握，有时供不应求，有时没有市场，没有销路。他感叹道："现在，生活是越来越艰难了。"不过，从他的语气中，我们知道，虽有一丝丝的无奈，但他还是抱有很大期望。

除了忙活菜地里的东西，家里牲畜的圈养也是他家每天必不可少的事。他家目前养着6头猪，每头个头都很大，大约一两百斤，6头猪都关在卫生圈里，每间卫生圈的占地面积不是很大，大约就7~8平方米，每间卫生圈里养2头，而周开武家里也建起了沼气池，所以卫生圈里清除出来的粪便，就作为沼气池的原料，既环保，又节约能源。家里除了猪，还饲养了一定规模的家禽，但由于疫病对家禽的生活影响较大，夫妻俩总会根据养殖业形势的变化，灵活地调整家禽的养殖规模，而养殖业都会存在一定的风险，在这几年的发展过程中，他家经历过高产的好年份，但也曾遭受过严重的损失。

去年，岔河村的好多户人家的猪都生病了，而在这个较为封闭的乡村里，每家每户相隔的距离也不远，房屋基本都是聚集在一起的，传染速度很快，不久，周开武家的猪也有几头发生了疫情，虽然当时也进行了养殖场地的隔离，但情况还是越来越严重，而只要是听说这里的猪是生病的猪，就不再有生意人上门来收购了，但家里人也不知道怎么处理生病的猪，到最后，很多生病的猪就成了家里的损失。提到去年的发展状况，周开武长长叹了一口气，"唉，在农村，由于很多人都不太懂牲畜的疾病预防方法和救治方法，每当遇到这样的问题，我们就只能听天由命了……"现在，几年的养殖，也让周开武有了一定的经验，以前他不懂科学养殖，也走了很多弯路，后来，他通过看电视，向一些专业人士请教和看一些养殖图书等方式，也琢磨出了很多家庭养殖的好方法。现在，在失败的教训中，让他学会了科学的养殖方法，上个月，他刚用自己积攒的一部分存款，对鸡猪的养殖基地进行了科学的改进和修理，现在的鸡舍猪圈，看起来还真不错，又干净，又科学。据他说，下一步，会再次扩大养殖的规模，因为他看到了养猪的前景。目前他家仍种有玉米和小麦，主要作为喂养鸡猪的饲料，但自家种的粮食不够，每年还得花钱买一些。虽然规模扩大后家里的支出会进一步加大，但这样的投资也是很有价值的。

表 12－1　　2011 年家庭收入来源情况统计

职业	收入（元）	职业	收入（元）
从事种植业	25000	本乡镇就业工资	0
从事渔业	0	外出打工	0
家庭手工业	0	从事运输业	0
从事畜牧业	10000	政府补贴和社会救济	0
从事养殖业	25000	出租草场耕地房屋等	0
从事旅游业	0	其他经营收入	10000

当然，这么大规模的种植业和养殖业，给他家也带来了很大的收益，但各方面的经济成本也是非常大的。从他家的整体支出情况看，生产性的支出占了很大的比例，每年的生产性支出大约需要花费 15000 元左右，而其他方面，如教育、食品、娱乐、红白喜事、交通、通信等方面的支出也不少，一年下来，他家的所有支出总共为 30000 元左右，每年年底细算下来，略有储蓄。

种植业和养殖业，虽然是个极耗费人力和物力资源，又比较辛苦的产业，但在这样的产业结构下，周开武家照样能够积极学习科学的种植和养殖知识，趁着新农村建设的发展机遇，用勤劳的双手也打造出了一番属于新型农民的事业，让我们从他们的身上，看到了新农村建设政策下的农村家庭情况的显著改善，也让我们相信，随着当地旅游业和交通运输业的快速发展，他们的市场空间将会越来越广阔，生活条件也将会越来越好。

（二）核桃与蔬菜专植户——李景家

李景，男，今年 56 岁，彝族，岔河村的村民小组长，是一个非常负责的村干部，不管村里有什么事，他都会认真地带领大伙把事情解决，如果村里发生一些家庭的争吵或纠纷，他总会第一时间赶到，站在村民的立场上考虑问题，帮助人们解决各种纠纷，化解冲突。其妻名叫周翠凤，与李景同岁，彝族，两人均为小学文化水平，家里总共 5 口人，常住人口 3 人。李景有一个儿子，名叫李中能，目前已婚，儿媳名叫普富英，两人有一个刚满 3 岁的女儿，长得甚是可爱，笑起来还有两个漂亮的小酒窝。李中能和妻子现在都在厦门打工，每年过年才会回一次家，女儿由李景夫妇照看着，虽然平时的生活很辛苦，但小孙女也成了他们生活的欢乐和期盼。

来到李景家，站在他家的门口，特别显眼的就是贴于门上红红的喜联“万事如意展宏图，心想事成兴伟业”，横批是“五福临门”，两个大大的“福”字非常对称地贴在了门面上，跨入他家的门槛，给人带来的是一种无比的亲切感。刚走进他家的大门，他和妻子便迎了出来，热情地把我们招待进屋，堂屋里最显眼的是正对面的“神桌”，墙面上“天地君亲师”五个大字让我们明白，这就是整个家的中心，这在当地被称为“家神”，不是说当地的人们有多迷信，但这至少是一种信仰，一种对自然、对长辈的膜拜和尊敬。除了两边的沙发，右边正对角的地方，摆放着一台彩色电视机，左边正对角的角落里，摆放着一张用红色桌漆粉饰过的正方形木桌，桌子上整齐地放着水杯、茶壶和糖果盘，里面有花生、瓜子、糖果、核桃等，精致的竹篮盆里放了一些新鲜的水果，想必是为了招待我们而专门准备的，坐在里屋的沙发上，妻子即刻把各种糖果和新鲜的水果盛了上来，然后又忙着给我们倒水、沏茶……夫妻俩不太会说普通话，但一句句朴实的话语却让我们听着很清楚。夫妻俩很热情，妻子不太爱说话，但每次都会用当地的方言细心地问我们，“如果你们还有什么需要的，直接和我说就行，就像在自个儿家一样，不用客气的……”李景性格较为开朗，不一会儿，就和我们聊了起来，吃着家里自个儿种的核桃，他和我们说，“这几年来，家里的种植规模逐渐扩大了，每年到核桃成熟的季节，产量也比较高，因此，核桃可以算是我们家的特产了，你们尝尝看……”，说着说着就笑了。

据李景介绍，他家以前的生活条件也不太好，每年的年收入只有几千元，还不够家里的日常开支，一家人在生活上省吃俭用，四五年来，家里的核桃产量提高了，单位价格也上升了，12 元/公斤的核桃价格（根据当地市场情况而定，据了解，去年的晒干核桃的单位价格是 12 元/公斤），可观的年产量，渐渐地，使他家的生活水平逐渐提高。

李景家的正房后面有一个园子，通过侧面的小门，即可到达后园，后园里有桃树、梨树和野桑树、李子树等，果树旁有一菜畦，里面种的蔬菜主要是供一家人吃，主要种一些易于种植和家人比较喜欢吃的蔬菜种类，比如蒜、葱、香菜这一类，以及白菜，韭菜，青菜和三月瓜等，这里离家比较近，也易于照料，而在离他家房子比较远的另一个菜园子里，有两个蓄水池，水源在雨水季节比较充沛，在这个园子里，有一块大约 0.8 亩的整地，妻子就在这进行小规模的大棚蔬菜种植，棚子也没有我们在城市郊区看到的那样大。她说她是在一个林业站工作的亲戚的介绍下，才试着进行大棚蔬菜的种植，于是，在亲戚的指导下，缩小了建棚尺寸，也相应地降低了标准，反正都是自家的菜园子，于是就在水池旁刨出一小块地，用自己家废弃的塑料薄膜，搭建了两个塑料棚，开始试种。塑料棚是用竹木杆做骨架，做成立柱、拉杆、拱杆及压杆，覆盖塑料薄膜而成为拱圆形的塑料棚。棚内的温度主要来自太阳辐射。在高温季节，通过人工调节，全棚通风，棚外覆盖草帘或搭成“凉棚”。冬季的时候，塑料棚就是全封闭的，定期的通风。因此，通过保温及通风降温可使棚温常年保持在 15 ~30℃的植物生长适温状态。

不久，里面的瓜果苗长势很快，效果也很好，很快，女主人就尝到了甜头。在夏季，蔬菜的收获季节比一般要提早一个月左右，如果施肥，料理得当，还可以延长生长期 20 天左右，在冬季，如果培育得好，也能吃到春夏季新鲜的蔬菜。因为这个塑料棚的热效应好，一直保持常温，人工又精心照料和培植，收成自然很好。后来，经过自己的种植探索，女主人现在已经对此有了很熟练的了解和把握，现在在丈夫的帮忙下，她家蔬菜棚已经由小棚换成大棚了，规模也扩大了。她家的大棚以栽培瓜果蔬菜为主，结合育苗，实行反季节种植。主要有两种形式：一是春季早熟栽培茄子、番茄、黄瓜、辣椒等，夏季种植速生蔬菜，秋季栽培黄瓜、番茄，冬季栽培芹菜、菠菜、生菜、葱蒜类蔬菜；二是间套作，在不影响其他作物生长的情况下，在大棚拱杆旁种植爬藤作物，比如丝瓜、苦瓜、南瓜等，增加大棚的利用率，提高了经济收入。每年从瓜果蔬菜、玉米小麦的种植中，就能收获 20000 多元，而后园后的小山坡上，是他家的核桃林，平均每株核桃树已有几年的岁龄，用不了几年，就到生长的高产期，繁茂的生长状况，让全家人都充满了期待。

目前，李景在林业站工作人员的介绍和指导下，在核桃林中的土地上种上了魔芋，魔芋是一种相对来说比较喜阴的植物，将它种在核桃林中，既不会影响到核桃的正常生长，还能大大加大单位土地面积的种植价值，而在魔芋的种植过程中，虽然得到了农业站相关工作人员的指导和帮助，但目前魔芋的生长态势还未达到最佳。去年，他在林业站人员的介绍下，买了 2000 元的魔芋种，在核桃林里种上了魔芋，由于在施肥等一些方面的配置上不合理，到魔芋成熟的季节，有好多棵的魔芋树都萎蔫了，随之，地底下的魔芋还没长大，就开始腐烂了，2000 元的成本，基本都赔了，给他家带来了一定的损失，但在这次失败的尝试中，也让他对魔芋的种植技巧有了更深的了解，后来，他在种植的方式上做出了一定的改变，现在，魔芋进入了正常的生长状态。

李景也一直在学习和借鉴关于魔芋种植和核桃种植的专业种植技术，从几年的种植经历中，也让他积累了很多种植经验，在当地的居民中，李景家的核桃产业的发展是非常可观的，村里的人们遇到种植方面的问题，都会向他请教，在不断交流经验的过程中，也让他们在一步步的探索中找到了有效的种植模式，正向着高水平、技术化的高品质产业迈进。

此外，家里还饲养了鸡、猪、羊等家畜，虽然规模不大，但逢年过节，为了庆祝，家里都会杀猪宰鸡，这时候，家里就不用花钱到市场上买了。虽然家猪、鸡等牲畜的养殖是一个较为烦琐的过程，但从下面的表格看，从牲畜的养殖中，也给家庭增添了一笔可观的收入。

表 12－2 **家庭养殖业收入情况统计表**

种类	个数	折算价值（元）
马	1	5000
猪	5	10000
鸡	40	2000
牛	1	3000

家里，有李景夫妻俩打理着，儿子也就能安心在外打工挣钱了，虽然每年儿子只回家一次，但儿子儿媳在外，也给家里人寄了不少钱，每年外出打工的收入可达到 15000 元左右。

像李景家这样的家庭，收入比较多，支出也是比较大的。大棚蔬菜的种子、薄膜，还有庄稼地所需的农药、化肥，这些生产性的花销也得 2000 元左右，有时候还不够，还得继续追加，食品方面的花费 2000 元左右。另外，自己和妻子年纪也大了，家里人生病，也会花去一笔钱，其他的人情世故、交通、通信等方面的花销加起来也是一笔不小的支出。

“勤俭致富”，我们相信李景家有这样的实力，即使各方面花费很大，但不断探索，不断总结，在不断发展的过程中，相信他们的生活一定能够富裕起来。

而在李景担任村民小组长期间，尽职尽责的行为也广受村民好评。村里各项农业政策的实施，各项事务的处理和解决，都与他无私的奉献息息相关。而在不断为全村人民做贡献的同时，李景也对全村未来农业经济的发展做出了一定的规划，趁着旅游业、交通运输业的发展，他积极带领村民不断尝试着新的农业发展方式，相信在不久的将来，定能带领村民走上繁荣富强的道路。

（三）小卖部经营户——起永明家

起永明，男，1966 年出生，彝族，高高的个头，身材微瘦，180cm 左右的个子，这在当地人中算是很高的个子了，在我们几天的采访中很少见到像他这么高的人。家里共有 6 口人，妻子名叫周才花，现年 40 岁，两人育有两个儿子，长子名叫起开发，现年 17 岁，是个不错的俊小伙，在南华县城念高二，次子名叫起开贵，现年 13 岁，刚上初中。小儿子看起来很文静，不太喜欢说话，但学习成绩比哥哥要好一些。家里还有上了年纪的父母亲，父亲今年 70 岁了，身体状况不太好，平日里就在家里休息，母亲今年 65 岁，身体较好，平日里也帮着家里人做一些力所能及的农活，但自从家里开起了小卖部，家里的大部分田地都承包出去了，起永明家的生活也不像以前那么辛苦了。

起永明家的房子是钢筋水泥房，面积虽然不大，大约只有 150 平方米左右，但他家的院子很宽敞，即使来很多人，也丝毫不会觉得拥挤。刚进入他家的大门，最吸引人的就是那间别具特色的小卖部，不大点的小卖部，货物摆放的还真不少。墙柜、货架上都堆满了货物。有的挂在墙上，有的搭在绳上，大一点儿的物件干脆就堆放在了地上。这里有农村人干活常用的铁钎、锄头、镰刀；老太太、媳妇们用的剪子、针线；也有家庭日常生活离不了的酱油、醋、盐、茶；还有学生用的笔记本、钢笔、铅笔、圆珠笔、转笔刀以及小孩们爱吃的水果糖、各种零食等，琳琅满目，应有尽有。笑迎八方客，口碑很好。虽然小卖部的面积很小，但由于他家处在村里人口较为密集的地方，所以，这个商店有时还成了邻居家的救命稻草呢，为什么这么说呢？原来，邻居家有重要的事情要办而急需物品的时候，去村委会买的话，路程太远了，会耗费很多时间，也来不及。所以，能够就地取材，可帮邻居家节省了很多的时间和精力呢，特别是家里有客人到来，而家里的酱油、醋等食料又刚用完了，这个时候可是紧要关头，小卖部的作用也就充分体现出来了。

起永明是个非常实诚的人。早些年，他家也仅仅以从事传统种植业和家庭的养殖业为生，那时候家里很忙，农活也比较多，家里人生活得很辛苦，后来，他见其他村里有的人家开小卖部挺赚钱的，而且经营起来也挺简单，不费事儿，他的心里就萌生了一个想法，他琢磨着，自己什么时候也能开个家庭小卖部挣钱，养家糊口过上好日子，这样家里人也就不用那么辛辛苦苦种田种地了。于是，他努力地干活，打理庄稼，精心耕种，年轻的时候，也去外地打了几年短工，随着几年的打拼，家里的生活渐渐好了起来，开始有了一些积蓄。于是，他把家里一间不常用的房子腾了出来，拾掇拾掇，自家的小卖部就这样开张了。

起永明做生意讲究货真价实，公平交易，从不短斤少两，也不欺老瞒小，真正做到了童叟无欺。而他家的地理环境较好，处于人口较为密集的地带，周围几乎都是岔河村的村民，周围的人家中有不少的村民们都知道他，着实吸引了不少村民来这里光顾。渐渐地，他家的小生意越做越大、越做越红火了。

后来，由于乡村市场的不断扩大，他和村委会的领导做了协商，最后，他做了一个大胆的决定，在村委会这块地上也开一个小卖部，起初，村委会的领导们都觉得有些不妥，后来，经过协商解决，起永明的小卖部还真在这块土地上开张了，这里的地势更有利，来来往往的人很多，生意比家里要红火很多，小卖部有时还会出现货源不足，供不应求的情况。现在，起永明专门经营村委会的小卖部，这个小卖部的规模比家里的小卖部规模要大很多，产生的收益也是家里小卖部的好几倍。所以，家里的小卖部就交给了妻子，虽然有时候会很忙，也还算忙得过来。

起永明有一个弟弟名叫起永富，已经结婚了，现在虽然没住在一起，但两兄弟的关系很好，而刚好弟弟是搞运输的，这可是一个优势，每次去县城里进货的时候，起永明就不用再找其他人来帮忙了，基本上两兄弟一起开着车去城里一趟，进货运货的问题就都解决了。而他们每次去县城，都会到县里“有名”的商品批发市场转一转，看一看，都会进很多货或购买一些乡下稀罕的物件，每每总是满载而归。

现在，起永明几乎每天都在村委会的小卖部里生活，经过几年的经营和铺垫，他也从这一行中收获了很多除了物质、金钱以外的东西，原来的起永明，是个老实巴交的、不过问世事的普通人民劳动者，这片土地，也曾让他付出了许许多多辛勤的汗水，自从在家里和村委会开起了小卖部，不仅使家里的生活条件得到了很大的改善，同时，在进货、经营等过程中，也让他掌握了许多做生意的小技巧，或者说是经营之道，同时也开阔了自己的眼界。

而他家的产业，除了家里和村委会的小卖部，就是家里的田地和鸡、猪等一些家有资产，小卖部的收入不错，除去开小卖部各个方面的成本和起初的投资，目前还有很大的利润空间。所以，总体上来说，每年小卖部的净利润基本上能达到4万~5万元，这样可观的收入在当地算是很好的了。再加上家里面种植和养殖方面的一部分收入，他家的生活过得有滋有味。起永明平时在家，空闲的时候就看看电视，或者和邻居家的亲戚朋友打牌，打麻将，生活上舒适了很多，没有以前那么辛苦了。

表12-3　**家庭耐用品消费情况统计表**

项目	个数	项目	个数
洗衣机	1	手机	3
影碟机	1	电饭锅	2
电视机	1	电磁炉	1
电风扇	1	摩托车	1

但他对当前的发展情况还是不太满意，毕竟自家各方面的支出也挺大，而加上开小卖部各方面的成本，细算下来，基本上没有太多的盈余作为家里人用于娱乐等方面的花费，而且两个儿子的教育问题也一直是他最关心的问题。

说到儿子的教育问题，起永明看到其他家的孩子学习成绩那么好，而自己的孩子的学习成绩一直只是一般，虽然他从不责怪儿子，毕竟儿子在家里也比较懂事，而且在学校学习也挺刻苦的，但他对两个孩子都寄予了很大的希望，他也一直希望自己的孩子将来能够有出息，为家乡的发展做出应有的贡献。

起永明靠劳动致富，没几年光景，却也积蓄了不少，近几年，还投资扩大了经营规模，现在，据他说，他还打算把小卖部建成当地颇有名气的超市，让生意越做越大，让全家人从此过上小康生活。这是他未来的梦想，而根据现在的发展情况，他离梦想的距离也不远了，他也在一步步的经营筹划着，相信在不久后的某一天，超市就诞生了，我们也希望他的梦想早日实现。

(四) 退休教师家庭——起国安家

忙了几天，在体味各种各样的农家生活点点滴滴的同时，我们踏上了去往起国安老师家的路。我们去采访的当天下着毛毛细雨，由于天下雨的原因，早上大多数人家的房门都是紧闭着的。但是，刚走近起国安老师家，远远的就看到起国安老师正在自家屋檐下悠闲地坐着，呼吸着早晨清新、湿润的空气，享受着这祥和、宁静的退休生活。

起国安，男，1946 年出生，彝族，中等个子，老师身体很硬朗，穿的衣服也很简单，但简朴的衣着打扮中，却让我们感受到了老师身上独有的气质。起国安老师普通话比较流利，性格开朗，可能是当过老师的原因吧，和我们谈话一点也不拘束，侃侃而谈，他还给我们介绍了很多关于岔河村地区的事情。其妻子名叫李红玉，比起老师小 3 岁，是个手脚极其麻利、能干的人。两人育有两个儿子，大儿子名叫起建华，现年 35 岁，已婚，现在在外地工作，工作待遇不错，其妻也不是本村的人，目前在烟草公司上班，是个非常有能力的人，两人育有一个儿子，今年刚满 10 岁，在楚雄鹿城小学上四年级，所以，我们去采访的当天，没有见到那可爱的小孩儿，听起老师说，他家孙子可调皮了，但学习成绩一直比较好，让起老师很放心。小儿子的情况比不上大儿子，但条件也不差，也已婚，有一女儿，今年刚满 8 岁，由于父母亲都在家里，考虑到各方面的条件，所以，起老师的小孙女就在当地的一所小学念二年级。以前，小儿子在亲戚朋友的帮助下，在村委会租了一间屋子，开起了小卖部，小卖部的生意还很不错，不过，后来由于大哥常年不在家，家里有时候又有很多的事情需要处理，另外，起老师还有一位高龄的老母亲，平时身体状况不好，经常生病，时时刻刻，都需要家里人照顾。所以，近些年来，小卖部关门了。小儿子和儿媳就在家里打理着。这样，起老师的生活也不繁忙。

起国安老师是南华县岔河村九年一贯制学校的退休教师，在岔河村从事教育事业达35年，可以说，他为岔河村在普及文化知识，教育人才方面做出了巨大的贡献。起老师说，他是2005年退下来的，不是因为自己的身体不好，而是因为自己一年一年的老了，脑子也不太好使，现在科技发展快，教材的改版也很大，自己多年以来形成了一定的教书思维模式，似乎不能很快的适应这样变革，怕自己再待在教师岗位上，误了孩子们学习知识文化的步伐。他说，“现在，学校里调来了一批非常年轻的、有学识的、有能力的老师，孩子们的学业一定会有很大的进步，我现在也退休了，把这些孩子们交给那些年轻的好老师，我也放心了。”

起国安老师18岁初中毕业后就回家开始跟着父母务农。那时的岔河村还很落后，人们过着原始而粗放的生活，没有经济可言，更谈不上发展，人们每天都过着同样的生活，自给自足，自力更生。那时的岔河村也没有像样的学校，就几间破屋，一位老教师全科代理，学生也只有寥寥几人。起老师说，他在那个年代能读到初中毕业，也算是非常幸运的，而且同龄中大多都是文盲，对于初中毕业的他来说在岔河也算是比较有文化的人才了，当以前教他的老教师实在没有办法继续教书后，政府为了不让学校就此停办，更为了让孩子们能继续学习文化知识，就聘请当时刚初中毕业回家务农的起国安去学校当老师。从此起老师就与教育事业结下了不解之缘，为这里的教育事业贡献了一辈子，培养了一批又一批的人才，也为岔河村的繁荣发展带来了希望。

听起国安老师回忆说，他刚开始教书的时候是很辛苦的，遇到了很多的困难。当时的学校仅仅有几间破屋子，好多上课所需的教学用具根本就没有，黑板是由一块木板做成的，长大约2米，宽约1.5米，没有黑板擦，只能用一块旧毛巾充当一下，粉笔得节约再节约，教室里的桌椅板凳都不是正规的课桌，只是能勉强凑合一下。起老师说：“那时候最让人心疼的，就是那些孩子，没有书包，没有运动鞋，下雨了，也得穿着花布鞋走路去上学，有时候鞋子衣服都淋湿了；上体育课，只有一个篮球也能让他们玩得很开心……孩子们都很听话，那些年是最让我难忘的。”

听完起老师的话，让我们很是感动。我们感谢起国安老师为这里民族教育事业做出的巨大贡献，同时我们也应该关心老两口的生活。起老师虽有工资，但是生活条件却只是一般。早些年的时候，工资待遇比较低，两个孩子都上学，自家又翻修房子，花费比较大，家里基本都没有什么存款。

现在，起老师退休了，家里主要靠两个儿子和自己的退休工资维持着。

虽然不是太富裕，但对起老师来说，已经很满足了。大儿子找到了一个好工作，小孙子和孙女的教育也不用自己操心了，所以，目前只需要在家好好享受天伦之乐就行了。但起老师一直是个勤劳进取的人，在闲暇之余，起老师就看看电视，听听广播，他还在家里喂了两头猪，十几只鸡。他说，"人不能闲着，只有动着的人才能算是真正活着的人。"所以，现在在家里，他都会帮家里人做一些力所能及的事情，但近几个月来，起老师的身体不太好，听老师说，是高血压，但今天和起老师的交谈中，起老师身上积极乐观的生活态度深深感染了我们。

表 12－4　**家庭收入来源情况统计表**

职业	收入（元）	职业	收入（元）
从事种植业	5000	外乡镇就业工资	30000
退休工资	20000	在外工作	30000
家庭手工业	0	从事运输业	0
从事畜牧业	0	政府补贴和社会救济	0
从事养殖业	10000	出租草场耕地房屋等	0
从事旅游业	0	其他经营收入	0

从表 12－4 看，起老师家的收入还是挺不错的，但这么大一个家庭，花费也是很大的。起老师的老母亲今年已经是 87 岁高龄了，平时身体不太好，我们早上去起老师家的时候很早，那时候老人家还没有起床，但我们和起老师聊了一会后，老人家也起床了，这时，拄着拐杖一步一步走进屋子里来了，老人家身材矮小，背驼得很厉害。老人家的眼睛不太好，仔细盯着我们看了好久，但还是一脸的疑惑和好奇。起老师和我们说，"家母年纪大了，眼睛和耳朵都不太好使了，所以，一般我们说话，她基本上听不见，也听不懂。"老人进来看了看，微微向我们笑了笑，就拄着拐杖出去了。看老人的行动很是缓慢，我们就问了问起老师，老师告诉我们，"这段时间以来，她的身体不太好，平时能够吃的东西也很少，有时候每天只吃一点点食物，半个月前，还病了几天……"

起老师和母亲的身体都不太好，所以，基本上平时都需要药物调理，以及家里人生病等，医药费是一笔不小的开销，其次，就是家里的生产和生活的花费。小儿子和儿媳现在在家里从事着传统的小规模种植和养殖，所以，各种原材料、化肥以及鸡饲料等等的购买，就已经开销不少，再加上生活的各种花销，起老师家的支出也是很大的。一家人即使大儿子和大儿子媳妇长时间不在家，但家里有小儿子夫妇打理着，起老师也不用辛辛苦苦再干那些体力劳动，这几年来生活清闲了许多。

起老师说，“生活清贫一点没有关系，只要一家人和和美美就好，再说，现在的状况已经很好了，除了必需的花费和支出，我们平时节约点，也能留有一笔储蓄，到过年过节什么的，还能给孙子孙女红包，他们收着高兴，我们给着也高兴，其实这样我也就满足了。”

老师身上的精神早已把我们折服了，现在听他这么一说，还真是让我们感触颇深。我们衷心地祝愿起老师一家身体健康，生活幸福。

（五）“岔河—楚雄一家人”——李家贵家

今天上午，从李老师家出来，走过一段狭长的小路，我们来到了李家贵家。一路走来，他家的房屋设计是最特别的，单独的一道门面，是用鲜亮的白色瓷砖砌成的，瓷砖上方还镌刻上了对联，两个大红灯笼在门框上对称地挂着，显得格外耀眼。大门内部，紧贴着门面，有一个小花台，上面种了一株枝叶茂盛的紫藤萝花，据我们了解，这种花的生命力很强，只要水分较为充分，气候条件不是太恶劣，无论是什么季节，它似乎都会开出亮丽的花朵，所以，这一大株紫藤萝，把整个门面装点得极为漂亮。刚一走进他家，小狗就“汪汪汪”叫了起来，主人家听到狗吠声，就知道有客人到访，连忙放下手中的活，出来迎接我们。出门迎接我们的是李家贵的妻子周慧芬，手中还拿着一兜东西没放下，接着，李家贵从堂屋里出来了，夫妇俩热情地把我们招待进屋。

李家贵，男，1958 年出生，彝族，中等个子，说话的语气非常和气，虽然不太会说普通话，但一句句朴实的话语，给我们的印象很深。妻子名叫周慧芬，比李家贵小 4 岁，两人育有两个女儿，大女儿名叫李宗梅，今年 32 岁，高中文化水平，已经结婚好几年了，丈夫是楚雄市的，两人育有一个儿子，名叫李想，今年刚满 10 岁，上小学五年级，在楚雄市师院附小上学。目前，两人都在楚雄工作，只是过年过节或家里有特别重要的急事的时候才回家，一般情况下，夫妻俩在外的工作都很忙。他们在楚雄有一栋自己的房子，所以，除了工作，就是要忙活着照顾儿子李想的学习和生活，虽然忙点，但他们生活得很好。而李家贵的小女儿在两年前嫁人了，不过，女儿嫁得不是很远，就在邻村，家里如果有什么事情的话，也有个照应。女儿也会经常回娘家看看，帮家里做一些事情，特别是到芒种和春耕时节，家里一方面得赶在合适的时令之前把种子种下，另一方面，家里也会有很多其他的事情等着做，家里的人手不够，所以，女儿和姑爷①就会回来帮忙，这也是一件让他们俩欣慰的事情，人家都说："嫁出去的女儿，就是别人家的人了，身上肩负的是丈夫家兴旺发达的事情，而娘家的事情，考虑的就比较少了。"但女儿不仅找到了一个好的归宿，而且，嫁人以后，她也不忘回来照顾父母，帮助父母干农活，还真是个孝顺的好女儿。

以前，家里除了他俩，还有李家贵的老母亲，但老母亲的年纪很大了，几个月前刚过世，现在大女儿又在外面工作，所以，家里就只有他们两人了。由于女儿和女婿②在外工作，工作待遇也很不错，所以，家里的开销，几乎都不用他们俩担心。现在，他们的生活不像以前那么辛苦了。以前的生活，什么都需要自己亲手去创造，每天不管有多累，都得下地干活，那时候家里的经济情况不好，家里的经济来源非常单一，而日常的开销和花费一笔又一笔，生活非常艰苦，还要供两个女儿上学，家庭的经济压力非常大。现在，那种记忆中的贫苦生活已经结束了，两人现在的生活也清闲多了，孩子们各有所归，夫妇俩的抚养任务也基本完成了，对于女儿现在的工作和生活状况，夫妻俩还是比较满意的。

老两口也没有什么经济压力了，家里的田地，很大一部分已经承包出去了，听李家贵说，"这几年来，我们俩年纪也大了，很多重活基本上也干不了了，两个女儿也经常说，年纪大了，就不用再像以前那么辛苦了，所以土地现在都已经承包给别人了，我们俩就只干一些轻活儿……"离家比较近的土地没有承包给别人，因为觉得比较方便，而且离家近，水源也比较充足，所以，老两口就在家旁边的地里种了一些蔬菜和瓜果，其他像小麦、水稻和大

① 在岔河村里，嫁出去的女儿的丈夫，女方的父母称为"姑爷"。

② 在岔河村，倒插门女婿就相当于女方父母的儿子，所以，夫妻俩的孩子，就是女方父母的小孙子。

白芸豆等种植起来较为麻烦的作物现在都不种了，家里的大米基本上都是买的，就两个人在家，生活上的开销也不大。

其次，家里虽没有牛、羊等这些牲畜了，但也养了一些鸡和猪，数量不多，他们也不是为了卖才养的，只是养着供家里人吃，逢年过节之时，女儿、女婿，还有小孙子回家，家里就会杀猪宰鸡，这个时候也不用到集市或县城里购买了，而且自家养的土鸡吃着也放心。而每当这个时候，就是老两口最开心的时候。孙子每次回来，奶奶都会给他做他最爱吃的食物，小孙子李想是个非常听话的“开心果”，每次吃奶奶做的好吃的，他总会不停地称赞奶奶，“奶奶，你做的东西可好吃了!”我们去李家贵家采访的当天，由于也不是什么节假日，只有他们夫妻俩在家，也没见到小朋友。听李家贵说，本来家里的种植业和养殖业的规模就很小，家里的开销，除了一些买种子、饲料、食品、大米等生活花费以外，就是老两口买衣服，红白喜事，以及通信、交通，需要一笔花费，支出也不是很大。但听老两口说，虽然这些花费是比较少的了，但只要家里人生病，情况就会变得非常紧急，不仅家里人要忍受病痛的折磨，而且医药费也是一笔很大的费用。这几年来，妻子周慧芬的身体一直不是很好，严重的肠胃炎周期性发作，三个月以前，妻子又突然得了急性阑尾炎，连夜被送到了楚雄州医院，才缓解了病情。这段时间以来，妻子的身体才刚刚有所恢复。虽然在农村，每家每户都会办农村合作医疗，市级和地方级的医院都会给报销70%，但这次，因为情况很紧急，所以，在州医院住院，医药费只能报销30%。而每次生病住院，大女儿都会全身心地在医院照顾，有一次情况十分严重，周慧芬得了严重的肠炎，肚子肿得厉害，在市医院住了几天，病情还是难以缓解，后来，又转移到了州医院，在医院住了20多天才出院，医药费成了家里最大的一笔花费。住院的那些天，李家贵和女儿就轮流坐班照顾她，可把李家贵和两个女儿给急坏了，大女儿就在医院照顾她，小女儿帮着处理家里的事情，毕竟家里也需要有人照看。

由于周慧芬一直以来身体都不太好，所以，女儿也和李家贵夫妻俩商量了好多次，想让他们直接搬去楚雄城里住，那里的房子虽然不怎么宽敞，但一家人总能够住下，但李家贵老两口去了一段时间又回来了，虽然在楚雄，每天什么也不用做，去“桃园湖”跳脚，玩得也很开心，但他们始终还是放不下这个家，因为那才是他们的根，才是他们心之所向。而且，在家里忙习惯了，整天闲着，还真有些不自在。

目前，虽然李家贵夫妻俩决定留在家里，但时不时，他们也会到楚雄城里看小孙子，又或者，当女儿工作很繁忙的时候，去接送小孙子上下学，照顾小孙子的衣食起居和学习。闲暇的时候，一家人就会聚在一起聊天、看电视。

表 12－5　　**家庭耐用品消费情况表**

项目	个数	项目	个数
电冰箱	1	组合音响	1
洗衣机	2	手机	4
照相机	1	电饭锅	3
电视机	2	电磁炉	2
影碟机	1	电风扇	2

虽然只有夫妻俩在家，但家里收拾得很整洁，家里的家具摆设也很简单。夫妻俩为人谦和，和左邻右舍关系非常融洽。据李家贵说，上一次妻子周慧芬生病了，还多亏了邻居的帮忙，把她及时送到医院，病情才得以缓解。平时大家没什么事，就聚到一起聊天，有说有笑，生活得不亦乐乎。

辛苦了大半辈子，现在的生活质量提高了，他们也开始更加关注精神生活，而他们最关心的，还是自己的小孙子，女儿当初没有念完大学，一直是他的遗憾，所以，他现在把希望都寄托在了小孙子身上，即使自己的文化水平不高，但他深知，随着社会经济的不断发展，知识决定着一个人的命运，所以，小孙子的学习与成长成了全家人关注的焦点，在未来的生活和成长中，或许小孙子的成长历程会越来越辛苦，但在这么多人的关心下，他一定能够成为一个对社会有用的人，完成爷爷的梦想。

（六）致力于中草药研究——李光太家

坐落于群山绿树之一角，这里就是多年致力于中草药研究的李光太家。走了很长一段下坡路，终于，我们来到了大岔路口。由于他家坐落在该村的海拔最低地，所以，在这里抬头环视四周，才发现，这独特的一角，也成就了一番美景。他家门口外的两侧都是高 2 米左右的土石围墙，往墙里看，能够看到墙里面的各种果树花草，围墙的长度大约50米，一直从大岔路口延伸到他家门口，走过这段小路，我们来到了他家门口。刚进门口，我们看到的就是这位上了一定年纪的老大爷李光太，彝族，初中文化，现年69岁，戴着遮阳帽，老大爷很热情，但脚有点毛病，走起路来一瘸一拐的，不太协调。他普通话一般，偶尔也会带上几句方言，但与我们沟通基本没有障碍。李大爷是个极为幽默的人，常常会把我们一起交谈的人逗得哈哈大笑。他积极乐观的生活态度给我们留下了深刻的印象。其妻子名叫周起凤，不是本地人，说话的口音与李光太有点不同，但也是彝族。两人共育有两个儿子，大儿子名叫李正山，今年35岁，结婚十年了，目前有一个女儿李娜，上小学五年级，小女孩长得很机灵，性格开朗，有礼貌。而小儿子李正海，也已婚，妻子是姚安县的，两人有一个儿子，今年才6岁，相比于姐姐来说，就比较调皮捣蛋了，经常会干一些“小坏事”，当大人批评时，他总会做出一个捣蛋的“鬼脸”，想借此逃脱，非常可爱。

听李大爷说，他家的地理位置之所以坐落于山脚，就是因为他年轻时对中草药培植的偏爱。而对他来说，那是一段艰难的岁月，留给他的是一段刻骨铭心的记忆。那时候，他家里有四兄弟，三姐妹，虽然母亲是家里的能手，但两个人要抚养那么多孩子，的确有很大压力。所以，那时候家里很穷，而且正值解放时期，家里经常会出现“有上顿没下顿”的状况，而李大爷在家里排行老三，大哥是部队里的军人，虽然每个月有8元的工资，但给家里添补家用的很少，所以家里的生活一直都很艰苦，而家里的兄弟姐妹又那么多，所以，二哥就没有再出去，而是在家里和父母亲一起种田种地，照顾家里的弟弟妹妹，而他，小时候就对草药有很大的兴趣，所以，经常会背着家里人到屋后的大山里找各种草药，有时候也会发生一些意外，有时会摔跤，有时会被各种虫子咬。据李大爷说，记得有一次到山里去采药，不慎把腿摔断了，虽然治愈了，但由于当时当地的医疗水平有限，因此而留下了病根。所以，看到李大爷走路一瘸一拐的，估计就是那时候留下的。尽管这样，他每天晚上回来，都会带着一大背篓“杂草”回来，一般情况下，还会被父亲训斥。后来，随着自己慢慢长大，他在不断寻找着各种草药的同时，也对这些中草药有了一定的研究，能治愈一般性的病痛。一次偶然的机会，李大爷认识了一位对中草药有一定研究的前辈，这位前辈给他讲了很多关于中草药的知识，让他的研究深入了不少。后来，在不断向这位前辈请教和学习的过程中，前辈看到他对草药如此的情有独钟，就收为徒弟了。师徒俩在以后的几十年里，研究出了很多的草药方子，治愈了很多疾病，但他们对各种草药混合后的安全性和疗效性能等方面还是存在一定疑问。于是，不顾家里人反对，他们一起去了楚雄城，和城里知名的草药医师做了相应的交流和学习……一步一步地，自己的研究也有了很大的成果。

后来，在大哥的支持和帮助下，他在当地开起了自己的药店，虽然药店很小，但在几十年的努力中，人们发现，草药更能够以最小的成本、对人体最小的杀伤度治愈疾病，所以，渐渐地，很多人都在食用他的中草药，很快就提高了他的知名度和信誉度，每当人们遇到西药不能解决的问题时，都会上门来请教他，他会根据人们生活的环境和病痛症状，针对性地配制各种中草药，而事实证明，他的方子，还是非常有效的。

几年后，随着兄弟姐妹的成长，大哥二哥都结婚了，而此时正值自己中草药事业的起步阶段，给村里人和社会带来一定贡献的同时，也在一步步中实现着自己年少时的梦想。几年后，在继续中草药研究的过程中，他也结婚了，同时也得到了妻子的大力支持。夫妻俩在“中草药”的道路上，一步步经营着他们的药店。

所以，在中草药研究领域里奔波了几十年的他，虽然现在苍老了很多，但他的药店生意一直很好。“人老心不老”，执着于某件事情，就一定能够做到坚持到底，他身上的这种坚持，让我们肃然起敬。

李大爷有两个儿子，都成家了，但这天到李大爷家，并没有看到两个儿子的身影，只看见两个儿媳妇忙里忙外的，经过了解，我们才知道，李大爷家的大儿子基本都不在家，他在镇上的养老院工作，负责老人们所有的生活起居，虽然这个“服侍”的过程较为辛苦，但正是他辛辛苦苦的工作，让镇上的老人们拥有了一个幸福的晚年生活。李大爷还跟我们说，“养老院里的人年纪和我差不多，有的比我大一点，养老院和药店相隔不远，有时候我也会去那和老人们叙旧，聊家常。由于那儿工作较为琐碎，所以儿子也基本没时间回家……”而家里的种植业和养殖业缺了人手也不行，所以小儿子就在家操持着。

表 12－6　　2011 年家庭收入来源情况统计表

职业	收入（元）	职业	收入（元）
从事种植业	5000	外乡镇就业工资	0
从事中草药	6000	在外工作	30000
家庭手工业	0	从事运输业	0
从事畜牧业	10000	政府补贴和社会救济	0
从事养殖业	20000	出租草场耕地房屋等	0
从事旅游业	0	其他经营收入	0

从表中我们知道，虽然李大爷家的生活水平还算不错，但相比于从事旅游业的富裕家庭来说，还是有一定的差距。除了大儿子在养老院工作所获得的收入外，最主要的就是家里的养殖业，虽然规模不大，但在小儿子的精心培育下，消除了很大风险，从而也从中获得了一定的经济效益。

表 12－7　　2011 年家庭养殖业收入情况统计表

种类	个数	折算价值（元）
马	1	5000
猪	5	10000
鸡	40	2000
牛	1	3000
羊	40	10000

李大爷夫妇俩都很勤劳，虽然年纪大了，但家里的活儿，只要是自己能干的，都会尽心尽力去做，一家人相互理解，相互体谅，过着和和美美的生活。

从李大爷对中草药研究的坚持里，让我们再一次见证了什么才是真正的坚持，而我们青年一代，不是更应该传承老一辈的这种可贵精神吗？带着佩服，带着祝愿，我们离开了李大爷的家。李大爷送我们走出了大门口，还一直在强调“以后有时间常来家里坐坐……”，我们渐行渐远，真心地希望他们的生活越来越好。

（七）乡镇自主创业——周永发家

这几年，随着岔河村经济的快速发展，旅游业、交通业等也发展迅速，所以，在这样的发展趋势下，乡镇自主创业是被鼓励的。来到岔河村，给我们印象最深的小企业家，就是这个在汽修行业奋斗了六七年的有为人物周永发。

周永发，男，今年32岁，彝族，高中学历，在当地称得上是个年轻有为的小企业家，个子1.75米左右，性格较为开朗，普通话说得很好，是个能言善道的人。其妻子名叫李文静，相对于他来说，性格就显得有些内向，不喜欢说话，不过从对他们家的访谈中发现，她很温柔，很贤惠，是个做事十分细腻的人。两人育有两个女儿，大女儿今年8岁，名叫周娜，上小学二年级，是个顽皮机灵的可爱女孩，平时很听话，也很懂事，爸爸妈妈平时比较忙的时候，就由她照顾妹妹。小女儿前年才出生，还未满两岁，小孩子长得很可爱。家里还有上了一定年纪的父母亲。自从自己的“永发汽修”开业后，周永发和妻儿就到镇上住了，而老家有面积大约250平方米的砖瓦房，由于房子较宽，家里还有一些固定资产，所以，父母亲就住在老家。在弟弟成家之前，家里主要由弟弟照看，弟弟结婚后，做了上门女婿，家里就只有父母两个人了。平时自己的工作也很忙，所以家里的有些事情，就请邻居家的大哥大婶照料着。原来，家里还有很多的土地，都是几十年前父母盘下来的，现在父母年纪也大了，周永发也不想总让父母亲那么辛苦，所以，家里的大部分土地，都承包给别人了，现在父母亲在家，养了4头猪，16只鸡，母亲还在菜园子里种了很多新鲜的蔬菜，生活没有以前那么辛苦了。父母亲在家里基本都不用干什么活，有时候也挺无聊的，就到镇上住上一段时间，父亲文化水平不高，但对于儿子的汽修产业，他有很高的期望，一直在叮嘱儿子，让儿子好好干。

谈到“永发汽修”的发展，周永发告诉我们，“我上高中那会儿，由于自己也比较调皮贪玩，平时学习也不太刻苦，不太认真，有时候考试也不及格，还经常被老师罚站……”说起这些经历，他还挺不好意思。“后来，高中毕业后，由于学习成绩也不太好，况且那时候家里并不富裕，也没有条件，所以，就没有再进行更深一步的学习。毕业后，跟着父母在家种田种地，觉得自己挺没出息的，就四处打听，寻找其他的生活出路，后来，大舅建议我，可以在镇上下下功夫，或许在那我可以打造自己的一片天地，我一听，觉得这个主意还不错。想到镇上的汽车维修企业很少，所以，我就做出了一个重大的决定——开办汽车维修厂，但父亲狠狠教训了我，因为家里没有太多的资金，而我也只是个高中生，当我说出了自己想去干这事的时候，被父亲狠狠训斥了一顿，'你这个不知天高地厚的孩子……要办维修厂，那可是需要懂得很多有技术含量的东西的，你现在什么都不会，还异想天开，况且家里的钱也不够啊，你上哪去筹集那么多的资金？'当时他的话让我的脑子一片空白，的确，自己那时候什么都不会，全都是纸上谈兵罢了，舅舅也跟我说，那只是一个梦想，一条改变命运的出路，但要让自己真正改变命运，前面的学习和铺垫是很重要的。后来，我才明白自己到底缺了什么，现在想想，自己当时还挺梦幻的，一无知少年，还这么想……"，说着说着，自己也忍不住笑了。

从周永发的口中，我们知道，那是一段属于他年少时对梦想的痴狂。年少时的些许冲动，似乎让他明白了许多人生中必须懂得的事情，那就是人生中必须具备的东西——知识和技能，带着那份痴狂，带着那份梦想，他和父亲、舅舅等家人进行了沟通和交流，把自己的想法和家人说了好多遍，后来，经过家人的商量后，他们一致觉得，周永发应该先学一些知识和技能，等具备了真正的才能以后，才有资本和实力经营汽修厂，所以，他最终去读了技校，进行了汽车维修专业的学习。这个时候，他没有再像初中和高中那样贪玩，仿佛在"梦想策划"的几番波折中，他成熟了很多，也逐渐从幼稚向稳重转变，做事变得越来越踏实了。三年的认真钻研，让他学到了不少技能，也让他学到了很多企业经营管理的知识，也就是这三年的刻苦学习，让他向梦想靠近了一大步。因为他知道，一个人要想在社会上立足，就必须至少要掌握一门技能。他还跟我们说，"面对我们年轻一代人的未来，我们这年长一点的长辈都会说一句通俗而又具哲理的话，那就是'如果你掌握了一门专业的技能，你到哪都不会饿死。'话说得很直白，但从古至今，通观各行各业的人们，毕竟有真本领的人，才是真正有能力创造财富的人啊！"

接着，他又和我们说道，自那以后，自己也掌握了许多的汽车修理技能，虽然小型的汽修厂是可以建立了，但是仔细考虑，在资金运作等方面还是存在较大的问题，而且自己在经营管理等方面的经验、见识也有所欠缺。所以，当他 22 岁的时候，离梦想还是很远。之后，从技校毕业后，他去楚雄市的一家汽车修理厂打工，在这个过程中，一方面挣了一部分自己创业的资金，另一方面，在打工的过程中，也让他从工作中学到了很多东西，他时常会和汽车厂的老板做交流，向他学习一些经营的模式和技巧，同时也了解了很多关于这一行业的知识。

从三年的技校学习和两年的打工经历中，让他终于有机会将梦想付诸行动，在舅舅和家人的帮助下，他到镇上办理了相关的手续，舅舅在镇上工作，所以，最开始这个烦琐的过程，基本都是舅舅去打理的，帮忙做了很多事情。总而言之，当他25岁时，“永发汽修”正式开业了。

听周永发说，开张以来，店面的规模很小，只有100平方米左右的建筑面积，店面的具体位置在公路边上，来来往往的车辆人群都能清楚地看到“永发汽修”的大招牌，在这块100平方米的土地上，只有一个大约60平方米左右的空白地，作为汽修场地，场地的侧面，是他的房屋店面，房子的建筑面积很小，由两间小屋组成，一间作为自己的居所，另一间则摆放各种物品，以及各种维修零件，如打气筒、轮胎、加工工具等，有时物品太多，小屋子里就会变得很凌乱。但一年又一年，他在一天天的经营中吸取了各种经验与教训，渐渐地，凭借着自己精湛的维修技术，很多人都知道他，周永发的名气在当地也越来越大。后来，他结识了李文静，两人在工作中渐生爱意。结婚后，两人齐力经营他们的店面，生意一直都还不错。

家里有人打理，店面上有人帮忙，对周永发来说，艰苦的创业人生也算步入了正轨，而妻子可是他的好帮手。他告诉我们：“在遇到她之前，都是我一个人在一步步的探索中孤军奋战，开始连个帮忙的人都请不起，所以，那段时间是最艰苦难熬的，不过，自从遇到了她，我的生活舒适了很多，店面的经营和管理上也有了很大的改进，从她身上，我也学到了不少的东西，平时帮车主维修的时候，她在一旁帮我，给我分担了很多工作。”

几年后，随着当地经济的快速发展，当地的交通业和旅游业陆续蓬勃发展起来，居民的收入逐渐提高了不少，很多家庭买了摩托车、卡车、拖拉机等交通用具，这个时候，仅仅专营汽车的维修显得有些狭窄，于是，夫妻俩又经过了商量和研究，决定再把铺面做大一些，于是，在原有的基础上，他们又兴盖了一栋两层的小楼房，上面一层主要作为家里人饮食、起居的生活之用，下面的一层，就成了他们俩的办公室，办公室一层主要由两间屋子组成，屋子里基本上没有杂物，所以，看上去还挺宽敞的。因此，在主营汽车维修的同时，他们还从县城和楚雄市里进了一些全新的部件和机械所需的各种零件，既能够满足某些车主的需要，也能够提高经济效益，而以前车场侧面的小屋主要用于各种物品、零件等的存货安放。

听周永发介绍，“去年以来，由于我们这儿附近客流量的增加，有时候人手还是不够，所以，我们现在雇了4名维修人员，虽然其中的两个维修技术不是很精湛，有时候仅仅只是打下手，但他们也一直在学习，也帮我们解决了不少麻烦……”他同时还尴尬地和我们说：“我们这儿大多数人的文化水平都不高，几乎没有人上过大学，所以，在一些方面，我们这儿的人们还是比较落后的，所以我们还是需要多学习，多摸索……”他说话时非常客气，也很谦逊，在他身上，我们看到了他的积极上进与谦虚稳重，以及他们一家那种乐观积极的生活态度，他的汽修事业还处在发展阶段，随着社会经济环境的变化，他们也在不停地调整着产业的发展架构和经营模式，相信在不久的将来，周永发的事业一定会越来越好。

自主创业，对很多人来说，都是一个艰苦的过程，在这个过程中，经历的不仅仅是心理与行动上的磨炼，更是对精神的一种严峻考验。但周永发在自主创业这条道路上，虽然与我们大部分的青年人所走的模式不一样，但在那片古老而纯真的土地上，他也能够打造出自己的一番事业，为当地的经济发展贡献着自己的一分力量，而这体现的就是他的价值。同时，他的事业也在一步步的发展中，带动着岔河村经济的不断发展，从中也让我们看到了国家新农村建设的新希望。

十三、生活富裕家庭

（一）塑造乡村旅游传奇——周开富家

周开富，男，1974年2月生，2007年9月加入中国共产党，彝族，小岔河人。现任岔河乡村旅游协会会长，高中（中专）文化水平。家里共4口人，常住人口有4人，劳动力2人，学生1人；妻子罗开芬，今年31岁，彝族。住房为砖瓦石房，建筑面积大约为350平方米，夫妻俩有一个女儿，名叫周睿，今年7岁，在白城小学念一年级，有一个儿子今年才两岁半，名叫周鑫。

家里主要从事彝乡农家乐生态旅游，去年从事旅游业的纯收入就已达20多万元，与当地的其他家庭相比，他家的生活可以算是丰富多彩，五彩斑斓的，因为他不仅拥有了物质上曾想拥有的东西，而且生活也充满了情趣。在农家乐生态旅游业发展的过程中，他从最初的学习开始，一步步探索，经营着这一极具发展潜力的事业，直至今天，在这个不断探索的过程中，也让他逐渐成了这一领域的佼佼者，从他目前的业绩和现状来看，称他为“旅场高手”一点也不为过。

坐落于公路边的一座新建的砖木结构房屋就是周开富家，很多到这里观光旅游的人们都会被这座“特色之院”所吸引。以前，这里虽说还是一片叮当声不绝于耳的工地，但驻足一观，不禁让人觉得惊喜。侧面的墙壁上画上了极富彝族文化韵味的图案，上面画的是一堆激情燃烧的火焰，古朴而不乏诗意的画面，诠释着彝家文化特色的点点滴滴。

据了解，周开富小学毕业后，就随着父亲做起了野生菌生意。后又从事中草药生意，这让他很快走上了致富的道路！然而，每一条道路上都是有障碍的。1998年夏天，长期向周开富订购野生菌的一家饭店发生了严重的食物中毒事件，人们很自然的怀疑野生菌中混杂了有毒的菌子。周开富家的声誉受到了极大的影响，几家长期向他订购野生菌的饭店另找了野生菌供应商，收购站也拒绝收购周开富家的野生菌。周开富感觉像被“封杀”了，偌大的野生菌市场不再有自己的席位。可是，村民们依旧每天将菌子送到他的加工站。他知道，这些爬山下田的村民们全靠找菌子来补贴家用。先前村民们信得过他，谢绝了其他上门收购野生菌的人，亲自把野生菌送到自己的加工站。现在，自己靠野生菌生意致了富，怎么能拒绝这些并不富裕的村民呢。宁可自己亏本，也不能让村民们失望。周开富像往常一样从村民手里收购野生菌。可是，收购来的野生菌没了市场，只能堆在库房里一点点变烂。周开富心里着急，也感到了困惑。从村民手里收购来的野生菌都经过了严格的挑选和检查，不能百分百确定无毒的菌子绝不供应到市场上。如果那家饭店的客人真的是野生菌中毒也只能是因为菌子没有炒熟又加上喝了酒的缘故，这应该是饭店的责任，与自己没有任何关系。这个时候周开富的女朋友罗开芬给了周开富最有力的帮助。她先后找到了饭店老板和那位食物中毒的客人，进行了详细的访问和调查，同时清楚地说明了周开富严格的野生菌筛选过程，他供应的野生菌绝不会有问题，希望饭店老板和那位客人能够帮忙找出食物中毒的原因，恢复周开富的声誉。罗开芬的真诚打动了那位客人，客人说道，食物中毒的当天就已经确定不是野生菌中毒，而是自己在进饭店前吃了一些不干净的食物而导致的，只不过一直没有人向他求证这件事情。

真相大白。周开富的野生菌被“放行”，他反倒因为这件事情赢得了饭店的信赖，越来越多的饭店向他订购野生菌。

2000 年 4 月，随着《彩云之南》的播出，岔河村声名大噪，岔河村丰富的野生菌资源也随之扬名。南华县的野生菌需求市场越来越大。罗开芬建议周开富走进县城，占领市场。于是周开富在南华县城租了间店铺，做起了野生菌收购者与野生菌加工厂的中间人。随着野生菌需求市场的扩大，野生菌的价格也不断提高，周开富的生意如日中天，平均每天的营业额达 2000 元。

经过几年的奋斗与打拼，虽然在路上遇到了很多的困难，但在一步步的尝试和发展中，也让他家的生活条件有了很大的变化，在野生菌的生意中，让他家有了很大的积蓄。

看到党和政府花这么大的力气帮助群众致富，觉得没有什么可顾虑的了，就和家人商量，贷款凑足了 40 万元，在老宅上大兴土木，建盖了这座 350 多平方米，有 24 间标准间的“岔河人家”——“彝人客栈”，结束了游人到此“有吃没住”的历史。正是他及时抓住了发展致富的机遇，让全家人过上了幸福的生活。而 2007 年，南华“咪依噜风情谷”正式开谷。周开富组织 11 个旅游接待点的带头人成立了“乡村旅游协会”，并担任会长。旅游协会由“咪依噜风情谷”内各农家乐成员组成，每到五一、十一长假和其他游客量大的日子来临之前，旅游协会就由会长组织召开会议，讨论如何接待游客、如何分配接待任务的问题；对于如何发展旅游，如何开发农家乐等问题，也由旅游协会的成员一起商讨。旅游协会的主要职责就是负责接待游客、规划各农家乐的发展、规范各家的经营模式，以及在一起交流经营经验，一起为旅游的发展出谋划策等。

周开富家有三兄弟，周开富是老三，大哥名叫周开柱，二哥叫周开才，现在是“彝人客栈”的厨师，三兄弟在“彝人客栈”的经营发展中，发挥着各自的优势，互惠互利。现在的周开富家，踏着有节奏而轻快的步伐，过着红红火火的生活，每天都会有很多本地和外地旅游的宾朋光临，都会在这个芳草鲜美，绿水蓝天的“特色之家”里享受那人与自然共同带来的欢愉。他们在这里畅爽举杯，为一个个“岔河之家”带来了外界不一样的声音，让这里的人们渐渐了解外面的世界，感受外面人的生活，用勤劳的双手坚定不移地追逐着那份致富的梦想，同时也让外面的人们欣赏到了这里独特的彝族文化和彝人风采。周开富对未来充满信心，他说："照这样干下去，岔河只会越来越好！"

表 13-1　　家庭耐用品消费情况统计表

项目	个数	项目	个数
电冰箱	5	组合音响	1
洗衣机	2	手机	4
照相机	3	电脑	1
电视机	10	电饭锅	5
影碟机	1	电磁炉	3
小轿车	2	电风扇	2

然而，在此发展水平上，追求卓越，追求完美，成了他矢志不渝的追求。为了让"农家乐"这一特色产业焕发出更亮丽的光彩，他还在不断探索，不断研究着下一步的发展规划，在不断学习和借鉴着别人的经验和教训的过程中，也收获了不少的经营良方。

"农家乐"作为一种新兴的旅游休闲形式，给人带来的不仅仅是身心与精神上的放松，更是一个地区经济发展的大跃进。从周开富家的发展来看，他家世代居住于此，相比于十几年前的家庭发展，从表 13-2 中的家庭支出情况看，近年来，生活水平有了很大的提高。

表 13-2　　家庭支出情况对比表

年份	家庭支出情况
2011 年	10 万元
5 年前	5 万元
10 年前	2 万元
20 年前	0.5 万元

谈到"彝人客栈"的发展，周开富仍想扩大规模。首先要改善住宿条件，

将住宿间分成不同档次，以满足不同客人的需求。还要增设标准间，使其能够满足旅游团的住宿需求。当然，扩大住宿规模是有一定风险性的。随着公交车的开通，从岔河村到南华县城只需要20分钟，这就意味着游客很可能选择在农家乐玩到县城住。对此周开富有自己的想法。他说，“岔河村应该发展“餐饮—住宿—娱乐—采摘—围猎”一条龙服务，并开发旅游景点，让客人流连忘返。目前风情谷的服务形式太单一，客人自然不想住在这里。目前11个接待点太分散，各自发展，不利于搞规模经营。如果我们统一经营了，就可以把岔河村打造成度假村，让农家乐真正的成为城里人放松心情、体验民情的乐土。因而扩大住宿服务是市场发展的需要。

现在，周开富家不仅是旅游业发展的“领头人”，随着种植业和养殖业规模的不断扩大，他家更是当地的“大老板”，300多头猪，几百只鸡的养殖规模，在当地仅此一家。而10多亩大棚蔬菜的种植，也是产业中重要的一大部分。

谈到养殖业和种植业的发展，周开富说：“在农村，种植和养殖，是我们的老本行，但以现在的规模来看，对我来说，也是一个巨大的挑战。虽然我已经通过了认真的学习和借鉴，但在发展的过程中，还是会存在很多的问题和困难。首先，面对那么大规模的产业，我在最初资金的筹集上花了很大的工夫，所以，要让一项那么大产业有效运转，在资金的筹集上，是第一大难题。其次，就是管理。我不是专业的管理者，在这方面的经验也不足，所以，由于那么大的产业的运转需要很多人，在人的组织、领导、激励和控制上以及物料的分配等方面都会遇到一些困难，对于这些问题，我曾经很苦恼，在经营的过程中，借鉴了许多，也向很多的专业人士请教过，虽然还是会存在一些问题，但慢慢地，很多问题最终也解决了。”这是一个家庭产业很大的家庭，但周开富的智慧与勤劳，也实在让我们佩服。

生活，有时候就是一种物质与精神的享受，而在勤劳奋斗的过程中，享受生活也成了一种“乡村时尚”，而旅游业，也正是这种时尚的载体和产物。相信在以后的发展过程中，它能够给全村、全社会带来更大的惊喜。

（二）新型发展模式——周开跃家

周开跃，男，今年50岁，彝族，初中文化水平，家里总共有8人，是一个和美的大家庭。其妻名叫李菊香，今年42岁，夫妻俩有两个儿子，大儿子名叫周明，小儿子名叫周虎。周明在两年前结的婚，现在有一个儿子，今年刚满两岁，周明和妻子目前都在外地工作，周明在山东，其妻子在广州。每年基本上只回一两次家，小孙子在家，由妻子李菊香照顾着。而周虎在家里，去年刚娶的媳妇，现在夫妻俩有一个小女儿，现在才六个月，由于孩子现在还小，所以，婆媳俩基本的工作，就是每天照顾好两个小孩，偶尔有时间，也会到"农家乐"帮忙。由于大儿子和儿媳妇都外出了，现在常住人口有6人，周开跃和小儿子一起经营自家的"农家乐"。

在这一行业中奋斗了几年，从最初的传统农营模式到如今对未来发展的理性思考，一年又一年的发展历程中，从周开跃的点滴经验，到小儿子的另一种经营风格，一步步的脚印下，铭刻的是一家人勤劳奋斗的种种过往。当全村很少有人投资发展这一产业的时候，他们，开始了他们最初的尝试。首先，是对家里基础设施的一个大整修和规模化的改善，由于家里最初的建房面积也只有200平方米，而家里的摆设和样式也和普通家庭的风格一样，所以，要想在这样的基础环境设施下兴办"农家乐"，并且取得一定的经济效益，就需要很大的投资与花费，这样一来，资金的筹集和设施建设的工程就成了主要的困难，而对他家来说，主要通过贷款和向朋友、亲戚借款两种筹资方式，但经过种种途径，最终，在为期半年的努力中，"农家乐"的基本模型也完工了。

刚开始，农家乐的客源还是很不错的，每天基本都会有客人光临，生意红红火火开了起来，看到这种场景，周开跃一家喜出望外。不过，日子久了，他们发现，在这个经营过程中，由于各种条件的限制和经营问题的存在，经营的绩效有所下降，经过反思和了解，他们觉得主要的限制原因有：

(1) 由于是按桌收费的。每桌酒菜可招待10人左右，而一般五人以下的散客根本吃不完，也吃得不划算，因此几乎没有散客来光顾农家乐，几个人到这里，发现这里并不适合，就离开了。

(2) 管理培训方面还存在问题，服务人员的素质低，导致服务质量不高，有时因为一点点小问题，就给到访的顾客留下了不好的印象，导致回头客极少，也损害了自身的名誉。

(3) 在卫生服务条件方面，由于家里所需的原材料的限制，会进行一定规模的养殖，而养殖，就会给优良的卫生环境的保持造成一定的压力，其次，就是厨房、饭厅等地方的卫生保健工作做得不到位，达不到客人所能接受的水准，所以在一些细节上，会引起客人的反感，自然而然，客人就少了。

(4) 家里的特色农家乐，除了吃饭，对于其他的娱乐设施则几乎都没有建设，还局限在“饭桌上对歌喝酒，饭桌下扑克麻将”的状况。游客来到这里，除了吃饭，就几乎没有可以娱乐的地方，也没有可以体验的其他内容，游客来了一次就不会再来。

发现了这些严重的问题以后，周开跃和儿子说：“这种不好的趋势要是继续延伸下去，那就得和有些家庭一样被迫关门了……”意识到问题的严重性，父子俩开始寻找解决问题的方法，决定对农家乐的经营模式做出必要的改变，以适应目前游客和社会发展的需要。事不宜迟，他们针对所面临的问题，提出了以下的解决方案：

首先，对于按桌收费，散客流失的状况，在游客吃饭的几个客厅里，除了设置适合十个或十个以上客人用餐的大圆桌，他们又增设了几个较为小型的特色桌，使得农家乐的吃法灵活多变，灵活给客人提供服务，不管是两个人还是十个人都能够给人家提供方便的饮食。这一点周开跃借鉴其他地方的做法，人少的时候就少做几样菜，人多的时候就多做几样菜，这样农家乐可以留住散客，对于客人来说也方便了很多。在条件允许的情况下，他们也尝试给客人准备不同的套餐方案供选择，以满足客人不同的口味，这样一来，“农家乐”的形式有了好转；其次，对于管理培训方面，儿子与村委会的领导做了反映和协商，提出了聘请专业的培训师的要求，村委会考虑到全村经济发展中所存在的问题，也为他们提供了很多的人员条件，因此，聘请来的培训师对他家工作人员做了专业的技术培训、礼仪培训和一些服务意识、服务态度等全方位的培训，这样一来，增强了他们内部人员的服务素质和整体的服务水平；而对于家里的卫生条件，周开跃对家里的鸡、猪的养殖模式做了相应的整改，通过参加学习和培训，父子俩采用了现代统一管理的模式，重新修建了一个小型养殖场，所有的养殖工作都在养殖场进行，并且随时进行打扫和消毒，以保证卫生质量。对于厨房和客厅的环境，也按照卫生标准，每天都进行着消毒等工作，正在一步步改善着目前所面临的在卫生方面存在的问题。最后，最急切的问题，就是娱乐设施的建设，由于在山村，自然不会有城市中的娱乐设施，而且像 KTV 等这样的设施在这里也不容易经营，所以周开跃父子就只能从其他方面入手。

后来，通过与周围的邻居亲戚、同行进行了商量，决定大家合资，设立一系列吸引游客的设施，同时也设定了许多具有彝族文化特色的“玩法”，比如一些设施和活动环节的添加，具体说来，有民俗农务劳动、民族工艺制作、民间菜肴烹饪等活动，为游客们提供了多彩的民俗文化体验，而让游客们亲自参与这些活动，也使游客们感受到了多样的本土性民俗、民风。但随着经济社会的不断向前，游客们的需求也逐渐提升，越来越大的需求也强烈要求着这里的人们积极开发市场，拓宽发展的力度，所以，他们还在不断的提升中进行着快速的适应和相应的改变。

在和父亲经营农家乐的过程中，儿子周虎通过看书、看电视、上网等途径，也了解到了很多新型的发展理念和发展模式，在借鉴其他地方发展经验的基础上，他也从中学到很多东西，在思索中，也会想到一些不一样的想法。父子俩在民族工艺制作、民间菜肴烹饪等方面下了不少功夫，首先，在活动实施的建设方面，他们有计划地布置了活动的场地和设施，把工艺制作和菜肴烹饪的材料准备得很齐全；其次，是人员的安排，在这两个活动环节中，父子俩请到了村里最优秀的手工艺者和厨师，并进行了相应的培训，为活动效果提供了重要保证。

而在不断发展的过程中，创新的发展模式在这里显得尤为重要，村里因为各种经营不善等原因而被迫关门的农家乐也不在少数，所以，周虎也在寻找着各种发展机遇，闲暇的时候，他就会去周开富家看一看那边的发展情况，他会在借鉴的基础上进行一些创新，不断尝试着改变经营方式。每一个成功者的成功，都会面临一定的困难。周虎也一样，虽然自家的农家乐在父亲的努力下，不断地发展着，但在这个经济快速发展的小镇上，适应环境，改变环境，才是“源远流长”的秘诀。所以，周虎面临的挑战也是很大的。

表 13－3 **家庭耐用品消费情况统计表**

项目	个数	项目	个数
电冰箱	5	组合音响	1
洗衣机	2	手机	4
照相机	3	电脑	1

续表

项目	个数	项目	个数
电视机	10	电饭锅	5
影碟机	1	电磁炉	3
小轿车	2	电风扇	2

但总的来看，周开跃的生活条件还是很不错的，每年基本上也能够挣到15万~16万元左右的收入，但就农家乐的经营来说，各方面的支出也是很大的，但从总体上进行分析，他家近两年来的收益盈余情况还是挺不错的，在一步步的创新中，新型的发展模式也支撑着他们不断提高着自己的竞争实力。但作为农家乐的管理者，在统筹兼顾与组织实施、调控等方面也是需要付诸很大的精力，所以，周虎现在的工作一直都很忙，但在他看来，还是忙点好，他还说："生活是忙碌的，我才能够感觉到自己确实是在做一件值得做的大事，才能够找到自己人生的价值。"不禁让我们感慨，年轻的奋斗者，在经营人生的这条道路上，或许都有点艰辛，但看着父辈曾经为这个家辛辛苦苦打下的天地，比起父辈的伟大，年轻的人们还需付出更大的努力。

在一步步的探索中，虽然父子俩在经营的过程中也会存在意见上的不统一，但父子俩也各有各的特点和想法，在不断的协商和统一的规划中，我们也相信他们家的旅游业将会在儿子未来的不断创新与改进中取得更大的飞跃。

（三）合经联营为主——周开存家

周开存，女，今年35岁，彝族，家里共有6人；常住人口6人，学生2人，她的丈夫名叫李宗学，今年38岁，也是彝族，是周家的上门女婿，两人都是初中文化水平，会说普通话，虽然说得不太好，带有一定的方言，但我们基本都能听懂，交流起来也挺顺畅。周开存是个朴实开朗的人，虽然自己的文化水平不是很高，但说起话来让人感觉很舒服。她的父亲名叫周维兴，今年58岁，身体状况很不好，前几年患上了当地人称为"半边风"的疾病，平时基本上都不能活动，出去散散步或者下床走动，都需要家人扶着才能移动，而且手脚麻木，不听使唤，每天吃饭、喝水都有很大的困难，由于得了这种病，老人说起话来也很吃力。不过幸好家人比较了解情况，帮我们翻译解释，才勉强明白了他所想要表达的意思。而周开存的母亲，名叫李学兰，今年 59 岁，身体状况也不太好，由于患病，腰椎上骨质增生，表面上看腰椎部位较为突出，所以走路不太协调。周开存夫妻俩有两个儿子，大儿子名叫周彪，今年 12 岁，目前在南华县民族中学念初一，小儿子名叫周康，刚上小学一年级，学习成绩一般。

周开存家主要以经营“农家乐”为主要的经济来源。最开始，彝族生态村始建于 2003 年，由鲁正华[①]，也就是周开存的堂兄弟一家经营。新农村建设的时候，为了能够保证旅游开发的成效，2006 年整合投资 8 万元，建设了山门、停车场、跳歌场、卫生厕所、硬化村间道路，还对民居房屋装饰完善，粉墙画壁，为旅游的进一步发展奠定了基础。2006 年 5 月，随着旅游人员的增多，由鲁正华、周维兴、周文兴、周开寿、周开友等 5 户农户每户投资了 5000 元组成农家乐经营联合体，形成了现在的丫口村彝族生态文化村。而她家和鲁正华家现在是以合资合营的方式，一起经营，共同劳动，两家人在一起经营，人手也基本不缺，所以，他们基本上不用再招小工了。而且以这种经营方式发展，目前的状况运营得比较好。他们几家的“彝族生态村”，给来自全国各地以及各个国家的宾客提供优雅舒适的食宿环境的同时，这几年来，也从中获得了很大的经济效益。虽然在这几年的经营过程中，难免会遇到一些挑战和困难，但两家人在一起相互协商，也就慢慢解决了。比如，在最初的经营阶段，由于这一产业经营的有些方面存在记录不够准确和完善等问题，导致在一些利润的分配方面，两家人发生冲突和误解；有时候在工作的具体安排上也会存在问题，但最终通过协商，也化解了误会，解决了问题。因此，在这几年的经营发展过程中，两家人在发现问题、面临困难的同时，积极协商，做出了一定时期内的可行性经营计划，大家在一起分析解决问题的过程中，也彼此学会了相互包容、相互理解和相互尊重。

在这几年的努力中，虽然他们也积累了很多经验，但从现实中看，随着当地旅游业的大力发展，兴办“农家乐”的人们越来越多，竞争也越来越大。因此，除了节假日之外，一般来说，光临“彝家生态村”的宾客并不是很多，发展面临的挑战也越来越大。面对如此严峻的形势，他们也一直在寻找解决

① 鲁正华，周家的上门女婿，相当于周开存叔叔的儿子，所以，周开存和他以堂兄妹相称。

问题，以扩大市场占有率的方法。而根据目前的情况，他们做了相应的分析和总结，他们认为，光临的宾客越来越少的原因是：农家乐的亮点开发力度不够，发展单一。由于岔河村的旅游服务项目较少，游客到访，大多只能集中在吃饭上面，而对于其他的娱乐设施则几乎没有建设，还局限在刚才说到的“饭桌上对歌喝酒，饭桌下扑克麻将”的状况。游客来到“彝家生态村”，除了吃饭，就几乎没有可以娱乐的地方，没有可以体验的其他内容，而且游客多数是周围城市的人，都来过以后就没有回头客，那么客源只会越来越少。

而面对这一问题，他们两家也一直在协商，讨论着下一步“彝家生态村”的发展计划，他们尝试着扩大经营规模，把加强各种娱乐设施的建设和完善作为下一步的发展重点，但这也将会带来一系列的问题，他们正在商讨和策划中。

周开存家虽然两个老人的身体状况不太好，帮不上忙，但在合资联营的基础上，家里的劳动力也得到了充分的利用。从这几年旅游业的发展中，也获得了不少收益。每年年收入大约能达到13万元左右。她家住的是钢筋水泥房，占地大约为500平方米，基础设施建设也很不错。

表13－4　**家庭耐用品消费情况统计表**

项目	个数	项目	个数
电冰箱	3	电话	2
洗衣机	1	组合音响	1
电视机	4	手机	3
影碟机	1	电饭锅	5
小轿车	1	电磁炉	1

从整体上看，周开存家的设施建设很不错，但他们家的支出也是非常大的。由于父母亲都有病在身，每年的医药费就是一笔很大的开销，一整年下来，大约需要花费3万多元，家里两个孩子上学的各种花费，每年也要六七千元左右；家里购买生产材料和经营所需的各种原材料的开销，总共大约也需2万元左右，而红白喜事、交通、通信、娱乐等方面的消费，一年下来，也是一笔不小的开销。累计下来，每年差不多需要支出10万元左右。但总体上来看，她家的收支还算平衡。

但面对目前的经济发展形势，虽然有了一定的计划和想法，但还存在一些限制因素，目前，他们正在和政府的相关人员进行协商和交流，不断借鉴和学习，一直在试图找到一些解决问题的有效性措施，他们渴盼着能够尽快解决发展所面临的种种问题，走上一条光明的发展之路。空闲的时候，一家人会在一起看电视，享受那亲人聚到一起的美好时光，有时候，邻居家的人们也会聚到一起，谈天说地，其乐融融。而到了晚上，他们也都会到广场上唱歌跳舞，人们围着大大的火堆，欢歌载舞，为晚上幽静的夜色增添了另一份生机。随着社会的不断改革和进步，农村人民的生活条件发生着巨大的变化，在不断谋求经济发展的今天，他们会遇到各种各样的困难，也曾会失望，但他们终究是坚强的，终究是执着而勤劳勇敢的。在这片闪耀着冉冉火光的土地上空，我们默默许愿，愿这片土地上勤劳勇敢的人们都能够找寻到属于他们的幸福。

（四）文化设施建设——周开寿家

周开寿，男，今年51岁，彝族，中等个头，皮肤黝黑，炯炯有神的眼睛给我们留下了很深的印象，而他坚定的眼神里，给我们透露着的是一种生活的自信与乐观。妻子名叫李琼珍，今年50岁，彝族，两人都是小学文化水平，家里常住人口4人，夫妻俩有一个儿子，名叫周兵，24岁，去年才刚结婚，小孙子今年才一岁，当我们去他家的时候，小孙子刚醒，睡眼蒙眬，还打着一个个呵欠，小孩子眼睛很大，还有两个甜甜的小酒窝，看起来甚是可爱。

据了解，2006年5月，周开寿家和鲁正华、周维兴、周文兴、周开友家等5户农户共同出资组成了一个农家乐经营联合体，形成了现在的丫口村彝族生态文化村，所以仔细算来，他家已经开了6年了，走近他家，最显眼的就是正对我们的门面上的那大大的招牌——“彝家院”，整幢房子大约两三百平方米，进门以后，门的右边是一个舒适典雅的院子，周围有很多装饰，各种极具彝族文化特色的图纸和壁画挂在周围的墙面上，这是个露天院子，但上面的藤架上却镶嵌着各种五颜六色的装饰，上面装饰上了霓虹灯，里面的场地开阔，中间放置了几张特色桌和功能桌，夏天不下雨的夜晚，游客们都会在这个院子里进行跳舞、喝酒对歌等活动，这是“彝家院”的特色之一。

据周开寿介绍，这里的夏天，是一个非常炎热的季节，晚上在这样一个开旷之所娱乐欢歌，享受那凉风下透露出的怡人气息，真的很好。

在这个独具特色的院子旁，是一栋稍现代化、规格化的房子，可以称它为“农家馆”，这栋房子有两层，每层都有很多间屋子，除了楼下最靠左边的两间屋子是作为家里人的卧室，小房间都是客房，里面的布置和城市的宾馆布置差不多，基本上也能满足客人的基本需要，在农村，毕竟条件也有所限制。

客人们白天可以到附近走走，到处玩乐，到吃饭的时间，就回到农家乐吃饭，晚上可以在院子里娱乐，也可以到不远处的跳舞场上载歌载舞，玩转一天回来，还可以在院子的坐亭上喝果汁和啤酒，又或是品茶，也不失为一种雅趣。

而在“农家馆”的正对面，即在院子的另一边，是厨房和堆放其他物品的地方。而在两栋房子中间，正对门面的最大的一栋房，就是大饭厅，这栋楼主要有两层，当客人较少的时候，一般只需要一楼的房间，但一般节假日，客人都比较多。在这个时候，楼上楼下，都是到这旅游的客人，熙熙攘攘，好不热闹，由于自家独特的文化环境，他家的生意一直都比较好。而周开寿家的院子比较宽敞，在院子的一侧，有一个颇具特色的大水车，车高8米多，由一根长5米，口径0.5米的车轴支撑着24根木辐条，呈放射状向四周展开，水车旁为顾客布置了竹椅，给他家增添了不少特色。游客们到这里，都会在这休息聊天，小孩子们也常在这儿嬉闹……

周开寿家周围这一片，形成了彝族文化村，所以家家户户基本是连在一起的，所以白天夜晚都比较热闹。在节假日游客较多的时候，周开寿都会和邻里商量，组织办文艺晚会，而这也是他家的另一亮点。

随着这几年旅游人数的急剧上升，客人也越来越多，而原有的设置逐渐不能满足人们的需要，自然，各种层次的需求也在上升，周开寿和周围一起合资经营的人家也越来越注重基础文化设施的建设。因此，除了多姿多彩的特色院和必需的“农家馆”，其他的设施建设也显得十分迫切。

所以，周开寿和邻居们又统一进行了精心的设计和布置，根据各农家乐的特色，发挥自家特有的优势，做出了调整和改进。他们利用合资的方式，兴盖了一个乒乓球、羽毛球游乐场。另外，他们还建了各式各样的游乐设施，现在，到这来旅游的人们都能感受到这里不一样的民族风情和新建娱乐设施带来的欢乐。在不断发展的过程中，文化设施的建设必然是促使旅游业不断向前的重要一部分，也是发展的核心竞争力。要打造国家级的特色民族文化旅游区，这里，就必须凭借着民族文化、交通、地理、发展契机等方面的优势，综合发展。而在现有的基础上，这里最大的优势就是原生态的民族特色。所以，以周开寿家为主要载体，正在进行着探索性的、创新性的基础文化设施建设的家庭也不少，人们的文化建设的意识也不断增强了。目前，他们主要把重点放在了“文化设施与民族特色相结合”的发展理念上，依托当地的民族特色进行开发，挖掘、整理、保护、继承和弘扬优秀独特的彝族文化，包括彝族的饮食、服饰、礼仪、歌舞、语言文字、毕摩祭祀和图腾崇拜等，在全力发展着原生态的民族特色和民族文化的同时，也吸引了越来越多的外地游客。

随着家里旅游业的一步步发展，在不断发展和创新中，他们收获的不仅仅是创新改进后的经验和教训，对地处山区的他们来说，最实际的，还是旅游业带来的非常可观的经济效益，旅游业的发展带动了整个村庄的发展，不仅彻彻底底改善了他家的生活模式和生活质量，而且拓宽了他们的眼界和对美好生活的不懈追求。

表 13－5 **2011 年家庭经济来源情况统计表**

职业	收入（元）	职业	收入（元）
从事种植业	20000	本乡镇就业工资	0
从事渔业	0	外出打工	0
家庭手工业	0	从事运输业	0
从事畜牧业	0	政府补贴和社会救济	0
从事养殖业	20000	出租草场耕地房屋等	0
从事旅游业	100000	其他经营收入	0

从表中，我们可以知道，周开寿家的生活水平在当地算很好的，虽然收入来源不多，但总收入还是相当可观的。即使文化设施的建设需要很大的一笔投资，但在良性循环的发展过程中，这一点，也成了他家开发的一大亮点，吸引来了很多贵客，日子蒸蒸日上。

表 13-6　家庭农作物、牲畜、家禽的种植、养殖情况　单位：元

种类	亩数	折算价值	种类	亩数	折算价值	种类	个数	折算价值
玉米	3	2400	瓜果	3	5000	牛	1	3000
麦类	3	2600	蔬菜	5	10000	马	1	5000
鸡	40	2000	猪	5	10000			

而看表中的数据，虽然家庭的种植和养殖的收入只占总收入的一小部分，但这也是周开寿家里一笔不小的资产。从目前他家的发展趋势上看，他家的产业结构在最近几年里确实发生了很大的变化，他们也在不断的改变中，不断谋求着新型的发展之路。而面对如此勤劳勇敢的人们，我们能够明显感受到，新时代的农民从思想意识和眼界上，有的更是一种奋进，更是一种创新。在他们一步步的发展道路上，我们看到了农村发展的新希望。相信在不久的将来，我们能看到更好的发展绩效。

（五）交通运输业“领头人”——紫建勋家

紫建勋，男，1983 年出生，彝族。贷款购买运输工具跑运输，今年收入 30 万元以上。自己致富的同时又带动村民搞运输业，走上共同富裕的道路。在交通运输这条道路上，书写的是一段令人震撼的人生篇章，也是岔河村的一个传奇人物。

家里总共有 9 口人。他有一个哥哥，现在在广东打工，虽然兄弟两个是分开住的，但兄弟俩的关系很好，紫建勋有什么想法，都会和哥哥做交流，哥哥是高中文化水平，看事情很有远见，有想法，做事比较沉稳，在很多事情上也比较有发言权。所以，每次家里有什么大事，他都会和哥哥一起商量，合力解决问题。父亲今年快 60 岁了，头上的毛发多了丝丝白色的痕迹，但看上去精神气质不错，家里也不用干重活儿，所以，老人的生活比较清闲，但父亲有一个特别的爱好，那就是特别喜欢看战争片，比如《雪豹》、《黑玫瑰》、《亮剑》等电视剧，他都已经看了好几遍了。除此之外，由于家离村上的跳舞场很近，所以，每天晚上他和母亲都会去跳舞场跳舞，而祖祖辈辈世代居住在岔河村，父母亲都是本村纯正的彝族，所以，对彝族的一些传统节日、风俗习惯方面都很了解，彝族的左脚舞等舞蹈跳得很好，每天晚上娱乐

后，不仅心情愉悦，而且可以锻炼身体。紫建勋的父亲给我们介绍了很多彝族的传统节日和一些当地的风俗习惯，老人和我们说起这些的时候，很是骄傲，但也若有所思，他的表情中，我们知道，这些节日里面蕴含了许许多多的古老传说和一些神奇的故事，当他跟我们说“火把节”的时候，激情澎湃，他所说的每一种风俗，都在诠释着彝族文化的点点滴滴。我们对此充满了兴趣，于是，就询问了很多关于彝族文化的东西，老人详细地给我们介绍了很多彝族的节日由来和各种风俗后面的传奇故事。当我们问老人，对于这些优秀而独特的彝族文化，年轻一辈是怎么继承的，老人叹了口气，低沉地和我们说，“以前，我们这里是一个非常封闭的村落，与外界基本没有交流和联系，这里的人们就按照本民族的生活方式，繁衍、发展着。后来，随着岔河村经济的迅速发展，以及文化环境的变化，与外界的交流和联系也越来越紧密了，同时，外界多元化的环境特征对我们这里的环境也产生了很大的影响。年轻一辈对传统风俗的理解也越来越少，彝族的风俗文化也流失了很多。所以，在以后快速发展变革的过程中，对于民族文化的保存和传承，我很担忧。”听了老人一番话，让我们感触颇多。

母亲平时会在自家的菜园子里种各种各样的蔬菜瓜果，每个季节，她都会吩咐儿媳买一些新鲜的菜种回来，翻地、撒种、施肥、浇水等环节她都很注意，所以，由于她对蔬菜的细心呵护，她种出来的蔬菜，质量是很好的，一年四季，他家都可以品尝到既新鲜又绿色环保的蔬菜，这也为家庭生活质量的提高提供了基础。紫建勋的妻子名叫李开慧，是个踏实能干的人，紫建勋平时跑运输，基本都不在家里，所以，家里大大小小的事情，基本上都是妻子一人操持的，紫建勋有一个独生女儿，今年刚满 7 岁，上小学一年级，小女孩长得甚是可爱，看到我们还比较害羞。

相对于部分家庭来说，紫建勋家算是非常富裕的家庭，他家的房子是前年新建的钢筋水泥房，是一栋两层的小楼，顶楼还有长约 5 米，宽约 4 米的一个露天阳台，夏日炎热的夜晚，那是个凉爽的休息之地，听紫建勋说，岔河村的夏天都是比较炎热的，晚上在阳台上纳凉还是比较舒服的。而在阳台旁是个太阳能热水器，屋子里的陈设也比较好，一台 24 寸的彩色电视机，旁边还有影碟机，电风扇等摆设，屋子里的沙发也比较气派，二楼是家人的卧室，一楼最左边的房间是厨房，厨房的面积不是太大，但厨房内打扫得很整洁，也很干净，厨房内电饭锅、电磁炉、洗衣机等电器设备比较齐全。除此之外，还有一个煤炉，平时主要用于烧水、煲汤或蒸馒头等，所以，家里的能源除了电，还有煤燃料，平时做饭烧菜或晚上煮宵夜，都很方便。

据了解，紫建勋家以前的条件很不好，是一个贫困家庭，父辈一代主要是以种植业和养殖业为生，他自幼看着父母在田地里辛勤地劳作，一家人过着“靠天吃饭”的生活。楼房侧面刚被拆修的旧房子，就是以前养殖的地方。父母亲那时养了6头牛，还养了几十只羊，而那时候家里还有很多的土地，父母亲日出而作，日落而息，每天都很忙。紫建勋年纪还小的时候，还经常去山上放羊，而那就是他艰辛而多彩的童年生活。后来，伴着儿时的心酸记忆，他上了初中。

1999年，紫建勋初中毕业，回到了岔河村。之后，看到岔河村良好的区位优势和交通优势，有了搞运输的想法，后在哥哥的支持下买了辆天津-60拖拉机开始了运输的生活。最初只是帮村里人运输果子和粮食，而后来由于他服务周到、运输价格低，在村里的口碑很好。渐渐地，业务扩展到了邻村，业务变得繁忙，也挣到了不少钱，很快就弥补了当初投入的成本。后来，紫建勋经人介绍到吕合煤矿拉煤，为了满足拉煤的要求，他购置了新设备，开始了他更大规模的运输业务。由于他的艰苦奋斗，运输业务蒸蒸日上，年收入也不断上升。2004年，随着国家二级公路南永（南华—永仁）公路的顺利通行，让紫建勋有了跑长途的想法，于是他又筹集资金购进大型轮式拖拉机，运输业务越做越大，经营服务收入达到了100万元，获纯利达到8万元。

任何行业的成就都是来之不易的。跑运输的日子是相当艰苦的，长年累月的在外面奔波，钱挣的相当不容易，他也经历了各种各样的磨难。有时候，大晚上的，还在公路上奔波，而且对于交通运输业来说，精力是绝不能够分散的，稍不留神，就有可能会酿成惨剧，所以，他这一职业，风险是很大的。而总结起来，紫建勋用八个字形容了他这几年的交通运输生活：辛苦、危险、窝火、着急。这几个字，准确地阐明了这几年来他艰苦的生活。

紫建勋对运输业发展充满了信心，于是，又筹集资金组建了自己的车队。这样一来，有了专人跑运输，紫建勋把主要精力放在了搜集运输信息上。鉴于他跑运输这么多年来的良好口碑，很多企业都愿意和他合作，有货源就主动跟他联系。几年下来，他也了解到了很多关于这一行业的东西，现在，他手里握有大量的运输信息，自己的车队却没有办法应承所有的货运单。于是，紫建勋就把自己的货源信息提供给跑运输认识的朋友。久而久之，朋友们把他这里当成了信息传递站，越来越多的人到他这里找信息。一天，朋友打趣到，你这里就像一个运输信息咨询站。朋友的玩笑话，让紫建勋脑海中闪过一个想法：利用自己掌握的运输信息，开办信息咨询站，及时联系企业和拉货方，自己又可以从中收取一定的介绍费作为回报。

有了想法就要付诸行动。紫建勋后来在南华县城租了一个店铺，买了简单的桌椅，小小的运输信息咨询站就开业了。他说动在广东打工的哥哥回来帮他打理咨询站的业务，自己就忙着四处联系需要运输业务的单位和管理车队。鉴于运输业发展的良好态势，紫建勋准备再购进2台东方红-100大型轮式拖拉机，进一步扩大运输规模，获取规模效益。在他身上，我们看到了大胆的尝试和创新精神，虽然当地的发展条件有限，但也正是这种大胆的尝试和创新，让他的事业越做越大。

勤劳致富，就是紫建勋奋斗史的精华。而从他身上体现的大胆创新精神，也让我们看到了农村发展的希望。看着这位年轻的创业者，不禁感慨万千。随着我国国民素质的不断提高，农村也产生了许许多多年轻有为的创业者，他们在不断学习的过程中，也在一步步提升着自己的文化素质和一些先进的经营奋斗理念，对市场和各方面的技术有了深入的了解和研究，不仅他们自己致富了，而且也带动了一批农民走向了致富的道路，我想，他们才是新时期农民的主力军，他们打造的将会是一个更加辉煌的未来。

（六）摩托车经营户——周永超家

周永超，摩托车代售点的老板，男，今年36岁，高中文化水平，较高的个头，体型微胖，为人谦和、性格开朗，会一口流利的普通话，算是个能说会道的人，其妻名叫李婉清，虽然不太喜欢说话，但很能干，也很贤淑，在摩托店的经营上虽然不能够帮上什么大忙，但家里一切的统筹和打理工作都做得很好，所以，除了生意上的一些事，家里的事情基本不用周永超担心。

早期时候，这里的交通比较闭塞，从每个家庭去往镇上或者去往县城的公路还尚未修通。所以，人们的交通工具一般只是自行车和小型的拖拉机，后来，随着周永超家摩托车代售点的建立，人们发现这是一个比较便捷的交通工具，所以，经常要去县城买材料和做小型买卖的人家开始尝试使用摩托这一种交通工具，使人们的生活方便快捷了很多，特别是有急事的时候，摩托的快捷性就立即凸显了出来，但由于岔河村内部道路的路面不是很平坦，低洼的地方很多，所以，对来往车辆的挑战也进一步加大。因此，摩托车的保养工作也面临着很大困难。为了满足村里农户的需求，周永超就灵活地改变了一下店面的经营方式，扩大了店面的经营范围，现在，这里不仅是摩托车代售点，还是这周围唯一的一家摩托车修理店。根据目前的经营状况来看，他的生意做得不错。

根据周永超的介绍，他的父亲生于1940年，身体比较健朗，周永超告诉我们，父母年纪大了，思想也不像以前那么灵活了，耳朵有点背，但老人有一个嗜好，那就是抽“旱烟”①，而且只用“烟锅”②，草烟的种植过程和烤烟一样，都是很麻烦和辛苦的，但每年，他家都会种百十棵草烟，草烟成熟后，就可以同时把所有枝干上的所有叶片都采修下来，然后，再用两根较为坚固的绳子把叶片编制起来，趁着大晴天的时候，把叶片放到阳光下晒一段时间，之后，再把晒得几乎快全干的烟叶用塑料纸严实地裹起来，放在干燥的地方，之后老人喜欢抽的“草烟”就完工了。由于老人有这一嗜好，所以，即使自己行动迟缓，年事较高，但到栽种草烟的季节，他总会频繁地到地里查看它的生长状况。而周永超的母亲，比父亲小5岁，身体状况比较好，家里的轻活，她基本上都能帮着干，家中上上下下，婆媳俩打理得十分有条理。而周永超的母亲是个纯正的彝族，不仅能歌善舞，还会一些刺绣，平时家里也基本上没什么事，母亲就在家里刺绣，缝制一些简单漂亮的彝族花布鞋，以及一些服装的缝绣等，到了村里办喜事或大家聚在一起聊天唱歌的时候，母亲的劲头就来了，而跳舞，对老人的身体很有好处。周永超有一个儿子，一个女儿，儿子今年15岁，在南华县城里上初二，学习成绩一般，女儿今年刚满11岁，还在上小学，一家人在忙碌之余，最关心的事情，就是儿子和女儿的学习，所以，妻子每天都会督促孩子按时学习。

据周永超介绍，他的摩托车代售点是5年前开的，开始运行的时候，资金的周转上存在很大的困难，后来，也和亲戚朋友借了很多钱，加上银行贷款，还真让他很有压力。起步的时候，供货、购货、运货等方面都存在很大

① 旱烟是烤烟的一种，当地人叫它草烟。

② “烟锅”是当地一种吸烟的古老工具，用这种工具抽烟，可以过滤掉一些草烟里存有的杂质，是一种传统的抽烟工具。

的问题，一路走来，他也经历了许许多多的挫折和变故，曾经也一度绝望过，但他还是坚持了下来。前几年，他经常会出远门，去县城和楚雄市里考察，学习各种经验和管理方法，同时也一直在征求亲戚朋友的意见，不断改进着自己的经营方式。

在一步步的发展中，周永超也总结了很多的发展经验，从现在的发展规模看，他的摩托车代售修理店具体还是表现在“六自”上，即：资金自筹、劳力自招、原料自找、产品自销、决策自主、风险自担。而剖析他的心路历程，具体说来，在资金筹集方面，经历了第一阶段的“负债累累”，他的思维敏捷，做事谨慎，通过各种筹资途径，一方面，他会做好各个方面的预算工作，尽量降低成本，从而减少消耗，节省资金；另一方面，他在劳动力的管理方面，做了相应的调整，开始时，由于店里的工作人员基本都是从本村招的，属于非专业人员，所以，对于店内的员工，他专门组织了“内部培训”，对店内所有工作的实施过程提出了具体的要求，同时，他还规范了店面的员工制度，让员工穿上了统一的店面服装。正因为如此，他的店面显得越来越专业化了；在原料和产品供应方面，一直是周永超在忙活，新的摩托车产品是直接和合作方采购的，而乡镇里摩托车的修理和保养工作的一切原料供给，比如一些必需的加工修理零件，以及所需的保养物品，都是自己采购准备的，所以，工作比较艰辛。总而言之，虽然店面的整个布局和经营管理方式不是很科学合理，不过也按照他的规划一步步发展着。

从摩托车代售点的工作中，以目前的发展情况来看，周永超家每年可以挣到14万~16万元左右的收益，虽然目前的资金周转方面还是存在一些问题，但几年的经营中，也让他找到了一些技巧，有了丰富的经验。

从他家的生活条件看，他家属于比较富裕的家庭。家里不愁吃也不愁穿，但家里人都知道做生意的风险很大，所以家里面花钱也不会大手大脚，而且，和其他的富裕家庭相比，他家的工作压力是很大的。周永超是个很有抱负的人，即使遇到各种各样的困难，认准了一件事，他就一定会坚持到底，把想做的事情做完。

周永超平时主要忙店里的事，而家里的事，主要由妻子操持着。由于父母亲年纪也大了，所以家里的田地大部分都已经承包给其他人家了，现在，除了房屋附近的菜园子和经济果林，基本上没有其他的土地了。妻子平时在家里，主要从事家里大棚蔬菜的种植，大棚的面积只有1亩左右，规模也不是很大，大棚里的蔬菜不是拿去菜市场出售的，而是提供给家里人和店里的员工的，除此之外，家里还养了20多只鸡，4头猪，都是供家里人食用的，逢年过节，或是父母亲的生日，都会杀鸡宰猪庆祝，有时如果家里客人比较多的话，还会向村里的人买山羊，提高伙食质量。

表13－7　　2011年家庭经济来源情况统计表

职业	收入（元）	职业	收入（元）
从事种植业	2000	本乡镇就业工资	150000
从事渔业	0	外出打工	0
家庭手工业	0	从事运输业	0
从事畜牧业	0	政府补贴和社会救济	0
从事养殖业	5000	出租草场耕地房屋等	0
从事旅游业	0	其他经营收入	0

周永超家的生活水平还算不错，平时在工作之余，他会看电视、看报纸，有时也会上网了解一些外界的信息，同时，他也从网上学到了很多东西，自己的知识水平也提高了，眼界也开阔了不少。

但目前最让他担心的是孩子的学习，虽然自己是高中文化水平，在当地的同龄人中算是比较有文化的人了，但他知道，在这个知识经济快速发展的时代，如果没有丰富的文化知识作为奋斗的资本，就很难在社会上立足，即使是在岔河这样的小地方，一个人的学识和素质也显得很重要。儿子上初中，学习成绩一般，但周永超对儿子抱有很大的希望。儿子是个很聪明的孩子，但初中生，总会经历一个叛逆期，他在学习上不是很用心，平时有点调皮，有点贪玩，还会有点叛逆，学习成绩一直在中上游徘徊，这让周永超很是头疼。女儿的情况相对来说就好多了，女儿上小学，学习压力也不是很大，而且女儿是个乖巧温顺的孩子，很懂事。在很多时候，她还是家里的“开心果”，一家人在一起吃饭聊天时，她经常会把大家逗得哈哈大笑……虽然儿子有那么一点点淘气，但在不断成长的过程中，孩子也终将会慢慢长大，慢慢懂事，慢慢成熟。

随着岔河村旅游业、交通业的快速发展，以及南华县的经济腾飞，这里未来的经济发展模式也将会发生巨大的改变，或许这种巨大改变对周永超的摩托车代售点来说是一种巨大的挑战，店面的经营管理将会遇到一系列的新问题，但从另一方面来说，这种改变，或许就意味着另一个“乡镇企业家”的诞生。不管未来的发展形势如何，周永超都一直在顺应时势的同时，不断开创着自己的事业，从他一步步的执着追求中，我们有理由相信，随着这里经济的快速发展，给他带来的不是影响，更不是其他竞争对手的替代，而是新的发展机遇，我们相信，时势造就的是企业家。

十四、小结

随着岔河村旅游业、交通运输业的快速发展，岔河村的经济发展模式发生着巨大的变化，而2006年的新农村建设则是让其走上小康的措施，让岔河村人民找到致富的突破口，在政府的大力支持之下，短短几年的时间，全村村民家庭收入有了很大的提高，而岔河村的面貌也正在发生着翻天覆地的变化，人们的生活水平日益提高，同时也涌现出了许许多多的“乡村传奇人物”，让我感到无比的欣慰与自豪。同时，对岔河村经济发展中存在的困难和问题感想颇深，对此，我个人提出几点意见、看法和今后的发展思路。

1. 岔河村经济发展中存在的问题

（1）种植业可供发展的潜力不大。一方面，由于当地特殊的自然环境等因素，农作物的生长受到限制，村委会也试着推广薄膜种植蔬菜、各种作物的优良品种，虽然在政府的大力支持和帮助下，一些农户从中获取了一定的经济收益，但整体上看，农户反映不是很好，农民种植积极性不高。另一方面，岔河没有特色农作物可供大力开发。这里的作物在全国范围内都是很普遍的，而且这些作物在当地产量提升空间不大，也就是说没有优势和其他地区的同类作物竞争。而且，由于当地土地少，土地耕作只能家庭自然经营和管理，无法形成集约化、现代化耕作。所以，当地农民要想依靠传统种植业发家致富，对于大部分家庭来说是非常困难的。但当地的核桃等经济林果的种植是一个很好的发展方向，所以，建议当地的居民扩大核桃等经济林果的种植面积，同时加强对核桃等林木的养护工作，进一步提高产量。

（2）养殖业中存在的技术问题。与当地的种植业相比，养殖业和畜牧业的发展潜力提升空间还是比较大的。一方面村民已经多少感受到养殖带来的益处，有扩大规模的初步想法。另一方面由于当地旅游业的发展，村里对于各种肉的需求量会逐年增加。就目前旅游业的发展情况来看，当地有些肉类已经存在供给紧张的状况。第三方面是由于岔河村耕地少，但林地多，这样得天独厚的条件为养殖业提供了很好的空间——既有利于保护环境，又增加农民收入。但由于农民对科学养殖的技术及方法等没有把握，加上养殖业中存在的风险及威胁，导致很多家庭一直是处于观望态度，没有发展规模养殖的积极性。而实际情况也向我们证明，面对养殖业中存在的风险，村民们没有一套科学的规避风险的方法，导致在养殖的过程中，出现大面积的病亡，给村民带来了损失。

（3）文化素质问题。虽然岔河村涌现了很多“乡村传奇人物”，他们在发展的过程中，也在一步步促进着整个岔河村经济的发展和进步，为岔河村的发展做出了自己应有的贡献。但岔河村彝族人民的文化素质普遍比较低，大多数的村民都是文盲，高中（中专）以上文化水平的人只有极少数，文化素质低，致使他们难以学习先进的、系统的、科学的文化知识，农业的新技术的推广面积难以扩大，再加上地势条件等因素，当地的农业机械化程度几乎为零，比较常见的农用机械是脱粒机，其他农用机械在这里无用武之地，农民也就不会去买，造成农民的劳动强度很大，不仅阻碍了当地经济的发展，也使人们的生活质量难以提高。

（4）经济发展意识问题。随着当地交通运输业的发展，使岔河村的交通环境有了很大的改善，但由于这里的人们与外界的接触较少，总的来说，思想较为保守，对新事物、新技术和新的发展观念的接受能力弱；其次，由于当地人们的文化素质比较低，他们缺乏整体的经济发展意识，不知如何有效地发展经济。敢闯敢做的毕竟是少数，所以，农业的发展模式基本没有发生改变，阻碍了经济发展的步伐。而在这方面，建议政府的工作人员加大对当地人们的引导力度，通过技术支持和帮助政策，鼓励村民不断尝试新的农业发展方式。

（5）旅游业的发展速度减慢。尽管“咪依噜风情谷”发展顺利，从开谷迎宾到现在，谷内经济发展平稳。但是在2007年下半年到2008年以来，岔河的旅游发展速度已经放慢很多，游客明显减少，最为明显的情况即农家乐的经营状况下降。现在岔河的农家乐经营状况并不乐观。11家农家乐里面，有4家因为生意太冷清而停业了。还在营业的农家乐收入也不如以前，村民对于自己未来发展的道路和想法都不清楚。除了经营农家乐的人，其他没参与搞农家乐的人，在村容村貌改建完成以后，就感觉自己似乎与旅游没有关系了等问题也凸显了出来。这说明，靠旅游带动周边产业经济的发展这个政策的作用并没有很好的发挥出来。旅游业的发展过程中还存在很多的问题，主要体现在旅游亮点开发力度不够，可看点少；旅游产业的发展单一等方面。而且，在民俗文化旅游的发展建设中，目前的发展模式很难适应旅游业经济发展的需求。

2. 整改措施和发展思路

（1）政府领导，农民积极参与。按照社会主义新农村“生产发展、生活宽裕、乡风文明、村容整治、管理民主”的总体要求，并围绕新产业、新村庄、新生活、新风貌等开展新农村建设，以增加农民收入为核心帮助和扶持农民参与新农村建设，政府要注意紧密结合岔河村的资源状况和经济基础实际，尊重农民意愿，从解决农民生产生活当中最迫切而且有条件办到的问题入手，防止脱离实际，确保农民真正得到实惠，充分发挥广大农民的积极性，引导农民树立主人翁意识，依靠自己的双手建设自己的家园。

（2）发展特色林业和养殖业，并逐步实现规模效益。岔河村林业未来发展带来的经济效益可能将会占全村农业总收入的较大比重。林业资源丰富，而且村委会已注意到了走“全村整体规划，集体发展”的道路。对于发展林业，村委会每一年都有具体的规划，并且积极组织实施。在村委会的大力宣传教育和积极的管理政策下，村民明白在靠山吃山的同时也要科学合理地采集野生菌、野菜。而随着每年南华县“野山菌饮食文化节”的举办，这一特色经济的优势也逐渐显现出来。对于养殖业的发展，潜力提升空间是很大的，应加大猪、鸡等家畜的养殖规模，实现规模效应。

（3）加强农民的商业知识培训，提高农民的文化素质。提高农民素质是发展农村经济的必要条件。农闲时，争取省市县科技局每年有计划举办农业科技培训班，大力培训一批有文化、懂技术、会经营、善管理、示范带动能力强的农民，提高村民科技素质和劳动技能，争取每个农民掌握1～2项实用技术技能。另外，农户仍然有较强的自种、自养、自用的自然经济意识，所以，培养农民的商业意识也是非常必要的。建议村委会有意识的引导、培养当地农民的商业意识，让他们走进商品经济大舞台，感受商品交换带来的好处。这样才能增加农牧民的积极性，提高农牧民生活水平，同时也丰富了市场产品供给。

(4) 发展特色“农家乐”，注重文化设施建设，提高经济收入。目前为止，“咪依噜风情谷”开发最好的民族特色就是刺绣和敬酒歌，发展最多的就是农家乐。农家乐也在很大程度上带动了当地的经济发展，村内的部分人走上了致富的道路。但从目前的情况看，岔河的农家乐经营状况并不乐观，发展中存在的一些问题逐步凸显了出来。因此，农家乐的文化设施建设显得尤为重要，建议各个家庭根据各农家乐的民族特色，发挥自家特有的优势，做出调整和改进，建立各种娱乐设施，吸引顾客。

(5) 发展民族旅游优势，进一步扩大影响力。针对当地特有的民族特色及风土人情，可以组织成立专门的旅游开发小组，规划旅游路线、做好旅游宣传、完善旅游后勤服务，一方面提高“咪依噜风情谷”的知名度和影响力，另一方面，树立农家乐及当地旅游业的美好形象，增加客源量，提高经济收入。同时，建设相关的娱乐、服务设施，多方位地开发旅游亮点，打造吃、住、行、游、购、娱于一体的多元化农家乐，吸引更多的游客。

从整体上看，不可否认，岔河“咪依噜风情谷”在开发产业、建设经济这一点上是非常成功的。虽然现在在发展过程中遇到了问题，但是它的发展经验，值得借鉴学习。总的来说，岔河村的社会主义新农村建设任重而道远，需要全社会的共同关注和参与，并最大限度地调动当地农民的积极性、主动性和创造性，才能掀起新农村建设的热潮，使他们慢慢过上富裕幸福的生活，在不断的发展及改进中，我们期待着新的发展。

第三部分　农民

本篇将主要介绍在岔河村中对村庄经济发展有着重要贡献或代表性的一系列经济人物，他们有的是村庄的管理者，对村庄的规划和管理贡献过或正在贡献力量；有的是经营有方的业主代表，带动了村庄经济的发展；有的是村中手艺人，传承了古朴的民族手工艺；……他们中的有些人取得了成功，有些人暂时遇到了挫折，但都具有一定代表性。本篇希望通过对这些经济人物的具体调查和展示，把一个更具体、更微观的村庄经济展现在大家面前。

本篇将把调查的经济人物按照以下几类来分别呈现：经济管理者（包括党组织、村民委员会）、生产经营者、运输业主、手工艺人、旅游业主、教育文化传播者等。

十五、经济管理者

本篇中的经济管理者特指村庄的管理者，他们对岔河村的规划和发展贡献了巨大的力量。村庄管理者主要是党组织和村民委员会成员，他们是由村民选举产生的并代表了村民自身的利益，他们在村民心中有着很高的信服力，可以带领村民们在新农村建设的道路上驰骋。这里介绍了“老村长”村党总支副书记紫发忠、现任村党总支副书记李天荣、身兼五职的妇女主任周荣秀、致力于本村发展的“调解达人”李树有。

(一)“老村长”村党总支副书记——紫发忠

紫发忠，1963年6月生，1982年7月加入中国共产党，彝族，三家村人。上一届岔河村党总支副书记、村委会主任。以“咪依噜风情谷”休闲旅游业发展为契机，带领本村6户群众联合开办“山菜饭庄”农家乐，从2007年4月26日开业至今营业收入达70万元，户均收入4万余元。

“山菜饭庄”的寨门上挂着这样一副对联，上联：情人箐风月重与数竹心仪；下联：笔架山云雾畅谈三家佛像；横批：三家真好。这副对联正是出自本文的主人公岔河村老书记紫发忠的手笔。

紫发忠就在那个困难的年代，他的诞生没有给家人带来喜悦，相反加深了父母脸上的愁容。当时父亲就凭靠祖传的烤酒手艺维持着整个家的生计，但“文革”期间破四旧，不许唱、不许跳、不许酿酒，一家人突然断了收入来源。无奈之下，父亲带着哥哥到县上的吕合煤矿去打工。煤矿工是一项十分辛苦而又相对危险的职业，所以不到无计可施的地步大家都不愿到煤矿打工。为了多一点收入，父亲选择到危险系数高的井下采煤。而哥哥因为年纪小就被分配做装煤工。

1970年8月，紫发忠踏进了学校的大门。父亲告诉他，吃的穿的比别人差，但是成绩绝不能比别人差。紫发忠深深知道自己上学的机会是父亲和哥哥用血汗换来的，他牢记父亲的话，在学校永远是最刻苦的一个。

1979年，紫发忠初中毕业。看着家庭的艰辛，他觉得自己应该帮父亲分担一些家庭的重担，但在父亲的坚持下，紫发忠到南华县读了高中，成为岔河村第一个读高中的人。“四人帮”被粉碎后，国家在1977年恢复了高考制度，紫发忠全身心地投入了学习，打算参加高考。

正在紫发忠全力迎战高考的时候，不幸降临到了这个家庭。煤矿塌方了。父亲侥幸逃过一劫，却被砸伤了腿；哥哥也受了伤。作为家里仅剩的男劳力，紫发忠几经考虑，放弃了高考，他要撑起这个家。

紫发忠退学后，就被安排在大队里当会计。11月，入伍参了军。最先在普洱进行新兵连集训，后来被分配到思茅35117部队545分队。当兵的那三年，是紫发忠人生中非常重要的一段经历，对他以后性格的形成和人生路的选择都起了重要的作用。一年后紫发忠就被选为班长。

1983 年 11 月份，紫发忠复员回到了岔河村，第二年 6 月份被安排到乡政府岔河办事处当治安调解员兼林管员，1987 年正式担任办事处文书。

1987 年，对于岔河村的发展是极具转折意义的一年。那一年，日本国家文化厅厅长和民族博物馆专员一行 17 人，还有东洋英和女子学院副教授横山广子等人，先后千里迢迢来到岔河村作寻根考察。横山广子将岔河彝族的民俗风情记载到了她的一本书中。从此，名不见经传的岔河村声名鹊起，美国、日本、澳大利亚和中国香港等国家和地区的专家学者也曾先后多次到这里采风、考察。

看着一批批到岔河采风的学者，紫发忠想岔河村有着如此秀丽的自然环境和深厚的民族文化，何不利用这个优势发展旅游业呢？紫发忠把自己的想法上报给了政府，但是在当时的岔河要发展旅游业困难重重，这个提案也就被压了下来。

紫发忠并不灰心，他只要有机会接触到上级领导，就谈打造岔河旅游业的事情，他相信，总有时机成熟的一天。

1996 年 3 月紫发忠被调到龙川镇云台山办事处任支部书记。被委任为一个村的主要领导人，紫发忠深感肩上的责任重大。他说："我当时只有一个念头，就是利用各方面的力量来把云台山建设好。一来是为了给咱老百姓谋福利，二来也为了对得起领导的信任和支持。"

相比于岔河村，云台山更加落后和闭塞，紫发忠上任后第一项工作就是改善交通状况。在云台山村流传着这样一句话：出门就爬坡，山高石头多，村民行路难，运输更麻烦。俗话说，要致富，先修路。紫发忠一次次地把云台山村的交通状况向上级政府汇报，终于引起了政府的重视。县政府拨了款并调了施工队帮助云台山村改善交通状况。与此同时，紫发忠也发动了全村男劳力协助施工队建设。一年后，云台山终于打通了通往外界的路。

在成功解决了云台山的道路交通问题之后，紫发忠又把目光盯在了改善云台山村的教育问题上。在紫发忠的号召下，全村人共同出资、出力翻盖了摇摇欲坠的小学教室。紫发忠大力宣传知识的重要性，以及国家九年义务教育制度，提升村民们对教育的认识程度。他走村串户到有适龄学童的家庭进行宣传教育，并出资资助几户特困家庭的孩子完成九年义务教育。在他任职期间，全村无一户出现适龄学童辍学现象。

紫发忠给云台山人民谋得了福利，赢得了村民的尊重，他本人也得到了上级领导的支持和赞赏，1999 年 7 月紫发忠因在云台山村的出色表现又被调回岔河村任支部书记。上任没多久就碰上了“1·15”地震。

那是 2000 年 1 月 15 日的凌晨六点，村民们还在熟睡当中。经过一夜的加班，紫发忠趴在村委会的办公桌上睡着了。突然桌子剧烈的晃动了起来，房顶的灯也跟着摆动，地震！在部队学过的地震自救知识派上了用场，他赶紧钻到了办公桌底下。等地震过去后，紫发忠费力的拉开因剧烈震动有些挤压变形的门，门外的情景让他终生难忘：房屋倒了、畜厩塌了、牲畜的尸体随处可见……

紫发忠很快稳定了心情，清醒地意识到余震发生的可能性，于是一个个自然村跑着通知村民小组长指挥村民撤离房屋，躲避到空旷的田地上。一个半小时后，地震又来了，这一次的震感明显强于第一次。据事后统计，“1·15”地震，震源就在南华的邻县姚安县，两次地震分别为 5.9 级和 6.5 级。地震波及面积非常广，除了灾情较为严重的姚安县、大姚县、南华县、牟定县和祥云县，四川省攀枝花，云南省大理、玉溪、昆明等地也有明显震感。这次地震共造成 2500 人伤亡，其中，死亡 5 人，重伤 99 人，轻伤 2397 人。死亡大牲畜 3283 头（匹）；住房倒损 844146 间，其中，民房倒塌 54973 间，重度受损需要拆除的 210163 间；畜厩倒损 76517 间，其中倒塌 15318 间。

这次地震中，岔河村虽离震源很近，却是伤亡人数最少的。这要归功于紫发忠的镇静，及时组织村民在第二次地震来临之前转移到了户外。

为了组织群众搞好灾后重建工作，紫发忠同其他村干部一道，走家串户，深入受灾群众家中了解受灾情况和遇到的困难，并一一记录下来，获取第一手资料。他多次召开村“两委”会议，商讨如何解决灾后重建遇到的困难和问题。同时，多次把受灾群众召集起来，倾听大家的意见。要搞好灾后重建，摆在面前最大的困难就是资金问题。紫发忠看在眼里、急在心头，四处奔波，最后，在龙川镇领导的帮助下，争取到了上级政府的援助资金。资金到位后，紫发忠又带领群众投入了恢复民房、重建学校、清理农田的“家园重建”活动中。紫发忠应对突发事件的冷静和从容不迫得到上级领导的肯定，他个人也被楚雄州评为“1·15”地震的先进个人。

2000 年 4 月 30 日，日本广播协会 NHK《彩云之南》庞大的摄制组一行在总导演佐佐木的率领下，在岔河村进行卫星现场直播，以高清晰度的电视向全世界展示彝族悠久的稻作农耕文化以及彝族的民俗风情，左脚舞、爬刀杆、插花、坝子腔……岔河彝村，已走向世界。

紫发忠再一次向上级政府提出发展岔河村旅游业的想法。这一次，得到了上级政府的肯定回应。但是，当时岔河的情况却只能用“脏、乱、差”来形容。于是，紫发忠与相关单位联系，开展了“讲文明、树新风、改陋习”为主题的系列培训，以增强村民的文明意识和卫生意识，还制定了《岔河村公共卫生管理公约》。

2003 年，以国家加大水利设施投入为契机，紫发忠在县政府的支持下，带领群众大搞“人畜饮水工程”，彻底改善了岔河村的饮水条件，解决了岔河村 1526 人和牲畜 478 头的饮水问题，是一项“富民惠民、改善民生”的民心工程。在工程实施过程中，紫发忠白天在施工点上与群众同甘共苦，晚上回家研究施工方案和岔河下一步的发展规划。工程完工的时候，他整整瘦了 10 斤。

几年来，紫发忠大搞基础设施建设，并狠抓基础教育和医疗卫生事业，他要为岔河旅游业的发展做好前提准备。2004 年，紫发忠率村委会干部随着龙川镇的领导到昆明、丽江等旅游城市考察学习，最终确定了依附于岔河村浓郁的民族风情的以“农家乐”为载体的乡村旅游发展形式。

2006 年，借着新农村建设的东风，县委、县人民政府决定利用岔河村的自然和人文优势开发以原生态彝族文化为支撑的南华“咪依噜风情谷”。风情谷全长 6.5 公里，辖岔河村委会境内的马鞍山、新房子、三家、大岔河、小岔河、新村共 6 个村民小组。3 月，在紫发忠的带领下，以整治村容村貌为重点的丫口村示范点的建设启动了。他将这次村容整治概括为“抓‘五改’、治‘五乱’”。抓“五改”，即是实施改路、改水、改灶、改厕、改厩；治“五乱”，即是治理柴草乱堆、粪土乱放、垃圾乱倒、污水乱排、畜禽乱跑。

在示范点的建设过程中，难免会遇到一些困难。紫发忠感觉最棘手的就是建设停车场时碰到的难题。根据风情谷的规划，要在小岔河建一个大型停车场。停车场的位置要占用村民李×的土地。李×原是村里的贫困户，几年前凭着搞核桃种植逐步脱贫了，风情谷要征用的地上种的核桃就是李×一家的经济来源。核桃的成熟期很长，一般需要 3~5 年才能挂果。好容易盼到核桃树挂果了，果树却要被挖掉，李×怎么舍得啊，全家人的生计又要如何维持？紫发忠心里也有些不忍，他完全理解果农对于果树的那种深情绝不亚于父母对孩子的感情。可是不能因为几棵果树影响了整个风情谷的规划啊。他一遍遍地做李×一家的思想工作，最后终于取得了李×一家的理解和支持，让出了土地。

在紫发忠的带动作用下，丫口村示范点的建设仅仅用了1个多月的时间，成为楚雄州第一个新农村建设示范点。

2006年5月村委会换届，紫发忠不再担任村委领导职务。发展岔河村的旅游业是他一直以来的夙愿，现在以发展乡村生态旅游为契机的示范待建工程即将启动，紫发忠把多年来积累的经验留给了新班子，他坚信“青出于蓝更胜于蓝”，年轻班子一定能把新农村建设好。

2006年10月，新农村建设示范待建工程全面启动。南永公路沿线6个村民小组同期开展新农村建设工作，翻修村庄道路、改造民居、修建寨门、修建厕所垃圾池……整条示范带的建设仅仅花了3个月的时间。2007年1月1日，“咪依噜风情谷”正式开谷。

风情谷开谷后，来自全国各地的游人络绎不绝，村里几家“农家乐”的生意如火如荼。闲不住的紫发忠又动起了在三家村开办农家乐的想法。于是，他把全村六户人家召集到一起，表明了想法。大家都积极响应，并一致推举见多识广的紫发忠做领头人。但是在讨论到硬件设施的问题上有了分歧，谁都不愿意让出自己的土地，看到即将形成的决议由于土地问题没法实施，紫发忠便果断让出自家的土地来盖厨房、厕所、跳歌场。其他五户看到紫发忠顾全大局，深为感动，便每户出资5000元作为集体资金来添置桌椅、餐具、炊具等集体物品。先前开办的农家乐占有明显的游客资源优势，为了争得游客，紫发忠便在农家乐的特色上做文章以区别于其他农家乐。

紫发忠在山上修建了秋千、吊床等娱乐设施，还盖了间茶室，让游客尽情享受大自然的美景。他还建造了一个简易的围猎场，养有野鸡、野兔、刺猬、麂子，并种有桃树、梨树。一方面可以让游人与动物亲密接触，还可享受采摘野果的乐趣，另一方面可以为农家乐提供食材。

2007年4月26日，“山菜饭庄”开业了。截止到2007年底，户均纯收入1.5万元。

“山菜饭庄”采用的也是“平均出资、共同出力、平均分红”的联合体经营模式。6户人家因平均出资，每个人都是主人，没有上下级之分，因而也不可避免地存在管理上的一些问题。例如，农村人的卫生意识差，很多方面也没有统一的标准。A 叫 B 去清洁一下桌子，B 就会想都是主人，你没有权力命令我做，要清洁你就自己做。

谈到岔河村农家乐今后的发展，紫发忠意识到当前的管理模式既陈旧又落后，表示一定要实现承包制或者股份制。但是，目前采用这两种经营模式的困难在于，农民的文化素质低，对这样的经营模式还需要很长的接受过程，在他们看来，实行承包制或者股份制后，自己做主人的感觉就消失了。因此，当务之急是提升农民管理意识，改变传统的经营模式，同时加强对农民的文化素质培训，并不断增强他们的服务意识和卫生意识。另一方面，就是实行制度化管理和标准化管理。

紫发忠带领岔河人找到了一条凸显本村特色、切合本村实际的发展方向——“离土不离乡”、“原生不原始”的乡村旅游，改变了岔河村农民长期以农耕为主的生产方式，实现了从生产型农民向服务型农民的转变，并带动了周边地区产业结构的调整，实现了从传统观念向现代文明的转化。

可以说，从紫法忠的经历可以看到岔河村发展的一个缩影。

（二）身兼五职的妇女主任——周荣秀

周荣秀，1981 年 7 月生，2003 年 11 月加入中国共产党，彝族，马鞍山人，现任村党总支委员、村委会委员兼村卫生员、村妇女主任，岔河民族刺绣协会会长。2006 年组织 40 余名彝族妇女成立岔河民族刺绣协会，并经常邀请专业服装设计师培训协会会员，使协会会员及当地妇女利用民族刺绣走上了致富路。

楚雄彝族有跳脚的文化活动，岔河村的小伙经常三五成群的相约到各苴村跳脚，串姑娘房。于是，在岔河有许多因跳脚而来的姚安媳妇。

周荣秀，就是众多姚安媳妇中的一位。

周荣秀的父亲是高中生，在这穷山沟沟里算得上是响当当的文化人。谁家遇到了难题都喜欢来征询父亲的意见，谁家添了小孩也要请父亲给起个名儿。

1998 年，周荣秀进入楚雄卫生学校学习社区医学，成为各苴村几十年来第一个到外地读书的女孩子。毕业后，周荣秀回到各苴村并担任卫生员一职。

2002 年，周荣秀在姑娘房认识了现在的丈夫。2003 年，两个人步入了婚姻的殿堂。

2004 年 5 月，岔河村卫生室出现空缺，周荣秀便借机调了过来。此时岔河周开芹一家的“丫口村农家乐”已经办得有模有样，游客们对彝族人的服饰上精美的刺绣产生了浓厚的兴趣。彝族的女子个个都会刺绣，家里人的穿戴都是女子农闲下来的时候自己绣出来的。周荣秀产生了一个大胆的想法，把刺绣品拿出去卖给游客。她兴奋地把想法讲给婆婆，婆婆想了想说，“这个想法虽好，但是我们没有充裕的时间绣，现在自家穿的都赶不过来呢。”婆婆平实的话浇灭了周荣秀的热情，但是她并不气馁，岔河拥有如此好的自然资源，肯定还有其他经济来源值得发掘。

2006 年南永公路全线通车了，过往的车辆比以往翻了几番，看着家门前的空地。周荣秀思忖着建一个加水站给过往车辆加水。周荣秀的想法得到了丈夫的积极响应，但是建加水站就要盖房还要配备抽水机等设施，资金从哪来呢？周荣秀觉得不能放弃这个机会，于是和丈夫四处找亲戚借钱，终于凑够了预期的 1 万元。半年后一个简易的加水站建好了，给过往车辆加水之余，还提供简单的洗车服务。南永公路上过往的大货车多，加水站却寥寥无几，周荣秀家的加水站虽不大，里里外外靠丈夫一个人忙活，月均收入可达 3000 元，家里的经济明显好转了，丈夫却累病了。于是，周荣秀每天在卫生所的工作结束后，就到加水站顶替丈夫的班，让丈夫吃顿饱饭、好好休息，再过来接她的夜班。

日子就这样一天天走过，家里的经济状况一步步提升，周荣秀在卫生所的工作也越来越顺手。周荣秀并不满足现状，她又在伺机找寻其他的经济出路。

2006 年，县政府出台了打造南华“咪依噜风情谷”的规划。3 月，“丫口村彝族生态文化村”作为示范点率先开业，全国各地的游人络绎不绝，同时越来越多的客人表示出对彝族刺绣品的兴趣。有一天，一个游客因外伤到卫生所作包扎处理，闲聊中表示出很想购买一套彝族的女子服装送给女朋友做生日礼物。周荣秀告诉游客，彝族的女子虽然都会刺绣但却只是在闲暇的时候绣，完成一套衣服至少要三个月，做生日礼物肯定是来不及了。游客深感遗憾，随口说到，要是你们可以几个人一起绣就好了。

游客不经意间说的话，提醒了周荣秀。周荣秀有了创办刺绣组织的念头。

接下来的日子，周荣秀挨门挨户的游说，最终发动了全村 40 多名妇女成立了“彝族民族刺绣协会”。

经过商讨，把一套衣服分给几个人刺绣并不合理。那么可不可以绣一些比较简单的东西呢？周荣秀想到了荷包、鞋垫、绣花鞋等用工少又便于携带的刺绣品，这都是在姑娘房里女孩子向男孩子表达爱意时送的东西。刺绣协会的会员们随时把自己的刺绣品拿到协会，由协会统一向游客销售。

事实证明，周荣秀的做法是成功的。这些小刺绣品做工精细，轻巧易带，而且便宜，很快受到游客们的欢迎。刺绣协会的名号也很快传了开来，一些饰品店找到周荣秀要求订货。各地的文化馆也要求订制一些体现民族特色的刺绣品。周荣秀粗略地计算了一下，刺绣品一年可以给每个会员带来 6000 元左右的收益。

彝族刺绣虽有特色，但不能故步自封。在楚雄待过一段时间的周荣秀考虑如何将民族特色与现代文化结合到一起。于是周荣秀经常邀请专业设计师给协会会员进行培训，讲授新的刺绣技术，讲解当今流行的图样以及如何在民族特色中融合现代元素等。荷包、绣花鞋虽然具有民族特色，但是缺乏实用性。在经过专业人员的培训后，协会成员的思路放宽了，她们会绣一些裹被、坐垫套、枕头套、手拎包等日常生活用品，还买来汉族服装，绣上自己设计的图案进行二次加工。还有的成员用布裹成人形的小玩偶，穿上彝族的服饰，活脱脱一个“咪依噜”很是可爱。

2007 年，村委会换届，周荣秀被推选为妇女主任。周荣秀终于有机会为妇女赢得应有的权利。周荣秀与镇妇联联系，定期给村里的妇女做一些培训和知识讲座，让妇女在提高自身素质的同时意识到自己应受到的保护。

岔河村有个男的叫周 × ×，前些年在南华做小生意赔了钱，就染上了喝酒的毛病，一喝多了就打他老婆出气。他老婆觉得家丑不可外扬，只有默默承受，连家人都瞒着。一天，他老婆病了到村卫生所输液，周荣秀注意到她身上紫一块青一块的瘀伤，就询问原因。周 × 的老婆什么都不说，被问急了就掉眼泪。周荣秀觉得蹊跷，决定工作结束后到周 X 的家里问个究竟。

周荣秀到周 × 家里的时候，正赶上周 × 又喝多了正拿着一根木棍，打他老婆出气，他老婆也不还手，只是一个劲儿躲，躲不过去木棍就结结实实地落在身上。周荣秀实在看不过眼，冲上前要抢周 × 手中的木棍。小巧的周荣秀哪是身高体壮的周 × 的对手，周 × 一下就把周荣秀推倒在地上。一向逆来顺受的老婆从未跟周×作对，周荣秀的行为激怒了周×，周×挥着棍子就往周荣秀身上扫来。

那天晚上，周荣秀受了伤，家里人都埋怨她多管闲事。但周荣秀很欣慰，因为自从周×打老婆的事被曝光后，他就再没动过粗。

周荣秀伤好后，还经常到周×家里做他的思想工作，让他戒掉酒瘾重新振作起来。在周荣秀的帮助下，周×不再酗酒，回到南华县城从打工仔做起，而他老婆也加入了刺绣协会，周×一家的生活步上了正常轨道。

周荣秀同时担着村卫生员、妇女主任、村党总支委员几项职务，工作很是繁杂，还要处理刺绣协会的事情，丈夫看着日渐消瘦的周荣秀劝她做一些舍弃，周荣秀犹豫过后说，村委会的领导都很忙，一时间也找不到合适的人来接替我，我不想给他们添麻烦，再说，现在是刚接手这些工作，等过段日子上手了就好做了。

周荣秀还致力于改善村卫生室的条件，并与镇有关单位联系，经常给村民们做一些传染病的防治工作。

2007年元旦，“咪依噜风情谷”开谷后，全村11个乡村旅游接待点对土鸡、野猪、黑山羊、野生菌、野菜等原生态食材的需求量大增，同时也为岔河村的土鸡和黑山羊做了宣传。周荣秀看好养殖业的发展，与丈夫商量将自家养殖的土鸡扩大规模。目前周荣秀家里养了30多只土鸡，主要是自家食用，外卖的部分每年能赢得1000元左右的收入。周荣秀想再购进一批鸡苗，但是家里人手不够用，这个养殖计划被迫搁浅了。

岔河村的经济因为旅游业的发展提高到了一个新的层次，但是周荣秀并没有参与创办农家乐。在周荣秀看来，岔河村的农家乐除了“彝人客栈”是自家出资创办的外，其他都是几家人“平均出资、平均分利”的形式创办的。这种合办的形式没有很好的管理模式，村民们各方面素质又达不到，很容易引起各方面的矛盾。相较之下，周荣秀很看好“彝人客栈”的发展。周荣秀计划着等资金足够的时候也自己出资办一个农家乐，毕竟岔河村的自然资源如此丰富，而政府又给了这么优惠的政策，这是一个发家致富的好机会。

周荣秀一家当前的收入重点放在了加水站上。今年，周荣秀又投入了3万元，给加水站上了一些设备增添了换氧服务，并盖了几间房提供夜间住宿服务。去年初中毕业的小姑子也到加水站来帮工，如今的加水站已经初具规模，周荣秀有信心年收入达到5万元。

谈到岔河村今后的发展，周荣秀说知识决定一切。岔河的经济要进一步发展，当务之急是提高村民的素质，包括文化素质、思想道德素质和服务技能。这都是需要花很长的时间来慢慢培养的，虽然村委会常常搞一些礼仪培训、服务培训等，这是远远不够的，还要加大培训力度，最重要的是让村民们认识到自身的不足，才能从思想上进步。

（三）岔河村党总支副书记、村委会主任——李天荣

李天荣，1979年4月生，2000年7月加入中国共产党，彝族，大岔河人，现任龙川镇岔河村党总支副书记、村委会主任。为帮助岔河村群众摆脱贫困落后的状况，促进群众增收，改善群众生产生活条件方面做出了大胆的探索和积极的努力。

岔河村2007年经济总收入66.45万元，农民人均纯收入1462万元。2007年人均纯收入6000元，比2006年同期增长300%。岔河村的变化与岔河村党总支副书记、村委会主任李天荣的努力是分不开的。

李天荣自担任村党总支副书记、村委会主任以来，一直为岔河村群众摆脱贫困落后的状况，促进群众增收，改善群众生产生活条件等方面做出了巨大贡献。

在社会主义新农村建设过程中，李天荣充分意识到群众素质的高低关系到社会主义新农村建设的成败，于是他把提高村民素质作为社会主义新农村建设的工作重点来抓。他积极配合县民族宗教局、旅游局，镇文化服务中心、妇联、团委、司法、农科等部门，利用中午和晚上的时间，对村民进行为期半个月的素质文化培训。

在社会主义新农村建设过程中，李天荣紧紧围绕“生产发展、生活宽裕、乡风文明、村容整洁、管理民主”的总体日标和要求，加强基础设施建设，整治村容村貌，完善岔河村发展的整体功能。同时，请求县建设局对岔河村民居装饰、村庄道路硬化、村容村貌改进、环境美化、基础设施建设进行统一规划。投资4万元硬化了村庄道路2000米，开挖山间小路2500米，投资3万元建设占地面积530平方米的停车场1个。加强对村容村貌整治，实施“三改”工程，新建厕所12个，实现了人畜分离100米以上，做到了垃圾入

池、粪便入厕，实施了村庄绿化美化，加大对村庄周边环境的生态保护，努力使岔河村建设成为自然环境和人文环境双优的彝族生态村。

李天荣还把彝族文化的保护和开发作为社会主义新农村建设的重点来抓，努力使民族文化得到传承和发扬。他请求县民族宗教局、旅游局对彝族风俗、文化、歌舞、民间工艺等进行挖掘、整理，形成有较大价值的民族资料；投资1.5万元对村庄房屋依照彝族民居特色进行整体装饰，实施外墙体环保涂料协调搭配装饰，充分体现了彝族风格，优化了人居环境；投资1.1万元在村口建设了浓缩彝族文化精粹的山门，形成了岔河彝族村的标志性建筑；投资1.5万元对姑娘房实施改造、装修，在保持原有风貌的情况下，对村内的3间木垛房进行改造、装修，增强房屋的实用性及参观性；投资1.3万元在村庄以西建设占地面积250平方米的跳歌场，增加秋千、吊床、跷跷板等娱乐设施，使跳歌场成为民族生态村的核心部分。同时，加强民族歌舞表演队建设，加强对彝族歌舞和乐器弹奏的强化训练，提高表演水平和观赏性，使地方彝族特色成为吸引外界经久不衰的魅力。

当然，作为一村之长，李天荣也将面临如何解决岔河村产业发展等诸多问题。

（四）致力于本村发展的“调解达人”——李树有

李树有，1968年5月出生。1994年加入中国共产党，继上一届大岔河村民队长之后，成为大岔河村的村民队长。带领着本村村民大力发展新农村建设的同时，也在不断引导着村民大胆尝试，此外，他还是大岔河村有名的“调解达人”，为人正直热情，乐于助人，办事公平，为解决当地的各种矛盾和纠纷做出了很大的贡献，深得岔河村村民的支持和信任。

由于社会和家庭等各个方面的原因，李树有在岔河小学毕业后，就没有继续自己的求学之路。而说起他的求学之路，他和我们说到，当时他上学的时候，无论是读书条件还是生活条件都很差，每次上学都要光着脚走上很久很久的路才能到达村里唯一的一所小学。而当时村里人们整体的思想水平较为落后，对孩子的教育问题的重视程度较低。所以，在村里，有较高教育水平的人数很少，自己小学毕业之后就回家务农了，后来在村里开了个小卖部，也为外来旅游的人们提供一些服务，算是岔河村早期的市场经济弄潮人了。

由于李树有正直的品格，公平的办事风格，深受村民的信任和支持。村民们相信他，在他的带领和引导下，村里人做着一次次的尝试，现在村民们的生活逐渐富裕了起来，村民们也深深相信，他一定能带领着村民们开辟出一条更好的、可持续发展的富裕之路。

当李树有回忆起这些年的工作状况，觉得让自己感到最欣慰的是自从当村民小组长以来，村民们的素质一年比一年提高了。以前，村里人总会有人喜欢在村里打架闹事，不仅影响了乡里的和气，也让人们之间的矛盾和误解越来越多。从那时候起，李树有就决定从思想上影响和改变村民，提高村民们的整体素质。后来，在村委会书记和委员们的支持下，组织了一些文化活动，比如跳舞、唱歌之类的活动，丰富了村民的精神文化生活，得到了村民们的积极响应。同时，他不厌其烦地教育村民，带动群众做出思想上的改变。

当谈到他自己的工作经验时，他笑了。他跟我们说，在村里办事，靠的都是村里人们的信任和支持，没有他们的积极配合和理解，事情是很难办的。而对于他自己而言，他首先要求自己做到的便是保持与时俱进的精神状态，坚持自身的学习，上任之后他便虚心向村干部和村民们学习，努力提高自己的领导水平和组织工作的能力。正是他的正直和热情，村里的乡里乡亲谁家有了难处都会向他倾诉，请他帮忙，他也会尽力去帮助他们解决问题，直到让他们满意为止。村委会书记及委员若有会议通知或者政策宣传，他都会认真地做到上传下达，积极做好本村的发展工作。

李树有也是个非常乐于助人的人，村民心里想什么，计划着要去办什么事，办事有什么样的困难，他都会留心注意，都会想办法帮忙解决。在许多问题面前，村民们一般不知道办事程序，去有关单位几趟也办不好。这时候，李树有自己就会多为他们跑几趟，他说这样自己虽然累些，但村民们可以省心、省事。他回忆说，以前他在工作中发现，因村里的村民家离派出所较远，好多人要跑好多趟才能领回第二代身份证，为了让村民们及时领到新办的第二代身份证，他便积极的和派出所联系，只要新证一办好，他就领回来逐一的到村民家里发放给村民。李树有对村民们充满爱心，想村民所想，急群众所及，竭尽全力为村民排忧解难。村里有一些“五保”户，主要是有残疾无法做体力活的家庭、患重病而无法从事劳作的家庭，他就安排村里合适的强壮人手轮流帮助这些困难家庭背柴、挖地，帮助他们解决生活上的困难。正是有了像李树有这样为村里人着想，全心全意为村里人服务的村民队长，才让当地的村民们有了和谐的生活环境，为当地人民生活水平的提高与和谐发展做出了很大的贡献。

对于村里的状况和发展，李树有很深刻地谈到了教育和经济。他认为村里的各方面都在渐渐地发展，教育也要同步发展。在抓好学校教育的同时，还应注重对青年农民的教育和培养。在本村，读完高中或初中便不再继续上学、在家务农的青年人很多，针对这样的情况，在国家对这里的学校教育加大重视和投入的同时，他能够认识到青年农民这一群体需要教育这一状况，真的很难得也很重要。通过各种职业培训，会减少他们在家待业，可以提高他们的生存技能；他也觉得，村里的年轻人外出务工也是一种不错的选择，在外出打工磨炼自己的同时，也可以为自己的家乡做出贡献。

2006 年的新农村建设则是让岔河村走上小康的重要措施，让岔河村人民找到致富的突破口。在政府的大力支持之下，短短几年的时间，全村村民家庭收入有了很大的提高，而岔河村的面貌也正在发生着翻天覆地的变化，人们的生活水平日益提高，这与基层的领导和努力也是分不开的。李树有就是其中的代表人物之一，伴随着新农村建设的步伐，他带领着本村村民大力发展新农村建设，在政府的引导下落实各项方针和政策的同时，也在不断引导着村民大胆尝试，寻找着各种发家致富的机会。

他还说本村的发展，最重要的还是经济的发展。无论困难多大，只有经济发展了才能从根本上改善村民们的贫困问题。而作为经济发展的主体——村民们，就需要知识培训，培养好新型农民来发展好经济，从而提高自己的生活水平，这是“自己造福自己”。虽然现在村里的发展势头良好，但是，与其他一些发展迅速的地区相比，差距还是很大的，今后的路还很长，任务也还很艰巨。但李树有自己坚信，只要坚持共产党的正确领导，岔河村的各项事业一定会蒸蒸日上，大步迈向小康社会的。

说他是村里的“调解达人”，这话着实不假。

我们去他家访谈的时间是上午 9 点左右，刚进门，一家人的热情好客让我们备感舒服。在他和家人的积极配合下，他们跟我们讲了很多关于当地村民生活和农村发展的问题，也列举了近些年来村里发生的巨大变化，言语间，我们感受到他对农村发展中所存在的种种问题心存疑虑和担忧的同时，也听出了他对村里人们生活不断改善的喜悦和期盼。不知不觉，两小时过去了，我们的交谈很融洽，从他的视角，我们发现了岔河村发展的很多新问题，也对他独到的见解甚感欣慰。

到了11点半左右的时间，我们的访谈也进行得差不多了。正准备离开，却被李树有一家留住了。他的妻子告诉我们，家里虽然未准备什么山珍海味的大餐，但简单的农家饭菜已经做好了，就邀请我们在家里吃完饭再走，盛情难却，我们只好留下了。饭菜非常可口，让我们尝到了一种新的彝家风味。午餐还没吃完，邻居家的××来到了李树有的家里，请他出面解决问题。李树有立即放下手中的筷子和未吃完的饭碗，赶到了那里。妻子尴尬地对我们说，"可能是邻居家又发生矛盾了，你们别在意，他去看看就好，你们慢慢吃菜。"午餐结束后，李树有还是没有回来。我们急切地想知道村里到底发生什么事了，于是，就在其妻子的带领下，来到了邻居家旁。之前发生的细节我们没有亲眼目看见，只看见李树有在苦口婆心地劝说一位50多岁的大妈，我们能看到她脸上的愤怒和委屈，但此事最终平息了下来。后来我们了解到，原来是因为村里新修路，几户人家对公路旁的地面发生了争吵，而邻居家的几句过激的话和某些行为，惹怒了那位大妈。幸亏在谩骂声响起之前，李树有到了现场，进行调解和劝说，才避免了矛盾的进一步恶化。之后的那个下午，我们和李树有一家道别后，就去别的家庭访谈了，而在途中，我们看到了李树有往中午闹矛盾的那几户人家去了，想必他是去一家家地做思想工作。他知道，这件事情虽然表面上大家都和解了，但是村里人心里的结是系上了，以后难免会出现"谁也见不得谁"的情况。大家都是村里的乡里乡亲，应该和睦相处，互帮互助，一起发家致富。于是，他去一家一家地劝导，努力化解村里人之间的矛盾。

听之后访谈的人家说到，其实像今天这样的事情，村里以前也有发生，不是说这里的人们小气而斤斤计较，只是村里的事情太复杂了，人们之间的关系也不简单，有些事情处理起来就麻烦得多。而每次发生这样的事情，村里人都会找李树有出面解决，他总会在大伙最需要他的时候及时出现，不计较自己的利益得失，而且大家都对他的处理方法和结果比较满意，所以村里人们都非常信任他。

对未来的工作打算，李树有对自己首要的要求就是做好本职工作，将为村民们更好的服务作为自己的信条。根据上级下达的任务，做好培训工作，帮助本村农民们保收增收。

而随着新农村建设的推广和发展，作为村民的带头人，李树有肩上的责任和担子也很重，新农村建设给村里带来了很好的发展契机，像李树有这样的村民小组长的作用也体现得越来越明显。作为大岔河村村民小组长的他们，谦虚本分，任劳任怨，带领着全组村民奔向共同富裕的美好大道上。我们相信，在他们的引导和领导下，岔河村人民的生活将会越来越好。

点评：

紫发忠从1984年就参与岔河村的管理工作，并不懈地致力于改善村民的生产生活条件。1996年因其出色的工作表现调任云台山办事处任支部书记，利用三年时间改观了云台山的交通和教育状况。1999年调回岔河村委会任主要领导人，为促成岔河村旅游业发展做出了巨大贡献。可以说，没有紫发忠敏锐的商业眼光，没有其一次次地上报岔河村发展旅游业的优势，就不会有现在的南华“咪依噜风情谷”，岔河村的经济也不会得到飞速发展。三年的军旅生涯是紫发忠的一笔宝贵财富，在军队练就的坚韧毅力和应变能力，在其管理工作中得到了充分的体现。

李天荣在岔河村委会工作已有十余年，2006年5月村委会换届他被推选为党总支副书记、村委会主任。作为村委会主要领导人，李天荣带领村民乘着新农村建设的东风，大力发展以“农家乐”为载体的旅游业，并以此带动了其他产业和周边村落的发展。

年仅三十岁的周荣秀看上去十分弱小，可就是这副小巧的身板担负着村党总支委员、村委会委员、村卫生员、村妇女主任、岔河民族刺绣协会会长五项重任。周荣秀不仅致力于村医疗卫生条件的改善，还在提升妇女地位方面做出了重要的贡献。她创办了刺绣协会，使得妇女可以凭借自己的手工技能谋生，提高了她们的经济地位，也使得刺绣成为岔河村的一大产业。

大岔河村有名的“调解达人”李树有，其尽心尽力地为本村村民服务的态度和作风，赢得了村民和领导的肯定和认可。同时，正是他的不懈努力，不仅一步步带领着全村人民进行探索和尝试，改善着村民的生活质量，也为解决当地的各种矛盾和纠纷做出了很大的贡献。

十六、生产经营者

（一）岔河村种植黑木耳第一人——李宗成

李宗成，1965年10月生，彝族，小岔河人。现任小岔河村民小组长，带头发展木耳种植，新农村建设期间联合群众开办“七家杀猪饭”农家乐，带领群众走上致富路。

李宗成，出生于1965年，初中毕业后，应征入伍了。后被分配到了汽车连，学会了驾驶和修车。1985年底，李宗成复员回到了岔河村，凭借在部队学到的技能在南华县的一个私人汽车修理厂做工。80年代末，汽车修理厂的老板要随儿子定居昆明，汽修厂被转卖后翻修成了饭馆，李宗成也就失业了。他想过将汽修厂买下自己经营，可是没有足够资金，只好回到岔河村做回了“靠天吃饭”的农民。

李宗成回到岔河村后，没有自暴自弃，虽然在部队学到的技术没派上用场，但部队练就不服输的性格激励着他利用资源优势在种植业和畜牧业上双管齐下。将自家的五亩田地，拿出了三亩种植大白芸豆和花椒，另外的两亩地一季种玉米一季种小麦。20世纪90年代初，南华县种植大白芸豆的人家不是很多，但市场需求量不小，李宗成靠着三亩大白芸豆提升了家庭收入。他用种大白芸豆赚得的钱买了几头猪仔，扩增了养殖方面的收入。

20世纪80年代实行包产到户的时候，岔河村的山林按山头分到了各家。除了上山找野生菌，平日没人到山林里管理林地。一天，李宗成在山上找菌子的时候，发现山里有不少云南松。他在部队的时候曾听人讲过云南松是很好的建筑材料，也常用来做棺材，还可以育苗卖钱。可惜岔河村的云南松只是零星的生长并没有成林，李宗成砍树卖材的日子并没有维持很久。1995年，李宗成被推选为小岔河村的村民小组长之后，他还提议扩种云南松，靠林业增收。

2005年，为了推进农业结构调整，拓宽农民增收渠道，南华县政府在认真分析研究了岔河村的地理和气候条件后，决定发展黑木耳种植。黑木耳的营养成分很高，作为四季皆宜的佳美点心，不仅清脆鲜美，滑嫩爽喉，而且有增加食欲和滋补强身的作用，它的吸附能力还可以起到对人体清涤胃肠和消化纤维素的作用。另外黑木耳还是中医用来治疗腰腿疼痛，手足抽筋麻木，痔疮出血和产后虚弱等病症常用的配方药物。我国具有悠久的黑木耳种植历史，除供国内人民食用外，还畅销港澳、日本、西欧等地，声誉卓著，黑木耳种植的市场前景一片光明。南华县政府在人工种植黑木耳取得试验性栽培成功并获得较好经济效益的基础上，决定发挥龙头带动作用，一期培养15户农户发展黑木耳种植。

李宗成通过宣传资料了解到了黑木耳种植良好的市场前景，决定进行尝试。于是他积极参加县里举办的黑木耳种植培训班，熟练掌握了种植要领，并在技术人员的指导下，栽下了首批5000棒黑木耳。黑木耳种植每棒需要投入5元左右，5000棒就需要一次性投入资金2.5万元，这对于一般农户来说是一笔不小的资金，家人都劝李宗成三思而行。但是政府出台的对发展黑木耳种植的贷款资金进行贴息补助的扶持政策，给李宗成吃了定心丸。他想，政府花如此大气力发展黑木耳种植，一定不会让老百姓吃亏。

黑木耳在栽培过程中，常有杂菌和虫害发生，从而造成生产上的损失。特别是在管理粗放和高温高湿下，往往容易发生严重的病虫害，甚至无收。李宗成一方面到“南华县仙民食用菌发展有限责任公司”的黑木耳种植基地进行实地考察学习，另一方面又买来一些黑木耳种植的相关书籍刻苦攻读，最终摸索出了一些减少病虫害的有效措施。李宗成认为，保持好耳场的清洁卫生是关键，耳棚周围及走道应每周一次用多菌灵或菇霉灵液喷雾保持栽培环境清洁卫生，减少杂菌污染的机会，还要保证耳房的通风良好和排水便利，同时禁止无关人员进出耳场，进入耳房前要换好专门的工作服，并对手和工作服、工作帽严格消毒。

李宗成第一批黑木耳栽种获得了成功。黑褐色的半透明耳瓣互相镶嵌，宛如片片浮云，甚是好看。为了提高销售量，让别人知道他的黑木耳品质优良，李宗成走街串巷自己上市场跑饭店批发零售，功夫不负有心人，他的黑木耳以上乘的品质赢得了客户的青睐，现在大量的客户主动上门批量购买，他的黑木耳已经供不应求。第一批5000棒黑木耳纯获利1.5万元。

周围的村民看到李宗成种植黑木耳有了成效，纷纷向他请教。李宗成竭尽所能，毫无保留地把所掌握的知识、技术传授给村民。如今村里已经有5

户村民开始种植黑木耳，并取得了可观的收益。

2006 年，社会主义新农村建设的春风吹到了岔河村。县委、县人民政府在调查研究后决定利用岔河村的自然优势和人文环境，将岔河村南永公路沿线的马鞍山至新村一线打造成“咪依噜风情谷”，将其作为新农村建设的示范带，确定了岔河村“离土不离乡”、“原生不原始”的乡村旅游主导产业。

看到隶属小岔河的丫口村农家乐办得红红火火，李宗成思忖着利用紧邻南永公路的地理优势联合周围七户群众开办一家农家乐。李宗成的想法得到了政府的积极回应，政府集资硬化了村庄道路，彻底改变了过去“晴天一身土，雨天一身泥”的路面情况，还重修了自来水管道，新建了冲水厕所。建设局还对村庄房屋进行了整体规划，同时在墙体上绘制了充满彝族风情的艺术画。

2006 年 9 月 25 日，“七家杀猪饭”正式开业了。

“七家杀猪饭”的特色体现在饮食上，每桌五荤五素，素菜主要是时令蔬菜，荤菜全部取用猪肉做成红烧肉、彝家腊肉、坨坨肉、回锅肉、清汤排骨、小炒肉等。可想而知，农家乐对猪肉的需求量是很大的，两三天就要杀一头猪。虽然，李宗成和几户村民家里都养着猪，但远不能满足农家乐的需求。他们便从邻近村里买活猪回来自己屠宰。真正合了当初定名“七家杀猪饭”的寓意，天天杀猪，天天像过年一样，预示着过上了好日子。

目前，“七家杀猪饭”平均每天接待七八桌客人，每户月纯收入 500 元左右。李宗成说，这两年物价上涨快，猪肉也跟着飞涨。我们虽然自己养猪，但是饲料贵了，养猪成本就高了。农家乐只能跟着提价了，2006 年 150 元/桌，2007 年涨到 160 元/桌，现在已经是 180 元/桌了。2007 年 1 月 1 日风情谷开谷，村里一下开办了 11 家农家乐，客人都分散了。前年的时候，每天都要接待十七八桌客人，现在减少了一多半。

针对岔河村旅游业的发展，李宗成也有自己的想法。他说，乡村旅游的发展，改变了岔河村农民以农耕为主的生产方式，实现了从生产型农民向服务型农民的初步转变，使岔河村民走上了一条致富路。但是必须清醒地认识到，岔河村的农家乐还存在许多问题。首先，农民素质低，服务不到位。所以必须要加强对村民的素质培训，尽快实现向服务型农民的真正转变。其次，农家乐按桌收费的方式不合理。彝族人讲求大口吃肉大口喝酒，因而餐具都比较大。丫口村第一家农家乐做起来的时候，采用的就是按桌收费，后来其他家再做的时候就依样画葫芦了，并且在政府的帮助下，每桌的荤素搭配都各有讲究，形成了一种特色。这种情况下，遇到零散游客就不好做了。如果一拨客人只有两三个人，那么一桌菜根本吃不完却还要付一桌菜的钱，完全不合理。有些客人是从大老远跑来的，来一次不容易，就想把这里的特色菜尝个遍，所以采用饭店式的菜单点菜方式不太合理，而且破坏了农家乐精心搭配的特色。一种比较可行的方式就是从餐具上做调整，采用小型餐具，食物讲究精而量少，满足客人遍尝特色菜的愿望。再次，供水跟不上。虽然2006年政府出资翻修了自来水管道，供水情况好了很多，但是开办农家乐用水量很大。丫口村地势高，不愁缺水，但是地势低的地方水就下不来，建造了冲水厕所也没有水冲。最后，民族文化需要迎合现代要求进行改进。岔河村的旅游发展是依托在浓厚的彝族文化之上的，因而要深挖民族文化，将其全方位地呈现在游客面前，让游客一进谷就感受到浓郁的彝族风情。虽然政府提倡全村人民穿彝族服装，营造民族氛围，但是彝族服饰本身存在的一些问题给日常生活带了一些不便。比如，彝族服装的袖子比较长，干起活来很不方便，而且夏天穿太热。“遇到了问题，就要寻找解决问题的办法。”这是当兵的时候，班长常说的一句话，李宗成听在耳里，记在心里，并时刻以此激励自己。

正是在说谈中，我们能感觉到李宗成对岔河村的发展充满信心，他相信在政府的带领和引导下，岔河村的旅游业发展会得到长足的进步，并带动其他产业的发展。

（二）大胆能干的上门女婿——鲁正华

鲁正华，1974年生，彝族，姚安县太平镇小村人。2000年到岔河村委会丫口村做了周开琼家的上门女婿。几年来凭借着自己聪慧的经济头脑做生意，赚到了不少钱。随着新农村建设的步伐，鲁正华大胆投资，勇于尝试新事物，起到了模范带头作用。

自小在姚安县太平镇长大的他，有过童年时顽皮幽默的幼稚，有过上小学时被老师批评的成长历史，有过初中青春叛逆期时被爸妈训斥的难忘经历……而正是在那些年的难忘时光里，鲁正华从一个顽皮不懂事的小男孩成长为今天这个勇于尝试、大胆创新的男子汉。回忆起少年时代拼搏的点点滴滴，收获简简单单的孩童幸福的同时，也给他在成年后的发展带来了很多积极的影响。

鲁正华是个性格豪爽，处事圆满的人。刚到岔河村的那几年，由于村里人对他的性格特点不太了解，在和他打交道的时候多少会有些顾忌，加之他对村里的很多情况也不是很了解，所以，邻居们若有需要大伙一起商量的大事，一般都找家里的长辈。虽然鲁正华有时也会略感尴尬，但他也能理解。渐渐地，几年过去了，村里人在相互帮助的交往过程中，对他的了解也逐渐加深。他与村里人的关系也越来越好。他经常会想出一些好点子，村民们也经常会静心地听取他的意见，并对他的观点或想法做出一定的评价。大家都会相互理解，相互考量各自的意见。在很多事情的处理上，村里人都说鲁正华的想法很独到，为人处世平和，而且厚实能干，是个不错的人，都对他的做法大加赞赏。

2001 年，鲁正华在家里人的支持和帮助下，做起了核桃生意。

起初，鲁正华对家里的情况还不是很了解，通过妻子对近些年来家里的生活情况和经济条件的详细介绍，他对自家的产业和各类资源有了全面的把握，并和妻子一起对家里的各类资源进行分类管理。由于家里的核桃林生长情况很好，家里人每年都会花费很多的时间在核桃的种植、培养和买卖上，考虑到自家核桃买卖过程中的所有成本，他仔细算下来，家里的核桃树实际上也赚不了多少钱，村里其他邻居家的情况也差不多。而那时，由于岔河村本身良好的自然环境，为本村核桃树的种植奠定了很好的环境基础，所以，每年 7、8 月份，村里人的核桃产量总体来说还算不错，只是因为各自“自种自卖”，没有形成规模，整个核桃市场的价格也极不稳定，甚至于每家每户所能卖到的价钱不一，导致一些价格较低的家庭售卖后异常后悔，心生遗憾。

考虑到村里这样的情况，鲁正华心想，村里人辛辛苦苦种植的新鲜核桃，不能被别人占了便宜，而且核桃的营养价值很高，市场前景很好，现在的市场需求较大，一定要让村里的良好资源实现物有所值。于是，虽然面临着各种风险，他还是毅然做起了自己的核桃生意，并且帮助村里人统一将核桃售卖，让村里人都能得到一个满意的价钱。一年下来，有过汗水，有过辛酸。有时会因为要把核桃及时运输到楚雄市的核桃市场上而导致一家人熬夜忙到很晚，对鲁正华来说，连续几天没能好好睡觉是经常的事。第二天，差不多早上5点多就出发了，然后忙碌到很晚才回家。在那段时间里，鲁正华有时吃饭的时间都没有。然而有时候，也会因为核桃的价钱，部分村里人感到不满意，造成一些邻里间的不愉快，有过苦恼，也有过欣慰……

在整个过程中，虽然在和村里人沟通和协调上，以及与市场经营者商谈合作上都会产生一些意见上的不合，在一些核桃买卖价钱的问题上，总会有碰壁、摩擦等情况的发生，但在这些事件的协调处理过程中，也让鲁正华学到了很多做生意的诀窍，积累了很多的经验。

于是，在这一年的野生菌和核桃盛产的季节到来之前，鲁正华便提前和购买商联系，并对买卖中的一系列细节问题进行商讨。在这个忙碌的季节，核桃和野生菌的采集和初加工都是非常细致的工作，在采集的过程中也会遇到很多的问题。所以，为了保证整个交易的高效率进行，鲁正华还大胆提出了很多新的解决方法，不仅大大加快了采购效率，也大大降低了村里人上山采集的时间成本和劳动成本，最后，两类生意得以顺利完成。村民们对他的经济头脑大为赞赏，鲁正华的名望也因此得到了提升。

鲁正华通过这两年的努力，虽然在野生菌和核桃盛产的季节显得格外的繁忙，但他利用自己的经济头脑，也赚到了不少钱。家用电器的数量明显增加，家里人的生活也得到了改善。

随着社会主义新农村建设的步伐，丫口村的环境大为改变。通过了解岔河村良好的自然环境和具有独特民族风情的文化环境，在政府的引导下，鲁正华一家大胆投资，开始了大力发展旅游业建设的步伐。2003年，丫口村彝族生态文化村始建，由鲁正华等五家联合经营。鲁正华和妻子组织村里人对丫口村的环境做了扩建和整改。包括对位于丫口村左上方山坡上土主庙等建筑的保护和清扫，对土主庙前的古老合欢树、夫妻树、许愿树的修理和装饰等。在新农村建设的初期，鲁正华一家的大胆尝试和投资，起到了带头模范的作用。村里其他人也在政府的大力引导和支持下，对村里整体卫生环境做出各种改变，使村里卫生状况逐渐变好。

在新农村建设的时候，为了能够保证旅游开发的成效，建设了山门、停车场、跳歌场、卫生厕所、硬化村间道路，还采取了一系列民居房屋装饰完善，粉墙画壁等措施，为旅游的进一步发展奠定了基础。

而在2006年3月，县委、县政府确定以小岔河丫口村为农家乐建设试点，因势利导发挥民族文化资源优势，并抽调工作人员驻点帮助规划，通过县财政补助、集体投入、群众自筹及投工投劳折资等共投入资金 82480 元，在丫口村开展以村庄道路建设，民居改造，修建寨门、公厕、垃圾池、停车场、跳歌场等为主要内容的“村容整治”及村民服务技能培训，以“农家乐”为载体尝试发展乡村旅游，取得了较好成效。至此，“咪依噜风情谷”于 2006 年 4 月开始在丫口村进行农家乐试点发展。伴随着发展的契机，2006 年 5 月，随着旅游人员的增多，鲁正华一家联合了周维兴、周文兴、周开寿、周开友共 5 户农户每户投资了 5000 元组成农家乐经营联合体，形成了现在的丫口村彝族生态文化村。

看着日渐发展的生意，鲁正华一家由衷的高兴，当初大胆投资和尝试的选择是正确的，而今天“咪依噜风情谷”良好的发展势头，给了鲁正华夫妇更大的自信，他们相信，在现今政府的大力支持和帮助下，岔河村人们的生活将会越来越好。

伴随着社会主义新农村建设的步伐，政府大力发展岔河村旅游业的进程，怀着好奇和欣赏，到丫口村彝族生态文化村旅游的人们也越来越多，丫口村农家乐联合体的生意也越来越好，鲁正华一家每天都会很忙，在不断的忙碌中，他们也收获了很多。家里人心里美滋滋的，也对未来的发展充满了期待。

在旅游开发、建设的过程中，岔河村委会积极引导村民，根据各自资源和能力进行投资、创业。自 2007 年元旦“咪依噜风情谷”正式开谷迎宾之后，一批农家乐在政府的指引、扶持下先后建成开业，包括了由鲁正华等五家联营的“丫口彝族生态村”等 11 个乡村旅游接待点。在岔河现有的旅游服务中，除了农家乐吃饭之外，还有马鞍山的洗车服务、彝人客栈和山寨客栈的宾馆住宿服务。这些都是在旅游的推动下，村民根据自身资源开发出来的。因为南华“咪依噜风情谷”的迅速发展，在经营的过程中，鲁正华也不断在向其他人学习，不断摸索出了很多的管理技巧，包括基础设施建设，各类所需物料的采购和准备，室内物品壁画布置及装饰，菜肴美食服务准备等。在基础设施的建设上，从最初的屋舍的扩建，家里鸡猪鸭等牲畜的管理，到室内桌椅的布置，大事小事基本上都是他和妻子在整理操办；而各类所需物料的准备中，由于家里的养殖业和蔬菜的种植规模都还不错，所以，家里的食材还算齐全，只是因为换季，各个季节的蔬菜不一，满足不了客人们的需求，所以，家里稀缺的菜源和食料，就得提早到南华县市场上采购，采购的过程中还需通过整体的估算，来确定当日的采购量。不然，会对食材的保鲜质量产生影响。对于室内物品壁画的布置和装饰，鲁正华可花了很多心思，从挑选物品壁画到室内灯光纹线的调节，他都投入了不少的时间和精力。

自从5家农户形成农家乐联合体之后，他和其他几户（这两年来，主要与堂妹周开存家一起经营）以合资合营的方式，一起经营，共同劳动。在最初的经营阶段，由于上文中所提到的这一产业经营中存在的记录不够准确和完善等问题，导致在一些利润的分配方面，几家人会发生冲突和误解；有时候在工作的具体安排上也会存在问题，但最终通过大家一起协商，也化解了误会，解决了问题。在不断的学习和经营管理过程中，鲁正华总结出来了很多具有建设性的意见和建议，也对其他农家乐存在的问题和不足提出了一些整改的措施和建议。在他的影响下，一些家庭的农家乐也采取了和他们一样的经营管理方式。于是，岔河村的人们在相互的帮助与支持中，以农家乐为主要载体的旅游经济迅速发展了起来。

从2007年下半年到2008年以来，岔河的旅游发展速度已经放慢很多，游客不如以前来得多，导致农家乐的经营状况下降。鲁正华也说，最近几年的经营状况都没以前好了，生意也越来越萧条，收入越来越少。他在向政府反映情况、寻求支持的同时，也意识到了自家农家乐所存在的不足。面对这些问题和不足，鲁正华把大家召集起来协商，讨论着下一步的改进措施和发展计划，将加强各种娱乐设施的完善和主题亮点的打造作为下一步的发展重点，再进行层层的落实，做到持续发展。

在未来几年、几十年的发展过程中，即使他们还会遇到各种各样的问题和挑战，但凭借着鲁正华和村里人们的勤劳和智慧，我们期待着他们为更多的客人们打造更多的欣喜和奇迹。

（三）旅馆经营家——李树旗

李树旗，1963年生，彝族。“彝家香宴”的经营业主，白手起家，自主创业，经营着自家的旅馆、停车场和饭店，凭着自己的经济头脑，改善了家里的经济条件，提高了一家人的生活质量。

李树旗在经营“彝家香宴”前的故事非常简单，就是一个普通的农民，每天过着脸朝黄土背朝天的生活，平时沉默寡言，除了对家人的一些叮嘱和闲谈之外，很少与村里人交谈。自从2008年，岔河村被作为新农村建设示范点之后，李树旗意识到新农村建设必将给岔河村村民带来巨大的商机和财富，他决定自己办饭店。由于自己是彝族，他将饭店取名为“彝家香宴”，自家房屋所占地面积也比较大，他决定再开办个停车场以方便旅客车辆的规范停放。

李树旗对“彝家香宴”几乎倾尽了自己全部的精力，如今，它已发展成为岔河村数一数二的饭店。这主要源于李树旗的适当管理方式，“彝家香宴”的餐厅都是隔间的雅座，给游客创造了安静、舒适的独立空间。每间包厢都取名为四字的雅号，如“峥嵘岁月”“流水人家”，给人一种别样的韵味。每个包厢都配有电视，自动麻将机等娱乐设施供人娱乐消遣，这些常见的娱乐对于旅行中的游客们来说是很具有吸引力的。李树旗坚持让客人吃得开心，玩得开心的经营理念。给旅客提供新鲜美味的农家美食，在白天游客进行麻将娱乐时会提供水果、烤牛肉、烤玉米等美味的食物，晚宴桌上，根据游客的不同需求，他将提供不同价位的餐食，通常有500元、400元、300元三种价位，每桌可服务10~12人，这样人均也仅仅是几十元，这种价位相对来说是比较低的。由于村里有专门饲养家禽、家畜的村民户，他们所饲养的家禽、家畜便是李树旗“彝家香宴”的主要食材来源。因此，李树旗的“彝家香宴”可提供牛、羊、猪、鸡、鸭、鱼、鹅等各种各样的新鲜美味，再加上自家有一片专门的菜地，所以蔬菜都是最新鲜的。为了使饭菜美味可口，李树旗买了很多烹饪书籍自己学习研究，他的拿手好菜有酸菜鱼、水煮牛肉，还有云南的名菜过桥米线等。说起管理心得，李树旗觉得，应该以优质舒适的服务和安逸的环境以及游客的需要为第一出发点，并提供低价的收费标准。

由于“彝家香宴”生意越做越大，李树旗决定将自己家二楼和三楼的房屋进行装修和处理，兴办旅馆。起初，李树旗对这个决定感到后悔，因为并非所有的旅客都会选择他们家为住宿点，许多旅客会考虑到旅馆的卫生、安全和舒适的问题，还会对其他住宿环境存在质疑。的确，开始的生意并不好，但李树旗夫妇逐渐探索出了一套解决方法。他们每周在庭院里面举办一次篝火晚会，时间尽量延长到11点至12点，这样旅客为了看晚会便会留下住宿。他们还向在饭店消费达到500元以上的旅客赠送一张住宿券，并将客房装扮成富有当地民族特色的房间，并给予其动人的名字，有“花姑娘房”、“彝家小生房”等。这样的特色不仅吸引了游客的兴趣，也为自己的旅馆发展带来了巨大的发展潜力。如今，旅馆的入住率已经保持比较高的水平。现在，李树旗决定将美食服务和旅馆的经营进一步进行有机结合，将吃、住、行一体化，以吸引更多的游客光临。在“彝家香宴”和旅馆经营的基础上，考虑到旅客的停车管理和需要，李树旗还开设了停车场。对于停车场的下一步计划，李树旗决定投入一定资金雇佣保安甚至使用监控系统来保证车辆的安全。

在访谈中，提到未来时，李树旗的双眼总是充满希望，我们也衷心祝愿他与他的家人们能够将“彝家香宴”做大做强，为岔河的新农村建设做出更大的贡献。

（四）发展经济林果与作物种植的带头人——紫发先

紫发先，1963年生，1996年4月加入中国共产党，彝族，三家村人。带头退耕还林25亩，发展经济林果和大白芸豆种植，年家庭收入5万元以上。

紫发先于1988年开始从事核桃种植，这一年他迎来了核桃树的第一次挂果，虽然挂果的树并不多，仍有200公斤左右的收成。

最初，紫发先把采摘回来的湿核桃拿到县城里的集市上卖，人们买湿核桃就是为了尝个鲜，一天下来根本卖不出多少。采收回来的核桃因为堆放时间过长，青皮沤烂流出来一些黑汁污染了外壳，并导致种仁霉烂变质。看着下苦功结出的果实，一点点变坏，紫发先心里很是着急。他开始四处打听寻找核桃的贮藏办法。

一个偶然的机会，紫发先了解到了干核桃的贮藏时间很长，可以存放1～2年。于是，他悉心研究干核桃的制作方法，并最终找到了科学的方法进行储藏。

小学都没有毕业的紫发先经过自己的实践摸索，解决了核桃嫁接成活率低以及核桃贮存难的问题。几年下来，紫发先通过核桃种植开辟了一条致富路。可是这条路并不是那么一帆风顺，就在紫发先长舒一口气的时候，又遇到了新的问题：每年都有1/3的核桃树落果。经过多方打听，紫发先找到了核桃落果的原因：花期遇低温多雨，导致授粉不良。这样没有授粉的幼果就会在开花后20天落下；另外，林地肥力不足或缺少铜、硼等微量元素也会导致核桃树落果。

针对上述落果原因，紫发先经过探索找出了人工授粉、合理施肥的方法来防治。他总结出核桃每年应施肥三次：第一次在3月底前，以促进花芽分化和长春梢枝叶；第二次在6月底以前，以减少落果，加速果实生长；第三次在8月底~9月上旬，用以采果后尽快恢复树势。

如今，紫发先的核桃园已经初具规模，占地约十五亩。他盘算着核桃种植成活后1年就会挂果，三年后开始有效益，五年开始产生收入，八年后进入丰产期，每棵树可产出果实1000个以上，约30公斤。按市场价湿核桃18元/公斤，干核桃25元/公斤进行计算，也就是说，每棵树八年后均有700元左右的收入，亩产值将达10000元以上。另外，紫发先种植的核桃壳薄、低脂、仁白、味美，而且出仁率高、易保存，很快得到了市场的认可。县城的一家收购站与他签订了长期合同，每年收购紫发先的全部核果，这更使紫发先对核桃种植的前景充满信心。

经过二十几年的探索，紫发先也掌握了核桃嫁接的核心技术，经他嫁接的核桃苗成活率高达80%以上。有些外地人专程跑来向他购买嫁接后的核桃苗，这又给家庭增加了一笔收入。紫发先一家每年仅核桃一项的收入就达2万余元。他的致富方法，引得乡邻们纷纷上门求教。对此，紫发先总是有求必应。他无偿向有意发展核桃种植的村民提供核桃苗，并传授嫁接和管理技术。每到核桃嫁接的时节，就可以看到紫发先忙碌的身影穿梭在各家的核桃林里。在他的帮助下，三家村的村民都摆脱了贫困，走上了致富路。

种植核桃是紫发先成功的起点，但是思想活跃的他并没有把发展局限在核桃种植一项上。种植核桃的成功经验让他敏感地觉察到，岔河村的地形、气候等适合多种经济林果的生长，于是，他开始寻找新的突破点。

20世纪90年代，政府引进了樱桃种植。樱桃种植需要很严苛的生长环境：喜温暖，不耐寒，不耐旱，不耐涝，怕大风，怕黏土，适于在年平均气温10~15℃的地区栽培。气温高于15℃，往往开花多结果少。同时要求一年中日均温度10℃以上的日数在150~200天。岔河村的年平均温度维持在14℃，森林覆盖率达72%，满足了樱桃生长的环境要求。俗话说，樱桃好吃树难栽。樱桃种植的艰辛磨灭了村民们对新品种的热情，没有人愿意接受新品种的挑战。

紫发先种农田得出结论，岔河村发展林业比农业好。对于种农田，整日忙来忙去，一年到头也只有几千元的收入。而栽种樱桃五年就可以结果，前四年还可以在樱桃的行距间套种一些矮棵作物，年收入绝不低于种农田。另外，核桃种植的喜人成果，更让他坚定了一个想法：岔河村发展林业比发展农业更有优势。于是，紫发先做出了一个大胆的决定：退耕还林。他买来100棵樱桃树苗，栽种在自家的土地上，又开始了艰辛的创业路。第一年，樱桃的成活率很低，几乎全军覆没。乡邻们劝他说，“咱岔河自古没有樱桃树，说明根本就不适合樱桃的生长。你还不如把精力放在核桃种植上。”紫发先并不这样想，多年的果树种植经验告诉他，岔河村完全满足樱桃的种植条件，而且樱桃是政府引进的品种，必定是做过详尽的调查取证，肯定错不了。樱桃如此低的成活率，必定是自己的栽培方法有问题。

这个时候，紫发先听说邻县组织了樱桃种植的培训班，他觉得有必要去听一听，找出自己栽培方法中存在的问题。紫发先每期培训班都按时参加，并详尽地做好笔记。遇到不清楚的问题就拉着技术员一问到底。据他说，核桃种植自己摸索了10年的时间，才有成果。在樱桃种植上不能再浪费那么长时间来摸索别人早已总结出的经验。听说紫溪山地区盛产樱桃，紫发先就特意跑去向果农讨教。紫发先终于找到了问题的所在，原来樱桃的根系很浅，所以怕旱；根系呼吸强度较大，需氧较其他果树多，又最怕涝。因而传统的挖大坑果树栽培法并不适于樱桃。在技术员的指导下，紫发先很快掌握了“小坑深栽浅埋”樱桃的栽植方法：即挖出三四锨土，施两锨土杂肥，将坑边的土与坑内的土杂肥拌匀，然后放置苗木，覆盖一层浅土仅使其埋住根部原土痕。再将土稍压实，使根低于地面15厘米左右，在苗下形成一个小树窝。这样“深栽”降低了苗木重心有利于抗倒伏，“浅埋”又利于根呼吸而使苗木缓苗快，生长好。通过在培训班的学习，紫发先还了解到要对樱桃树进行修剪整形，以提高樱桃的产量和质量。

经过几年的悉心栽培，樱桃树终于挂果了。就在紫发先等着大丰收的时候，却遇到了鸟害的问题，好好的果子被鸟雀啄得千疮百孔。原来樱桃果鲜红艳丽，惹人爱更招鸟雀喜欢，是各种鸟雀最爱吃的果子。很多时候种树人收成的果子还没有被鸟雀吃掉的多。乡邻们出主意，让他在果园上方设置保护网，等果实采摘后再撤去保护网。但是上保护网是一笔不小的投资，另外，鸟雀的脚一旦被保护网缠上就无法脱身，如果没人帮助脱险，鸟雀就等着饿死了。紫发先不忍心伤害动物，几经思考下，他决定人工驱鸟。选在清晨、中午、黄昏三个鸟害果实较为严重的时段，到达果园将鸟驱出园外，被赶出的鸟还会再回来。因此，紫发先要守在果园里，每隔20分钟再驱赶一次，每个时段驱赶3～5次，鸟雀便不再回来了。

紫发先的樱桃一上市，就被一抢而空。岔河村优良的水土栽种出来的樱桃果大、味甜，亩产可达800公斤，照10元/公斤的最低市场价，紫发先一家仅樱桃单项收入就超过了2万元。

紫发先樱桃种植的成功之路，又带动岔河村民纷纷退耕还林搞起了樱桃栽植，进一步促进了岔河村产业结构的调整，为农民致富拓宽了路子。

紫发先先后发展核桃和樱桃的种植都取得了巨大的成功，但他并没有满足。在他看来，岔河村的地形风貌和气候特点是一笔宝贵的财富，可以培育出各样的蔬菜和瓜果，他又开始了一条新的探索之路。

2007年，南华“咪依噜风情谷”开谷，更是给紫发先的经济林果做了一个免费宣传，越来越多的加工厂找到他，与他签订长期的收购合同。此时的紫发先不再发愁林果的销路问题，全身心投入到了提高产量和引进新品种的探索中。2007年4月，他出资参与了“山菜饭庄”农家乐的创办。擅长搞种植的他，想方设法引进新的蔬菜和瓜果品种，让游客品尝到了原生态的山间野味。他还提议将农家乐搞成“观光—餐饮—住宿—打猎—采摘”一条龙服务形式，当然这需要大量的资金注入，而目前的岔河村并不具备这个实力，但是这也是对未来发展模式的一种思考。

小学尚未毕业的紫发先，凭着自己的勤劳智慧，靠着一双手，打拼出了一条适合自己发展而又充分利用岔河自然优势的致富之路。在自己致富的同时，也带动了乡邻们共同发展。

（五）特种养殖业的带头人——李宗才

李宗才，1954年生，1997年8月入党，彝族，小岔河人。几经波折，最终带头发展特种养殖业，2007年饲养野猪5头，纯收入达1.5万元，现存栏13头，预计年底出售收入可达4万元。

李宗才出生在20世纪50年代的农村。1971年，李宗才去大理医学院学习。1974年，李宗才完成了医学院的课程回村，并到村卫生室工作。1975年，李宗才用学到的知识在村里做起了赤脚医生，每天可以从大队领一斤谷子。卫生室的成立，给村民看病带来了很大的方便。李宗才也很尽职尽责，天天背着医药包走街串户上门治疗，很受村民们尊重。回村后经人介绍认识了现在的妻子，很快便组成了自己的小家庭。婚礼很寒碜，总共就请了四桌酒席，也没有吹吹吹打打的唢呐队，却已经花光了家里的所有积蓄。成立了自己的家庭，就需要盖房子，李宗才一家却只剩二十几元，只好四处找亲戚和邻里借钱，东拼西凑攒了几百元，盖了三间房，墙壁是土打垒，窗口也只是用纸糊粘着，条件很差劲。

李宗才在卫生室一干就是六年。1983 年，实行包产到户，凑巧镇上派下来一个医生在岔河村蹲点，李宗才辞去了卫生室的工作，专心搞起了家庭经济。

家庭联产承包之后，村民们的工作热情高涨，积极地种田耙地，可是岔河地处高寒山区，粮食的收成并不好，不过，满山遍野的山草是牲畜很好的饲料，李宗才便买了几头猪仔，靠卖种猪和猪肉赚取收入，后来又增养了几只羊。这时候，家庭经济有了小幅提升，每年有了一些大米储存。

1988 年，镇上派下来的蹲点医生被调回，李宗才到县城进行了三个月的培训后再次回到村里做起了医生。

2002 年 12 月，李宗才退休。退休后的李宗才专心搞起了养殖，家里最多的时候养了 6 头猪，10 只羊。闲暇的时候就上山找菌子，一年下来野生菌的收入也有一两千元。2004 年，李宗才把住了三十年的老房子翻修了，又添置了新的家具，总共花了一万多元。他得意地说，“现在的生活比以前好了很多，我退休之前每月的生活补助涨到了八十元。我的女儿已经嫁人了，现在小两口在昆明经济职业学校教学，收入不低。儿子在楚雄市开了家油店，生意也不错。我也放心了，可以专心搞家庭经济，思考致富路了，这一切得亏党的富民政策，跟着共产党走没错。”

2006 年起，物价上涨，猪肉更是飞涨。都说养猪的赚了大钱，可是李宗才却差点赔钱。他说：“物价上涨，饲料价格就猛涨，运输费用也涨了，养猪的成本就大增。猪肉价格高了，我们养猪却赚不了钱。”

偶然的机会，李宗才看到了一个讲述野猪养殖致富的电视节目。节目里讲到，随着人们生活水平的提高，回归自然、崇尚绿色已成为饮食业发展的一种趋势。野猪瘦肉率高、肉味鲜美、口感好、营养丰富，特别是肉中有人体必需的脂肪酸—亚油酸，其含量是家猪 2.5 倍，可预防高血压、血管硬化等疾病，有助于儿童智力发育。近年，野猪肉的价格在大中城市居高不下，是家猪肉价的2倍以上，还常出现有价无货的现象。另外，野猪养到7～8个月体重就达90～100公斤，即可出栏，其饲养成本为440元/头，而瘦肉型猪的饲养成本则在550～650元之间。

李宗才心动了，拿出这些年靠大白芸豆和野生菌赚得的2万元，从思茅买了5头种猪，开始了野猪养殖。野猪毕竟是野猪，刚刚运来的时候野性十足，还不认识自己的新主人，让李宗才吃了不少苦头。野猪仔个头不大，性子却大得很，1.2米的土墙一下就拱倒了，李宗才只好将它们圈养起来。小猪仔们还常常露出獠牙向新主人发动进攻，让人不敢靠近。喂食便成了一大难题，李宗才只能欠着身子，用木棍将食盆顶到猪圈旁，人不敢轻易靠近。

李宗才认识到，要管理好这些野猪，就得先和它们建立感情。野猪仔来了一个月后，渐渐熟悉了新环境，脾气也好了不少，李宗才便试着与它们接近。野猪进食的时候，李宗才便蹲在圈舍门口，通过钢筋的缝隙，先用小棍，然后用手去摸野猪的鼻子。这些小家伙好像蛮喜欢让人抚摸鼻子，一摸，它们就不再乱动了。李宗才的胆子慢慢大了起来，慢慢的往后摸，一点点的摸到屁股上，猪仔们都不再反抗。

与猪仔们建立了感情，李宗才便着手给猪仔做防疫工作。他利用以前做兽医的经验，从防疫站买来疫苗，给猪仔们打预防针。

李宗才四处搜集资料，摸索出了一套科学的管理和饲养方法。在他喂养野猪的饲料中不含任何添加剂，这样可以提高仔猪的瘦肉率，保证猪肉浓郁的野味。另外他还每天清洁猪舍，并定期进行消毒。野猪是杂食性动物，什么都吃，喂养成本比家猪低。同时，野猪的抗病性也比家猪强得多，让李宗才省心不少。

2007年底，李宗才饲养的5头野猪，被南华和大姚的几家宾馆先后订走了，纯收入达1.5万元，这让李宗才十分开心，他在享受增收的同时也感受到了成功的喜悦，他决心扩大养殖规模，走创收新路。

2008年，李宗才把自家的田地租给一家公司种西兰花，一年可以拿到900元的租金，又卖掉了家里养的家猪和羊，和老婆专心做起了野猪养殖。目前野猪数量达到了13头。李宗才有意扩大养殖规模，但是没有那么多资金引进猪仔，另外也没有养殖场地，只能慢慢做起。

虽说摸透了野猪的习性后好管理，但野猪身上的野性难以去除，它们需要有一定的活动空间。李宗才便在野猪棚的后面留出了一片空地，作为野猪的操练场。运动后的野猪，肉反而更厚实，价格也能相应提高。

野猪仔长得很快，眼看就可以出栏了，但南华一带消费水平低，野猪肉虽然味美，却很少有人承受起这个价格。在思茅野猪肉卖到了80元/斤，在南华一带50元/斤都很难卖出去。另外，思茅一带有很多“野猪农家乐”，成为思茅地区野猪的最大需求市场。岔河村也开办了多家农家乐，但由于缺乏宣传，游人对野猪肉的优点认识不足，没有太大兴趣，农家乐便不敢买进昂贵的野猪肉做食材。

目前李宗才的销售出路仅仅是卖种猪和接受饭店的订购，没有固定的收购户，但脑筋活跃的李宗才靠几年来积累的致富经验，他正盘算着与其他乡镇的野猪养殖大户合作，形成规模优势并通过网络与外地的客商取得联系，野猪肉就不愁销路了。到那时，不仅仅是打开了销路，而且也提升了知名度，会吸引更多的游客来观光消费。

在李宗才的带动下，村里已有多户村民也养起了野猪，并正考虑深加工增加收入，有规模、有创新才能创造出更多效益。李宗才希望有更多的村民们加入野猪养殖和深加工的行列，形成岔河地区的一大支柱产业，同时也形成岔河村旅游业的一个亮点，实现旅游业、养殖业的双向发展，让村民们走上共同富裕的道路。

（六）“七彩山鸡”的养殖先驱——李维生

李维生，1978年生，彝族，大岔河人。“起家大院”负责人，2007年开始饲养七彩山鸡，年纯收入达1万元。

李维生出生在龙川镇阿拉贝一个贫困的家庭，因家庭拮据等因素，只上过三年级。1999年，李维生经人介绍来到了岔河村，并认识了现在的妻子。他看中了岔河村紧邻南永公路的交通条件，这对于做生意是极大的便利条件，便决定留在岔河村发展。1999年11月，李维生正式做了岔河村的上门女婿。

李维生到岔河村后，先是操起了野生菌买卖的老本行。那个时候，由于政治原因，松茸不再销往日本，价格也由最初的2000元/公斤降到了60～80元/公斤，松茸买卖的收入大打折扣。但是随着《彩云之南》的播出，岔河村丰富的野生菌资源受到了外界的关注。南华县的野生菌销售市场迅速扩大，县城里还开办了几家野生菌加工厂，对野生菌也有极大的需求量。李维生头脑灵活，随市场操纵着野生菌的收购和卖出，每天可以有 200～500 元的纯收入。

偶然的机会，李维生发现南华县城的核桃大有市场，外贸公司将核桃收购了去，加工后销往国外。于是他开始做核桃生意。农历 8 月份，李维生从果农处以 6 元/公斤收购湿核桃，再以 7 元/公斤卖给加工厂。大多数时候果农的核桃来不及去皮，就以 2 元/公斤的价格收购，然后请小时工去皮，这也是一笔不小的投入。在李维生的运作下核桃可以给全家带来近 1 万元的收入。

凭借野生菌生意和核桃生意，李维生带领岳父一家走上了致富路。

2006 年搞新农村建设，政府鼓励岔河村发展以“农家乐”为载体的乡村生态旅游业。在起贵才的带头下，李维生说服全家人出资 5000 元，参与开办了“起家大院”。李维生在“起家大院”的建设过程中提出了许多建设性意见，包括在泉水旁修筑月牙池，整修古井的龙神图，工作人员实行轮岗制等等，他也因此被推选为“起家大院”的总负责人。

“起家大院”刚开业时经济效益非常好，平均每天接待客人 40～50 桌，三个月就收回了村民投入的成本，并盈余 1 万多元。那时候政府宣传力度大，许多省外的游人慕名前来游玩。2007 年，楚雄州外的客人占到了 80%。但是风情谷周围没有知名的景点，农家乐又仅是以“土”食品吸引游人，没有娱乐设施，游客来过一两次后就觉得乏味。2008 年，政府宣传力度大幅降低，州外游客迅速减少。客源主要是本地人，他们在周末的时候自驾车来放松。2007 年“起家大院”户均纯收入达 4 万元，2008 年上半年户均纯收入仅 1 万元。

李维生说，新农村建设使村容村貌发生了巨大的变化，村民的思想观念也有了明显转变，素质水平也有所提高。以前村民们干农活穿脏的衣服也不在意，现在注重个人卫生和穿衣打扮了，衣服也勤洗勤换；以前见了陌生人都不打招呼，现在懂礼貌了，主动与人打招呼。但是农村投入是个无底洞，一两千万并不是一个大数目，毕竟农村底子薄、基础差，需要改变的地方太多。另外，新农村建设不能一蹴而就，应该分步走。“咪依噜风情谷”的第一步走得非常好，政府花大气力搞形象工程，赢得了一个招牌。第二步应该加强引导，在提升软件水平上下功夫。如果第二步不到位，第一步的努力就会石沉大海。

除了农家乐，李维生还有一个经济来源就是野鸡养殖。2006 年底，南华县鼓励农民养殖增收，并引进了野猪、野鸡、黑山羊等新品种。副县长走访了几个村子，农户们觉得搞养殖业缺技术，风险又大，没人愿意尝试。当时李维生在农家乐投入了大量精力，没有时间搞其他生意，又考虑到农家乐对鸡的需求量很大，便决定一试。万一野鸡养殖失败，鸡棚还可以用来养土鸡，虽然土鸡利润低，但不至于将鸡舍闲置。

李维生养殖野鸡的想法，却遭到了全家人的反对。他知道家里人是穷怕了，怕一场鸡瘟就把这些年来的积蓄都埋葬了。李维生想尽办法做通了家里人的思想工作，并担保赔本的钱由他一人承担。

在县畜牧局的帮助下，李维生投资 8000 元建造了符合标准的鸡舍，又通过畜牧局以 14 元/只的价格引进了 150 只上海鸡苗。3 个月后，150 只野鸡经畜牧局的牵头联系很快卖了出去，净赚 3000 多元。成功的喜悦鼓舞了李维生，他又以 6 元/只的价格引进了 200 只广东苗。这一次，养殖情况却没有那么乐观。养殖不到 2 个月野鸡就死了大半，这让他心急如焚，也备受家里人的冷眼。李维生并没有因此而气馁，这些日子他了解到养殖野鸡具有极高的经济效益。一方面，旧房、庭院、果园都可以作为养殖野鸡的场地，因而投资小。野鸡食性杂，而且适应性强。从零上 35℃到零下 45℃均可正常生长，不择气候、区域、环境。一般出壳后的鸡苗长到 70 天左右就可以上市，见效快。另一方面，野鸡因其肉质细嫩鲜美，营养丰富，深受各地人们的喜爱。但是由于近年来人为大量猎捕，野鸡濒临绝迹，从而出现国际、国内市场野鸡货源奇缺、供不应求的紧张状况，野鸡养殖前景不可估量。李维生决定进行野鸡养殖。李维生通过和县畜牧局的技术员沟通以及自己的观察，发现是温差导致野鸡死亡。原来李维生第二次引进的是鸡雏，野鸡雏对环境温度的要求比较高，控制好温度是育好鸡雏的关键。于是李维生想办法提高鸡舍的温度。他找来一些纸箱子做育雏箱，在箱内放置数个玻璃瓶，瓶内装热水，用这种办法来提高环境温度，并通过瓶子的个数来调节温度。他还在室内和箱内各挂了一只温度计，以便随时观察温度，避免温度过高或过低影响野鸡的成活率。李维生还了解到野鸡喜欢吃零食，要少食多餐，日粮中粗蛋白要维持在 20% 以上，并在日粮中加入一些剁碎的青菜，这样才能保证野鸡对蛋白质的需求和吸收。野鸡长到青年段就不需要特殊的看护了，只需要按时喂食和定期清理鸡舍。这段时间野鸡生长发育最快，日增重 10～15 克。等野鸡养到 120 日之后进入成年段，就可以出售了。

野鸡养殖根本不愁销路，当地的宾馆饭店会直接找到李维生订货，供不应求。本村的农家乐对野鸡也有一定的需求量，李维生会预留出一部分野鸡供本村农家乐食用。他说，大家都是邻里，理应照顾一下。而且客人在别家农家乐吃好了，下次就会再来，还会介绍新的客人，这样我们“起家大院”也会受益。还有一些客人见到七彩山鸡甚是喜欢，就会买走做观赏之用。

野鸡养殖的市场非常之大，李维生想着扩大规模，搞一个野鸡养殖场。但是自己野鸡养殖的技术并不全面，在鸡疫病预防和蛋鸡孵化方面尤为匮乏。由于野鸡是新引进品种，县畜牧局也不能提供具体的养殖经验。一切都在摸索中，李维生不敢贸然扩大规模，目前的养殖量仅维持在 200 只左右。他想着通过自己摸索和到专业的养殖场参观学习积累了一定经验后，再扩建一个野鸡养殖场。

当前，李维生最担心的就是预防鸡瘟的问题。前段时间接连遇到几次鸡疫病，虽然得到了及时处理，没有太大的损失，只是死了十几只鸡苗。但是，到底是什么病，应该怎样预防这些病，李维生并不清楚。他只好在鸡舍清洁上下功夫。每天都对鸡舍进行清扫和驱虫，并用生石灰对地面和盛粪板进行消毒。每次进鸡舍前都要换衣服，并对全身进行消毒，以免带进病菌。

李维生从一个受人鄙视的上门女婿成了村里人交口称赞的“野鸡司令”，这期间的艰辛不是用语言可以表述的。刚过而立之年的李维生对岔河村的发展充满信心，他看好岔河村的旅游市场，也看好旅游业带动下的其他产业的发展，更加看好野鸡养殖市场，希望能够让七彩山鸡成为岔河村的又一大招牌！

点评：

近些年岔河村加入运输行列的人家越来越多，掌握着汽车维修技术的李宗成却没能抓住这个机会建立汽修站，实在是一个遗憾。但李宗成却抓住了政府大力推广黑木耳种植的机会，抢占种植先机，取得了良好的收益。此后他又抓住了岔河村旅游业大力发展的机会，带领群众开办了“七家杀猪饭”，并对岔河村农家乐的发展有着独特的看法。

鲁正华虽原不是岔河本村人，但大胆能干，几年来利用自己聪明的头脑，做成了很多有意义的事情。而他身上顽强的追求精神，以及大胆尝试的创新精神，值得我们学习。对于岔河村旅游业的发展，关于各种娱乐设施的完善和主题亮点的打造，他也提出了一些建设性的想法和建议。

“彝家香宴”的经营业主李树旗，虽是白手起家，自主创业，但通过自己的勤劳与智慧，在不断的学习和尝试中经营起了自家的“彝家香宴”饭店、特色旅馆和免费停车场三个项目，不仅为到此游玩的游客提供了方便，同时也从中学到了很多的经营方法和管理技巧，积累了很多经验，最终实现了自己的愿望。

紫发先只有小学三年级的文化水平，却通过不懈努力和苦心钻研，总结出了核桃嫁接技术和樱桃栽培技术。凭着一股韧劲儿和闯劲儿，紫发先大胆探索，成了南华地区核桃种植和樱桃种植的先驱，并充分利用岔河村林业发展的优势，带头退耕还林，提升了经济林果在岔河经济发展中的地位。

李宗才对岔河村卫生事业的发展有着巨大的贡献，前后做了二十余年的赤脚医生，方便了村民们求医问药。在职期间他向村民们大力宣传的新生新育观念，并倡导提高卫生意识和改变不良饮食习惯，为岔河村评定“文明村”做出了应有的贡献。他有着较强的市场敏感性和拼劲儿，能够预见野猪养殖的收益性并敢于做第一个吃螃蟹的人。同时他脑筋活跃，不坐以待毙，懂得自己寻找销售出路。

李维生从一个受人鄙视的上门女婿到成为人人交口称赞的“野鸡司令”，这一路承受了巨大的心理压力。他头脑灵活，思维活跃，无论是最初的木材生意还是后来的包工生意以及再后来的野生菌生意，他都有着自己的生意经。同时，他有着较强的判断分析能力而不会盲听盲从，一旦认准的事情就不会轻言放弃，这一点在其养殖“七彩山鸡”的过程中有着具体的体现。

十七、运输业主与手工艺人

(一) 带动村民走上经营运输致富之路者——紫建勋

紫建勋，1983年生，彝族，新房子人。自己贷款购买运输工具跑运输，现今年收入30万元以上。自己致富的同时又带动村民搞运输业，走上共同富裕的道路。

紫建勋出生在一个贫困的农民家庭，1999年，刚从初中毕业的他，在短时间内也没有找到适合自己的好工作，于是，他回到了岔河村。之后，看着岔河村良好的区位优势和交通优势，有了搞运输的想法，后在哥哥的支持下买了辆天津－60拖拉机开始了运输的生活。最初只是帮村里人运输果子和粮食，由于紫建勋平日人缘好，再加上他服务周到、运输价格低，村里人也乐意找他。渐渐地，他的业务扩展到了邻村。一年下来，紫建勋就收回了最初的投入成本。这在本书第二部分中有详细的介绍。

一个偶然的机会，紫建勋经人介绍到吕合煤矿拉煤。而吕合是一个煤矿资源非常丰富的乡镇，一段时间工作下来，他的天津－60拖拉机根本不能满足拉煤的要求。于是他决定买新车。有了这个想法，他果断卖掉了天津－60拖拉机，拿出了所有的积蓄，又贷款1万元，买了一辆泰山－25小四轮拖拉机，做起了拉煤的业务。拉煤的活儿比起以前在村里帮村民拉活儿稳定多了，而且价格相对来说也比较高。但是他并没有因此而置村民们的活儿于不顾，谁家有货要拉，他就空出拉煤的任务先帮村民们拉货。紫建勋还说，“在我很小的时候，家里比较穷，那时候经常会吃不饱饭，家里有什么事情也经常请邻居们帮忙，乡邻们也给了不少的帮助，现在终于脱贫了，自己也长大了，有机会尽自己的能力帮乡邻们做一些事情，也是我小时候的心愿，而且，这也是我义不容辞的责任，帮点小忙是应该的。”

紫建勋凭着自己的艰苦创业，灵活经营，运输业务蒸蒸日上，年纯收入达3万元以上。2004年2月，国家二级公路南永（南华—永仁）公路一期工程竣工。二期工程也即将破土动工。道路的通畅让紫建勋有了跑长途的想法，毕竟长途货运活儿要多一些，运输价格也高一些。但是泰山－25小四轮拖拉机用来跑长途效率低、运量小，于是他又筹集资金购进一台东方红－100大型轮式拖拉机。原来的泰山－25小四轮拖拉机无偿提供给周二婶家的孩子跑短途。原来的泰山小四轮一趟拉货25吨，现在的东方红一趟可拉货55吨，效率提高了一倍多。为了进一步提高经济效益，紫建勋想方设法拓宽活路。他先后与当地的几家建筑企业联系，以便从送货地返回时为他们拉运水泥等。由于服务周到，价格优惠，业务越做越大。

紫建勋在自己从事运输业勤劳致富的同时，也帮助村民走上了脱贫路，他看到了运输业发展的强劲势头，又筹集资金购进了4台大型拖拉机，并从乡邻中雇用了6名司机进行运营，解决了他们的就业问题，帮助他们脱贫。而鉴于他多年来良好的口碑，他也将工作重心进行了合理的转移，主要精力放在了搜集运输信息上，很多企业都与他建立了良好的合作关系。由于拥有大量的运输信息资源，便在朋友的建议下在南华县城建立了一个运输信息咨询站。运输业务的逐步扩大，使得他日益繁忙，他只好说服在广东打工的哥哥回来帮他打理咨询站的业务，自己就忙着四处联系需要运输业务的单位和管理车队。紫建勋跑运输的致富之路，带动周围农户掀起了从事运输业致富的热潮。

2005年，岔河村1/3的人家购买了车辆加入到了运输行列。在他们的起步阶段，紫建勋主动无偿提供经营信息服务，传授跑运输的经验，并让自己的车队带领他们熟悉路线，尽快使其步入良性发展阶段。在紫建勋的帮助下，岔河村年收入在5万元以上的运输专业户达到15户。

随着本地跑运输的车辆不断增多，货源变得越来越紧张，紫建勋打算将本村的100多辆汽车归集到一起，建立一个车队，统一运营，以形成一些垄断线路。例如“南华—昆明”，“南华—丽江”线等。

（二）云南省“民间艺人”——李树明

李树明，1963年8月生，彝族，大岔河人。积极开发民族月琴及饰品，产品远销昆明、北京等地，荣获云南省“民间艺人”称号。

李树明出生在一个贫困的农民家庭，三年级被迫辍学，后做过矿工、木匠、活水匠。1997年初，李树明到城里赶集，碰到一位从牟定过来卖月琴的商贩，闲聊中了解到月琴的制造成本低，销售前景却不错。小时候听到的关于月琴的种种传说以及听长辈们用月琴演奏的优美动听的音乐瞬时涌进了李树明的脑海。月琴在彝族人民的生活中占有重要地位，在民族传统节日和喜庆的“跳歌”等活动中，它更是不可缺少的，是用于传情达意的伴奏乐器，彝族的小伙也需要借助月琴的弹奏来表达对姑娘的爱意。“文化大革命”时期的“破四旧”，禁止人们弹、唱、跳，月琴的制作手艺也就失传了。改革开放之后，大多数被勒令废止的习俗又恢复了。现在“跳脚”已经是人们日常生活的一部分，而对月琴的需求量也日渐增多，而整个南华县却没有一个做月琴的艺人。

李树明抱着“试一试”的态度，从牟定商贩那里买了一把月琴，想凭借自己这些年积累的木匠手艺探索出一条致富路。

回到家，李树明就把自己关到了屋里，潜心研究起来。小小一把月琴由共鸣箱、琴头、琴颈、弦轴、缚弦和琴弦等部分组成，每一部分都需要用不同的材质来制作，对音孔的位置也有特殊的要求，制造工艺非常复杂，是一种性子活，必须有足够的耐心。

李树明拿出了大部分积蓄投在了月琴制作上，可是成功的道路远远没有想象中那么容易。第一年，李树明制造的月琴很不成功，血本无归。面对失败的结局，别人异样的目光，他丧气极了，打起了退堂鼓。这个时候家人给了他最有力的支持，父亲不断地安慰他，鼓励他，让他静心找出失败的原因，一再嘱咐他好好地做。妻子也主动包揽了全部的农活和家务，让他专心地钻研月琴的制作。

得到家人的支持，李树明重新鼓足了勇气，建立了信心。通过认真查找，他总结出失败的原因在于制作工艺的问题。这一次他没有贸然行事，而是买来月琴制作工艺的书籍钻研制作工艺技术，另一方面又多方拜师实地考察学习月琴制造程序和工艺。一次，李树明去大姚学习月琴制作技术，而在回家的途中遇到了大雨，他用雨衣包住了刚制作好的月琴，而自己就淋着雨推着自行车走了两个多小时。回到家他就病倒了，一连高烧了好几天。因为怕新学到的月琴制作工艺日子久了会遗忘，李树明硬是支撑着做好一把月琴才到医院就医治疗。李树明对月琴的钻研达到了痴迷的程度，凭着那股韧劲儿，他制作的20把月琴终于获得了成功，纯收入2000余元。成功的喜悦极大的鼓舞了李树明，也激发了他的干劲儿，2001 年，李树明制作的月琴年产量已经由最初的 20 把发展到 50 多把，年收入近万元。

市场是无情的，总是变化莫测。2003 年市场上的月琴供大于求，价格大幅下跌，他本以为能大赚一笔的月琴，却意外亏了本。面对失败，李树明没有气馁，他苦苦思索：该怎样在月琴上下功夫，才有新的出路？李树明又开始了新的钻研。一次，在去牟定学习时，李树明意外地发现样式独特的月琴很受人们欢迎，价格也高于普通的月琴。他买了一把牟定奇特的月琴带回家细细研究，还特意向牟定艺人讨教了这种月琴的制作要点。苦心钻研了六个多月，李树明有了一套自己的制作工艺。

几经实验研究，李树明决定用人工栽种的楸木作为月琴的制作材料。楸木的韧性好，不容易变形，这样才能保证音质。而人工栽种的楸木没有虫蛀，不容易糟掉，可以保证材质。至于琴弦，李树明选用了羊肠。李树明还在琴体的厚度上下功夫，力求做到薄，以保证音质的响亮。此外，李树明尝试着把自己多年的木匠手艺应用到月琴制作上，在琴板上进行雕刻，制作立体月琴。雕刻的时候首先要测量好框架本身的厚度，并注意雕刻力度的大小，刻太深容易刻破琴面。刻好以后，用削刀把不需要的边缘取掉，琴面上的花纹就凸出出来了。去边的时候还要注意保持各个面的厚度一致。月琴的框架边缘的每一层花纹都是这样刻出来的。框架中部一般刻龙和火，在一些特定的部位镂空，就形成了月琴的回音孔。回音孔就是要出音和回音的，所以一定要留对位置。雕刻是制作立体月琴难度最大也是最重要的步骤，因为琴的立体感都是从雕刻上体现出来的，决定着琴的档次。

为了做好雕刻，李树明把多年的酒瘾戒掉了，以防酒后把握不住雕刻力度刻破琴面。

李树明立体雕刻月琴一上市就受到了欢迎，也在南华县引起了不小的轰动，他打破了祖辈流传下来的平板月琴的呆板模式。但是制作一把平板月琴只需要六七天的时间，而制作一把立体雕刻月琴却需要近一个月，立体月琴的价格自然就高了，已经超出了普通百姓的承受能力，人们虽然爱不释手，却无力购买。李树明再一次陷入了困惑。现在制作技术有了，却找不到销路了。这个时候县文化局找到了李树明，并同他签订了订购合同，要 10 把立体雕刻月琴。这一年立体月琴为李树明赢得了上万元的收入。

在文化局的牵头下，许多政府部门都到李树明这里订购立体月琴作为彝族特色赠送给友好单位。仅是来自这一方面的订单就让李树明一年忙到头了。

李树明凭借勤劳智慧，依靠自己的双手，走上了致富路。但他深深认识到，自己富了不算富，还应该帮助村里的贫困户脱贫致富。在自己家最困难的时候，乡邻们都伸出了援助之手，现在自己富裕了，正是回报乡邻的时候，他应该带动大家走共同富裕的道路。

李树明走上了致富路自然吸引了很多乡邻上门求教，有本村的村民，也有外地的农民，对他们的来访求教，李树明都热心的一一解答，并毫无保留地把自己钻研出来的技艺讲授给来访者，甚至还主动上门进行指导。

岔河村村民李××，家庭生活一直比较困难，也没有一技之长，一家四口就依靠微薄的农田收入。李树明主动找到李××，向他介绍自己从事月琴制作的经历以及月琴良好的发展前景。李树明告诉他，月琴制作的成本很低，是一种投资少、见效快的项目，只要把技术学好、学精并有足够的耐心，就可以获得高出投入四五倍的收益。当然月琴的制作工艺非常复杂，学起来也并不容易。李树明表示愿意把月琴制作工艺和自己二十多年积累的经验无偿教授给李某。目前，李××正在李树明的悉心教导下潜心学习月琴的制作，已经掌握了平板月琴的制作要领。他有信心，在李树明的帮助下发展起自己的月琴事业，走上致富路。

李树明把自己的名字和电话号码写到了大门口的墙上，一方面方便上门求教的人找到自家门，另一方面方便大家借助电话咨询信息。附近有心加入月琴制作的人都知道李树明的电话号码，很多人经常打电话问信息、问技术，李树明总是有求必应，通过电话讲不明白，就亲自上门进行讲解。

2006年6月，李树明应云南省文化厅的邀请，参加了“云南非物质文化遗产保护成果展”，在展厅现场演示传统技艺，向全国人民展示了彝族的“镇南月琴”的制作过程。

自此，“镇南月琴”的名号打响了。来自全国各地的订单，让李树明应接不暇。熟能生巧，现在李树明做一把平板月琴只需要3天，而做一把立体雕刻月琴也只需要13天。平板月琴的价格在200元左右，立体雕刻月琴则达到1000元。

李树明并不满足于已经取得的成绩，他又在刻工和漆工上苦下功夫，力求做出的月琴更加完美。

俗话讲，人靠衣裳马靠鞍。一把好琴当然要配上制作精良的背带和装饰品才显出价值。彝族妇女的刺绣功夫便也有了新的用武之地。绣一套背带需要十多天的时间，跟制作一把立体月琴的时间差不多，每套背带能卖到200元左右。李树明和妻子周兰芬分工合作，一个作琴，一个绣背带。有的人订购一把月琴会同时订几套背带，周兰芬经常一个人忙不过来，就通过刺绣协会把活儿分给其他人，也增加了乡邻们的收入。

李树明每个月都会接到新的订单，很多时候一张订单要到一两年后才能拿到琴。李树明深知质量决定一切，所以订单再多也不偷工减料，用他的话说，不能搬石头砸了自己的脚。

如今，李树明制作的“镇南月琴”已经形成了自己的特色。材料一律选用人工种植的上好楸木，琴弦选用羊肠，琴体厚度保持在3厘米左右以保证声音的通透，龙头用细小的木片拼起来以突出真实感，月琴成形后先用砂纸细细地打磨光滑再上一层清油以便突出月琴的光泽并且防水。

李树明从二十几年的实践中看到，月琴要继续发展，就必须让月琴走向更大的市场，并要拓宽月琴的制作领域。他购买了大量的民间乐器制造技术书刊，常常学习到深夜；他还到外地考察，仔细研究彝族的“镇南月琴”与哈尼族、布依族、苗族、侗族等其他民族使用的月琴的异同，想在“镇南月琴”的制作工艺和形态上进一步得到突破。

2007年，云南省文化厅举办的民间艺人大赛上，李树明技压群雄，以其精湛的技艺赢得荣誉证书。这次比赛更加激发了李树明的干劲儿，他盘算着建立一个月琴生产基地，带动更多的农户增收致富。

作用月琴的民间艺人，李树明说，要把月琴的制作技艺延续下去，他希望把自己二十年来积累的月琴制作经验写成一本书，这样可以方便更多的人学习“镇南月琴”的制作要领，也保留了一门民间的传统技艺。

（三）致力于发展民族刺绣，打造民族刺绣品牌人——周莲英

周莲英，1964年12月生，1996年4月加入中国共产党，彝族，小岔河人，现任镇第七次党代会代表，岔河民族刺绣协会秘书长。积极发展以服装、鞋子、荷包为主的民族刺绣，带动了岔河地区民族刺绣业的发展，为打造岔河民族刺绣品牌奠定了基础。

刺绣在我们这样一个古老的国家里，有着深厚的文化底蕴。它对于过去民族物质文明的进步和提升有莫大的贡献。随着时代的推进，不同地区的人民依据本地的风土人情形成了风格迥异的刺绣艺术。彝族手工刺绣便是其独具特色的一支，它是彝族妇女在长期的社会生活中摸索形成的。改革开放以来彝族妇女不断吸收其他民族的优点，丰富自己的民族风情，也用自己的智慧和精湛的技艺缝制出了形式多样、美观大方、色彩鲜明的彝族刺绣品。当前彝族手工刺绣品已成为彝族文化的重要载体之一。这些不同款式，不同风格的彝族刺绣品震撼了国内外宾客，人们不禁惊叹于彝族刺绣的种类之多，色彩之美，刺绣之精。在岔河村，刺绣的技艺似乎是天生的，村民用起绣花针就像用筷子一样熟练。如今，刺绣这项传统手工业现已成为岔河村农民增收致富的一条重要途径。

小岔河村村民周莲英就是通过刺绣走上致富路的典型代表。

开始时，周莲英试着做了几个挎包，又带到集市上销售，结果几个挎包被一抢而空。周莲英凭借刺绣手艺赚到了第一笔钱。

成功的喜悦极大地鼓舞了周莲英，农耕之外的全部时间她都花在了刺绣上。

挎包、手提包、裹背、鞋垫……她尝试着绣各种物件拿到集市上销售，看哪种受欢迎就重点制作哪种。

1987 年，日本人寻根来到了岔河村。女子学院副教授横山广子更是将岔河彝族的民俗风情记载到了她的一本书中，从此名不见经传的岔河村声名鹊起，美国、日本、澳大利亚和中国香港等国家和地区的专家学者也曾先后多次到这里采风、考察。外国人无不惊叹于彝族女子精深的刺绣技艺，有的外国客人一连从周莲英手里买走了 10 双鞋垫，他说要把中国文化带回他的国家。

周莲英逐渐意识到，刺绣不仅是谋生的技能，更是一种民族文化。她应该通过自己的刺绣作品，将彝族文化展现在更多的人面前。周莲英不再满足于县城的市场，她要寻求更大的市场。1996 年，周莲英带着自己的刺绣品来到了昆明，这是她第一次走出南华县城。一家小店的老板要了周莲英随身携带的全部刺绣品，并跟她协定如果卖得好就签订长期合同。几个月后，周莲英再次来到昆明。老板欣喜地告诉她，她的刺绣品很受欢迎，卖得很快。这一次，周莲英赚到了 300 元钱。她没有想过，几双鞋垫、几个挎包可以赚到农耕一年的收入。她对刺绣的前景充满了信心。

周莲英回到家里，跟丈夫商量要专心搞刺绣。丈夫很支持她的决定，于是周莲英成了全村第一个白天不下地专职搞刺绣的人。在周莲英看来，仅仅会绣还不行，那只是一名绣匠的阶段，要会画、会剪、会设计，懂艺术会创作才能成为刺绣大师。她在图案设计和色彩搭配上有着独特的见解和思维，什么面料配什么绣花、什么颜色搭配什么图案她都了然于胸，绣出来的图案造型和色彩搭配结合得十分完美，自然也很畅销。进入21世纪，周莲英一家就刺绣单项一年的收入就已超过了1万元，凭借勤劳智慧走上了致富路。

一人富了不算富，周莲英想到了身边需要帮助的乡邻们。周莲英向乡邻们介绍自己的成功经验，并劝说姐妹们像她一样通过刺绣发家致富。可是，农村人不离土不离地的观念转变不过来，姐妹们又自叹不如周莲英的刺绣技艺高超，她们害怕刺绣赚不到钱，反而荒了土地。周莲英只好通过另外的方式给予帮助。谁家有人生病了，她就跑去帮助料理家务；谁家经济碰到难关了，她就送米送菜，并提供无息借款……

2003年，周莲英因其勤劳致富的事迹和关心邻里的热情被推选为龙川镇党代会代表。作为党代表周莲英深感自己肩上的责任重大，她时时刻刻提醒自己是一名党员，要随时随地体现党员的先锋模范带头作用，做好党与人民的信息员，不辜负乡邻的信任和厚望。周莲英在党代会上提出要充分发挥农村党员的先进性，采取帮扶结对的方式，先富带动后富，改变贫困户“等、靠、要”的思想，帮助他们找到适合自己的致富路。她还提出政府应采取措施保护民间工艺和民族文化，充分挖掘传统民间工艺这支奇葩。

2006年，借着新农村建设的东风，南华县县委、县人民政府决定利用岔河良好的自然资源优势和深厚彝族文化底蕴，打造自马鞍山至新村6个村民小组的“咪依噜风情谷”新农村示范带。随着丫口村新农村示范点的建设成功，到岔河村旅游观光的游人越来越多，并纷纷表示出对彝族传统刺绣的浓厚兴趣。彝族女子个个会刺绣，彝族刺绣也深得游客青睐，却没有人把刺绣当作致富经来颂。周莲英思索着怎样改变这种状况，把刺绣的经济效益更深层的挖掘出来。

周莲英的想法与村妇女主任周荣秀的想法一拍即合，两人经过商量决定创立一个刺绣协会，采取“培训+协会+农户+订单”的方式，将刺绣这一传统民间工艺推向更加广阔的市场，同时带领广大农村妇女走出一条致富的新路子。

2006 年 4 月 26 日，“彝族民族刺绣协会”正式成立了，第一批会员由 42 名妇女组成。周莲英毛遂自荐担任了刺绣协会的秘书长。她把自己多年积累的刺绣技术毫无保留地传授给了协会的会员并致力于刺绣技术上的创造发明。彝族刺绣是以挑花为主，扣花和十字绣为辅，挑扣结合。原来的扣花要扣两次线，穿三回针，费时费力，经过周莲英的摸索改进，现在一扣一穿就能完成。

周莲英深知彝族刺绣虽有特色，但必须与时代接轨才能有更大的市场。于是，她带领协会成员到昆明、丽江等地参观培训，领略其他民族刺绣艺术的魅力，在比较中提高协会成员的市场意识。她还请来专门的设计师对协会成员进行花样设计、色调搭配等方面的培训，以提高协会成员的自主创新能力。经过培训和周莲英的指导，协会成员不描样，不画线，凭着聪慧的头脑和灵巧的双手，就能够绣出色彩斑斓、形态各异的图案。为了增强协会成员的竞争意识和创新意识，周莲英让会员们自行设计图样，并统一拿到市场上卖，谁的设计受欢迎就采用谁的设计，被采用的图样设计者可以优先选择订单数量并有一定的奖励。

彝族刺绣协会已经与省文化馆及多家服饰店签订协议，定期向他们提供刺绣品。还有些厂家在向刺绣协会下订单的同时，提出自己的图案、款式等要求，协会成员通过集体研究一一满足了客户的要求，并按时交付订单。现在协会外销的刺绣品包括绣花鞋、带花鞋垫、民族特色帽子、民族服装、裹背、荷包等。为了增进刺绣品的实用性，协会成员还把刺绣应用到了生活用品上，比如刺绣枕头、休闲包、钱包、女式挎包、沙发垫子、书本封面套子等。在刺绣协会的帮助下，每个会员一年内给家庭增加了 6000 元左右的收益。

周莲英在号召协会成员提升刺绣技能的同时也没有忘记加强自身的学习和钻研。她对彝族服装进行了改良，不仅质量好而且设计独特，做工精细，尽管价格有些贵，但喜欢的人还是不少，据说曾有人先后从她这里买走了 12 套手工制作的彝族服装。她还经常留意电视、报纸上的一些信息，通过一些花纹刺激设计灵感。一次，她看到一个电视节目的背景是一个大大的“福”字，她想到邻村的汉民房屋墙壁上都写有“福”字而且形态各异，彰显了文明古国的文字艺术。她就想能否应用刺绣手法绣出一些具有意义的汉字呢。

此后她花了3个月的时间绣了一个1平方米左右的大“福”字，字体苍劲有力，这一个“福”字卖到了近2000元。

2007年1月1日，南华“咪依噜风情谷”正式开谷。政府加大了对民间传统手工艺的保护力度，把发展刺绣产业作为调整经济结构的增长方式。通过文化旅游市场的拓展，刺绣市场的培育，逐步形成了刺绣产品生产、流通的新平台，营造出旅游产品开发拉动，文化产业蓬勃发展的新局面。

在新农村示范带的建设过程中，政府提出了以农家乐为载体的旅游发展模式。于是，周莲英联合本村14户群众户均出资1万元创建了“脚楼寨”农家乐。

周莲英还将刺绣艺术应用到了“脚楼寨”的装饰中。走在“脚楼寨”，随处可见做工精细而又充满彝族风情的手工刺绣品。周莲英还在“脚楼寨”下开了一家“民族刺绣品商店”专供游客们选购纪念品。小小的商店里，琳琅满目地摆满了各色手工刺绣品，是彝族文化和民族风情的凝聚地。

周莲英根据国内外彝族刺绣的需要，联系省内外客商销售彝族刺绣工艺品，不断为本村妇女拓展市场空间，也为协会成员在彝族刺绣的创新上提供条件，使彝族刺绣既保持传统也不落伍，顺应时代潮流的方向发展而发展，确保彝族刺绣在保持传统的基础上有所创新，促进特色的彝族刺绣健康快速发展。

点评：

跑运输是极其辛苦而又危险的，紫建勋从17岁开始跑运输，历经八年的时间有了自己的车队，年收入超过20万元。他是感恩图报的，时刻不忘曾向自己伸出援手的乡邻们，自己致富的同时带动周围农户掀起了从事运输业致富的热潮。

李树明小学尚未毕业，却闯出了一条月琴制作致富的道路，更打响了“镇南月琴”的名号。他通过二十年不懈的努力和艰苦的实践，摸索出了一套月琴制作技艺，并创新了独具特色的立体月琴，成为南华地区的“镇南月琴第一人”。

周莲英自己致富的同时还带动全村妇女共同走上刺绣之路，整体上带动了岔河村经济的发展，并将彝族刺绣作为一种民族文化弘扬开来。

十八、旅游业主

“农家乐”是经济社会由温饱水平向小康水平迈进过程中，在大中城市城郊结合地区应运而生的一种经济现象。它通过“吃农家饭，住农家院，做农家活，娱农家乐，购农家物”吸引向往自然的城市居民。南华“咪依噜风情谷”自然风景优美，生态良好，环境清幽，彝族风情浓郁，其旅游文化定位就是“观赏自然风光、体验彝族风情、品味彝家美食”。风情谷内共设11个旅游接待点，可以说“家家点灯，户户冒烟”。本篇所介绍的14个经济人物大多参与了农家乐的开办，因为有些人物在其他产业发展方面更具代表性，便不再将其纳入本部分赘述，这里只选取了4家具有代表性的农家乐，介绍了它们的带头人。

（一）“彝族文化生态村”的联合开办代表——周开琼

周开琼，1981年生，彝族，小岔河丫口村人。云南省第十一届人大代表，楚雄彝族自治州第十届人大代表。2002年带头创办农家乐，2006年4月带领全村6户群众联合开办“彝族文化生态村”，至2007年6月营业收入达120万元，户均纯收入7万余元，带领群众走上共同富裕的道路。

家住小岔河丫口村的周开琼，是一名普通的农家女，她从一名经营“农家乐”的女农民，经过7年的艰辛创业，成为今天全村群众交口称赞的女致富带头人。

1997年，周开琼初中毕业后进入县政府招待所打工，先后在客房部、餐饮部工作。2000年，她回到家乡，另谋生路。

在一段时间思考之后，一个大胆的想法在心里产生：与其白眼观望，承传着传统的民族习俗“日出而作、日落而息”爬山下田的辛苦劳作，倒不如利用家乡的资源优势在自家庭院里经营地方特色农家乐，吸引更多的游客走进来。这样一方面可以把岔河村的特色资源以及彝族的特色文化介绍出去，另一方面，自己也可以干出一番事业增收致富。当然，这也算实现了自己当老板开办饭馆的愿望。

周开琼的想法得到了父母和丈夫的大力支持。说干就干，她申请了1万元贷款，将自家房屋粉刷一新，购买了桌椅、餐具和一些装饰品，就这样，一个简单的“农家乐”在周开琼自家的庭院里诞生了。

第一年，周开琼一家彻底实现了脱贫致富，仅农家乐一项就收入2万余元。周开琼的生意越做越红火，但她并不满足已经取得的成绩。2003年，她与家人商量后翻盖了新屋，增设了一些当时彝家人不敢奢望的现代化设施，又把自家承包的田地改建为停车场解决了客人的车子没有地方停靠的问题。这次整修花光了周开琼前两年开办农家乐的全部积蓄。农家乐的规模扩大了，但是这一年周开琼却没有盈利。原来农家乐的客源很不稳定，往往你在家等几天都没有客人来，而估摸着没有客人来，到山上采野生菌补充食材的时候，客人却来了，扑了个空。

此时，周开琼一家的田地基本上都被停车场占用了，农家乐成了唯一的收入来源，她已经没有退路，只能在开办农家乐这条路上创新。

接连几个夜晚都是无眠，从小一路顺利的周开琼遇到了人生路上的第一个关卡。一天，一位游客的烟抽完了，问附近哪里有商店。游客的询问让周开琼灵光一闪，商店！在岔河村，村民们的吃穿基本上都是自产自销，一些生活用品都是到县城的集市上购买，去一次集市就把近一两个月需要的东西买齐了，因此，在岔河村没有人想到要开办商店。而现在自己搞农家乐，游客都是从外面来的，需要购买东西就很不方便。

于是，周开琼在庭院的一角搭建了一间木垛房，开办了一个小小的商店，主要经营饮料、烟、小食品等。她还琢磨着，外地的客人来了总想带点有民族特色的纪念品回去。心灵手巧的周开琼自幼学得一手刺绣的好功夫，这次又有了大显身手的机会。她利用招呼客人的闲暇时间绣了一些荷包、鞋垫，摆到商店的柜台上。游客们很是喜欢这些颇具民族特色的东西，刺绣品常被一抢而空。这极大地鼓舞了周开琼的干劲儿，她劝母亲放弃剩余的那点儿田地，待在家里专心做刺绣。一方面避免劳累使得早期落下的风湿病加重，另一方面刺绣品还可以给家里增加部分收入。

2006年，县委、县人民政府通过大量的调研决定利用岔河良好的自然资源优势和深厚彝族文化底蕴，抓住建设社会主义新农村的良好机遇，把加强农村的党建工作与新农村建设有机结合起来，打造自马鞍山至新村6个村民小组的“咪依噜风情谷”新农村示范带。3月，经组织研究确定将地理位置优越的小岔河丫口村作为新农村示范带建设的示范点。周开琼在示范点的建设过程中起了很好的模范带头作用，她服从安排，认真做好家人的思想工作，按建设规划要求，将120多平方米的自留地、300多平方米的承包地让出来支持建设，现在“彝族文化生态村”的跳歌场、烧烤房、娱乐场、公厕都是建在她家让出来的土地上，并主动搬出3间畜厩作为到跳歌场的通道。为了不影响全村工程的施工，周开琼便自己出钱请人帮忙做畜厩的搬迁工作。在周开琼的带动作用下，全村人都积极支持政府的建设工作，自愿出劳力，不计报酬协助建设队施工。以整治村容村貌为重点的丫口村示范点建设仅仅用了1个多月的时间，为“南华县新农村建设启动会”提供了很好的现场参观点，成为楚雄州第一个新农村建设示范点。

致富思源，富而思进。周开琼致富不忘村邻，她把济贫慈善当作人生的追求，也作为自己的事业。为了让父老乡亲都过上幸福文明的日子，周开琼利用自己的“农家乐”已有稳固根基这一优势，挨家挨户做丫口村6户群众的思想工作，免费提供设备及场所，以“共同出资、均等出力、平均分红”的方式联合创办了“岔河民族生态村农家乐”，也就是现在的“彝族文化生态村”。她还组织本村有志青年外出开阔视野，增长见识，到大理、丽江等地参观考察，让他们实地了解旅游地区与传统农业地区的区别，有意增强他们的差距意识和市场意识。“彝族文化生态村”创办第一年共接待游客10万余次，最高纪录一天接待73桌游客，营业收入达120万元，户均纯收入7万余元。

也是在这一年，周开琼因其在新农村示范带建设过程中表现出来的模范带头作用和其凭借勤劳智慧带领群众致富的事迹，被推选为楚雄彝族自治州第十届人大代表。

2007年3月，周开琼又被推选为云南省第十一届人大代表，是楚雄州代表团最年轻的人大代表，也是来自楚雄州基层的唯一一位农民代表。

周开琼在会议期间认真研读政府工作报告，尤其是关于新农村建设的章节，她要把会议精神带回家乡，让村民们也感受到党和政府的关怀。在会议间隙，她还不忘抓紧时间在昆明考察，她要为家乡的生态农家乐带回更多新的经营观念和高质量服务方式。

作为女致富带头人，周开琼不忘维护妇女权利。在她的倡议下，妇联等相关部门结合妇女特点，开展了创建“巾帼示范村”活动，提高了妇女的自身素质，强化了市场意识，增强了发展能力。现在的丫口村男人在家里负责采购、做饭等后勤工作，女人们则被推向前台，凭借女性特有的亲和热情，搞起了旅游接待，使妇女找到了自己的位置，真正撑起了半边天。

周开琼仍想继续扩大“彝族生态文化村”的经营规模，她规划着在后山上建几座竹楼，再增加一些娱乐设施，打造一个准度假村。她说，岔河村的发展方向是要打造一个融“现代风情与民族特色”为一体的度假村，但是我们目前没有那么多资金，也不具备这个能力，更加缺乏懂管理、会经营的人才，只有一步步地慢慢发展。她还计划做一本宣传册子，把岔河村11个旅游接待点的特色一一展示出来。

（二）带领群众集资开办“起家大院”的先锋者——起贵才

起贵才，1972年3月生，1996年4月加入中国共产党，彝族，大岔河人，现任村党总支委员、村委会文书。新农村建设期间，带头对自家房屋进行改造装饰，带领本村5户群众集资开办“起家大院”农家乐，带领群众走上了共同富裕之路。

起贵才是我们采访到少数几个在城市生活过几年的农民之一，在初中毕业后他先在家过了一段时间的种田生活。1987年，日本人寻根来到了岔河村，随后日本女子学院副教授横山广子在自己的书中介绍了岔河彝族的民俗风情。一时间，名不见经传的岔河村声名鹊起，各国专家学者也先后到岔河村采风、考察。岔河村丰富的野生资源引起了相关部门的注意，野生菌的经济价值也体现了出来。

起贵才就在邻居大伯的带领下，做起了收购野生菌的生意。每天上午走村串户的收购野生菌，回来后按照菌子的种类和大小分好类，下午再运到县城的收购站上销售。倒卖野生菌的生意，使得岔河村一些人致了富。但是菌子生意却只限于每年的6—12月，其他时节就闲了下来。起贵才开始琢磨野生菌之外的出路。

1989年，在县民委牵头下，政府提供了到楚雄州民族中学边打工边学习烹饪的机会。起贵才心底的“厨师梦”重新燃烧了起来，可是看看辛劳的母亲，刚刚伤愈的父亲还有正在读书的弟妹，他犹豫了。知子莫若父。父亲了解起贵才心中的渴望，也看出了他的疑虑。父亲主动承揽了野生菌的生意，让起贵才安心踏上了圆梦之路。

楚雄州民族中学是1981年云南省首批组建的全省十九所民族中学之一，是全州唯一一所全日制寄宿制民族高级中学。学校有着鲜明的民族特色，并始终坚持面向山区、面向民族、面向全体的办学宗旨。学校自开办以来，每年都会给贫困地区的少数民族学生一定的优惠政策，给他们提供半工半读的学习机会。起贵才就是在这种政策的照顾下，才得到了这个宝贵的学习机会。

初次来到一个陌生的城市，起贵才很不适应。但他也被学校里其他民族的民族风情所吸引，苗、白、回、壮、傣、满、傈僳、哈尼、蒙古、纳西……这是起贵才第一次接触彝族和汉族之外的民族，各民族艳丽的服饰将学校装饰得像一个盛大的演出会场。在这里，起贵才了解到了不同民族的文化特色，也知道了一些民族的禁忌，更深刻地体会到了要尊重其他民族的民族习俗才能够保持民族间的和睦相处。

1993年，起贵才完成了在楚雄州民族中学的学业，回到岔河村，但是起贵才并不想过“日出而作，日落而息”的农耕生活，忙忙碌碌，一年从头辛苦到尾，却只换来微薄的收入。他把目光盯在了岔河村丰富的自然资源上。

荞麦，是彝人最早种植的粮食作物之一，它伴随着彝人的休养生息，给彝人带来了人丁兴旺。每到耕作季节，彝人们就撒下荞种，待秋后收下一筐筐的荞麦。彝族种植荞麦的历史悠久，但是数百年来，岔河村的村民只是把它当作一种粮食，却不知它极高的经济价值和药用价值。荞子分为苦荞和甜荞两种，是酿造苦荞酒的主要原料。由于荞麦中含有很高的药用成分——生物类黄酮、芦丁，以及大量的铜、硒等元素，因而常饮苦荞酒可以预防糖尿病、高血脂、冠心病、风湿病等，还可以强筋骨、健脾胃。另外苦荞酒色相纯正、清香自然、入口微苦、回味甘甜、蕴味爽洌，饮后不上头，深得人们的喜爱，市场非常大。于是，起贵才就四处联系酒厂，与酒厂签订收购荞麦的合同。满山的荞麦立即变成了摇钱树。时值中秋节临近，看着市场上各式各样的月饼，起贵才心里产生了制作苦荞月饼的想法。苦荞药用价值如此之高，可以将月饼皮和馅中加入苦荞粉，作为一种健康食品必定大有市场。后来，事实证明起贵才的想法是正确的，2006年的苦荞蛋黄月饼、苦荞火腿月饼、苦荞伍仁月饼一上市就被抢购一空。但在当时没有一家制造商敢冒险生产这种苦荞月饼。

通过倒卖荞麦，起贵才带领部分村民摆脱了贫困。他本人也被推选到村委会担任林管员，成为村委会最年轻的成员。

荞麦要种在火烧地上才会长得好，村民们每年砍倒一片杂木林晒几天就烧，烧了之后就在树之间的空地上种上荞子，这就是刀耕火种。火烧后的地在两年后就会失去肥力，影响荞麦的收成，砍过的杂木树桩也发出枝，影响荞麦的生长。村民们就会舍弃这块地再开垦新的火烧地。火烧后的林地肥力和森林可以在三四年的时间内恢复，因而刀耕火种并不会对森林造成很大的危害。但是，随着人口的增长，开垦林地的耕作强度和持续时间都增加了，从而加剧了林地土壤的侵蚀，严重损害了森林植被的再生和恢复能力。起贵才担任林管员后，通过学习相关文件，了解到国家早已明令禁止刀耕火种。于是，起贵才挨门挨户地讲述刀耕火种的危害，劝说村民放弃这种传统的耕作方式。

2000 年，随着《彩云之南》的播出，岔河村更加声名鹊起。各地的游客、学者纷至沓来。起贵才暗暗看好了岔河村旅游业发展的前景，他的想法与村委会领导不谋而合。岔河村处处青山绿树，环境幽美，却算不上一个特色十足的景点。这也是县政府认为岔河村发展旅游业不成熟的一个原因。起贵才并没有因此而放弃发展旅游业的想法，他时刻在琢磨着将岔河推向外界的方式。

而此时，丫口村周开琼的农家乐正搞得红红火火，并帮助她走上了致富路。起贵才便向领导提议可以将岔河村的自然风光和民族风情糅合在一起，作为发展旅游业的切入点。起贵才的提议得到了上级领导的响应，随后村委会干部随着龙川镇领导到昆明、丽江等旅游城市考察学习，并确定了依附于岔河村浓郁的民族风情的以“农家乐”为载体的乡村旅游发展形式。

2006 年，借着新农村建设的东风，县委、县人民政府决定利用岔河村的自然和人文优势开发以原生态彝族文化为支撑的南华“咪依噜风情谷”。起贵才积极响应政府号召，带头对自家房屋进行改造装饰，带领本村 5 户群众集资开办“起家大院”农家乐。

“起家大院”的创办过程并不是一帆风顺的，首先面临的就是改变村容村貌的问题。以前的岔河村人畜混住，一间屋子一边住人，隔上一道篱笆墙另一边就养鸡或养猪。虽然这些年这种人畜混住的现象已经很少见了，但是畜厩依然紧挨着住房，而且随意搭建而成，极不规范。实现人畜分离 30 米以上，是起贵才的第一个目标。在他的说动下，拆除了全村 17 个不合标准的畜厩，统一盖了标准卫生的猪圈和鸡舍。

起贵才又带领群众对住房进行了大清理，并统一粉刷装饰，形成“起家大院”独特的风格。他还请来阿鲁碑的唢呐队助兴，迎宾的时候吹奏“迎宾调”，酒宴的时候吹奏“敬酒调”，送客的时候吹奏“送客调”…… 将彝族文化淋漓尽致地展现在宾客面前。

“起家大院”开办第一年，营业收入达120万，户均纯收入8万元。起贵才通过自己的努力带领群众走上了致富路。现在“起家大院”已经有20多个工作人员，平均每天十一二桌客人，生意很是红火。

提到岔河村今后的发展，起贵才说以“农家乐”为载体发展旅游业，再通过旅游业的发展带动其他产业是一个很好的发展模式。但是必须要认清，岔河村旅游业发展当前存在的问题。一是农民素质差，根基弱。要把当地农民转型为服务性人员存在困难。二是管理跟不上。岔河村目前的农家乐，在管理方面存在很大的缺陷，各方面都没有形成一定的标准，工作人员也没有固定岗位，极易引发内部人员的矛盾。三是扩建缺乏资金。岔河村农家乐的发展方向应定位在“餐饮—住宿—娱乐—体验民情”一条龙服务上，这就需要深挖民族特色，又需要大量的资金投入。

（三）集食宿娱乐为一体的“彝人客栈”的开办者——周开富

周开富，1974年2月生，2007年9月加入中国共产党，彝族，小岔河人。现任岔河乡村旅游协会会长。2006年，自筹资金52万元开办集食宿娱乐为一体的“彝人客栈”农家乐，年纯收入达25万元以上。

南华县“咪依噜风情谷”是南华县政府打造的以“农家乐”为载体的乡村旅游示范带。在这里可以“吃农家饭，喝农家酒，听彝族调，跳左脚舞”，风情谷内共有11个旅游接待点，这些农家乐都是以“政府投资+村委会集资+个人出资”的形式开办的。其中多数农家乐采取村民“平均出资、共同出力、均等分红”的联合经营模式，唯有“彝人客栈”一家是个人出资独户经营的。

“彝人客栈”的老板就是刚满33岁的周开富。周开富只有小学文化，儿时随着父亲做起了野生菌生意，后又从事中草药生意，凭借着野生菌和中草药两桩生意，让他家很快走上了致富路。在本书第二部分中也对周开富家的经济情况做了详细的介绍，从1998年在饭店所经历的“食物中毒事件”，从最初野生菌被“封杀”到最后找出食物中毒的原因，真相大白，恢复声誉。周开富的野生菌被“放行”后因祸得福，赢得了饭店的信赖，越来越多的饭店向他订购野生菌，他的野生菌生意也越来越好。

而随着2004年岔河村声名大噪，岔河村丰富的野生菌资源也随之扬名，导致野生菌需求市场也越来越大。周开富的野生菌生意走进了县城，并在南华县城租了间店铺，做起了野生菌收购者与野生菌加工厂的中间人。

2006年，借着新农村建设的东风，县委、县人民政府决定利用岔河村的自然和人文优势开发以原生态彝族文化为支撑的南华“咪依噜风情谷”，将岔河村开发成以“农家乐”为载体的生态旅游村。政府鼓励村民们从农耕型农民转型为服务型农民，并号召从岔河走出去的村民回乡创业。周开富看到新农村建设的示范点——丫口村彝族生态村的生意很是红火，党和政府又花这么大的力气帮群众致富，他心动了，决定回乡开办农家乐。妻子罗开芬非常赞成他的想法，支持他回乡创业为岔河村的经济发展贡献一分力量。

有了想法就要见诸行动。周开富决定将农家乐盖在自家的老宅上。这座老宅原来是一片洼地，有些地方深达5米。修建南永公路的时候，部分农户需要拆迁，周开富就分到了这块地。这块地紧靠南永公路，具有绝佳的地理优势。至于农家乐的名字，周开富更是动了一番脑子。最初拟定的名字是“岔河人家”，可总觉得这个名字不够响亮。妻子罗开芬又给出了意见。她说，咱们的农家乐是依托于彝族文化，天下彝族是一家，不如叫“彝人客栈”吧。

2006年6月，周开富拿出了30万元积蓄，又向亲朋好友借了一部分钱，再以房产作抵押贷款10万元，“彝人客栈”正式动工了。2个多月的时间，占地400多平方米的“彝人客栈”落成了，成为岔河第一家集餐饮、住宿、娱乐为一体的农家乐。为了改善农家乐环境，周开富积极协助村委会改水改厕，清除卫生死角，拆除违章建筑，为旅游让道，确保农家乐的卫生环境。他还在饮食“安全卫生”上下功夫，投入近8万元购置了食物冷藏、餐具清洁等设备，配置了新的餐桌、餐凳。

“彝人客栈”开业第一年营业收入达180万元，日均接待游客20桌，月纯收入达4万元。

2007年，伴随着南华“咪依噜风情谷”正式开谷，周开富组织11个旅游接待点的带头人成立了“乡村旅游协会”，并担任会长。协会成员将岔河村的风土人情总结为“南华咪依噜风情谷‘十怪’”，给游人留下了深刻的印象。旅游协会还倡导农家乐的食材全部取自周边山村喂养的野猪、山鸡、黑山羊等，一方面这些牲畜都是无饲料喂养的，要让游客体验真正的“原生态”饮食；另一方面可以通过旅游业的发展带动周边山村养殖业和种植业的发展。周开富还提议旅游协会对村里的困难户进行扶贫帮助，优先接纳困难户家庭做农家乐工作人员，对于有意加入农家乐经营的，可以减免出资金额，分红后再补足。

关于“彝人客栈”的发展，周开富仍想扩大规模，并提出了进一步改善住宿条件和发展“餐饮—住宿—娱乐—采摘—围猎”一条龙服务的想法，希望开发出更多的旅游景点，让客人流连忘返。2007 年 9 月，贾庆林主席到云南视察，做客于周开富的“彝人客栈”。交谈过程中，贾主席不断地称赞“彝人客栈”颇有特色，并指出政府应该在鼓励农民走出去学技术、学本领的同时，更多地鼓励他们回乡创业。

（四）“水景房饭庄”的联合开办者——紫发富

紫发富，1972 年 9 月生，1996 年 4 月加入中国共产党，彝族，新房子人，现任新房子村民小组长。积极支持村容整治、景观建设。2007 年 4 月带领全村 14 户群众联合开办“水景房饭庄”，后因管理出现问题，“水景房饭庄”于同年 9 月歇业。

进入“咪依噜风情谷”，会被一番美景所吸引：水车吱吱嘎嘎的转动，水流淅淅沥沥的倾泻而下……这就是水车景观，是“水景房饭庄”的一大标志性建筑，但是由于内部管理问题，“水景房饭庄”仅开业三个月就停业了，只剩下饭庄外不停转动的水车……

这个水车景观的提出者就是现任新房子村民小组长的紫发富。

1992 年，刚满 20 岁的紫发富被推选为新房子村民小组的副组长，这一干就是 14 年，直到 2006 年老组长因身体原因卸任，他被提拔为组长。村民小组长官不大，事却不少。邻里间的纠纷找他出面调停，小两口闹矛盾了也找他协调解决。政府出台了政策，他要挨门挨户的传达；上级下达了指令，他要挨家挨户的监督实施。不管是哪个村民有困难，紫发富都会在第一时间赶到，风雨无阻，村民就给紫发富起了个外号——“村里的小保姆”。

2006 年，县委、县人民政府紧紧围绕社会主义新农村建设的目标要求，结合岔河村的实际情况，确定了岔河村以“农家乐”为载体的乡村生态旅游发展方向，并通过旅游产业的发展带动其他产业的发展。随着南华“咪依噜风情谷”新农村示范带的工程启动，紫发富带领村民们装饰墙面，硬化路面，修建水渠，拆除影响交通的畜厩，使村容村貌发生了明显的变化。新房子地势高，在村口有一股水顺着山势流淌下来，长年不断。紫发富就想着利用这股水流，建造一个景观。最开始的时候利用这股水流和地势，建了一个瀑布，可是毕竟水量有限，在远处根本欣赏不到。某天晚上，紫发富在电视看到一个介绍兰州水车的宣传片，便想到将这股水流建造成水车景观。上级政府很赞同紫发富的提议，投入十万元建造了如今的水车景台。

“水景房饭庄”开办之初，生意还算红火，平均每天接待十二三桌。渐渐的，生意便萧条了。原因是新房子没有停车场，游人自驾车来了之后没有地方停车，只能将车停在 3 公里外的丫口村停车场，如此一来很多客人便不愿再折回“水景房饭庄”就餐。另外，农家乐没什么娱乐设施，客人吃完饭后只能打麻将、玩牌，来过之后觉得不好玩，回头客很少。

另外，“水景房饭庄”内部也存在很大的问题。首先，服务人员素质低。虽然开办农家乐之前对各家工作人员进行了专门的礼仪培训和服务培训，但是力度仍然不够，村民们的接受能力也较差，在短时间内很难转型。其次，管理无序。由于 14 户平均出资，均等分红，在权利范围上是平等的。遇到问题，村民们会有“等、靠”的思想，不愿意比别人多出力，还经常发生在客人面前斗嘴的事件。再次，分工不明确。没有固定的厨师，各户做菜的手艺不同；没有专门的会计，钱财集体管理，容易出差错。最后，卫生环境差。村里的鸡没有圈养，狗没有拴着，它们到处乱走，粪便也随处可见。

在“水景房饭庄”营业的最后一个月，纯收入只有 3000 元。平均到 14 户，每户每天的工资也就 7 元，而出去打小工一天也有 20 元的收入。村民们对开办农家乐失去了信心。9 月份，“水景房饭庄”在开业 4 个月后被迫停业了，只剩下村口的水车还在吱吱嘎嘎地转动。

“水景房饭庄”的失败，并没有影响紫发富对农家乐发展的信心。他说，随着人民群众物质生活水平的不断提高，越来越多的城里人愿意“吃农家饭，品农家菜，住农家屋，享农家乐”，乡村旅游具有很好的发展前景。但是目前岔河村的农家乐规模小、分布散、经营单一、发展无序，“村村点火，户户冒烟”的现状，影响了农家乐旅游的深度发展。农家乐旅游经营户应该主动联合起来协作经营，实施统一包装对外促销，形成一定的规模和品牌。在经营中互相协作、互相补充、互相协调，解决了一家一户难以解决的问题，增强农家乐旅游的经营能力。紫发富仍有开办农家乐的想法，不过要独自出资，独自经营，毕竟合伙人多了矛盾就多，管理难度就会加大。独资开办农家乐需要大量的资金，紫发富只好通过其他渠道增收来赚取开办农家乐的本钱。

2007 年 9 月，紫发富花了 3 年的积蓄买了一辆卡车，跑起了运输。紫发富出车很勤，车磨损得很快，毛病也越来越多。紫发富不想冒险，就将这辆在不足 8 个月的时间给全家挣来近 3 万元收入的卡车卖了废铁。

2008 年 5 月，紫发富投入 3.2 万元，买了一辆载重量达 3.5 吨的卡车。为了买这辆车，全家人又过了一段紧巴巴的苦日子。但是先苦后甜，载重量大了，拉的货多，每趟的运输费也就高了。上路 3 个月已经挣得 1.5 万元的收入，再有 3 个月就可以挣出本钱了。

在岔河村，跑运输确实使一部分人富裕了起来。如今一半以上的人家都买了车，加入了运输的行列。紫发富说，虽然很多人通过跑运输、收购野生菌致了富，但是岔河村的主导产业还应该是旅游业，政府对此也投入了大量的资金。通过旅游业的发展不仅可以带动其他产业的发展，还可以加强对民族文化的保护和宣扬。

点评：

周开琼是妇女的楷模，她的成功再次证明了女人也能打拼出自己的天地。作为岔河村开办农家乐的先驱者，我们不得不佩服其独特的眼光和灵活的头脑。在缺乏政府支持的大环境下，能够将农家乐开办得如火如荼，其成功的生意经值得同行借鉴。周开琼的思路十分开阔，她很早就意识到了旅游业发展与生态环境遭破坏之间的矛盾，号召村民“退耕还林，保护生态环境”。

“起家大院”是岔河村的第二家农家乐，也是当前生意较为红火的一家。酒水和饮食是“起家大院”的一大卖点，这与起贵才的烹饪天赋是不可分离的。起贵才是幸运的，他爱好烹饪，机缘巧合地学习了烹饪，最终又从事了烹饪工作。他把对党和政府的感恩，化作对村民的关怀和帮助，带领村民倒卖荞麦致富，还将阿鲁碑唢呐推向了市场。

周开富有着精明的生意头脑，善于抓商机，拓市场。在村民们卖野生菌赚取微薄收入的时候他却收购野生菌半加工后再外卖，价格翻倍，扩大了利润空间。在岔河村民集资联合开办农家乐的时候，周开富选择贷款独资经营农家乐，并实行制度化管理。同时眼光长远，看好岔河村旅游业发展的强劲势头，提供“餐饮—娱乐—住宿”一体化服务，结束了游人到岔河村有的吃没的住的历史。

紫发富是作为一个“负面”人物出现在本部分中，因为其带头开办的“水景房饭庄”开业仅4个月就被迫停业了。“水景房饭庄”的失败让我们看到了岔河村农家乐发展存在的问题和隐患，促使我们去寻找最佳的发展模式。紫发富本人是坚强不屈的，他并没有因农家乐的失败而灰心丧气，相反，将精力投入到了运输业，并对“水景房饭庄”的失败进行了剖析，准备东山再起。

经过调查我们了解到，南华“咪依噜风情谷”内的农家乐总体上看来，规模小、分布散、经营单一、层次不高、发展无序、接待能力差、娱乐项目少，开谷一年半来11个旅游接待点的盈利状况并没有达到预期水平，当前已有三家被迫停业。可见“农家乐”发展的背后存在不少的隐忧。

笔者认为，这个时候政府要介入加强政策引导和发展方向引导，规范经营中出现的不正当行为，为其发展创造一个公平竞争的环境。风情谷内的农家乐可以联合起来协作经营，建立起农家乐服务中心站，实施统一包装对外促销，并制定统一的规范标准，以形成一定的规模和品牌。此外还要增设特色服务，充分利用岔河村的自然优势，开展“种植、采摘、围猎”等活动让游客真正的“娱农家乐”，以争取客源。

十九、教育文化传播者

（一）从教十八年的“教师之星”——起永亮

起永亮，男，彝族。1976 年 4 月出生。1995 年从楚雄民族师范学校毕业，分配到南华天申堂初级中学任教，2000 年，调入南华县海子山中学。从教十八年来，始终坚持以人为本，深入了解学生，建立了亦师亦友的师生关系，并通过不断学习钻研，教学水平也在不断提高，这些年的教学成绩在全县名列前茅。

起永亮，1976 年 4 月出生于南华县龙川镇岔河村委会阿鲁碑村。祖辈世代居住于此。

1983 年 9 月，刚满 7 岁的起永亮，在全家人的支持下进入岔河小学念书。刚上四年级时，由于大哥自师范毕业后在教育局工作，在大哥的建议下，起永亮进入南华县龙川小学继续学习。1988 年，起永亮进入南华一中上学，并于 1991 年毕业。毕业后没能考上中专，他想复读，但家里已无力承担自己的学习费用，因此，起永亮只好在家复习。第二年，起永亮再次参加中考，功夫不负有心人，他成功被楚雄民族师范学校录取。1995 年 6 月，起永亮于楚雄民族师范学校毕业，被分配到南华天申堂初级中学任教。在最初的一段时间里，他的感触颇多。一方面，他深感知识学问浩如烟海，使得他有时不得不昼夜苦读，弥补自己所欠缺的知识；另一方面，他也深刻认识到，要想成为一个好老师，不仅要学识渊博，其他各方面如语言、表达方式、心理状态以及动作神态等也是一门学问。说到那些年的经历，起永亮老师也跟我们提到，备课也是一项艰巨复杂的工程。备课时不仅要对自己所讲述的内容熟悉掌握，而且既要面面俱到又重点突出，这样才能在有限的上课时间里，完成自己的授课任务，并使学生能够更好地掌握所学知识。每一节课，都会让他学到很多东西，有时候课上同学提问的一些问题，都能够激发他思考出新的授课方向。这样，他在不断的学习和总结中也积累了很多上课的经验，思考出有效的教师教学的技巧。

在起永亮看来，一个好教师的基本要求：首先是“学识高”，也可以理解为学问高。其次，就是“其身正”。学问可以通过语言和课堂来传授和培养，而在为人处世方面，则是身教重于言传，说得好不如行得正。

而在这几年的教学过程中，虽然深得学生的信赖和喜欢，但起永亮发现自己的教学水平、知识等方面存在很多的不足。于是，他利用假期，在云南教育学院参加函授学习，教育理论与教学实践的结合，让他对教育教学的方式及方法有了新的领悟。不仅使他懂得了很多科学的教学方法，不断改进和提高着自己的教学水平，而且也学到了很多处理学生问题的方法和技巧。经过不断的努力和学习，起永亮取得了专科文凭。

2000 年，起永亮被调入南华县海子山中学，主要教授“思想品德”和“历史”两门课程。在这里，虽然新的教学环境让他觉得有些陌生，但此时的起永亮，也积累了很多的教学经验。面对教学中的一些难题，也能轻松解决了。班上的同学都很喜欢他的上课方式，他们保持着亦师亦友的关系，这让他的教学工作进行得更加顺利了。而在这个教师教学平台上，起永亮再次发现自己的教学技巧、知识积累等方面存在一些不足，为此，他又到中央电大参加函授学习，取得了本科学历。

这一阶段的函授学习，让起永亮学到了很多更加科学的教学方法和教授技巧。在教学的过程中，他明白，课堂授课是一项组织性的工作。学生的学习兴趣和课堂专注度，会对学生的学习效率和授课效果产生巨大影响。因此，在准确把握课堂重点的基础上，适宜地展示一下教学模型、图片、视频等，不仅能够缓解课堂上的紧张气氛，还能够增强学生们的学习兴趣，加强对知识的理解。同时，他也在不断改变他的授课风格，在课堂“略显乏味”的教学中适当增加幽默感和趣味性元素，以提高同学们的课堂专注度，让同学们能够轻松、愉悦地完成学习任务。

另一方面，起永亮也在不断思考着自己如何改进教学方法。于是，他积极参与听课、评课，虚心向同行学习教学方法，博采众长。从其他经验丰富的老师的课上，也使他逐步掌握了一些课堂教学的技巧。他也认识到，每一位老师都有自己独特的教学风格和教学思维，增加学生对老师教学内容和教学方式的认同感，是提高课堂教学效率的根本方法。因此，起永亮秉承“与生为友，以生为镜”的教学授课准则，把自己的学生当成一面镜子，从学生的反映中反思自己的教学方式，并和学生成为朋友，深入了解学生。在亦师亦友的愉悦环境中，对每一个学生进行因材施教，重点培养。

在十八年的教学生涯中，起永亮老师通过不断的反思和学习钻研，不断提高自己的学识素养和教学水平，十几年来，其优异的教学成绩让我们敬佩。另外，起永亮老师这种不断深入、不断进取的“学习精神”更值得我们学习。

起永亮老师是岔河村的新一代教育工作者的楷模，为他们提供了很多的教学经验和授课指导，培养着一批又一批的教育接班人。更重要的是，教师们精心培养出的一代又一代的莘莘学子，正在为岔河，为家乡，为民族的发展贡献着自己的力量。

（二）奉献于乡村教育的热血青年——李健梅

李健梅，1993 年出生，彝族，大岔河村人。高中毕业，虽然取得了不错的高考成绩，但由于某些原因，她放弃了自己的大学梦。今天，她志愿站在人民教师的讲台上，为岔河村的教育事业贡献着自己的力量。

李健梅家里共有 6 口人，父亲李树兴，主要从事鸡生意。母亲黑春香，主要从事蔬菜的种植，他家是村里蔬菜的直销商，家里菜园子里的蔬菜，都会拿去市集上出售。李健梅的哥哥李健明去年刚结婚，嫂子是从姚安嫁过来的，两人现在育有一女，名叫李凌薇，刚满 7 个月。在此之前，哥哥嫂子主要在外地打工，而现在由于孩子还小，哥哥嫂子就在家里带孩子，打理家里的核桃树，帮着父亲处理一些生意上的事情。

在李健梅小时候，由于村里的生活条件比较艰苦，家里的经济条件较差，她很小就已经学会做饭、洗衣服等家务活，为父母减轻了不少负担。

后来，李健梅到岔河春蕾小学上了小学学前班，并在岔河春蕾小学度过自己 7 年的小学时光。2005 年 8 月，李健梅小学毕业，到海子山中学念初中。三年过去了，李健梅以不错的中考成绩考上了南华一中，这是一所环境优美的学校，为李健梅提供了良好的学习环境。她学习刻苦努力，高考以后，虽然成绩尚可，但未被自己理想的大学录取，这个极具个性的女孩，放弃了就读的机会。

高中毕业后，有些失意茫然的她，突然想去外面的世界闯闯，虽然能够在昆明等地找到工作，但她在那里始终找不到自己的工作激情，生活中找不到自己想要的快乐。半年后，她回到了岔河村。后来，在一位老师的建议下，把她推荐到岔河春蕾小学，最开始，是以代课老师的身份被选入学校的。一段时间下来，她与同学们相处得非常融洽，同学们都很喜欢她。她告诉我们，那些小孩们都很可爱，课余时间里都喊她“梅姐姐”。

这确实是一份非常适合李健梅的工作，她也非常喜欢这份工作。因为对她的访谈、了解以及长期的联系，她成了我们的好朋友，从她的QQ空间、微博里，总能看到很多她与班上小朋友的合照，看着那些天真快乐的笑脸，我们很高兴，也很欣慰。虽然她在之前没有任何的工作经验，但学校里的老师们都会精心指导她，在一些小学教育的问题上，李健梅也经常去和校长、老一辈特别有经验的老师们学习、借鉴教学经验，自己目前的教学工作也做得很好，校长也很满意。过了几个月，由于教学工作上的需要，李健梅被分配到东城幼儿园，专门负责东城幼儿园与岔河春蕾小学之间的学校招生和学生升学工作。在幼儿园里，工作中需要更多的耐心和细心，而这份工作，对李健梅来说，既简单也充满了挑战。小孩子虽然可爱，但幼儿园的老师对于小孩子的教育工作也是很艰巨的。刚开始，她对这里的工作有些不太适应，心中总有种麻麻的感觉，好多工作也不知道要从何下手，心中又担心自己没做好会被家长投诉，被学校的老师和校长指责和训斥。但现在的她，也积累到了很多的经验。凡事都会有个适应期，慢慢适应就好。其实，这是一份十分重要的工作，关系到孩子的学前教育问题，的确马虎不得，但能为南华县这么多可爱的小孩子提供良好的学前教育，不也是一件很伟大的事情吗？所以，在未来的教育工作中，她对这些小孩子们抱着美好的希望，认真地做着自己的本职工作。她也意味深长地说道，“在这里，让我从最纯真无瑕的小孩子们的视角，看到了很多美好的期待。每一份工作里，我都会收获到很多意外的惊喜。有时会令我喜极而泣，有时会让我在思考中不断成长。生活在这些童真的孩童眼里，我会慢慢变得成熟，慢慢变得伟岸，有时能够从小孩子的眼里看到自己的幸福。”一段充满深情的话，让我们感慨，也让我们敬畏。

作为一个学前教育者，对于当前学校教育的发展情况，她意味深长地总结道，其实这里的小孩们都特别聪明，只是家庭教育普遍没有做好，孩子从小就形成自由散漫的性格。所以，幼儿园的老师，就是孩子们的启蒙老师，对孩子们良好性格的养成起到了非常重要的作用。虽然说现在学校的教育水平相对落后，而且教学设施和教师资源都不是最好的，但对于孩子们和家长们的教育工作还是有很大的提升空间。以前的岔河村，整个社会没有崇尚学习的风气，使得家长不重视学习，学生也没有主动的学习意识。所以，对于现在岔河村的学前教育，李健梅认为，老师们除了对孩子们进行良好的教育以外，还需对孩子们的家长进行适当的教育。现在，虽然东城幼儿园的学校教育体制还不是很成熟，但在学校老师们的精心努力下，在制度、管理等方面也逐渐地在不断改进。孩子们在这里也学到了很多有用的东西，为将来进一步的小学教育奠定了很好的教学基础。

对于农村孩子的学前教育，她跟我们谈了很多自己的看法。作为学前教育这一不在九年义务教育之内的特殊教育阶段，往往被大多数人所忽视。特别是在农村这个特殊的区域，它不同于城市，工业、商业、金融、文化、教育、卫生等发展水平较低，学前教育存在诸多问题。李健梅跟我们说道，根据她这几年在小学和幼儿园的经验，她觉得，岔河村目前的学前教育存在这样一些问题，同时也对将来的学前教育的改善和发展充满期待。

首先，学前教育资源匮乏。学前教育主要以幼儿园为主，而现在的岔河村，幼儿园的数量不但少，而且在硬件和软件方面根本达不到学前教育的要求。其次，就是学前教育小学化的问题。现在的幼儿园的教育课程，大多是以算术和美术为主，有些甚至会教授几句简单的外语。这些都是孩子在小学里学习的内容。村里的很多小孩还无法集中自己的注意力去学习这些知识，在这样的教育下，可能会使小孩子从小就失去对学习的兴趣，根本无法达到学前教育对孩子的启蒙作用，反而可能会与预期的结果背道而驰。最后，幼儿园的师资队伍不稳定，专业性不强，水平不高。她跟我们表示，由于自己没上过大学，对于专业化、精品化的学前教育，自己也很惭愧，在这个职位上，她也在不断地学习和提高，努力为岔河村的孩子们提高更好的学前教育。

对于岔河村未来的幼儿教育的发展，她也提出了一些个人的见解和建议。首先，提高幼儿园的硬件设施，使其具备教学所需的桌椅、食堂、医务室等供给，让家长放心把孩子送到幼儿园。其次是幼儿园的软件，师资队伍在其中扮演的角色不容忽视，提高教师的教学水平迫在眉睫。同时，也应当更加重视教师教学的方法和创新度。对此，她提出，其实幼儿园里可不定期的对幼师进行培训，让教学比较好的幼师向其他人传授经验等。而在教学的方法上，老师应该注重对孩子的启发式教学，注重孩子的思考能力、动手能力等方面的启发和培养。而从她的亲身经历来说，她觉得作为一个幼儿教师，最重要的是在教育的过程中耐心地对待孩子，并给孩子们更多的关心和爱护，详细解答孩子们的问题，在询问中满足孩子们好奇心的同时，也能让孩子们收获到学习的乐趣。

和我们年龄相仿，但她甘愿生活在艰苦的农村，靠着自己的责任心、爱心和耐心，努力的在为岔河村的教育尽着自己最大的努力，为学前教育带来了新鲜血液。在这里，像她这样的年轻人还有很多，在大力发展和提高农村教育水平的道路上，他们就是我们学习的榜样。

（三）彝族文化的传播者——李天富

李天富，1987 年生，彝族。性格开朗大方，为人厚实热情，演唱和表演才华较为出众。由于家里的经济资源较少，可操作规模小，于是大胆尝试，外出打工，现在于山东济南一家民族餐厅中担任彝族歌舞表演团的带班人。在现代化的都市就业环境中不断磨炼，不断提升，走在自己的奋斗道路上。

小时候的李天富，是个非常聪明但又十分调皮的孩子，在校成绩一般，初中毕业后未能考上高中。回家务农的他，带着自己最初的信念，怀着那份对彝家文化的热情，花了很长一段时间，专门研究了祖辈的一些民族乐器，比如月琴、笛子、箫等乐器。他精通了祖辈所能用于表演的大部分乐器，同时，他还根据不同的民族韵律，配上不同的舞蹈，形成一种独特的表演。后来，他结婚了，妻子名叫罗万秀，两人都对本民族的乐律和歌舞非常感兴趣，于是，李天富将自己不同的韵律与妻子独特的左脚舞进行完美结合，形成了多元系统化的表演.

经过一番准备之后，他们决定外出表演。起初，他们只是在楚雄市的“彝人古镇”、桃园湖等地进行表演和学习，而在这里各式各样的表演和观赏活动中，他们的表演，给周围的人们留下了非常美好的印象。在“彝人古镇”，他们也和其他地方的一些本民族人们相互合作，根据各自的表演特点和民族特色，组成了一个表演团体。

在楚雄“彝人古镇”做了半年之后，很多乡里的亲戚和朋友都觉得这样的工作很好，于是在李天富的帮助和支持下，村里有十几个亲戚朋友也加入到了这个歌舞团中，随着歌舞团自身经验的不断积累，他们的表演技巧和能力也在不断的学习和借鉴中不断提升。去年，李天富和朋友们都觉得可以去外地闯一闯，一方面，外面的机会多，可以在外地找到一个适合自己的工作，提高家人的生活质量；另一方面，可以进一步将本民族的民族文化和歌舞韵律介绍给外地人，让他们进一步了解，同时在相互包容和欣赏的基础上，共同发展，为保护民族文化遗产做出应有的贡献。

经过一番思考之后，他带领着妻子和几个村里擅长乐器和歌舞的朋友，组成一个小规模的彝族歌舞表演团，来到了山东济南。来到一个陌生的城市，让他们都不太适应。在寻找工作机会的过程中，他们碰壁多次，但他们并不气馁。终于，一家民族餐厅觉得他们的表演非常有特色，于是他们成了这家餐厅的专属“彝族歌舞表演团”，主要负责整个餐厅的歌舞表演和祝酒，这种最纯真的民族祝酒方式和表演的特色，成了餐厅的主要特色之一，深受当地人们的欢迎。

在这两年中，村里有很多的年轻人，都加入了李天富的歌舞团，十几个人组成的歌舞团，在李天富的带领下，在舞台上不断绽放着属于彝族风韵的别样风采，给人们带来了别样的生活享受和视觉盛宴。

“出门闯天下”是一件很不容易的事，不管自己打算做什么，怎么想，怎么做，都会面临一定的困难，在奋斗的路上所需面临的一切，对每一个年轻的梦想追逐者都一样。

在岔河村，像李天富这样外出磨炼自己，凭借自己的勤劳和智慧，支撑起整个家庭的年轻人还有很多，或许在这片土生土长的村子里，他们的才华并不能够完全展现出来，但在外地人们的眼里，其实，他们的表演，他们的文化是独具特色的。而他们的大胆尝试，即使会面临困难，但最终，也总能够让他们收获到很多宝贵的东西。

点评：

起永亮在十八年的教学生涯中，始终坚持以人为本，深入了解学生，建立了亦师亦友的师生关系，培养了很多优秀的有为人士。而对于他自身而言，他通过坚持不懈的反思和学习钻研，不断从学习中提高自己的学识素养和教学水平，十几年来，其优异的教学成绩让我们敬佩。而他这种不断深入、不断进取的“学习精神”更值得我们学习。

热血青年李健梅，用她的责任心、爱心和耐心，努力的在为岔河村的教育尽着自己最大的努力，为学前教育带来了新鲜血液。工作给了她前进的动力，而她不仅对工作具有饱满的激情，更给无数的孩子带去了知识的渴望和希望。对于岔河村孩子的学前教育，她也在总结经验的基础上提出了很多建设性的建议和解决措施。

作为外出务工这一群体中极具典型性的人物李天富，他凭借自己的勤劳和智慧，在现代化的都市就业环境中不断磨炼，不断提升，追求着自己的价值。他的表演和付出，不仅为我们展现出了最淳朴、最具民族风韵的视觉盛宴，更为民族文化的传播和发展做出了极大贡献。

参考文献

[1] 云南省史志办，镇南州志［M］．芒市：德宏民族出版社，1996.

[2] 云南省南华县志编撰委，南华县志［M］．昆明：云南人民出版社，1995.

[3] 云南省南华县志编撰委，南华县志［M］．昆明：云南人民出版社，2002.

[4] 周琼．云南乡土文化丛书·楚雄［M］．昆明：云南教育出版，2003.

[5] 王玉芬．内生拓展——中国少数民族经济发展的理念、根据、条件、战略［M］．北京：中央民族大学出版社，2006.

[6] 李曦辉．民族地区产业经济学［M］．北京：中央民族大学出版社，2004.

[7] 刘瑞思．中国村庄经济［M］．北京：中国财政经济出版社，1999.

[8] 刘永佶，杨思远，张丽君［M］．中国民族地区经济社会发展与公共管理调查报告．北京：中央民族大学出版社，2007.

[9] 王询．中国近现代经济史［M］．大连：东北财经大学出版社，2004.

[10] 中共云南省委政策研究室，楚雄彝族自治州概况［M］．昆明：云南人民出版社，1988.

[11] 张丙来，杨爱梅，王长会．农村经济管理工作指南［M］．北京：中国农业科学技术出版社，2006.

[12] 彭多意．变迁中的彝族社区：以可邑村为例［M］．北京：中央民族大学出版社，2007.

[13] 李水山．建设社会主义新农村干部读本［M］．北京：民族出版社，2006.

[14] 中国少数民族经济研究会，中国少数民族经济问题研究［M］．北京：中国少数民族经济研究会，2007.

[15] 金占明，战略管理——超竞争环境下的选择（第二版）[M]．北京：清华大学出版社，2007.

[16] 国风．农村经济创新分析 [M]．北京：经济科学出版社，2005.

[17] 陶治国，中国市场化进程中的村庄经济 [M]．山西：经济出版社，2005.

[18] 艾伯特·赫尔希曼，经济发展战略 [M]．潘照东，曹征海译．北京：经济科学出版社，1997：166.

[19] 亚当·斯密．国民财富的性质和原因的研究 [M]．北京：商务印书馆，1972：181，262.

[20] 杨宗亮．云南少数民族村落文化建设探索 [M]．成都：四川大学出版社，2007.

[21] 中国农村研究 [M]．北京：中国社会科学出版社，2001.

[22] 康云海．2005—2006 云南经济发展报告 [M]．昆明：云南大学出版社，2006.

[23] 高鸿业．西方经济学（微观部分）[M]．北京：中国人民大学出版社，2004.

[24] 韦安多．凉山彝族经济发展战略研究 [M]．北京：民族出版社，2005.

[25] 刘永佶．中国少数民族经济发展研究 [M]．北京：中央民族大学出版社，2006.

[26] 南华县史志办．南华年鉴—2007 年 [M]．昆明：云南人民出版社，2008（4）.

[27] 南华县史志办．南华年鉴—2006 年 [M]．昆明：云南人民出版社，2007（4）.

[28] 南华县史志办．南华年鉴—2005 年 [M]．昆明：云南人民出版社，2006（3）.

[29] 南华县史志办．南华年鉴—2004 年 [M]．昆明：云南人民出版社，2005（4）.

[30] 南华县史志办．南华年鉴—2003 年 [M]．昆明：云南人民出版社，2004（4）.

[31] 南华县史志办．南华年鉴—2002 年 [M]．昆明：云南人民出版

社，2003（3）.

［32］南华县史志办．南华年鉴—2001 年．昆明：云南人民出版社，2002（5）.

［33］杨娅婕，胡静茹．西部少数民族地区农村经济存在的问题及发展思路［J］．经济问题探索，2003（7）.

［34］牟本理．论我国民族地区跨越式发展［J］．西北民族大学学报（哲学社会科学版），2003（5）.

［35］向柄新．针对电信行业自适应智能话务预测模型的研究与实现［J］．中国学位论文全文数据库．

［36］郭兴华．土壤线虫和微生物对乙草胺污染的响应和指示［J］．中国学位论文全文数据库．

［37］乔赟．灸药结合治疗虚性小儿哮喘非急性发作期的临床研究［J］．中国学位论文全文数据库．

［38］胡卫华，王庆．“农家乐”旅游的现状与开发方向［J］．桂林旅游高等专科学校学报．2007－12－27.

［39］曾昭平．少数民族地区经济发展的路径选择［J］．中共贵州省委党校学报思想理论双月刊，2008（3）.

［40］叶伟媛．发展农村连锁经营促进农村商业经济的发展［J］．商场现代化，2007 年 3 月（上旬刊）.

［41］胡继贤．把技校辐射到乡镇去．http：//www. lunwenda. com/jiaoyu200804/83721/.

［42］汤文清．农村中小学存在的四种严重浪费．论文下载网．

［43］农家乐能否长乐．http：//www. sina. com. cn，2006 年 12 月 14 日 16：47，观察与思考．

［44］何丰伦，黎蕊．乡村旅游“回头客”为何不到 10%．日照日报，2008－05－07 09：37：20.

［45］尹隽．农家乐建设与管理．http：//www. sina. com. cn，2007 年 08 月 21 日，观察与思考．

［46］吴竹．企业人力资本投资研究——基于我国制造业现状的分析．中国学位论文全文数据库，2001（7）.

［47］胡英来．中国城市基础设施资产证券化融资研究［D］．中国学位

论文全文数据库，2006.

［48］曹丽莎．乡村旅游社区居民态度与开发对策研究——以成都市锦江区三圣乡红砂村为例［D］．中国学位论文全文数据库，2005（7）．

［49］刘英．农村人力资本与农村经济增长关系研究——以河南省农村地区为例［D］．中国学位论文全文数据库，2008（7）．